MECANISMOS LEGAIS PARA O DESENVOLVIMENTO SUSTENTÁVEL

Edson de Oliveira Braga Filho
Flávio Ahmed
Luiz Carlos Aceti Júnior
Samir Jorge Murad
Werner Grau Neto

(Coordenadores)

Prefácio
Paulo Affonso Leme Machado

MECANISMOS LEGAIS PARA O DESENVOLVIMENTO SUSTENTÁVEL

Belo Horizonte

2010

© 2010 Editora Fórum Ltda.

É proibida a reprodução total ou parcial desta obra, por qualquer meio eletrônico, inclusive por processos xerográficos, sem autorização expressa do Editor.

Conselho Editorial

Adilson Abreu Dallari	Floriano de Azevedo Marques Neto
André Ramos Tavares	Gustavo Justino de Oliveira
Carlos Ayres Britto	Jorge Ulisses Jacobyt Fernandes
Carlos Mário da Silva Velloso	José Nilo de Castro
Carlos Pinto Coelho Motta	Juarez Freitas
Cármen Lúcia Antunes Rocha	Lúcia Valle Figueiredo (*in memoriam*)
Clovis Beznos	Luciano Ferraz
Cristiana Fortini	Lúcio Delfino
Diogo de Figueiredo Moreira Neto	Márcio Cammarosano
Egon Bockmann Moreira	Maria Sylvia Zanella Di Pietro
Emerson Gabardo	Oswaldo Othon de Pontes Saraiva Filho
Fabrício Motta	Paulo Modesto
Fernando Rossi	Romeu Felipe Bacellar Filho
Flávio Henrique Unes Pereira	Sérgio Guerra

Luís Cláudio Rodrigues Ferreira
Presidente e Editor

Coordenação editorial: Olga M. A. Sousa
Revisão: Marcelo Belico
Bibliotecária: Paloma Fernandes Figueiredo – CRB 2751 – 6ª Região
Indexação: Fernanda Paula Moreira – CRB 2629 – 6ª região
Capa, projeto gráfico e formatação: Walter Santos

Av. Afonso Pena, 2770 – 15º/16º andares – Funcionários – CEP 30130-007
Belo Horizonte – Minas Gerais – Tel.: (31) 2121.4900 / 2121.4949
www.editoraforum.com.br – editoraforum@editoraforum.com.br

M486 Mecanismos legais para o desenvolvimento sustentável / Coordenadores: Edson de Oliveira Braga Filho; Flávio Ahmed; Luiz Carlos Aceti Júnior; Samir Jorge Murad; Werner Grau Neto. Belo Horizonte: Fórum, 2010.

331 p.
ISBN 978-85-7700-308-2

1. Direito ambiental. 2. Desenvolvimento sustentável. I. Braga Filho, Edson de Oliveira. II. Ahmed, Flávio. III. Aceti Júnior, Luiz Carlos. IV. Murad, Samir Jorge. V. Grau Neto, Werner. VI. Título.

CDD: 341.347
CDU: 34: 577.4

Informação bibliográfica deste livro, conforme a NBR 6023:2002 da Associação Brasileira de Normas Técnicas (ABNT):

BRAGA FILHO, Edson de Oliveira *et al.* (Coord.). *Mecanismos legais para o desenvolvimento sustentável*. Belo Horizonte: Fórum, 2010. 331 p. ISBN 978-85-7700-308-2.

Ao Prof. Dr. Toshio Mukai, pela sua importante contribuição na construção do direito ambiental brasileiro e no aprimoramento de mecanismos legais de sustentabilidade, com vistas a uma sociedade mais fraterna e justa.

Agradecimento

Ao Dr. Samir Jorge Murad, pela sua energia, pelo seu caráter e ética, pelo seu lado humano, por ser pai, filho e esposo, pela sua competência e profissionalismo, que são os alicerces deste Congresso Brasileiro da Advocacia Ambiental, que, ao abrir os seus braços, trouxe carinhosamente a São Luis do Maranhão amigos e amigas para prosear com a sociedade sobre o Direito Ambiental.

Os coordenadores

Sumário

PREFÁCIO
Paulo Affonso Leme Machado 15

APRESENTAÇÃO
Edson de Oliveira Braga Filho 17

CARTA DE SÃO LUÍS DO MARANHÃO
III CONGRESSO BRASILEIRO DA ADVOCACIA AMBIENTAL 19

NEGÓCIO IMOBILIÁRIO EM *GREENFIELD* URBANO: ASPECTOS, TEORIAS E INSTRUMENTOS INERENTES AO LICENCIAMENTO AMBIENTAL
Alexandre Parigot 23

1   Sustentabilidade das cidades e o desenvolvimento socioeconômico em relação ao ambiental 23
2   Harmonização do socioeconômico e do ambiental no desenvolvimento imobiliário 25
3   O *greenfield* e sua função ecológica 27
4   Exigência de EIA/RIMA nos condomínios urbanos 31
5   EIA/RIMA *a posteriori* 35
6   O termo de referência nos projetos de construção e a prática ambiental contemporânea 37
6.1 Conveniência e oportunidade e o termo de referência 39
7   Nexo de causalidade entre o dano e o imóvel em construção 42
8   Conclusão 47
     Referências 48

RELEVÂNCIA E CLASSIFICAÇÃO DAS UNIDADES DE CONSERVAÇÃO
Beatriz Souza Costa 53

1   Histórico e motivos para a criação das unidades de conservação 53
2   Classificação das unidades de conservação 56
3   Conclusão 58
     Referências 59

PREVENÇÃO OU PRECAUÇÃO?
O ART. 225 DA CONSTITUIÇÃO FEDERAL E O DEVER DE PRESERVAR OS BENS AMBIENTAIS COM FUNDAMENTO NA DIGNIDADE DA PESSOA HUMANA (ART. 1°, III, CF) ASSIM COMO NOS VALORES SOCIAIS DO TRABALHO E DA LIVRE INICIATIVA (ART. 1°, IV, CF)
Celso Antonio Pacheco Fiorillo 61

RESÍDUOS ELETROELETRÔNICOS: REALIDADES E DESAFIOS À ORDEM JURÍDICA
Denise Setsuko Okada 69

A PARCERIA ENTRE O MINISTÉRIO PÚBLICO E A SOCIEDADE CIVIL NA DEFESA DO PATRIMÔNIO CULTURAL
Denise Tarin 87

1 Introdução 87
2 Rio de Janeiro: cidade histórica 88
3 Os instrumentos tradicionais e inovadores na defesa do patrimônio cultural 89
4 O Ministério Público e o controle social 90
5 Estudos de casos 91
5.1 Casa 20 do Largo do Boticário 91
5.2 Estádio de Remo da Lagoa 92
6 Conclusões 92
Referências 92

OS INSTRUMENTOS DO LICENCIAMENTO AMBIENTAL
Edson de Oliveira Braga Filho 95

AS NORMAS PROTETIVAS DAS CAVIDADES NATURAIS SUBTERRÂNEAS E A AÇÃO DIRETA DE INCONSTITUCIONALIDADE REFERENTE AO DECRETO Nº 6.640/2008
Fernando Cavalcanti Walcacer 107

INTEGRIDADE DA UNFCCC – COPENHAGUE: GUERRA OU PAZ EM MEIO À CRISE
Flavia Witkowski Frangetto 113

O MEIO AMBIENTE E A CULTURA NA PERSPECTIVA CONSTITUCIONAL
Flávio Ahmed 117

1 Origens legais 118
2 Fundamentos constitucionais da proteção à cultura 121
2.1 Novos paradigmas 121
2.2 Constituição como produto cultural 122
3 Patrimônio cultural: um conceito amplo 124
Referências 131

O MANEJO FLORESTAL SUSTENTÁVEL NA AMAZÔNIA LEGAL E A NECESSIDADE DE LICENCIAMENTO AMBIENTAL
Leonardo Pio da Silva Campos, Tatiana Monteiro Costa e Silva 135

1 Introdução 135
2 Os índices de reserva legal na Amazônia: uma revisão necessária? 136

2.1	Reserva legal florestal	136
3	Manejo florestal sustentável na Amazônia Legal	140
3.1	Manejo florestal sustentável no Estado de Mato Grosso	143
4	Conclusão	145
	Referências	145

DIREITO AMBIENTAL E O AGRONEGÓCIO
Luiz Carlos Aceti Júnior 147

1	Introdução	147
2	Aspectos jurídicos relevantes do licenciamento e da autorização ambiental	148
2.1	Meio ambiente	148
2.2	Definição legal	148
3 O	meio ambiente como bem jurídico relevante	149
3.1	Princípios do direito ao meio ambiente	152
3.2	Aspectos jurídicos do licenciamento ambiental	153
3.3	Itens na propriedade rural e cunho relevante para com a legislação ambiental vigente	159
3.3.1	Recursos hídricos	159
3.3.2	APPs e reserva legal	160
3.3.3	Agrotóxicos e demais produtos agroquímicos	160
3.3.4	Esgoto sanitário das residências existentes em imóvel rural	165
4	Aspecto ambiental relevante	165
4.1	Da reserva legal	165
4.2	Preservação permanente	171
4.3	Conservação do solo e a preservação dos recursos naturais	175
4.4	Dos recursos hídricos e da necessidade de sua outorga	176
5	Maquinários agrícolas, criação de animais, efluentes: impactos ambientais	177
5.1	Informação ambiental fundiária importante	179
5.2	Depósito de agrotóxicos	181
5.3	Poeira e particulados em silos, armazéns e tulha	182
5.4	Georrefenciamento	184
5.5	Da criação de animais, em especial gado vacum e suínos	188

O PROJETO DA NOVA LEI DA AÇÃO CIVIL PÚBLICA: PRINCIPAIS ASPECTOS
Luiz Manoel Gomes Junior, Rogério Favreto 191

1	Introdução: o Sistema Único Coletivo	191
2	O projeto da nova Lei da Ação Civil Pública	194
3	Algumas das principais inovações propostas	196
3.1	A estruturação do Sistema Único Coletivo	196
3.2	Ampliação dos direitos coletivos tuteláveis pela Ação Civil Pública	197
3.3	Adequação e estruturação do rol de legitimados	198
3.4	Modificação das regras de competência	199

3.5	A coisa julgada coletiva	201
3.6	Readequação do ônus da prova	205
3.7	Aperfeiçoamento do Sistema de Execução das Tutelas Coletivas	206
3.8	Nova disciplina para a destinação dos valores originários das ações coletivas	207
3.9	Cadastros nacionais: inquéritos civis e compromissos de ajustamento de conduta (CNMP) e ações civis públicas (CNJ)	208
4	Conclusões	209
	Referências	209

A CRIAÇÃO DE UNIDADES DE CONSERVAÇÃO DA NATUREZA EM ÁREAS HABITADAS: PROBLEMÁTICA E SOLUÇÕES POSSÍVEIS

Marcelo Buzaglo Dantas 213

1	Considerações iniciais	213
2	Panorama geral das UCs	214
3	A criação das UCs e a indispensável observância ao princípio da participação popular	217
4	A questão vista sob a ótica do direito ao meio ambiente ecologicamente equilibrado	220
5	Conflito com outros direitos fundamentais	222
6	Soluções possíveis para o conflito entre o direito ao meio ambiente ecologicamente equilibrado e outros direitos fundamentais dos habitantes de área onde se pretende instalar uma UC	225
7	Intervenção do Poder Judiciário	228
	Referências	232

O MECANISMO DE DESENVOLVIMENTO LIMPO E A NATUREZA JURÍDICA DAS REDUÇÕES CERTIFICADAS DE EMISSÕES NO BRASIL

Rafael Domingos Acioly Nunes, Aloísio Pereira Neto 235

1	Introdução	235
2	As RCEs no Brasil e suas relações jurídicas	238
2.1	As diversas naturezas jurídicas discutidas no Brasil	239
2.2	A real natureza jurídica das RCEs	243
2.3	A posição do Brasil no atual mercado de carbono mundial	244
2.4	Atuais negociações para um "pós-Quioto"	246
3	Conclusão	246
	Referências	247

O ESTATUTO DA CIDADE E A PROTEÇÃO AMBIENTAL

Samir Jorge Murad 249

A ORDEM ECONÔMICA AMBIENTAL BRASILEIRA

Svetlana Maria de Miranda 259

A Proteção Ambiental do Meio Ambiente Urbano
Toshio Mukai 265

1	Introdução	265
2	O conteúdo de uma lei ambiental municipal	266
3	Planejamento ambiental	267
4	O zoneamento ambiental	268
5	Alguns assuntos a serem previstos	269
6	Compensação pelo dano dos recursos naturais	269
7	Controle, monitoramento, licenciamento e fiscalização das atividades	269
8	Do licenciamento ambiental	270
9	Da fiscalização	270
10	Da educação ambiental	270
11	Da proteção ambiental	271

Revisão do Licenciamento pelo Critério da Sustentabilidade
Vanusa Murta Agrelli 275

Anotações sobre o Licenciamento Ambiental na Atualidade
Vicente Habib de Sant'Anna Reis 283

1	Introdução	283
2	Necessidade de reflexão e mudanças	284
3	A importância de um procedimento claro, participativo e bem estruturado previsto em lei	286
4	Algumas questões relevantes para debate. Objetivo: diminuir conflitos	288
4.1	Inserção do componente jurídico no licenciamento	288
4.2	Expedição de ato formal de início do processo	289
4.3	Publicidade e transparência do procedimento	290
4.4	Audiências públicas	292
4.5	Outros órgãos envolvidos no licenciamento e autorizações administrativas aplicáveis	294
5	Conclusão	295

Mudança do Clima: o Caminho para o Brasil nas Discussões e Instrumentos Internacionais
Werner Grau Neto 297

1	Introdução	297
2	As bases do raciocínio apresentado	298
2.1	A primeira premissa: "Vamos fritar!!!!"	298
2.2	A segunda premissa adotada: "Soberania não se negocia"	299
2.3	Estamos tratando do segundo período de compromisso	301
2.4	Partes vinculadas a metas, metas setoriais, instrumentos inovadores?	303
2.5	No mundo, emissões de GEE por razões diversas das que se aplicam ao Brasil: medidas internas!	305

2.6 O cenário verificado entre abril de 2009 e a realização da COP 15: avanços internos, retrocessos no âmbito das negociações internacionais ...306

3 Conclusão..309

SOBRE OS AUTORES 311

ÍNDICE DE ASSUNTOS 315

ÍNDICE DA LEGISLAÇÃO E JURISPRUDÊNCIA 323

ÍNDICE ONOMÁSTICO...329

Prefácio

Um novo livro, *Mecanismos legais para o desenvolvimento sustentável*, vem a lume. São coordenadores desta nova publicação Edson de Oliveira Braga Filho, Flávio Ahmed, Luiz Carlos Aceti Júnior, Samir Jorge Murad e Werner Grau Neto.

São objeto deste livro as matérias: negócio imobiliário e estudo de impacto ambiental; relevância e classificação das unidades de conservação; resíduos eletroeletrônicos; patrimônio cultural, MP e sociedade civil; instrumentos do licenciamento ambiental; cavidades naturais subterrâneas e a ação direta de inconstitucionalidade referente ao Decreto nº 6.640/2008; Conferência das Partes de Copenhague; Constituição e cultura; manejo florestal na Amazônia Legal; agronegócio; prevenção ou precaução na Constituição; projeto de nova Lei da Ação Civil Pública; Unidades de Conservação da Natureza em áreas habitadas; reduções certificadas de emissões; ordem econômica ambiental; Estatuto da Cidade, meio ambiente urbano e sua proteção; sustentabilidade e revisão do licenciamento; mudança do clima – discussões e instrumentos internacionais.

Em 2009, tive, também, a honra de prefaciar um livro do Prof. Dr. Gerd Winter, da Universidade de Bremen, publicado quando o autor ministrou o VII Curso de Direito Internacional Ambiental na Universidade Metodista de Piracicaba. Um dos temas tratados foi o Desenvolvimento Sustentável. Em síntese, esse autor mostra num gráfico que a sustentabilidade é uma casa em que o alicerce está constituído pelos recursos naturais, os pilares são a economia e a sociedade, e o telhado, as futuras gerações. Vale, pois, afirmar que "o conceito deve ser focado na troca entre os seres humanos e a natureza, e deveria representar o significado literal de "sustentabilidade", isto é, uma humanidade suportável pela biosfera.[1]

A Corte Permanente de Arbitragem decidiu que "o direito ambiental e o direito ao desenvolvimento existem, não como alternativas, mas como mútuo reforço, conceitos que se integram, e exigem que, quando o desenvolvimento possa causar significativo prejuízo para o meio ambiente, haja o dever de prevenir ou, pelo menos, de mitigar esse prejuízo".[2]

---

[1] WINTER, Gerd. *Desenvolvimento sustentável, OGM e responsabilidade civil na União Européia.* Tradução de Carol Manzoli Palma. Campinas: Millennium, 2009. p. 22.

[2] MACHADO, Paulo Affonso Leme. *Direito dos cursos de água internacionais.* São Paulo: Malheiros, 2009. p. 131.

Este livro, no qual colaboraram talentosos juristas, há de servir para que se procure a instauração de uma sociedade justa, livre e solidária através da prática, nem sempre fácil, das regras que conduzam à sustentabilidade ambiental do país e do planeta.

Piracicaba, 28 de março de 2010.

Paulo Affonso Leme Machado
Professor de Direito Ambiental na Universidade Metodista de Piracicaba, Prêmio Internacional de Direito Ambiental "Elizabeth Haub" e autor, entre outros livros, de *Direito ambiental brasileiro*.

Apresentação

A vida traz consigo momentos de integração que provocam uma profunda interação entre pensamentos, ações, gestos, conhecimentos e troca intensa de energias entre todos os integrantes de Gaia. E em um desses especiais encontros que acontecem ao "acaso" conheci o Dr. Samir Jorge Murad, em Brasília, durante a realização da Conferência Nacional sobre Legislação Ambiental (CONLA), que tinha à frente um grande amigo, o Dr. Werner Grau Neto, e com a presença do nosso Mestre Dr. Paulo Affonso Leme Machado, a palestrar com o seu habitual lirismo e simplicidade na arte de transmitir ensinamentos.

Nesse encontro surgiu-se a ideia de realizar um congresso que abrangesse o Direito Ambiental por meio de advogados especialistas, na histórica e linda cidade de São Luís, que agora completa a sua 3ª edição, com o lançamento primoroso dessa importante obra literária que é o livro *Mecanismos legais para o desenvolvimento sustentável*, com lançamento justamente no ano determinado pela Organização das Nações Unidas (ONU) como o da Biodiversidade.

A esse grupo inicial agregaram-se como coordenadores os amigos Dr. Luiz Carlos Aceti Júnior e Flávio Ahmed, que vieram enriquecer o processo.

Elencados os principais assuntos que transitam na órbita e na esfera do Direito Ambiental, escrito por profissionais de alto nível de capacidade, ética e competência jurídica, de todos os rincões brasileiros e tendo-se a explícita pretensão de colaborar na divulgação e na comunicação junto à sociedade como um todo, em especial aos operadores do direito, sob as suas mais amplas correntes de assuntos que tocam a vida diária econômica, social, tecnológica, de direitos humanos e sobretudo na "racionalidade" da questão ambiental brasileira.

O Congresso Nacional da Advocacia Ambiental é hoje reconhecido como o melhor já idealizado, construído e que segue sendo realizado anualmente em um encontro de forças de conhecimentos e troca de experiências, que proporciona a visualização dos diversos elementos contidos nessa obra, através de sua leitura.

Parabéns a todos que o integram e que aqui marcam presença!

Muito agradecido,

Edson de Oliveira Braga Filho

CARTA DE SÃO LUÍS DO MARANHÃO

III CONGRESSO BRASILEIRO DA ADVOCACIA AMBIENTAL

Reunidos no III Congresso Brasileiro da Advocacia Ambiental, os advogados participantes declaram:

Reiteram que o Estado Democrático de Direito é condição indispensável para a ocorrência do Desenvolvimento Sustentável.

Reiteram que a justiça ambiental deve processar-se dentro dos ditames da ampla defesa, do contraditório, da publicidade dos atos e do respeito aos elementos essenciais à sua administração: o Advogado, o Magistrado e o Ministério Público.

Reiteram que o licenciamento ambiental, bem como os demais procedimentos administrativos concernentes à gestão do meio ambiente pelo Estado, devem respeitar os princípios que regem a Administração Pública, de forma a conferir a segurança jurídica ao cidadão, aos entes da administração, aos investimentos e, principalmente, à sua sustentabilidade ambiental nos moldes preconizados pelo Estado Democrático de Direito.

Reiteram que os profissionais da área jurídica devem merecer integral respeito à ética, devem adotar as medidas ao seu alcance para fazer prevalecer a cordialidade e a dignidade dos seus atos na defesa das causas de interesse ambiental, visando, sempre, a aplicação exegética da norma jurídica, cuja finalidade social é imperativo da Carta Magna.

Reiteram que o combate às indefinições quanto às competências federativas, no âmbito da gestão ambiental, deve pautar-se pela constitucionalidade e pelo respeito à autonomia dos entes federativos, sempre visando o objetivo maior dos serviços ambientais, que é garantir funcionalidade social à propriedade e sustentabilidade ambiental à cidadania.

Reiteram que o preparo técnico dos profissionais do direito ambiental, bem como dos funcionários encarregados da tutela jurídica e administrativa do equilíbrio ambiental, deve incluir postura democrática, respeito ao contraditório e às opiniões técnicas fundamentadas, ainda que divergentes.

Afirmam ser os princípios da equidade, precaução, prevenção, usuário-pagador e poluidor-pagador como princípios centrais para o desenvolvimento sustentável de nossa sociedade.

Afirmam o direito ambiental como ciência jurídica integrante dos direitos humanos, consequentemente, "ambiente equilibrado é direito fundamental da pessoa humana!"

Afirmam a necessidade da conservação do meio ambiente através da integração sustentável do homem, recursos naturais e meios de produção, respeitando-se as questões socioculturais, visando a preservação para as futuras gerações.

Afirmam que meio ambiente natural, meio ambiente artificial e meio ambiente do trabalho devem ser tutelados pelos órgãos públicos competentes, objetivando sua sustentabilidade, segurança e salubridade, constituindo direito fundamental do homem e do trabalhador assegurado pela Constituição Federal.

Afirmam que o direito de empreender é um direito garantido constitucionalmente.

Afirmam ser a auditoria ambiental a instrumentalização do princípio da prevenção, ferramenta e uso prático, efetivo e eficaz contra a ocorrência de dano ambiental.

Acreditam que a relação homem x ambiente deve ser tutelada pela prevenção aos riscos ambientais sempre, e não pela monetarização desses riscos, elevando-se portanto o pensamento e o foco para o direito fundamental da dignidade da pessoa humana.

Acreditam na necessidade da instituição de um Código Brasileiro Ambiental, e de um Código Brasileiro de Segurança, Saúde e Meio Ambiente do Trabalho, objetivando com isso sistematizar e normatizar os princípios constitucionais a respeito dos temas.

Acreditam na necessidade da inclusão de disciplinas referentes a Direito Ambiental e Segurança, Saúde e Meio Ambiente do Trabalho em todos os níveis de ensino do país, em especial nos cursos de Direito.

Acreditam no combate às indefinições quanto às competências federativas, no âmbito da gestão ambiental, tendo como critério fundamental de definição de competência administrativa para o licenciamento ambiental, a abrangência do impacto direto do empreendimento, e não o indireto ou a titularidade do bem afetado, consagrando a lógica constitucional da predominância do interesse.

Acreditam na possibilidade real e concreta da implementação de uma política de Estado voltada à questão ambiental em toda sua amplitude e uma integração federativa.

Acreditam na implementação de uma nova Lei de Ação Civil Pública processual moderna, para maior e mais eficaz proteção ambiental.

Acreditam na necessidade da realização de outros congressos de advocacia ambiental para a continuidade do debate e o aprofundamento dos temas.

São Luís/MA, 30 de abril de 2009.

Alexandre Parigot, Aloísio Pereira Neto, Beatriz Souza Costa, Celso Antonio Pacheco Fiorillo, Denise Setsuko Okada, Denise Tarin, Edson de Oliveira Braga Filho, Fernando Cavalcanti Walcacer, Flavia Witkowski Frangetto, Flávio Ahmed, Leonardo Pio da Silva Campos, Luiz Carlos Aceti Júnior, Luiz Manoel Gomes Junior, Marcelo Buzaglo Dantas, Paulo Affonso Leme Machado, Rafael Domingos Acioly Nunes, Rogério Favreto, Samir Jorge Murad, Svetlana Maria de Miranda, Tatiana Monteiro Costa e Silva, Toshio Mukai, Vanusa Murta Agrelli, Vicente Habib de Sant'Anna Reis, Werner Grau Neto.

Negócio Imobiliário em *Greenfield* Urbano: Aspectos, Teorias e Instrumentos Inerentes ao Licenciamento Ambiental

Alexandre Parigot

Sumário: 1 Sustentabilidade das cidades e o desenvolvimento socioeconômico em relação ao ambiental – 2 Harmonização do socioeconômico e do ambiental no desenvolvimento imobiliário – 3 O *greenfield* e sua função ecológica – 4 Exigência de EIA/RIMA nos condomínios urbanos – 5 EIA/RIMA *a posteriori* – 6 O termo de referência nos projetos de construção e a prática ambiental contemporânea – 6.1 Conveniência e oportunidade e o termo de referência – 7 Nexo de causalidade entre o dano e o imóvel em construção – 8 Conclusão – Referências

1 Sustentabilidade das cidades e o desenvolvimento socioeconômico em relação ao ambiental

Em primeiro lugar, deve-se conhecer o que se proteger.[1] Hoje é sabido que os acúmulos de problemas de ordem ambiental nas cidades decorrem, em grande parte, do esquecimento da preservação dos recursos naturais urbanos. Este esquecimento afeta indubitavelmente o desenvolvimento destes centros, com reflexos na ordem metropolitana atual, no que se refere aos aspectos econômico-sociais em relação ao ambiental.

---

[1] MURAD. Soberania, meio ambiente e a questão amazônica. In: MURAD; ACETI JÚNIOR; GRAU NETO (Coord.). *I Congresso Brasileiro da Advocacia Ambiental*, p. 263.

Estudos técnicos já provaram a verdadeira necessidade da adoção de uma nova política preventiva para o ordenamento sustentável do movimento atual de expansão urbana dos grandes centros brasileiros. Ivan Carlos Maglio, ex-Coordenador de Planejamento Ambiental da Secretaria Estadual de São Paulo e ex-Diretor de Planejamento Ambiental da CETESB, consigna:

> (...) é necessário, portanto, desenvolver estratégias ambientais especialmente voltadas para as cidades, que favoreçam sua gestão, e apóiem a rede urbana, em linha com as premissas de desenvolvimento sustentável.[2]

Observe-se preliminarmente que, quando falamos em social, econômico e ambiental conjuntamente, estamos nos referindo ao desenvolvimento sustentável. O princípio do desenvolvimento sustentável está pacificado na Carta Magna de 1988 no art. 170, combinado com o art. 225 e seus incisos, bem como na Política Nacional de Meio Ambiente, Lei nº 6.938/81, nos artigos 1º e 4º. Portanto, é um princípio do sistema jurídico ambiental nacional.

A bem da verdade, este desenvolvimento é explicado pelo professor Robert Costanza, no textual abaixo:

> (...) nas diversas definições de desenvolvimento sustentável, três elementos estão sempre presentes:
>
> (A) a questão de escala sustentável da atividade econômica em relação aos mecanismos de suporte da vida,
>
> (B) a distribuição equitativa de recursos e oportunidades entre as gerações presentes e futuras,
>
> (C) e por fim, a alocação eficiente de recursos com adequada quantificação do capital natural.[3]

Somando-se, esclarece ainda o professor José Afonso da Silva que o equilíbrio da equação entre o desenvolvimento (atividade econômica) e a proteção ambiental (suporte à vida e distribuição social equitativa entre gerações) deve encontrar-se com o bem-estar e a boa qualidade de vida dos brasileiros (social). Observe-se o colacionado: "são dois valores

---

[2] MAGLIO. Cidades sustentáveis: prevenção, controle e mitigação de impactos ambientais em áreas urbanas. In: PHILIPPI JR. *et al.* (Edit.). *Municípios e meio ambiente*: perspectivas para a municipalização da gestão ambiental no Brasil, p. 81.

[3] Cf. COSTANZA; PATTEN. Defining and Predicting Sustainability. *Ecological Economics – the Journal of the International Society for Ecological Economics.*

aparentemente em conflito que a Constituição de 1988 alberga e quer que se realizem no interesse do bem-estar e da boa qualidade de vida dos brasileiros".[4]

Por esta sorte, sem alongamentos, é de se inferir que o princípio do desenvolvimento sustentável, de amplitude global (veja a Declaração de Princípios de Nova Deli), encontra-se plenamente inserido na legislação nacional, supra e infraconstitucional e ainda recepcionado pela doutrina, no que tange à harmonização do social, ao econômico e ao ambiental em prol do bem-estar e da qualidade de vida. Assim, de modo geral, felizmente, podemos dizer que há no nosso sistema jurídico a premissa de compatibilizar o econômico, com o social e ambiental e é o que, abaixo, tentaremos demonstrar, exemplificando.

2 Harmonização do socioeconômico e do ambiental no desenvolvimento imobiliário

Neste particular, observe-se um exemplo típico preceituado na Lei Estadual n° 4.734/68 do Maranhão, art. 1º:

Fica expressamente proibida a derrubada de palmeira de babaçu em todo o Território do Estado, exceto:

I - quando for imprescindível o desbaste de babaçuais com o objetivo de aumentar sua produção, ou para facilitar a coleta de coquilhos, obedecidos os critérios adotados pelo Estado ou Municípios.

II - Nas áreas destinadas à construção de obras ou serviços de lato sentido socioeconômico, por parte dos setores competentes da administração pública.

III - Nas propriedades onde se desenvolvam atividades agropecuárias, observadas as normas fixadas pelo Poder Executivo, desde que:

a) sejam sacrificadas somente palmeiras consideradas improdutivas;

b) resulte em espaçamento de, no mínimo, 8 metros entre as palmeiras remanescentes;

c) sejam protegidas contra a ação do fogo, por ocasião das queimadas das roças, as palmeiras cuja fronde esteja a menos de três metros do solo;

d) não se procede à extração do palmito;

e) não sejam utilizados para a derrubada de palmeiras, herbicidas de qualquer espécie ou natureza;

f) evite-se, de toda forma possível, a exploração de babaçuais de maneira predatória e antieconômica.

---

[4] SILVA. *Direito ambiental constitucional*, 3. ed., p. 26.

Desta citação, é forçoso concluir que a derrubada da palmeira de babaçu está facultada nos casos onde atividades são destinadas à construção de lato sentido socioeconômico, a caráter discricionário do órgão de controle. Portanto, grosso modo, trata-se de um exemplo de exercício de ponderação entre princípios.

Cumpre-se um entreato, para destacar, também, que o babaçual não é uma formação florestal inicial, não é um clímax, e não se trata de uma espécie "ambientalmente relevante" inscrita nos catálogos nacionais de espécies florestais de elevado interesse que pese mais a seu favor, sua proteção *stricto sensu*.

Em relação ainda ao exemplo em comento, é de se observar também que outra lei, a Lei nº 7.824, de 22.1.2003, alterou a redação dos artigos 2º, 3º, 4º, §2º, e 8º daquela norma, para alterar a sua competência de fiscalização e execução, bem como passar esta atribuição para a gerência estadual de meio ambiente e seus órgãos.

Isso nos faz imaginar que o legislador quis conferir àquela norma jurídica um viés ambiental para, indiretamente, exercitar seu poder de regulação estatal econômico, em uma evidente manobra de direito econômico em relação à atividade de exploração local do babaçu. Isto porque a alteração em comento, como se viu, não conferiu, em momento algum, um novo tipo de "especial interesse ambiental" ao babaçu ou aos locais de sua incidência; tão somente fez regras nas quais a administração ambiental é apta a fiscalizar e controlar a incidência destas espécies, de modo a garantir sua não escassez (ambiental) e consequentemente a manutenção da população tradicional de quebradeiras de coco (social) que subsiste do comércio (econômico) do seu fruto. Isto é, trata-se de um exemplo nítido da harmonização de princípios, equalizando o social com o econômico e ambiental.

Do brevemente exposto, pode-se observar que, havendo a palmeira que gere frutos, não pesa ambientalmente o local onde ela se encontre plantada — isso considerando-se que o babaçu não possui relevância ambiental para o ecossistema natural do Maranhão, tão somente para a população que se alimenta do fruto — desde que sua castanha não se extinga e continue por gerações alimentando as quebradeiras, no sentido lato da palavra, e assim atendendo ao mais profícuo interesse público local.

E não é só; a Lei nº 7.824/03 contemplou, ainda, a liberalidade para a gerência estadual de meio ambiente firmar ou não convênios com municípios e entidades públicas para se fazer cumprir os preceitos da Lei nº 4.734/86 no nível local, estendendo assim tais preceitos ao todo do sistema ambiental municipal, como *longa manus* do interesse sustentável pretendido.

Sopesado, resta evidente que, com esta alteração, a um, o Estado buscou proteger uma população ameaçada socialmente e economicamente de extinção do Maranhão, pelo viés ambiental; a dois, o ambiental é hoje uma consolidada ferramenta de direito econômico — economicistas diriam tratar-se de uma ferramenta de modulação da atividade econômica pelo livre exercício indireto do poder do Estado; ao fim, na prática, esta visão ainda não sensibilizou o bureau ambiental do jurídico estatal local.

3 O *greenfield* e sua função ecológica

Além da ponderação de princípios acima exemplificada na esfera da administração ambiental nacional, é necessária, para que estas autoridades se convençam em haver intervenções em áreas urbanas especialmente protegidas, uma forte tese científica que propicie, para os técnicos ambientais estatais, fundamentos incontestáveis à proteção que se pretende avançar, *i.e.*, o social, o econômico e o ambiental, harmonizados, ou seja, o sustentável.

Para o sustentável que aqui se explora, na grande maioria dos casos, os órgãos ambientais vêm solicitando aos empreendedores que tragam aos seus processos de licenciamento estudos científicos que caracterizem a verdadeira aptidão — função ecológica — da área natural de incidência de seus projetos. Que seja determinada por estudos a importância particular da área em relação às redes ecológicas urbanas da localidade e seus corredores de fluxo gênico, de sorte que, se necessário, o órgão possa optar por um novo grau de intervenção na área protegida, sem que a cadeia ecológica seja demasiadamente prejudicada (ambiental), sem que haja desprogresso da qualidade de vida e das facilidades urbanas (social) e sem que haja perda no plano de desenvolvimento urbano das cidades (econômico).

Principalmente se a pretendida área do projeto já sofreu intervenções humanas significativas no seu entorno ou está com seu perímetro baldeado aos efeitos dos descuidos do homem. Em suma, o que se visa é determinar se a área pretendida pelo projeto efetivamente contribui — positivamente ou negativamente — ao ecossistema, que se inclui ou se não mais contribui e por quê, e se a sua intervenção num regime de uso regulado melhorará a condição natural ali presente.

E, com natural obviedade, é de se dessumir que, no caso de área verde baldeada — isto inclui o próprio perímetro interno da área e/ou seu entorno —, a interpretação literal da proteção normativa no perímetro urbano não pode ser um fator estanque e impeditivo ao uso regulado e controlado desta área, que possivelmente já perdeu suas características de contribuição natural, outorgado pela fundamentada conveniência e oportunidade da autoridade ambiental concedente.

O que se propõe atualmente, repetimos, é entender a verdadeira vocação da área perante o sistema urbano social e econômico atual — o que inclui o homem e seus acréscimos — em relação ao ambiental em que o mesmo se insere, de modo a compatibilizar o sistema normativo às necessidades atuais das cidades pela harmonização do social, do econômico e do ambiental, com fulcro na aptidão ecológica da área que se pretende intervir, *i.e.*, sua função ecológica em relação ao cenário urbano em que se insere.

Ajunte-se a esta tese a evolução das tecnologias e processos de controle do ambiente nas infraestruturas mais modernas e, com isso, pode-se facilmente enxergar que aquela qualidade de vida predita pelo professor José Afonso da Silva mais vale em uma área urbana *antropizada* em harmonia com o ambiental do que em uma área baldia, com seu potencial natural perdido aos descasos do homem.

Portanto, pode-se inferir que esta janela da função ecológica vem conferindo, à administração ambiental nos processos de licenciamento ambiental e a seus científicos, a chance de conformar a oportunidade e a conveniência da administração concedente, de forma a permitir novos regimes de uso e exploração em área com especial interesse, sem se distanciar da legalidade e do interesse público, seus princípios basilares.

Afigura-se razoável que, para o sucesso do exposto, haja um ambiente mínimo a se regular, no sentido da proteção das redes ecológicas ou do mito fundador da sustentabilidade.

Assim, no caso concreto, o primordial é compreender, por exemplo:

a) se a capacidade de drenagem natural do local é significativa à micro bacia da região na qual se insere a área;

b) se existem na localidade condições reais de contribuição de fluxo gênico de espécies — da fauna e da flora — importantes à cadeia ecológica local;

c) se a localidade guarda capacidade efetiva de preservar e contribuir aos recursos hídricos existentes;

d) se contribui à capacidade de estabilidade geológica da porção em que se localiza; e, ainda,

e) se outras variáveis objetivas, determinadas pelos científicos locais, estão presentes e ativas na porção de área que se pretende empreender, e como elas contribuem ao todo ambiental.

O balanço médio negativo dessas premissas é quase que uma certeza para se considerar que intervenções serão, sem muitos problemas, autorizadas, variando-se somente os graus de urbanização permitidos.

Nesta ordem de convicções, é forçoso pensar também que, se estes critérios objetivos determinados pelo órgão, ou outros de sua conveniência, não mais se correlacionarem com o local, não há o que se falar na manutenção intacta daquela porção, sob pena de apenas ali se preservar, somente, focos de abandonos à segurança da vida (violência, drogas e prostituição) e da saúde (vetores), condições contrárias aos preceitos consignados pela legislação constitucional no que se refere à qualidade de vida, já mencionada que mal não há em repetir, como um dos elementos centralizadores do social, econômico e ambiental, no caminho do sustentável.

Assim, é oportuno consignar agora que a função ecológica, segundo os ensinamentos do ecólogo especialista Rob Jongman, da área urbana protegida por especial interesse, no esteio das redes ecológicas nos EUA, Austrália, África e Europa Ocidental, tem sido denominada ecologia paisagística e das populações e biologia da conservação, no sentido de promover a dinâmica das espécies, e se calca em um sistema de conservação ou de reestruturação de corredores que visa facilitar o movimento dos organismos através de uma matriz de micro-habitats degradados.[5]

A seu turno, na Europa Ocidental, os apoios se estendem em maior grau na integração à geomorfologia, hidrologia e climatologia, sob os conceitos da ecoestabilização, que é mais aceita também nos nossos órgãos de controle e fiscalização ambiental *ex vi*, o que sustenta a Promotora Anaiza Helena Malnardes Miranda, titular da 1ª Promotoria de Justiça de Tutela Coletiva do Núcleo Teresópolis do Ministério Público do Estado do Rio de Janeiro:

> As Áreas de Preservação (...) se fundamentam na necessidade técnica de manutenção da vegetação destinada a garantir seis aspectos protetivos aos mesmos, quais sejam:
>
> 1 - garantir a permeabilidade do solo (...) de forma a possibilitar a microdrenagem de águas pluviais, e assim diminuir a contribuição de águas à calha dos rios, reduzindo o volume das cheias;
>
> 2 - garantir a permeabilidade do solo nas margens, de forma a possibilitar a microdrenagem de águas pluviais, e abastecimento dos lençóis freáticos, e águas subterrâneas, especialmente nas áreas onde os aqüíferos se comunicam com as águas superficiais;
>
> 3 - evitar a erosão e o desmoronamento das margens, (...) que pode levar, em casos extremos, a que o corpo hídrico desapareça; (...).[6]

---

[5] Cf. JONGMAN; KULVIK; KRISTIANSEN. European ecological networks and greenways. *Landscape and urban planning*, p. 305-319.

[6] Cf. MIRANDA. APP em área urbana consolidada. *Boletim Eletrônico IRIB.*

Além disso, os professores Richard J. Hobbs e Andrew F. Bennett apregoam que a principal finalidade que preside à proteção, preservação e/ou constituição de redes ecológicas regionais é a de manter ou restabelecer a conectividade da paisagem e, consequentemente, melhorar a integração e funcionalidade ecológica, *i.e.*, função ecológica dos ecossistemas e habitats fragmentados, de tal sorte que se possa, desta forma, mitigar os efeitos espaciais e ecológicos negativos da fragmentação da paisagem urbana, o que, no nosso grifo, acrescenta qualidade de vida aos residentes.[7]

Assim, ocorre-nos aduzir destas premissas que as funções ambientais de um *greenfield* urbano ou *part-greenfield* devem ser vistas, caso a caso, por aqueles conceitos exemplificados e por outros determinadas pelos científicos, não cabendo uma interpretação estanque, única e abstrata da lei *strictu sensu* por parte da autoridade ambiental concedente nestes casos.

Neste sentido cabe citar, ainda, o elucidativo trecho do Parecer RD nº 04/2007, da Assessoria Jurídica do INEA, órgão estadual de Licenciamento Ambiental do Rio de Janeiro, elaborado pelo Procurador do Estado Rafael Lima Daudt d'Oliveira, ao tratar de caso com características semelhantes, *in verbis*:

V - (...) Função ecológica: inconstitucionalidade em concreto, por violação dos princípios constitucionais da proporcionalidade, razoabilidade, proteção da confiança legítima e igualdade (...). Ficou caracterizada a perda da função ecológica (...) contemplam duas vias públicas pavimentadas, não mais se verificando a impermeabilidade, tampouco a existência ou possibilidade do crescimento de qualquer vegetação que pudesse contribuir para a proteção do recurso hídrico, da paisagem, da biodiversidade, o fluxo gênico da flora ou fauna ou mesmo para atenuar a erosão da terra (...).

No caso em tela, diante das peculiaridades já relatadas pela área técnica, que são perfeitamente visíveis pela fotografia de fls. 53, (...) já evidenciado a perda da função ecológica (...).[8]

Ainda sobre o tema, vale destacar parte do artigo produzido pela já citada Promotora Anaiza Helena Malnardes Miranda:

---

[7] Cf. HOBBS. Habitat Networks and Biological Conservation. In: GUTZWILLER (Ed.). *Applying Landscape Ecology in Biological Conservation*, p. 151-170; e BENNETT. *Linkages in the Landscape*: the Role of Corridors and Connectivity in Wildlife Conservation, p. 5-7.

[8] DAUDT D'OLIVEIRA. Parecer RD n. 04/2007, fls. 19-20.

Dessa forma, as limitações ambientais (...) somente podem ser aplicadas quando presentes as circunstâncias (...) qual seja, a possibilidade de vir a área a exercer sua função ambiental. Uma vez caracterizada, tecnicamente, a total impossibilidade de utilização da área para as funções ambientais, restará não incidente o dispositivo ambiental, pelo que dever-se-á aplicar as limitações urbanísticas e servidões administrativas (...).

A exigência de aplicação dos limites ambientais para áreas urbanas consolidadas que já perderam sua função ambiental, cujos custos sociais de implantação serão mais gravosos que benéficos, com resultados pífios ao meio ambiente, estará indicada a aplicação do Principio da Razoabilidade (...).

Nas áreas urbanas com ocupação antrópica consolidada, as limitações ambientais, (...) somente serão afastadas nas hipóteses seguintes: (...) quando não houver a possibilidade da área em exercer sua função ambiental, (...) assim definida por meio de avaliação técnica ambiental.[9]

Como se verifica, em área totalmente urbanizada, com toda a infraestrutura do entorno construída pela autoridade pública, como já citado e mal não há em repetir, vias asfaltadas, taludes de rios concretados, redes de água e esgoto, iluminação pública, dentre outras características que demonstram claramente que o local não possui qualquer relevância ecológica para proteção ambiental, não há como defender a prevalência do ambiental *stricto sensu* em detrimento do socioeconômico harmonizado ao primeiro, proposto pelos projetos da arquitetura urbana moderna.

Por fim, veja-se que, sem esgotar, mas delimitando a importância do tema à necessidade das cidades de compatibilizarem seus normativos aos princípios do desenvolvimento sustentável para novas pesquisas futuras, Ivan Carlos Maglio afirma, e fechamos esta plantificação fazendo dele nossas palavras: "(...) faz-se urgente enfrentar os dilemas da modernização do processo de planejamento urbano e ambiental, e das estratégias de gestão ambiental, para aplicação de instrumentos preventivos e de controle, e mitigação de impactos ambientais em áreas urbanas (...)".[10]

4 Exigência de EIA/RIMA nos condomínios urbanos

Em virtude destas considerações, e ainda da crescente demanda por complexos estudos ambientais em sede de desenvolvimento urbano de

---

[9] Cf. MIRANDA. APP em área urbana consolidada. *Boletim Eletrônico IRIB*.

[10] MAGLIO. Cidades sustentáveis: prevenção, controle e mitigação de impactos ambientais em áreas urbanas. In: PHILIPPI JR. *et al.* (Edit.). *Municípios e meio ambiente*: perspectivas para a municipalização da gestão ambiental no Brasil, p. 81.

grandes projetos, cumpre-se agora observar o que preceitua a Resolução CONAMA nº 237/97, em seu art. 2º:

A localização, construção, instalação, ampliação, modificação e operação de empreendimentos e atividades utilizadoras de recursos ambientais consideradas efetiva ou potencialmente poluidoras, bem como os empreendimentos capazes, sob qualquer forma, de causar degradação ambiental, dependerão de prévio licenciamento do órgão ambiental competente, sem prejuízo de outras licenças legalmente exigíveis.

Visto isso, portanto, resta pacífico que a atividade de obra civil pode necessitar, a critério do órgão licenciador, de prévio licenciamento ambiental, sem prejuízo de outras licenças e estudos legalmente exigidos. Note-se que a dispensa do licenciamento, quando houver, deve ser formal.

Observe-se o preceituado no art. 3º desta mesma resolução:

A licença ambiental para empreendimentos e atividades consideradas efetiva ou potencialmente causadoras de significativa degradação do meio dependerá de prévio estudo de impacto ambiental e respectivo relatório de impacto sobre o meio ambiente (EIA/RIMA), ao qual dar-se-á publicidade, garantida a realização de audiências públicas, quando couber, de acordo com a regulamentação.

A contrario sensu infere-se, portanto, que obras de baixo potencial degradador, ou inexistente, não dependerão de EIA/RIMA para alcançarem suas licenças, facultada ao órgão, inclusive, a dispensa formal desta.

Como se somente a leitura dos preceitos acima não bastasse para iluminar as dúvidas, veja-se o entendimento pacificado no STF na pena do Min. Carlos Velloso: "(...) a norma constitucional não afirma ser o EIA exigível em todos os casos, mas apenas naqueles considerados necessários pelo administrador (...)" (STF. Ag. Reg. no RE nº 396.541/RS, 2ª Turma. Rel. Min. Carlos Velloso, julg. 14.6.2005. *DJ*, 5 ago. 2005).

Elucida, ainda, Álvaro Luiz Valery Mirra, um dos mais abalizados doutrinadores nacionais:

Várias são as atividades e obras — públicas e privadas — que devem se sujeitar à prévia elaboração do estudo de impacto ambiental. O rol desses empreendimentos considerados potencialmente causadores de significativa degradação do meio ambiente vem expresso no art. 2º da Resolução nº 001/86 do CONAMA, o qual, em vários incisos, regulamenta a matéria. Os principais empreendimentos são: estradas de rodagem com duas ou mais faixas de rolamento; ferrovias; portos; terminais de minérios, petróleo e produtos químicos; aeroportos; oleodutos; emissários de esgotos sanitários; barragens para fins hidrelétricos; retificação de cursos d'água; extração de combustível fóssil e de minérios; aterros sanitários; processamento e destino final de resíduos tóxicos e perigosos; complexos e distritos industriais e agroindustriais; projetos urbanísticos acima de 100 hectares etc.[11]

Em tempo, observe-se colacionado o texto da normalização legal especializada, redigida pela pena científica dos legisladores no âmbito do CONAMA (Resolução n° 001/86, art. 2°), que determinaram através de diploma legal as obras que dependerão rigorosamente do estudo, articuladas naquele rol:

Dependerá de elaboração de estudo de impacto ambiental e respectivo relatório de impacto ambiental – RIMA, a serem submetidos à aprovação do órgão estadual competente, e do IBAMA em caráter supletivo, o licenciamento de atividades modificadoras do meio ambiente, tais como:

I - Estradas de rodagem com duas ou mais faixas de rolamento;

II - Ferrovias;

III - Portos e terminais de minério, petróleo e produtos químicos;

IV - Aeroportos;

V - Oleodutos, gasodutos, minerodutos, troncos coletores e emissários de esgotos sanitários;

VI - Linhas de transmissão de energia elétrica, acima de 230KV;

VII - Obras hidráulicas para exploração de recursos hídricos, tais como: barragem para fins hidrelétricos, acima de 10MW, de saneamento ou de irrigação, abertura de canais para navegação, drenagem e irrigação, retificação de cursos d'água, abertura de barras e embocaduras, transposição de bacias, diques;

VIII - Extração de combustível fóssil (petróleo, xisto, carvão);

IX - Extração de minério, inclusive os da classe II, definidas no Código de Mineração;

X - Aterros sanitários, processamento e destino final de resíduos tóxicos ou perigosos;

XI - Usinas de geração de eletricidade, qualquer que seja a fonte de energia primária, acima de 10MW;

---

[11] MIRRA. *Impacto ambiental*: aspectos da legislação brasileira, p. 30.

XII - Complexo e unidades industriais e agro-industriais (petroquímicos, siderúrgicos, cloroquímicos, destilarias de álcool, hulha, extração e cultivo de recursos hídricos);

XIII - Distritos industriais e zonas estritamente industriais – ZEI;

XIV - Exploração econômica de madeira ou de lenha, em áreas acima de 100 hectares ou menores, quando atingir áreas significativas em termos percentuais ou de importância do ponto de vista ambiental;

XV - Projetos urbanísticos, acima de 100ha. ou em áreas consideradas de relevante interesse ambiental a critério da SEMA e dos órgãos municipais e estaduais competentes; (...).

Nesta ordem de convicções, fácil se constata que as obras de pequeno impacto não dependerão de prévio estudo, bem como as obras que se apequenaram ao presente rol, mesmo sendo este meramente exemplificativo — como entende a grande doutrina —, que, com a devida escusa, didaticamente determina o porte do que se espera aplicar o EIA/RIMA.

Assim, por certo não nos parece adequado, por exemplo, suscitar que condomínio residencial possa estar equiparado a uma hidrelétrica, ferrovia ou projeto desta magnitude para haver EIA/RIMA.

Ainda no que condiz ao rol citado, veja-se que o EIA/RIMA é exigido em "projetos urbanísticos, acima de 100ha ou em áreas consideradas de relevante interesse ambiental". Desta sorte, *a contrario sensu*, torna-se igualmente fácil inferir que os projetos menores — caso pudéssemos determinar isso juridicamente e não cientificamente — estariam dispensados.

Por outro lado, cautelosamente, mesmo em atenção à dispensa de EIA/RIMA, é comum ver as agências ambientais solicitarem aos empreendedores civis projetos alternativos, a exemplo de Plano de Controle Ambiental (PCA). Frequentemente estes estudos são solicitados por termo de referência próprio no bojo do próprio processo de licenciamento ambiental. O termo referido será detalhado em item destacado posteriormente.

A rigor este PCA deve conter, descritos e previstos, todos os aspectos e impactos ambientais — negativos e positivos — solicitados na edição do termo de referência pela autoridade ambiental. A seu turno, deve também contemplar, a caráter do que se foi exigido pelo órgão, eventuais proposições para composição de medidas mitigadoras, compensatórias e de controle ambiental.

Mas, mesmo assim, há registros de demandas do Ministério Público Estadual de variadas localidades interpelando contra a decisão da dispensa do EIA/RIMA em detrimento da promoção de estudos menores especializados, de tal modo que, não raras vezes, ocorre a judicialização das dispensas de pedidos de EIA/RIMA com pedido de execução de EIA/RIMA *a posteriori.*

5 EIA/RIMA *a posteriori*

Neste particular, cumpre-se salientar, fazemos nossas as palavras do Ministro do STJ Antonio Herman de Vasconcellos e Benjamin, que explica que o EIA só se justifica quando preliminar ao ato de licenciamento:

> "Um EIA não cumprirá suas finalidades se, ao ser elaborado pelo órgão, ocorrer tão tardiamente no processo decisório que compromissos com o projeto em questão já tenham sido feitos e sejam irreversíveis".[12] (...). Já afirmamos, em outro local, que o momento para realização do EIA é, normalmente, anterior à expedição da licença, mesmo que se trate de licença-prévia (...).[13]

Ademais, complementa ainda o ilustre ministro doutrinador:

> (...) não tem cabimento no nosso Direito a figura do "EIA *a posteriori*". Não se pode perder de vista que a tarefa do EIA "é tentar uma análise integrada das conseqüências dos projetos, no estágio mais cedo possível de planejamento, para trazer à tona os efeitos da atividade particular, enquanto as opções ainda estão abertas à reconsideração da desejabilidade da ação ou do seu modo de operação, antes que uma decisão irremediável seja tomada".[14]

Como demonstrado, o EIA é um resultado *per si* necessário e deve ser elaborado no momento certo. E, neste sentido incontestável, posiciona-se ainda o Min. Herman Benjamin: "Nem muito antes, nem depois. Se é o EIA que vai orientar e embasar o ato administrativo de licenciamento, não é cabível que seja preparado anos antes da Implantação do projeto ou após a emissão da licença".[15]

---

[12] ANDERSON; DANIELS. *NEPA in the Courts*: a Legal Analysis of the National Environmental Policy Act.

[13] BENJAMIN. Estudo de impacto ambiental e Ministério Público. In: *Anais do VII Congresso Nacional do Ministério Público.*

[14] McCALLUM. Environmental Impact Assessment: a Comparative Analysis of the Federal Response in Canada and the United States. *Alberta Law Review*, p. 378 *apud* BENJAMIN. Os princípios do estudo de impacto ambiental como limites da discricionariedade administrativa. *BDJur*, p. 16.

[15] BENJAMIN. Os princípios do estudo de impacto ambiental como limites da discricionariedade administrativa. *BDJur*, p. 16.

E, com isso, infere-se que, para os empreendimentos que já têm licença, estes não devem elaborar um EIA/RIMA, pois o estudo não seria mais que um caro capricho da Administração imposto ao empreendedor, no qual todos os aspectos técnicos que poderiam ser levantados estariam prejudicados pelo início das operações.

Édis Milaré também comunga dessa opinião. Em sua obra, o doutrinador afirma sobre o "momento de preparação" do EIA/RIMA:

> (...) dado seu papel de instrumento preventivo de danos, é claro que, para cumprir sua missão, deve ser elaborado antes da decisão administrativa de outorga da licença para a implementação de obras ou atividades com efeito ambiental no meio considerado. Daí o *nomen juris* que lhe dá a Constituição: "estudo prévio de impacto ambiental".[16]

Portanto, conclui-se desta colação que, em se modificando a regra e se exigindo de atividades já instaladas, a elaboração do EIA/RIMA estará, entre outros pontos, nas palavras de Milaré, "refletindo conflitos relacionados à aplicação da lei no tempo".

Assim, se o empreendedor apresentar, à época de sua instalação, toda a documentação que lhe é exigida pelo Estado — por termo de referência — e alcançar a outorga da licença Ambiental, para Milaré, pedir o EIA neste momento é infringir os princípios da irretroatividade da lei:

> (...) exigir um EIA/RIMA é caminhar de encontro com diversas legislações mais atualizadas e até mesmo com a Constituição Federal que "assegura a irretroatividade da lei, através da proteção, contra a lei nova, do direito adquirido, do ato jurídico perfeito e da coisa julgada".[17]

E finaliza o sábio Min. Herman Benjamin, asseverando, em citação ao colega e professor Celso Antonio Pacheco Fiorillo:

> Não cabe aqui, a guisa de remate, qualquer insinuação de que o EIA/RIMA deve ser exigido a qualquer tempo e de qualquer maneira, quando, ao se ler a Carta Magna, se nota que tal estudo está envolto pelo caráter da pertinência, pois "cumpre esclarecer que o EIA/RIMA nem sempre é obrigatório, porquanto o próprio Texto Constitucional condiciona a existência desse instrumento às obras e atividades [com certas especificidades] e nem toda atividade econômica possui [tais] características".[18]

---

[16] MILARÉ. *Direito do ambiente*: a gestão ambiental em foco: doutrina, jurisprudência, glossário.

[17] MILARÉ. *Direito do ambiente*: a gestão ambiental em foco: doutrina, jurisprudência, glossário.

[18] FIORILLO. *Curso de direito ambiental brasileiro apud* BENJAMIN, *cit.*

Com efeito, infere-se que o EIA/RIMA não deve ser visto como um instrumento absoluto quando houver situações em que a sua obrigação seja um atentado ao ato jurídico perfeito e ao princípio da pertinência, como, por exemplo, seria o caso da imposição para empreendimentos que já possuam licença ou empreendimentos de potencial ofensivo menor. A exigência do estudo prévio de impacto ambiental já na fase de operação não tem sentido. Ele, em verdade, traz consigo diversas consequências que podem gerar danos às empresas (por iniciativa do Estado, cuja indenização recairá sobre o seu tesouro).

Em exemplo simples, ao se dizer que se deve elaborar um EIA/RIMA *a posteriori*, está-se, em veras, dizendo que toda a documentação que se apresentou e que sustenta uma licença de operação pode não ser válida.

E esse ataque direto à livre-iniciativa, ao princípio da anterioridade, bem como, ao instituto da segurança jurídica, pode gerar consequências desastrosas para a economia do Estado, pois fragilizaria a relação entre empreendedor e a Administração, podendo culminar em indenizações devidas aos primeiros pelos segundos, assim como, também, frearia novos investimentos.

Por derradeiro, fecha-se este conjunto, com as palavras do Especialista em Direito Ambiental e Ministro do STJ Herman Benjamin, pois maior autoridade não há: "(...) não tem cabimento no nosso Direito a figura do 'EIA *a posteriori*'".

6 O termo de referência nos projetos de construção e a prática ambiental contemporânea

Impende assinalar que termo de referência para elaboração de, por exemplo, Plano de Controle Ambiental é um instrumento alternativo ao EIA/RIMA que, em sede de estudos ambientais urbanos, é definido caso a caso pelo órgão ambiental competente.

Cumpre-se mencionar que o referido termo para estes casos não está estabelecido em norma,[19] e é utilizado pela administração pública ambiental como instrumento orientador para que uma equipe técnica particular contemple, em seus estudos de aspectos e impactos ambientais, alternativas técnicas à atividade pretendida, compatíveis ao ambiente com o qual se relacionará.

---

[19] Há exceções registradas apenas nos casos relativos a atividades de extração mineral e de carcinicultura, conforme se observa nas resoluções CONAMA n⁰ 009 e n⁰ 010/90, e n⁰ 312/2002, respectivamente, as quais constam textualmente a incidência de Termo de Referencia como um documento impositivo.

É oportuno ainda mencionar que, empiricamente, o instrumento termo de referência vem crescentemente sendo utilizado e editado pela administração ambiental brasileira como uma forma híbrida de trâmite administrativo ordinatório e negocial.

Note-se que é possível dizer que o termo de referência hoje é um administrativo formal, de efeitos externos, com a sorte de suas ordens, escritas e gerais, orientarem o desempenho interno do administrado na realização de determinada ação que lhe é imputada de maneira orientativa. Trata-se de um caminho para se adaptar o científico ao jurídico, e orientar o empreendedor de quais elementos, ela, administração ambiental, *in casu*, julga, por sua experiência e inteligência científica, que se deva privilegiar na análise ambiental dos técnicos particulares interessados.

Portanto, este instrumento é um mapa pelo qual a equipe técnica particular se orienta, por determinação da administração pública ambiental, na condução de seus trabalhos.

Assim, é indigitado que esse termo, mesmo que gozando de certa formalidade, não seja totalmente formal. Não segue regra prescrita em lei (forma e conteúdo),[20] tão somente os conceitos gerais de legalidade administrativa e os princípios gerais do direito ambiental e é afeto à discricionariedade do administrador singular que o edita, de acordo com uma ou mais circunstâncias factuais do projeto sob sua análise e sua conveniência.

Daí porque não existem dois documentos iguais. Mas isso não o torna menos importante ou lhe subtrai força, desde que esteja presente o interesse público e a harmonização científico-jurídica fundada na ponderação do socioeconômico com o ambiental, de tal sorte que usos especialmente protegidos possam sofrer intervenções controladas, ao bem do próprio ambiente.

Deletério seria à segurança jurídica se a administração pública rejeitasse, nestas condições, um estudo técnico, *in casu* o PCA, que é nosso exemplo, sob o argumento de que faltaram-lhe análises específicas acerca de determinado ponto, se tais análises não foram solicitadas no termo de referência que ela mesma editou e que dele nem são por completo obrigatórias.

Tecnicamente, poder-se-ia considerar que o termo de referência, no bojo do processo de licenciamento, é um Fato Administrativo Ambiental que contempla diversas vontades administrativas, e, neste sentido, observe-se o que preceitua o sábio Hely Lopes Meirelles:

---

[20] Veja-se exceção anteriormente citada.

Fato Administrativo é toda a realização material da administração (...). O Fato Administrativo, como materialização da vontade Administrativa, é dos domínios da técnica e só reflexamente interessa ao direito, em razão das conseqüências jurídicas que dele possa advir para a administração e para os administrados.

O que convém fixar é que o Ato Administrativo não se confunde com o Fato Administrativo, se bem que estejam intimamente relacionados, por este, conseqüência daquele.

O Fato Administrativo resulta sempre do Ato Administrativo que o determina.[21]

Portanto, o fato administrativo trata-se de mera conveniência e oportunidade, adstrita a seus preceitos nucleares de revisão. Lembrando-se que, no âmbito ambiental, a conveniência e oportunidade goza de uma discricionariedade contempladamente reduzida.

6.1 Conveniência e oportunidade e o termo de referência

Nesta ordem de convicções, cumpre-se assinalar que, tratando-se de aferição do ato administrativo precedente ao fato administrativo — diferentemente do princípio vigorante para os particulares e entes privados, que é o princípio da liberdade e da livre-iniciativa, por imperativo dos artigos 5º, II, 170, IV e parágrafo único, aos órgãos e agentes públicos vigora o cânone da legalidade, traduzido na mais estrita sujeição à Constituição, às leis e às demais normas infralegais integrantes do sistema de hierarquia normativa e, portanto, julgar estes preceitos —, pôr à prova este ato é o mesmo que julgar a própria lei. Conforme nos ensina Alexandre de Moraes:

Em regra, será defeso ao Poder Judiciário apreciar o mérito do Ato Administrativo, cabendo-lhe unicamente examiná-lo pelo aspecto de sua legalidade e moralidade, isto é, se foi praticado conforme ou contrariamente ao ordenamento jurídico. Essa solução tem como fundamento básico o princípio da separação dos poderes (CF/88, artigo 2º), de maneira que a verificação das razões de conveniência ou de oportunidade dos atos administrativos escapa ao controle jurisdicional do Estado (...).[22]

Ademais, é de se reconhecer que, a nulidade de ato administrativo, consoante orientação firmada pela doutrina e jurisprudência do direito

---

[21] MEIRELLES. *Direito administrativo brasileiro*, p. 133.
[22] MORAES. *Direito constitucional administrativo*, p. 121.

público brasileiro, corresponde ao desfazimento dos atos praticados pelos órgãos e agentes da administração pública em decorrência de razões diretamente relacionadas a sua legalidade, podendo ser promovida pelo Poder Judiciário, mas tão somente quando se constatar haver sido a manifestação de vontade administrativa praticada em desconformidade com as normas e regulamentos em vigor aplicáveis à espécie de que se trata.

Os prepostos do Estado, em todos os níveis de governo na Federação, subordinam-se por inteiro ao princípio da legalidade, presentemente alçado em postulado constitucional, a teor da norma do art. 37, caput, da Constituição da República promulgada em 1998, rezam:

> A administração pública direta, indireta ou fundacional, de qualquer dos Poderes da União, dos Estados, do Distrito Federal e dos Municípios obedecerá aos princípios da legalidade, impessoalidade, moralidade, publicidade e, também, ao seguinte: (...).

A doutrina e a jurisprudência já afirmam ser descabido o exame de mérito do ato administrativo pelo Poder Judiciário. Isto é o mesmo que dizer que, nos casos em que a lei conferiu ao administrador a competência para escolher a melhor decisão entre várias a ele facultada, acabou por lhe atribuir competência típica da função administrativa, impossível de ser substituída por critérios de conveniência do órgão jurisdicional.

Portanto, havendo uma escolha fundamentada na edição de um termo de referência para elaboração de PCA (muito frequente em construções civis urbanas) não será esta decisão afeta ao judiciário a sua revisão de oportunidade e conveniência, mesmo havendo uma solicitação de EIA/RIMA *a posteriori*.

Neste diapasão, exemplifica e esclarece o professor Carlos Ari Sundfeld:

> Primeiramente, foi admitido o controle do Judiciário sobre os *elementos extrínsecos* do ato administrativo discricionário. Por extrínsecos são designados aqueles aspectos relevantes à validade do ato administrativo que, todavia, como o próprio nome indica, sejam exteriores ao ato em si. Integram este rol a competência da autoridade que expediu o ato, a observância do procedimento previsto em lei, a existência de motivo (situação de fato) a fundamentar a produção do ato e, finalmente, a obediência das formalidades exigidas para sua edição (como a ausência de motivação, por exemplo).

> Além do controle dos requisitos que circulam o ato administrativo em si, também são inseridos no contexto de análise estritamente jurídica (estranha, portanto, a mera valoração da conveniência e oportunidade

do administrador) alguns *elementos intrínsecos* ao ato. A aplicação dos princípios de direito administrativo serve de fundamental instrumento à realização deste exame.

Por este intermédio, verifica-se se o ato discricionário buscou alcançar o fim abstrato previsto em lei ou dele se desviou (princípio da finalidade); se o ato aplicou a lei de forma fundamentada, coerente com os objetivos buscados no ordenamento jurídico ou se a aplicou de modo arbitrário, sem justificativa plausível (princípios da razoabilidade ou da proporcionalidade); se houve a persecução do interesse geral previsto em lei ou se o ato visou ao favorecimento ou a retaliação de alguém (princípios da igualdade, da impessoalidade e da moralidade); e assim por diante.[23]

Maria Sylvia Zanella Di Pietro também contempla:

> Com relação aos atos discricionários, o controle judicial é possível, mas terá que respeitar a discricionariedade administrativa nos limites em que ela é assegurada à Administração Pública pela lei. (...)
>
> A rigor, pode-se dizer que, com relação ao ato discricionário, o Judiciário pode apreciar os aspectos da legalidade e verificar se a Administração não ultrapassou os limites da discricionariedade; neste caso, pode o judiciário invalidar o ato, porque a autoridade ultrapassou o espaço livre deixado pela lei e invadiu o campo da legalidade.[24]

Face a estas considerações, é de se observar que esta postura encontrada no direito brasileiro não significa reconhecer uma completa ausência de controle judicial em relação aos atos administrativos que apresentem a característica acima mencionada (margem de discricionariedade), como é o caso dos atos ambientais, até mesmo porque há doutrina divergente, de importante calado, que os litigantes devem, conforme o caso, considerar.

Por isso, é de se notar que o descabimento de controle judicial defendido, no exemplo acima, afeta tão somente parte da competência exercida, justamente à livre opção, que foi conferida ao juízo de conveniência do administrador, pela própria atividade administrativa, *i.e.*, a simples edição do termo de referência ou índice do trilho do PCA — não este conteúdo.

---

[23] Cf. SUNDFELD; CÂMARA. Controle judicial dos atos administrativos: as questões técnicas e os limites da tutela de urgência. *Interesse Público*, p. 25-26.

[24] DI PIETRO. *Direito administrativo*, p. 202.

Edson de Oliveira Braga Filho, Flávio Ahmed, Luiz Carlos Aceti Júnior, Samir Jorge Murad, Werner Grau Neto (Coord.)
Mecanismos Legais para o Desenvolvimento Sustentável

7 Nexo de causalidade entre o dano e o imóvel em construção

Prescinde, antes de continuar, esclarecer a definição de dano ambiental, que Paulo de Bessa Antunes coloca sinteticamente: "(...) dano é o prejuízo (uma alteração negativa da situação jurídica, material ou moral) causado a alguém por um terceiro que se vê obrigado ao ressarcimento".[25]

Neste particular, observe-se o que dita a norma nacional, em breve sumário. A responsabilidade pelo dano ambiental é objetiva (art. 14 da Lei n° 6.938/81, recepcionado pelo art. 225, parágrafos 2° e 3°, da CF/88) e tem como pressuposto a existência de uma atividade que implique em riscos para a saúde e para o meio ambiente, impondo-se ao empreendedor a obrigação de prevenir riscos e de indenizá-los. Além disso, exige-se o dano ou risco de dano e o nexo de causalidade entre a atividade e o resultado, efetivo ou potencial.

Neste passo, vejam-se os comentários do Juiz Federal Fábio Dutra Lucarelli:

> (...) a indenização é devida somente pelo fato de existir a atividade da qual adveio o prejuízo, (...), sendo possível responsabilizar todos aqueles aos quais, possa de alguma maneira [isto é, que haja nexo de causalidade], ser imputado o prejuízo.[26]

Do exposto, *a contrario sensu*, infere-se por óbvio que não se pode responsabilizar aquele a quem não se pode imputar o dano, *i.e.*, aquele que não tenha participação na causa e no efeito ambientalmente negativo.

Manifestam-se assim os ilustres senhores: o Ministro do STJ Herman Benjamin;[27] o Desembargador Ex-Presidente do Tribunal do Estado do Rio de Janeiro e Professor da Escola de Magistratura do Rio de Janeiro Sérgio Cavalieri Filho;[28] o Ex-Procurador Geral do Estado do Pará Jorge Nunes Athias;[29] o Ex-Secretário do Meio Ambiente do Estado de São Paulo Édis Milaré;[30] o Livre-docente, Doutor e Mestre em Direito pela PUC-SP

---

[25] ANTUNES. *Direito ambiental*, 4. ed., p. 156-157.

[26] LUCARELLI. Responsabilidade civil por dano ecológico. *Revista dos Tribunais*, p. 15.

[27] BENJAMIN. Responsabilidade civil pelo dano ambiental. *Revista de Direito Ambiental*, p. 41.

[28] CAVALIERI FILHO. *Programa de responsabilidade civil*, p. 142.

[29] ATHIAS. Responsabilidade civil e meio ambiente: breve panorama do direito brasileiro. In: BENJAMIN (Coord.). *Dano ambiental: prevenção, reparação e repressão*, p. 245.

[30] MILARÉ. Tutela jurídico-civil do ambiente. *Revista de Direito Ambiental*, p. 22.

Nelson Nery Junior;[31] o Livre-docente e Doutor em Direito pela PUC-SP José Afonso da Silva;[32] o Consultor Jurídico do Ministério da Justiça Sérgio Ferraz;[33] entre outros.

Verifica-se, pois, que qualificada gama de doutrinadores defende a tese de que não se pode punir alguém que não tenha dado causa ou contribuído de alguma forma para a ocorrência do dano. Muito menos punir alguém por dano inexistente.

Além do ilustre rol de doutrinadores pátrios suscitado acima, partilham ainda do mesmo entendimento os seguintes juristas e processualistas militantes que seguem abaixo.

José Rubens Morato Leite, advogado e professor de Direito Ambiental, *Postdoctor* pela Macquarie University, Centre of Environmental Law, Doutor em Direito pela Universidade Federal de Santa Catarina e *Master in Law* pela University College London (UCL), Centre of Environmental Law: "A incidência da responsabilidade civil por dano ambiental depende da comprovação da existência de um dano, de uma conduta e de uma relação de causa e conseqüência entre estes".[34]

Paulo de Bessa Antunes, advogado e professor de direito ambiental, Doutor pela Universidade do Estado do Rio de Janeiro e Mestre pela PUC-Rio: "Não basta que se prove o fato; é necessário, também, que se prove a ação culposa de seu causador; que se prove que o causador do dano não agiu com a prudência (...)".[35]

Francisco José Marques Sampaio, advogado e professor de direito ambiental, Doutor pela Universidade do Estado do Rio de Janeiro e Mestre pela Universidade Gama Filho: "Com a adoção da teoria objetiva fundada no risco da atividade, a reparação de danos ao meio ambiente por meio de ações de responsabilidade civil pode ser obtida desde que sejam provados, de acordo com os rigores da dogmática tradicional do instituto, a autoria do fato, a ocorrência de danos e o nexo de causalidade entre os danos verificados e os fatos".[36]

Paulo Affonso Leme Machado, Advogado e Professor de Direito Ambiental, *Post-Doc* pela Université de Limoges, Doutor *Honoris Causa* pela Universidade Estadual de São Paulo, Doutor pela PUC-SP e *Master* pela Université de Strasbourg: "Além da existência do prejuízo, é necessário

---

[31] NERY JUNIOR. Responsabilidade civil por dano ecológico e a ação civil pública. *Justitia*, p. 172.

[32] SILVA. *Direito ambiental constitucional*, 2. ed., p. 215.

[33] FERRAZ. Responsabilidade civil por dano ecológico. *Revista de Direito Privado*, p. 40.

[34] LEITE; CARVALHO. O nexo de causalidade na responsabilidade civil por danos ambientais. *Revista de Direito Ambiental*, p. 77.

[35] ANTUNES. *Direito ambiental*, 6. ed., p. 181.

[36] SAMPAIO. *Evolução da responsabilidade civil e reparação de danos ambientais*, p. 203.

estabelecer-se a ligação entre a sua ocorrência e a fonte poluidora. Quando é somente um foco emissor não existe nenhuma dificuldade jurídica. Quando houver pluralidade de autores do dano ecológico, estabelecer-se o liame causal pode resultar mais difícil, mas não é tarefa impossível".[37]

Ademais, até mesmo os juristas que seguem uma interpretação mais extensiva da norma ambiental, lastreada nos princípios da Convenção de Lugano — a teoria das probabilidades —, defendendo uma maior facilidade probatória na determinação do nexo de causalidade, afirmam que, ainda assim, deve haver sinal evidente do nexo entre o dano, a conduta e suas consequências para se alcançar a punibilidade de fato.

Nesta ordem de convicções é de se observar os ensinamentos do Juiz de Direito de São Paulo, Álvaro Luiz Valery Mirra, *Diplôme en Droit de l'Environnement* pela Université de Strasbourg acerca do mosaico factual: "A maior causa do enfraquecimento da responsabilidade objetiva não é outra senão a impossibilidade de comprovação do liame de causalidade entre a atividade promovida pelo suposto poluidor e os danos ambientais verificados".[38]

Mas não é somente a mais abalizada doutrina nacional — com amplo conhecimento internacional — que possui este entendimento ou o compartilha. A jurisprudência pátria perfilha das mesmas orientações, como se pode notar do acervo que segue, este que torna inconteste a necessidade *sine qua non* para a configuração da responsabilidade por dano ao meio ambiente da verificação do nexo causal entre o dano causado e a ação ou omissão do degradador.

Em relação à imprescindibilidade de comprovação do nexo causal para a caracterização da responsabilidade ambiental, assim já se pronunciou o Superior Tribunal de Justiça, em recente precedente jurisprudencial:

> Processual Civil. Administrativo. Recursos especiais. Ausência de prequestionamento. Súmulas 282/STF e 211/STJ. Violação do art. 535 do CPC. Não-ocorrência. Ação Civil Pública. Dano ambiental. Monitoramento técnico. Caráter probatório afastado pelo tribunal de origem. Reversão do entendimento. Impossibilidade. Súmula 7/STJ. Responsabilidade objetiva do causador do dano ambiental (arts. 3°, IV, e 14, $\S 1^\circ$, da Lei 6.938/81). Interpretação do art. 18 da Lei 7.347/85. Precedentes do STJ. Recursos especiais parcialmente conhecidos e, nessa parte, desprovidos. (...)

---

[37] MACHADO. *Direito ambiental brasileiro*, p. 354.

[38] MIRRA. A noção de poluidor na Lei nº 6.938/81 e a questão da responsabilidade solidária do Estado pelos danos ambientais causados por particulares. In: LEITE; DANTAS (Org.). *Aspectos processuais do direito ambiental*, p. 22.

Outrossim, é manifesto que o Direito Ambiental é regido por princípios autônomos, especialmente previstos na Constituição Federal (art. 225 e parágrafos) e legislação específica, entre os quais a responsabilidade objetiva do causador do dano ao meio ambiente (arts. 3°, IV, e 14, §1°, da Lei 6.938/81). Portanto, a configuração da responsabilidade por dano ao meio ambiente exige a verificação do nexo causal entre o dano causado e a ação ou omissão do poluidor. Assim, não há falar, em princípio, em necessidade de comprovação de culpa dos ora recorrentes como requisito à responsabilização pelos danos causados ao meio ambiente. (...). Recursos especiais parcialmente conhecidos e, nessa parte, desprovidos. (STJ. REsp n° 570.194/RS. Rel. Min. Denise Arruda, julg. 4.10.2007. *DJ*, 12 nov. 07, p. 155)

Ainda que reconhecendo a natureza objetiva da responsabilidade ambiental e dispensando a comprovação da culpa dos agentes, a jurisprudência do STJ é clara, como não poderia deixar de ser, em exigir a demonstração do nexo causal, sem o qual não haverá responsabilização possível.

É o que se extrai dos arestos adiante transcritos:

Dano ambiental. Corte de árvores nativas em área de proteção ambiental. Responsabilidade objetiva. 1. Controvérsia adstrita à legalidade da imposição de multa, por danos causados ao meio ambiente, com respaldo na responsabilidade objetiva, consubstanciada no corte de árvores nativas. 2. A Lei de Política Nacional do Meio Ambiente (Lei n° 6.938/81) adotou a sistemática da responsabilidade civil objetiva (art. 14, §1°) e foi integralmente recepcionada pela ordem jurídica atual, de sorte que é irrelevante e impertinente a discussão da conduta do agente (culpa ou dolo) para atribuição do dever de indenizar. 3. A adoção pela lei da responsabilidade civil objetiva, significou apreciável avanço no combate a devastação do meio ambiente, uma vez que, sob esse sistema, não se leva em conta, subjetivamente, a conduta do causador do dano, mas a ocorrência do resultado prejudicial ao homem e ao ambiente. Assim sendo, para que se observe a obrigatoriedade da reparação do dano é suficiente, apenas, que se demonstre o nexo causal entre a lesão infligida ao meio ambiente e a ação ou omissão do responsável pelo dano. 4. O art. 4°, VII, da Lei n° 6.938/81 prevê expressamente o dever do poluidor ou predador de recuperar e/ou indenizar os danos causados, além de possibilitar o reconhecimento da responsabilidade, repise-se, objetiva, do poluidor em indenizar ou reparar os danos causados ao meio ambiente ou aos terceiros afetados por sua atividade, como dito, independentemente da existência de culpa., consoante se infere do art. 14, §1°, da citada lei. 6. A aplicação de multa, na hipótese de dano ambiental, decorre do poder de polícia — mecanismo de frenagem de que dispõe a Administração Pública para conter ou coibir atividades dos particulares que se revelarem nocivas, inconvenientes ao bem-estar social, ao desenvolvimento e à segurança nacional, como sói acontecer na degradação ambiental. 7. Recurso especial provido. (STJ. REsp nº 578.797/RS, 1ª Turma. Rel. Min. Luiz Fux, julg. 5.8.2004. *DJ*, 20 set. 2004, p. 196)

Ação Civil Pública – Dano ao meio ambiente – Aquisição de terra desmatada – Reflorestamento – Responsabilidade – Ausência – Nexo causal – Demonstração – Negativa de prestação jurisdicional – Citação do cônjuge. Não há que se falar em nulidade do acórdão que rejeitou os embargos de declaração, se o acórdão examinou todas as questões pertinentes ao deslinde da controvérsia. Desnecessária a citação dos cônjuges na ação proposta para apurar responsabilidades por dano ao meio ambiente, eis que não se trata de ação real sobre imóveis. Não se pode impor a obrigação de reparar dano ambiental, através de restauração de cobertura arbórea, a particular que adquiriu a terra já desmatada. O artigo 99 da Lei nº 8.171/91 é inaplicável, visto inexistir o órgão gestor a que faz referência. O artigo 18 da Lei nº 4.771/65 não obriga o proprietário a florestar ou reflorestar suas terras sem prévia delimitação da área pelo Poder Público. Embora independa de culpa, a responsabilidade do poluidor por danos ambientais necessita da demonstração do nexo causal entre a conduta e o dano. Recurso provido. (STJ. REsp nº 229.302/PR. Rel. Min. Garcia Vieira, julg. 18.11.1999. *DJ*, 7 fev. 2000, p. 133)

A jurisprudência do Tribunal de Justiça do Estado do Rio de Janeiro também é cristalina a esse respeito:

Ação Civil Pública. Dano Ambiental. Obras Não Licenciadas. Responsabilidade Objetiva. Imprescindibilidade do Nexo Causal. Acurada Análise da Prova Pericial. Edificações Realizadas Pelo Antigo Proprietário. Limitação da Imputação da Responsabilidade. Qualquer que seja a natureza da responsabilidade (subjetiva ou objetiva), é indispensável a existência de uma conduta causadora do resultado, ou seja, a autoria. Ainda que desnecessária a perquirição sobre o elemento subjetivo da conduta (dolo/culpa), é imprescindível que o resultado possa ser imputado a alguém, ao autor da conduta, do comportamento ilícito. Tanto assim, que a Constituição da República estabelece, em seu artigo 225, §3º, que as condutas lesivas ao meio ambiente sujeitarão os infratores a sanções penais e administrativas, independentemente da obrigação de reparar os danos causados. Portanto, em que pese ao truísmo, se o resultado não for provocado por alguém, a este não pode ser imputada qualquer responsabilidade, ante a falta do nexo causal. O dano ambiental não se confunde com a falta de licença municipal. Muitas vezes, no plano dos fatos, ambos ocorrem simultaneamente, mas nem por isso significam a mesma coisa. Para a responsabilização civil/ambiental, importa apenas a apuração do primeiro (dano ambiental). A existência ou não de licença municipal situa-se no âmbito administrativo, sujeitando o infrator às respectivas sanções. Contudo, vale frisar: cuidam-se de situações diferentes, tratadas em esferas diversas. O dano ambiental acarreta a responsabilidade civil do agente; a falta de licença sujeita o agente ao poder de polícia da Administração Pública — responsabilidade administrativa, por assim dizer. Assim sendo, para a solução do presente litígio, o importante é identificar o dano ambiental e a respectiva autoria, pouco importando se causado a título culposo ou doloso. (...). Desprovimento do recurso. (TJRJ. Apelação nº 2008.001.58607, 13ª Câmara Cível. Rel. Des. Sérgio Cavalieri Filho, julg. 14.1.2009)

8 Conclusão

Inicialmente cumpre-se mencionar, conforme visto, que o princípio do desenvolvimento sustentável, de amplitude global, encontra-se plenamente inserido na legislação nacional, no que tange à harmonização do social, ao econômico e ao ambiental em prol do bem-estar e da qualidade de vida.

Ademais, viu-se também que, atualmente, o que se propõe é se buscar a verdadeira vocação das áreas verdes urbanas, perante o sistema no qual se inserem, de modo que se compatibilize o sistema normativo às necessidades atuais das cidades, com a harmonização do social, do econômico e do ambiental, preceitos do desenvolvimento sustentável.

A seu turno, igualmente se pode perceber pelo exposto que a janela da função ecológica está propiciando à administração ambiental, nos processos de licenciamento, e a seus científicos uma verdadeira chance de conformar a oportunidade e conveniência da administração concedente àquele desenvolvimento sustentável, de forma a permitir que novos regimes de uso e de exploração, em áreas com especial interesse, possam ser adotados, sem que haja distanciamentos perigosos de suas decisões à legalidade e ao interesse público, princípios basilares da administração.

Sopesados, constatou-se ao longo do estudo que obras de baixo ou inexistente potencial degradador não dependerão de EIA/RIMA para alcançarem suas licenças e, ainda, que é facultado ao órgão a sua dispensa formal. Por outro lado, cautelosamente, se consignou que, mesmo em atenção à dispensa de EIA/RIMA, agências ambientais solicitam frequentemente aos empreendedores civis projetos alternativos, a exemplo do Plano de Controle Ambiental (PCA), e que estes estudos são ordenados ao administrado por termo de referência próprio no bojo do processo de licenciamento ambiental.

Destarte, viu-se com nitidez que não cabe no nosso Direito a figura do "EIA *a posteriori*". E dizer que se deve elaborar um EIA/RIMA *a posteriori* está-se, em veras, dizendo que toda a documentação que se apresentou e que sustenta uma licença de operação pode não ser válida.

Com efeito, na sequência, buscou-se conceituar o termo de referência, hoje tido como um fato administrativo formal, com ordens, escritas e gerais, que visam orientar o desempenho interno do administrado na realização de uma ação externa e determinada ao processo de licenciamento, que lhe é imputada de maneira orientativa.

Pode-se igualmente inferir que este termo é um caminho para se adaptar o científico ao jurídico, e orientar o empreendedor sobre quais elementos, ela, administração ambiental, julga, por sua experiência e inteligência científicas, necessários privilegiar na análise ambiental dos técnicos particulares interessados. Em tempo, pontuou-se que este termo está adstrito às normas e regras de revisão jurídica dos atos discricionários, e sua oportunidade e conveniência gozam de certa liberdade inatingível.

Finalizando, pode-se observar ampla gama de doutrinadores que defendem a tese de que não se pode punir uma atividade que não tenha dado causa ou contribuído de alguma forma para a ocorrência de um dano. E muito menos se punir por dano inexistente. Desta feita, inferiu-se também que até mesmo os juristas que seguem a interpretação mais extensiva, lastreada na teoria das probabilidades, afirmam que, mesmo assim, deve haver sinal evidente do nexo entre o dano, a conduta, e suas consequências para se alcançar a punibilidade de fato.

Por derradeiro, concluímos este breve ensaio, na esperança de termos contribuído para o desenvolvimento dos conceitos ao longo explorados e de termos agregado àqueles debates eventuais novas visões de direito ambiental em prol do desenvolvimento do setor imobiliário, sempre com vistas à compatibilização e à harmonização do científico ao jurídico e, ainda, do social ao econômico e ao ambiental, todos princípios que refletem diretamente na qualidade de vida e bem-estar urbanos, objetos dos melhores projetos de construção civil da atualidade.

Referências

ALESSI, Renato. *Principi di diritto amministrativo*. Milano: A. Giuffrè, 1966. v. 1, I soggetti attivi e l'esplicazione della funzione amministrativa.

ANDERSON, Frederick R.; DANIELS, Robert H. *NEPA in the Courts*: a Legal Analysis of the National Environmental Policy Act. Washington: Resources for the Future; distributed by the Johns Hopkins University Press, Baltimore, 1973.

ANDERSON, Frederick R.; MANDELKER, Daniel R.; TARLOCK, A. Dan. *Environmental Protection*: Law and Policy. Boston: Little, Brown, 1984.

ANTUNES, Paulo de Bessa. *Direito ambiental*. 4. ed. rev., ampl. e atual. Rio de Janeiro: Lumen Juris, 2000.

ANTUNES, Paulo de Bessa. *Direito ambiental*. 6. ed. rev., ampl. e atual. Rio de Janeiro: Lumen Juris, 2002.

ATHIAS, Jorge Nunes. Responsabilidade civil e meio ambiente: breve panorama do direito brasileiro. In: BENJAMIN, Antonio Herman de Vasconcellos e. (Coord.). *Dano ambiental*: prevenção, reparação e repressão. São Paulo: Revista dos Tribunais, 1993.

ATKINSON, Giles *et al. Measuring Sustainable Development*: Macroeconomics and the Environment. Cheltenham, UK; Northampton, USA: E. Elgar, 1997.

BENJAMIN, Antonio Herman de Vasconcellos e. (Coord.). *Dano ambiental*: prevenção, reparação e repressão. São Paulo: Revista dos Tribunais, 1993.

BENJAMIN, Antonio Herman de Vasconcellos e. Estudo de impacto ambiental e Ministério Público. *Anais do VII Congresso Nacional do Ministério Público*. Belo Horizonte: AMMP/CONAMP, 1987.

BENJAMIN, Antonio Herman de Vasconcellos e. Os princípios do estudo de impacto ambiental como limites da discricionariedade administrativa. *BDJur*, Brasília, DF. Disponível em: <http://bdjur.stj.gov.br/dspace/handle/2011/8746>. Acesso em: 10 mar. 2010.

BENJAMIN, Antonio Herman de Vasconcellos e. Responsabilidade civil pelo dano ambiental. *Revista de Direito Ambiental*, v. 3, n. 9, p. 5-52, jan./mar. 1998.

BENNETT, Andrew F. *Linkages in the Landscape*: the Role of Corridors and Connectivity in Wildlife Conservation. Gland, Switzerland: IUCN – The World Conservation Union, 1999.

BORGES, Roxana Cardoso Brasileiro. Função ambiental da propriedade. *Revista de Direito Ambiental*, v. 3, n. 9, p. 67-85, jan./mar. 1998.

CAVALIERI FILHO, Sérgio. *Programa de responsabilidade civil*. São Paulo: Malheiros, 1996.

COSTANZA, R.; PATTEN, B.C. Defining and Predicting Sustainability. *Ecological Economics – the Journal of the International Society for Ecological Economics*, v. 15, n. 3, p. 193-196, 1995.

DAUDT D'OLIVEIRA, Rafael Lima. Parecer RD n. 04/2007. Rio de Janeiro, 20 jun. 2007.

DI PIETRO, Maria Sylvia Zanella. *Direito administrativo*. 20. ed. São Paulo: Atlas, 2007.

FERRAZ, Sérgio. Responsabilidade civil por dano ecológico. *Revista de Direito Privado*, v. 49/50, 1984.

FIORILLO, Celso Antonio Pacheco. *Curso de direito ambiental brasileiro*. 7. ed. rev., atual. e ampl. São Paulo: Saraiva, 2006.

GUTZWILLER, Kevin J. (Ed.). *Applying Landscape Ecology in Biological Conservation*. New York: Springer, 2002.

HOBAN, Thomas More; BROOKS, Richard Oliver. *Green Justice*: the Environment and the Courts. 2nd ed. Boulder: Westview Press, 1996.

HOBBS, Richard J. Habitat Networks and Biological Conservation. In: GUTZWILLER, Kevin J. (Ed.). *Applying Landscape Ecology in Biological Conservation*. New York: Springer, 2002.

JONGMAN, Rob H.G.; KULVIK, Mart; KRISTIANSEN, Ib. European ecological networks and greenways. *Landscape and urban planning*, v. 68, n. 2, p. 305-319, 2004.

LEITE, José Rubens Morato; CARVALHO, Délton Winter. O nexo de causalidade na responsabilidade civil por danos ambientais. *Revista de Direito Ambiental*, v. 12, n. 47, p. 76-95, jul./set. 2007.

LEITE, José Rubens Morato; DANTAS, Marcelo Buzagio (Org.). *Aspectos processuais do direito ambiental*. 2. ed. Rio de Janeiro: Forense Universitária, 2004.

LUCARELLI, Fábio Dutra. Responsabilidade civil por dano ecológico. *Revista dos Tribunais*, v. 83, n. 700, p. 7-26, fev. 1994.

MACHADO, Paulo Affonso Leme. *Direito ambiental brasileiro*. 15. ed. rev., atual. e ampl. São Paulo: Malheiros, 2007.

MAGLIO, Ivan Carlos. Cidades sustentáveis: prevenção, controle e mitigação de impactos ambientais em áreas urbanas. In: PHILIPPI JR., Arlindo *et al.* (Edit.). *Municípios e meio ambiente*: perspectivas para a municipalização da gestão ambiental no Brasil. São Paulo: Associação Nacional de Municípios e Meio Ambiente – ANAMMA, 1999.

McCALLUM, Sandra Kathleen. Environmental Impact Assessment: a Comparative Analysis of the Federal Response in Canada and the United States. *Alberta Law Review*, v. 13, n. 3, p. 378, 1975.

MEIRELLES, Hely Lopes. *Direito administrativo brasileiro*. 24. ed. atual. por Eurico de Andrade Azevedo, Delcio Balestero Aleixo e José Emmanuel Burle Filho. São Paulo: Malheiros, 1999.

MILARÉ, Édis. *Direito do ambiente*: a gestão ambiental em foco: doutrina, jurisprudência, glossário. 5. ed. reform., atual. e ampl. São Paulo: Revista dos Tribunais, 2007.

MILARÉ, Édis. Tutela jurídico-civil do ambiente. *Revista de Direito Ambiental*, v. 0, p. 26-72, 1996.

MIRANDA, Anaiza Helena Malnardes. APP em área urbana consolidada. *Boletim Eletrônico IRIB*, v. 7, n. 3230, 23 jan. 2008. Disponível em: <http://www.mp.go. gov.br/portalweb/hp/9/docs/app_em_area_urbana_consolidada.pdf>. Acesso em: 11 mar. 2010.

MIRRA, Álvaro Luiz Valery. A noção de poluidor na Lei nº 6.938/81 e a questão da responsabilidade solidária do Estado pelos danos ambientais causados por particulares. In: LEITE, José Rubens Morato; DANTAS, Marcelo Buzagio (Org.). *Aspectos processuais do direito ambiental*. 2. ed. Rio de Janeiro: Forense Universitária, 2004.

MIRRA, Álvaro Luiz Valery. *Impacto ambiental*: aspectos da legislação brasileira. São Paulo: Oliveira Mendes, 1998.

MORAES, Alexandre de. *Direito constitucional administrativo*. 4. ed. atual. até a EC nº 53/06. São Paulo: Atlas, 2007.

MURAD, Samir Jorge. Soberania, meio ambiente e a questão amazônica. In: MURAD, Samir Jorge; ACETI JÚNIOR, Luiz Carlos; GRAU NETO, Werner (Coord.). *I Congresso Brasileiro da Advocacia Ambiental*. São Paulo: Fiuza, 2008.

MURAD, Samir Jorge; ACETI JÚNIOR, Luiz Carlos; GRAU NETO, Werner (Coord.). *I Congresso Brasileiro da Advocacia Ambiental*. São Paulo: Fiuza, 2008.

NERY JUNIOR, Nelson. Responsabilidade civil por dano ecológico e a ação civil pública. *Justitia*, v. 46, n. 126, p. 168-189, jul./set. 1984.

SAMPAIO, Francisco José Marques. *Evolução da responsabilidade civil e reparação de danos ambientais*. Rio de Janeiro: Renovar, 2003.

SILVA, José Afonso da. *Direito ambiental constitucional*. 2. ed. rev., 2. tir. São Paulo: Malheiros, 1997.

SILVA, José Afonso da. *Direito ambiental constitucional*. 3. ed. rev. e atual. São Paulo: Malheiros, 2000.

SUNDFELD, Carlos Ari; CÂMARA, Jacintho Arruda. Controle judicial dos atos administrativos: as questões técnicas e os limites da tutela de urgência. *Interesse Público*, v. 4, n. 16, p. 23-38, out./dez. 2002.

SUPERIOR TRIBUNAL DE JUSTIÇA – STJ. REsp nº 229.302/PR. Rel. Min. Garcia Vieira, julg. 18.11.1999. *DJ*, 7 fev. 2000.

SUPERIOR TRIBUNAL DE JUSTIÇA – STJ. REsp nº 570.194/RS. Rel. Min. Denise Arruda, julg. 4.10.2007. *DJ*, 12 nov. 07.

SUPERIOR Tribunal de Justiça – STJ. REsp nº 578.797/RS, 1ª Turma. Rel. Min. Luiz Fux, julg. 5.8.2004. *DJ*, 20 set. 2004.

SUPREMO TRIBUNAL FEDERAL – STF. Ag. Reg. no RE nº 396.541/RS, 2ª Turma. Rel. Min. Carlos Velloso, julg. 14.6.2005. *DJ*, 5 ago. 2005.

TRIBUNAL DE JUSTIÇA DO ESTADO DO MARANHÃO – TJMA. Agravo de Instrumento n⁰ 25.141/2006, 1ª Câmara Cível. Rel. Des. Jorge Rachid Mubárack Maluf, julg. 24.9.2007. Publ. 4 out. 2007.

TRIBUNAL DE JUSTIÇA DO ESTADO DO RIO DE JANEIRO – TJRJ. Apelação n⁰ 2008.001.58607, 13ª Câmara Cível. Rel. Des. Sérgio Cavalieri Filho, julg. 14.1.2009.

Informação bibliográfica deste texto, conforme a NBR 6023:2002 da Associação Brasileira de Normas Técnicas (ABNT):

PARIGOT, Alexandre. Negócio imobiliário em *greenfield* urbano: aspectos, teorias e instrumentos inerentes ao licenciamento ambiental. In: BRAGA FILHO, Edson de Oliveira *et al.* (Coord.). *Mecanismos legais para o desenvolvimento sustentável.* Belo Horizonte: Fórum, 2010. p. 23-52. ISBN 978-85-7700-308-2.

Relevância e Classificação das Unidades de Conservação

Beatriz Souza Costa

Sumário: 1 Histórico e motivos para a criação das unidades de conservação – **2** Classificação das unidades de conservação – **3** Conclusão – Referências

1 Histórico e motivos para a criação das unidades de conservação

A criação de áreas para preservação no Brasil está conectada ao histórico de criação de proteção de áreas nos Estados Unidos, mais objetivamente com o Parque Nacional de Yellowstone, em 1872, motivado por sua beleza cênica. Seguiram o exemplo americano vários países como: Austrália e África do Sul em 1898, Canadá em 1885, Nova Zelândia em 1894, México em 1898 e Argentina em 1903 (ARAÚJO, 2007).

Um problema que todos esses países encontraram foi a falta de uma terminologia que enquadrasse a divisão feita para a proteção de sua áreas, ou seja, que as designassem como unidades de conservação.

Porém os ingleses, em 1933, organizaram a Convenção para a Preservação da Fauna e da Flora em Estado Natural, com o objetivo de padronizar as terminologias e trocar experiências relativas a essa proteção.

A padronização da terminologia vem a se concretizar somente na convenção americana, em Washington, denominada Convenção para a Proteção da Flora, da Fauna e das Belezas Cênicas Naturais dos Países da América, em 1940, na qual foram criadas as seguintes terminologias, adotadas também pelo Brasil através do Decreto Legislativo n° 3, de 13.2.1948, e promulgadas pelo Decreto n° 58.054, de 23.3.1966:

Artigo I

Definição dos termos e das expressões empregados nesta Convenção:

1. Entender-se-á por Parques Nacionais:

As regiões estabelecidas para a proteção e conservação das belezas cênicas naturais e da flora e fauna de importância nacional das quais o público pode aproveitar-se melhor ao serem postas sob a superintendência oficial.

2. Entender-se-á por Reservas Nacionais:

As regiões estabelecidas para a conservação e utilização, sob a vigilância oficial, das riquezas naturais, nas quais se protegerá a flora e a fauna tanto quanto compatível com os fins para os quais estas reservas são criadas.

3. Entender-se-á por Monumentos Naturais:

As regiões, os objetos, ou as espécies vivas de animais ou plantas, de interesse estético ou valor histórico ou científico, aos quais é dada proteção absoluta, com o fim de conservar um objeto específico ou uma espécie determinada de flora ou fauna declarando uma região, um objeto, ou uma espécie isolada, monumento natural inviolável, exceto para a realização de investigações científicas devidamente autorizadas, ou inspeções oficiais.

4. Entender-se-á por Reservas de Regiões Virgens:

Uma região administrada pelos poderes públicos, onde existem condições primitivas naturais de flora, fauna, habitação e transporte, com ausência de caminhos para o tráfico de veículos e onde é proibida toda exploração comercial. (...) (Cf. CARVALHO, 2002).

Ainda em 1948, outro congresso, agora realizado na França, teve a felicidade da criação embrionária do que chamamos hoje *International Union for Conservation of Nature* (IUCN) — União Mundial pela Natureza —, que desempenha importante papel para o desenvolvimento da filosofia de áreas naturais protegidas do mundo inteiro.

Seguiram-se outros eventos internacionais, sempre com os objetivos focados na proteção da natureza e, com a preocupação de uma designação dessas áreas como um denominador comum.

No Brasil, a primeira unidade de conservação foi criada no Rio de Janeiro, em 1937, com o nome de Parque Nacional do Itatiaia, com área de 11.943ha, e em 1939 também tivemos a criação do Parque Nacional do Foz do Iguaçu (ARAÚJO, 2007).

Especificamente no Brasil, somente na década de 1970 amadurece a ideia de criação de um Sistema Nacional de Unidades de Conservação, concomitantemente com o I Plano Nacional de Desenvolvimento (I PND), para o período de 1972 a 1974, e o II Plano Nacional de Desenvolvimento (II PND), para o período de 1975 a 1979. Em 1976 foi concluída uma análise de prioridades em conservação da natureza na Amazônia. Este documento fundamentou a elaboração do Plano do Sistema de Unidades de Conservação do Brasil, etapas I e II, respectivamente em 1979 e em 1982, com os objetivos de localizar as áreas mais importantes para a conservação da natureza (ARAÚJO, 2007). Duas legislações importantes foram editadas nesse período: o Decreto nº 84.017, de 21.9.1979, que instituiu o Regulamento dos Parques Nacionais, e a Lei nº 6.938, de 31.8.1981, Lei da Política Nacional do Meio Ambiente, a qual previu as áreas de proteção ambiental (APA) de reservas e estações ecológicas.

Deixando o Brasil para trás, em seus planos demorados, para a criação das Unidades de Conservação, a Colômbia, Cuba, Chile, Equador e Peru, em 1986, já possuíam um sistema estabelecido de conservação da natureza e, Argentina, Honduras, México, Nicarágua, Panamá, Paraguai, Republica dominicana e Venezuela também já tinham projetos nesse sentido em tramitação.

No final da década de 1980 estava concluído o anteprojeto da Lei do Sistema Nacional de Unidade de Conservação (SNUC), que começou a tramitar em 1992 na Câmara dos Deputados e, depois de várias discussões e modificações do projeto inicial, foi aprovado no Senado em 2000. Não se pode esquecer que a Constituição de 1988 consagrou a questão ambiental no Brasil em seu art. 225.

Resumidamente, pode-se concluir que a necessidade da criação das unidades de conservação deve-se objetivamente a:

1. Perda e fragmentação de habitats nos diferentes biomas brasileiros;
2. Introdução de espécies exóticas;
3. Acessos, usos desordenados e exploração excessiva de espécies de plantas e animais nos ecossistemas;
4. Desmatamentos, queimadas, ou exploração de extensas áreas para monocultura e implantações de programas de reflorestamento;
5. Uso de agrotóxicos;
6. Mudanças climáticas.

Com certo atraso, a Lei nº 9.985, de 18.7.2000, deve ser obviamente subsumida às demais disposições do Poder Público para a definição de unidades de conservação específicas.

Deve-se ter em mente que a Lei nº 9.985/2000 não cria unidades de conservação; ela simplesmente ordena, organiza seu procedimento.

2 Classificação das unidades de conservação

O art. 4º da Lei nº 9.985, em seus 12 incisos, enumera os objetivos gerais das unidades de conservação, que podem ser divididas em quatro grandes grupos, segundo Derani (2001):

1. Conservação da diversidade biológica;
2. Proteção cênica;
3. Criação de meios; e
4. Incentivos para a pesquisa científica.

O art. 7º da Lei nº 9.985 divide as unidades de conservação integrantes do SNUC em dois grupos, com características específicas:

1. Unidades de Proteção Integral (UPI);
2. Unidades de Uso Sustentável (UUS).

As unidades de conservação criadas para proteção integral da biodiversidade devem transformar suas áreas não manejadas em entidades bem administradas, que efetivamente conservem a biodiversidade. O seu objetivo principal é preservar a natureza livrando-a o quanto possível da interferência humana. Nesta categoria é admitido o uso indireto: "aquele que não envolve consumo, coleta, dano ou destruição dos recursos naturais" (art. 2º, inciso IX, Lei nº 9.985).

São subcategorias das Unidades de Proteção Integral:

1. Estação Ecológica (ESEC), art. 9º – domínio público;
2. Reserva Biológica (REBIO), art. 10 – domínio público;
3. Parque Nacional (PARNA), art. 11 – domínio público;
4. Monumento Natural (MN), art. 12 – pode ser de domínio particular, desde que compatível com os objetivos da unidade de conservação.
5. Refúgio da Vida Silvestre (REVIS), art. 13 – pode ser de domínio particular, desde que compatível com os objetivos da unidade de conservação.

Segundo Milano (2001):

As Unidade de Proteção Integral são as menos entendidas pelas comunidades leigas, administradores públicos e políticos, e conseqüentemente as menos aceitas e mais ameaçadas. Assim, categorias de manejo como Reservas Biológicas, Estações Ecológicas, Parques Nacionais, Monumentos Naturais e Refúgios da Vida Silvestre em geral são preteridas em benefício das Florestas Nacionais, Reservas Extrativistas e Áreas de Proteção Ambiental, que são Unidades de Uso Sustentável, todavia, em prejuízo da proteção da biodiversidade.

As Unidades de Uso Sustentável permitem o uso direto, ou seja, "aquele que envolve coleta e uso, comercial ou não, dos recursos naturais" (art. 2º, inciso X, Lei nº 9.985).

Essas unidades enfrentam o desafio maior de definir o que pode ser utilizado, quem pode utilizá-lo e se essa utilização é sustentável. São subcategorias das Unidades de Uso Sustentável:

1. Área de Proteção Ambiental (APA), art. 15 – domínio público/privado, com ocupação humana;
2. Área de Relevante Interesse Ecológico (ARIE), art. 16 – domínio público/privado, pouca ocupação humana;
3. Floresta Nacional (FLONA), art. 17 – domínio público, pouca ocupação humana, composto por populações tradicionais;
4. Reserva Extrativista (RESEX), art. 18 – domínio público, composto por populações extrativistas;
5. Reserva de Fauna (REFAU), art. 19 – domínio público, permitida visitação, desde que compatível com a unidade de conservação.
6. Reserva de Desenvolvimento Sustentável (RDS), art. 20 – domínio público, composto por populações tradicionais;
7. Reserva Particular do Patrimônio Natural (RPPN), art. 21 – domínio privado, não poderá haver ocupação humana.

As unidades de conservação de uso sustentável são categorias mais flexíveis, principalmente aquelas que aceitam a presença do ser humano, como supracitado, mas a categoria Reserva Particular do Patrimônio Natural (RPPN) parece estar deslocada nesta categoria, posto que não é possível ter ocupação humana. Ficaria melhor classificada enquanto unidade de proteção integral.

Conforme o art. 21, §2º, são atividades possíveis na RPPN:
1. Relacionar-se com o ecoturismo;
2. Educação ambiental;
3. Pesquisa científica.

O fato curioso é que essas atividades estão previstas no grupo de proteção integral.

O mistério acerca dessa unidade de conservação é por que ela permaneceu neste grupo, o de uso sustentável, uma vez que o vetado inciso III do art. 21 trazia a possibilidade de se exercer uma outra atividade, o extrativismo. No entanto, de acordo com Sônia Wiedmann (2001b):

> Criou-se uma anomalia legislativa, pois embora integrante, originalmente, do grupo de uso sustentável, por permitir uma atividade extrativista, a sua exclusão a tipifica como de proteção integral (atividades típicas de preservação). Classificação meramente formal no escopo legal. Sua manutenção no grupo de uso sustentável se explica pela impossibilidade de se alterar a estrutura da Lei após os vetos, mesmo que alterem classificação intrínseca da UC.

Não se pode esquecer ainda que, além das unidades de conservação de categorias de áreas especialmente protegidas típicas, como as de proteção integral e as de uso sustentável, existem outras atípicas, como:

1. Área de Preservação Permanente, Preservação dos Recursos Hídricos – Lei nº 4.771/1965;
2. Reserva Legal – Lei nº 4.771/1965;
3. Reserva da Biosfera – Lei nº 9.985/2000;
4. Áreas de Servidão Florestal – Lei nº 4.771/1965;
5. Reserva Ecológica – Decreto nº 89.336/84 e Resolução CONAMA nº 4/85 (uso admissível, não confundir com a Estação Ecológica — unidade de conservação de proteção integral);
6. Monumentos Naturais Tombados – Decreto-Lei nº 25/1937;
7. Reservas Indígenas – Constituição Federal de 1988.

Com a preocupação quanto à escassez de nossos reservatórios naturais com o desenvolvimento desenfreado, foram criadas as unidades de conservação para suprir, ou melhor, para preservar essas riquezas naturais. A Lei nº 9.985/2000 destina-se a programar modos de ação para criação dessas áreas tão importantes. Desta forma, a lei cria modelos de ocupação ou de exclusão que ganham força impositiva, regulam e redefinem a cultura.

3 Conclusão

Tão importante quanto a criação de uma unidade de conservação é a sua gestão, no entanto este tem sido um dos maiores desafios enfrentados.

Para se entender esse desafio basta visualizar o enquadramento destas, ou seja, as unidades de conservação enquanto subsistemas de um sistema maior, de modo que estas estejam dentro de um órgão gestor, outro subsistema de um ministério ou de uma secretaria estadual que, por sua vez, vem a ser um subsistema dentro da sociedade brasileira. Com esse complexo entendimento de seu enquadramento, percebe-se a quantidade de pessoas envolvidas para que uma única unidade venha a ser ou não sucesso.

Infelizmente, no Brasil, tem-se estatísticas confiáveis apontando para a falibilidade desse sistema por várias razões, como a falta de vontade pública, a falta de recursos financeiros e humanos, a ausência de planejamento e de entendimentos com os órgãos federais.

O Brasil, a duras penas, conseguiu ter uma lei que garantisse a criação de unidades de conservação; agora, o maior desafio é garantir que elas sejam realmente preservadas por um sistema que funcione plenamente. A esperança fica na existência de pessoas com visão pragmática, para que todo o escopo legislativo trabalhe a favor de nossa biodiversidade.

Referências

ARAÚJO, Marcos Antonio Reis. *Unidades de conservação no Brasil*: da república à gestão de classe mundial. Belo Horizonte: Segrac, 2007.

BENJAMIN, Antonio Herman de Vasconcellos e. (Coord.). *Direito ambiental das áreas protegidas*: o regime jurídico das unidades de conservação. Rio de Janeiro: Forense Universitária, 2001.

BENJAMIN, Antônio Herman. Introdução à Lei do Sistema Nacional de Unidades de Conservação. In: BENJAMIN, Antonio Herman de Vasconcellos e. (Coord.). *Direito ambiental das áreas protegidas*: o regime jurídico das unidades de conservação. Rio de Janeiro: Forense Universitária, 2001.

CARVALHO, Carlos Gomes de. *Legislação ambiental brasileira*: contribuição para um Código Nacional do Ambiente. Campinas: Millennium, 2002.

DERANI, Cristiane. A estrutura do Sistema Nacional de Unidades de Conservação: Lei 9.985/00. In: BENJAMIN, Antonio Herman de Vasconcellos e. (Coord.). *Direito ambiental das áreas protegidas*: o regime jurídico das unidades de conservação. Rio de Janeiro: Forense Universitária, 2001.

MILANO, Miguel Serediuk. Unidades de conservação: técnica, lei, ética para a conservação da biodiversidade. In: BENJAMIN, Antonio Herman de Vasconcellos e. (Coord.). *Direito ambiental das áreas protegidas*: o regime jurídico das unidades de conservação. Rio de Janeiro: Forense Universitária, 2001.

WIEDMANN, Sônia Maria Pereira. Reserva de Desenvolvimento Sustentável – RDS. In: BENJAMIN, Antonio Herman de Vasconcellos e. (Coord.). *Direito ambiental das áreas protegidas*: o regime jurídico das unidades de conservação. Rio de Janeiro: Forense Universitária, 2001a.

WIEDMANN, Sônia Maria Pereira. Reserva Particular do Patrimônio Natural – RPPN – na Lei 9.985/2000 que instituiu o Sistema Nacional de Unidades de Conservação. In: BENJAMIN, Antonio Herman de Vasconcellos e. (Coord.). *Direito ambiental das áreas protegidas*: o regime jurídico das unidades de conservação. Rio de Janeiro: Forense Universitária, 2001b.

Informação bibliográfica deste texto, conforme a NBR 6023:2002 da Associação Brasileira de Normas Técnicas (ABNT):

COSTA, Beatriz Souza. Relevância e classificação das unidades de conservação. In: BRAGA FILHO, Edson de Oliveira *et al.* (Coord.). *Mecanismos legais para o desenvolvimento sustentável.* Belo Horizonte: Fórum, 2010. p. 53-59. ISBN 978-85-7700-308-2.

Prevenção ou Precaução?

O ART. 225 DA CONSTITUIÇÃO FEDERAL E O DEVER DE PRESERVAR OS BENS AMBIENTAIS COM FUNDAMENTO NA DIGNIDADE DA PESSOA HUMANA (ART. 1º, III, CF) ASSIM COMO NOS VALORES SOCIAIS DO TRABALHO E DA LIVRE INICIATIVA (ART. 1º, IV, CF)

Celso Antonio Pacheco Fiorillo

Conforme já tivemos oportunidade de dizer,[1] nossa Constituição Federal de 1988 expressamente adotou o princípio da prevenção[2] ao preceituar, no *caput* do art. 225, o dever do Poder Público e da coletividade de proteger e preservar os bens ambientais,[3] de natureza difusa,[4] para as presentes e futuras gerações.

Com efeito.

O princípio da prevenção é um dos princípios mais importantes que norteiam o direito ambiental brasileiro.

---

[1] Cf. nosso *Curso de direito ambiental brasileiro*, 10. ed.

[2] Conforme indica Nelson Nery Junior, o princípio da prevenção (*Vorbeugungsprinzip*), "de atuação indispensável no domínio do ambiente, tem por escopo evitar a ocorrência de danos ambientais irreversíveis, cientificamente comprovados" (Cf. NERY JUNIOR; NERY. *Constituição Federal comentada e legislação constitucional*).

[3] Para um estudo aprofundado a respeito dos bens ambientais, inclusive no que se refere à contribuição dada pela doutrina italiana em face da análise dos direitos metaindividuais, cf. nosso *O direito de antena em face do direito ambiental brasileiro*, bem como o nosso *Curso de direito ambiental brasileiro*, 10. ed.

[4] Como ensina Nelson Nery Junior, "o bem ambiental, por ser difuso, caracteriza-se como uma terceira categoria de bens, que se associa à dos bens públicos e à dos bens privados. V. Fiorillo. *Curso de Dir. Ambiental*, cap. III, p. 68/83" (NERY JUNIOR; NERY. *Constituição Federal comentada e legislação constitucional*, p. 688).

De fato, a prevenção é preceito fundamental, uma vez que os danos ambientais, na maioria das vezes, são irreversíveis e irreparáveis. Para tanto, basta pensar: como recuperar uma espécie extinta? Como erradicar os efeitos de um acidente nuclear? Ou, de que forma restituir uma floresta milenar que fora devastada e abrigava milhares de ecossistemas diferentes, cada um com o seu essencial papel na natureza?

Diante da impotência do sistema jurídico, incapaz de restabelecer, em igualdades de condições, uma situação idêntica à anterior, adota-se o princípio da prevenção do dano ao meio ambiente como sustentáculo do direito ambiental, consubstanciando-se como seu *objetivo fundamental*.

Vale observar que, embora sem validade normativa no âmbito de nosso direito positivo, desde a Conferência de Estocolmo, em 1972, o princípio da prevenção, como "princípio" da Declaração do Rio de Janeiro, tem sido objeto de profundo apreço por parte dos defensores da tutela jurídica da vida em todas as suas formas, içado à "categoria de megaprincípio" do direito ambiental.

Na ECO-92, encontramo-lo presente:

> Para proteger o meio ambiente, medidas de precaução devem ser largamente aplicadas pelos Estados segundo suas capacidades. Em caso de risco de danos graves ou irreversíveis, a ausência de certeza científica absoluta não deve servir de pretexto para procrastinar a adoção de medidas efetivas visando a prevenir a degradação do meio ambiente.[5]

Ratificando matéria já indicada em várias outras oportunidades,[6] a nossa Constituição Federal de 1988 expressamente adotou o princípio da prevenção, ao preceituar, no *caput* do art. 225, o dever do Poder Público e da coletividade de *proteger* e *preservar* o meio ambiente para as presentes e futuras gerações.

A prevenção e a preservação devem ser concretizadas por meio de uma *consciência ecológica*, a qual deve ser desenvolvida através de uma política de educação ambiental.

De fato, é a consciência ecológica que propiciará o sucesso no combate preventivo do dano ambiental.

---

[5] Princípio 15 da Declaração do Rio de Janeiro sobre Meio Ambiente e Desenvolvimento (1992).

[6] Cf., de nossa autoria, as obras: *Curso de direito ambiental brasileiro*, 11. ed.; *Curso de direito da energia*: tutela jurídica da água, do petróleo e do biocombustível; *Direito ambiental tributário*; *Estatuto da Cidade comentado*: Lei do Meio Ambiente Artificial; *O direito de antena em face do direito ambiental brasileiro*; e *Princípios do direito processual ambiental*. Cf., também, os periódicos *Revista Brasileira de Direito Ambiental*: doutrina e jurisprudência, e *Revista Brasileira de Direito Civil Constitucional e Relações de Consumo*: doutrina e jurisprudência.

Todavia, deve-se ter em vista que a nossa realidade ainda não contempla aludida consciência, de modo que outros instrumentos tornam-se relevantes na realização do princípio da prevenção.

Para tanto, observamos instrumentos como o estudo prévio de impacto ambiental (EIA/RIMA), o manejo ecológico, o tombamento, as liminares, as sanções administrativas etc. Importante ainda refletir que o denominado Fundo de Recuperação do Meio Ambiente passa a ser um mal necessário, porquanto a certeza de destinação de uma condenação para ele mostra-nos que o princípio da prevenção do meio ambiente não foi respeitado.

Além disso, a efetiva prevenção do dano deve-se também ao papel exercido pelo Estado na punição correta do poluidor, pois, dessa forma, ela passa a ser um estimulante negativo contra a prática de agressões ao meio ambiente.

Não se deve perder de vista ainda que incentivos fiscais conferidos às atividades que atuem em parceria com o meio ambiente, bem como maiores benefícios às que utilizem tecnologias limpas também são instrumentos a serem explorados na efetivação do princípio da prevenção.

Uma legislação severa que imponha multas e sanções mais pesadas funciona também como instrumento de efetivação da prevenção. Para tanto, é imprescindível que se leve em conta o poder econômico do poluidor, de modo a não desvirtuar o princípio através de um simples cálculo aritmético. Isso significa dizer que as penalidades deverão estar atentas aos benefícios experimentados com a atividade degradante, bem como com o lucro obtido à custa da agressão, de modo que essa atividade, uma vez penalizada, não compense economicamente.

Oportuno salientar ainda que não se quer com isso inviabilizar a atividade econômica, mas tão somente excluir do mercado o poluidor que ainda não constatou que os recursos ambientais são escassos, que não pertencem a uma ou algumas pessoas e que sua utilização encontra-se limitada na utilização do próximo, porquanto o bem ambiental é um bem de uso *comum* do povo.

O princípio da prevenção encontra-se presente ainda na ótica do Poder Judiciário e da Administração.

Com efeito, a aplicação da jurisdição coletiva, que contempla mecanismos de tutela mais adaptados aos direitos difusos, objetivando impedir a continuidade do evento danoso, bem como a possibilidade de ajuizamento de ações que apenas visem uma atuação preventiva, a fim de evitar o início de uma degradação (através de liminares, de tutela antecipada), a aplicação do real e efetivo acesso à justiça e o princípio da igualdade real, estabelecendo tratamento paritário entre os litigantes, são instrumentos utilizados com vistas a salvaguardar o meio ambiente e a qualidade de vida.

Sob o prisma da Administração, encontramos a aplicabilidade do princípio da prevenção por intermédio das licenças, das sanções administrativas, da fiscalização e das autorizações, entre outros tantos atos do Poder Público, determinantes da sua função ambiental de tutela do meio ambiente.

Destarte, o comando constitucional determina claramente a necessidade de preservar os bens ambientais evidentemente em harmonia com os fundamentos (art. 1º, CF) bem como objetivos (art. 3º, CF) explicitados como princípios constitucionais destinados a interpretar o direito ambiental constitucional brasileiro.

Ocorre que algumas normas infraconstitucionais em nosso País indicam a existência do denominado "princípio" da precaução, como, por exemplo, a diretriz indicada no art. 10 da Lei nº 11.105/2005, gerando interpretações equivocadas com forte viés destinado à paralisia total das atividades econômicas.

Com efeito.

Ao tratar da denominada proteção internacional do Meio Ambiente, Accioly, Casella e Silva,[7] citando as conferencias de Estocolmo (1972), Rio (1992) e Joanesburgo (2002), explicam a origem do termo precaução no Princípio 15 da Declaração do Rio de Janeiro sobre Meio Ambiente e Desenvolvimento,[8] destacando:

(...) tradicionalmente os tratados ambientais costumavam ser não-precaucionários.

Espécies ameaçadas só seriam protegidas se houvesse prova científica da sua ameaça, assim como atividades poluentes só seriam consideradas degradantes se provada de forma concreta a relação de causalidade entre o dano e a atividade.

Tal cenário começou a mudar com o início das negociações para a Convenção de Viena para a proteção da Camada de Ozônio, de 1985, quando incertezas científicas poderiam impedir a adoção de medidas voltadas à restrição da produção e comercialização de gases que destroem a camada de ozônio.

Falta de comprovação científica sempre foi argumento para retardar ações de preservação do meio ambiente ou mesmo para impedi-las.

A partir da década de 1980 vários tratados e documentos passaram a fazer referencia a tal princípio, muitas vezes de forma quase confundida com deveres gerais de prevenção de danos.

---

[7] ACCIOLY; CASELLA; SILVA. *Manual de direito internacional público.*

[8] Vide nosso *Curso de direito ambiental brasileiro*, 10. ed.

De qualquer forma, o princípio da precaução, representado pelo Princípio 15 da Declaração do Rio, também sofre de incipiente especificação de conteúdo normativo.

Na forma como conhecida hoje, o princípio apenas limita-se a afirmar que a falta de certeza científica não deve ser usada como meio de postergar a adoção de medidas preventivas, quando houver ameaça séria de danos irreversíveis.

Daí se extrai orientação normativa antes política que jurídica.

Não se pode dizer, com base exclusivamente neste princípio, qual a conduta a ser tomada ante a ocorrência da atividade concreta que tenha potencial de degradação irreversível do meio ambiente.

Deste se obtém somente mandamento para a tomada de iniciativas de precaução, seja por parte do estado, dos Parlamentos ou da própria comunidade internacional, ainda que o risco de dano não possa ser cientificamente demonstrado.

Esse princípio foi objeto de algumas decisões internacionais, em especial no âmbito da OMC, mas *seu status jurídico* — se *soft law*, princípio geral de direito ou norma consuetudinária — *permanece incerto.* (grifos nossos)

De fato, como esclarece Teresa Ancona Lopez, o "princípio" antes mencionado estaria dentro de uma proposta mais ampla destinada a gerenciar ou atenuar riscos de dano na chamada sociedade de riscos[9] sendo certo que teria sido introduzido pelo direito ambiental alemão na década de 1970 com vistas à proteção ambiental — é o *Vorsorgeprinzip.*[10]

---

[9] Informa a professora titular da Faculdade de Direito da USP: "(...) em 1986 é publicada na Alemanha a *Sociedade de Risco* (*Risikogesellschaft*) do filósofo da Escola de Frankfurt Ulrick Beck, que se tornou desde então um dos livros mais influentes na análise social da última parte do século XX na Europa sendo depois traduzido em diversos idiomas e tornando-se referencia do problema do risco global em toda a parte ocidental do mundo. E, sem dúvida, também no Brasil, apesar de ainda não se ter uma tradução para o português, é livro obrigatório e paradigmático quando se enfrenta o problema das incertezas sociais. Como mostra U. Beck, na verdade a 'sociedade de risco' (termo cunhado por ele) é ainda a sociedade industrial com o acréscimo da ciência e tecnologia avançadas" (Cf. LOPEZ. *Princípio da precaução e evolução da responsabilidade civil*).

[10] Para Nelson Nery Junior, o princípio da precaução (*Vorsorgegrundsatz*) "refere-se ao conteúdo e a intensidade de proteção ambiental. Significa que a política do ambiente não se limita à eliminação ou redução da poluição já existente ou iminente, mas assegura que a poluição é combatida na sua incipiência e que os recursos naturais são utilizados numa base de produção sustentada. Este princípio reveste-se de vários aspectos diferentes, tais como a manutenção da poluição a um nível tão baixo quanto possível, a redução dos materiais residuais, a proibição da deteriorização significativa do ambiente, a redução dos riscos conhecidos, mas muito improváveis. Neste sentido: Eckard Rehbinder. O direito do ambiente na Alemanha (AMARAL. *Direito do ambiente*, p. 257). No entanto, 'essa concepção de precaução é evidentemente irrealista e perigosa, na medida em que sua aplicação provoca o risco de conduzir a uma paralisia total da atividade econômica' (Kourilsky-Viney. *Principe de précaution*, p. 63; Gossement, *Principe de précaution*, p. 370)" (NERY JUNIOR; NERY. *Constituição Federal comentada e legislação constitucional*, p. 690).

De qualquer forma, para a mencionada autora "*o princípio da precaução está colocado dentro do princípio da prevenção* e ambos fazem parte da prudência"[11] (grifos nossos).

Reiteramos, portanto, posição já manifestada[12] que pretender desenvolver no plano constitucional brasileiro uma diferença entre prevenção e precaução seria, em nossa opinião, despiciendo.

E mais.

Se considerarmos o "princípio da precaução" com base no "padrão" jurídico eurocentrista antes referido, estaríamos diante de evidente violação dos artigos 3°, 5°, II e LVI, bem como dos artigos 218 e 219 da Constituição Federal.

Fácil perceber que importar a cultura alienígena, com argumentos antes políticos que jurídicos, na feliz expressão de Accioly, Casella e Silva, muitas vezes leva o interprete a observar o uso dos bens ambientais, assegurado pelo art. 225 da Carta Magna, de forma contrária aos princípios fundamentais indicados nos artigos 1° a 4° da Constituição.

Assim concluímos que, no plano constitucional, o art. 225 estabelece efetivamente o princípio da prevenção sendo certo que o chamado "princípio da precaução", se é que pode ser observado no plano constitucional, estaria evidentemente colocado dentro do princípio constitucional da prevenção.

Cabe ainda destacar, em harmonia com decisão da Câmara Especial do Meio Ambiente do Tribunal de Justiça do Estado de São Paulo,[13] que, ainda que possível argumentar no plano infraconstitucional a existência de um chamado "princípio" da precaução, não deve ele ter base apenas em possibilidade teórica de risco de degradação ambiental; deve prevenir e evitar situação que se mostra *efetivamente* apta à causação desse dano.

Referências

ACCIOLY, Hildebrando; CASELLA, Paulo Borba; SILVA, Geraldo E. do Nascimento e. *Manual de direito internacional público*. 17. ed. São Paulo: Saraiva, 2009.

FIORILLO, Celso Antonio Pacheco. *Curso de direito ambiental brasileiro*. 10. ed. rev., atual. ampl. São Paulo: Saraiva, 2009.

FIORILLO, Celso Antonio Pacheco. *Curso de direito ambiental brasileiro*. 11. ed. rev., atual. ampl. São Paulo: Saraiva, 2009.

---

[11] Cf. LOPEZ. *Princípio da precaução e evolução da responsabilidade civil.*

[12] FIORILLO. *Curso de direito ambiental brasileiro*, 10. ed., p. 53, nota 54.

[13] Cf. REVISTA BRASILEIRA DE DIREITO AMBIENTAL: doutrina e jurisprudência, v. 3, n. 9, jan./mar. 2007.

FIORILLO, Celso Antonio Pacheco. *Curso de direito da energia*: tutela jurídica da água, do petróleo e do biocombustível. 2. ed. São Paulo: Saraiva, 2010.

FIORILLO, Celso Antonio Pacheco. *Direito ambiental tributário*. 2. ed. rev. São Paulo: Saraiva, 2009.

FIORILLO, Celso Antonio Pacheco. *Estatuto da Cidade comentado*: Lei do Meio Ambiente Artificial. 4. ed. rev., atual. ampl. São Paulo: Revista dos Tribunais, 2010.

FIORILLO, Celso Antonio Pacheco. *O direito de antena em face do direito ambiental brasileiro*. São Paulo: Fiuza, 2009. (Clássicos do Direito Ambiental; 1).

FIORILLO, Celso Antonio Pacheco. *Princípios do direito processual ambiental*. 3. ed. rev., atual. ampl. São Paulo: Saraiva, 2009.

LOPEZ, Teresa Ancona. *Princípio da precaução e evolução da responsabilidade civil*. São Paulo: Quartier Latin, 2009.

NERY JUNIOR, Nelson; NERY, Rosa Maria Andrade. *Constituição Federal comentada e legislação constitucional*. 2. ed. São Paulo: Revista dos Tribunais, 2009.

REVISTA BRASILEIRA DE DIREITO AMBIENTAL: doutrina e jurisprudência. São Paulo: Fiuza, 2005-. Trimestral. ISSN: 1807-9962.

REVISTA BRASILEIRA DE DIREITO CIVIL CONSTITUCIONAL E RELAÇÕES DE CONSUMO: doutrina e jurisprudência. São Paulo: Fiuza, 2009-. Trimestral. ISSN: 1982-3460.

Informação bibliográfica deste texto, conforme a NBR 6023:2002 da Associação Brasileira de Normas Técnicas (ABNT):

FIORILLO, Celso Antonio Pacheco. Prevenção ou precaução: O art. 225 da Constituição Federal e o dever de preservar os bens ambientais com fundamento na dignidade da pessoa humana (art. 1º, III, CF) assim como nos valores sociais do trabalho e da livre iniciativa (art. 1º, IV, CF). In: BRAGA FILHO, Edson de Oliveira *et al.* (Coord.). *Mecanismos legais para o desenvolvimento sustentável*. Belo Horizonte: Fórum, 2010. p. 61-67. ISBN 978-85-7700-308-2.

Resíduos Eletroeletrônicos: Realidades e Desafios à Ordem Jurídica

Denise Setsuko Okada

Foram necessários bilhões de anos, com uma complexidade e uma evolução irrepetíveis, para construir o patrimônio biológico de uma única espécie; nos próximos decênios, a intervenção do homem será responsável pelo desaparecimento de uma espécie viva a cada quarto de hora.

(Enzo Tiezzi)

1 Lixo eletrônico ou lixo tecnológico: assim é considerado todo aquele resíduo gerado a partir de aparelhos eletrodomésticos ou eletroeletrônicos e seus componentes, incluindo os acumuladores de energia (pilhas e baterias), de uso doméstico, comercial, industrial e de serviços, que estejam em desuso e sujeitos à disposição final. Caracterizam-se por apresentarem em sua composição grande concentração de agentes químicos, constituindo-se, portanto, em resíduos altamente perigosos, em decorrência do tipo de contaminação à qual expõem os seres humanos e o meio ambiente.

Para se trabalhar os aspectos que envolvem a problemática de resíduos, independentemente da natureza específica de cada um deles, demanda-se uma análise abrangente desde a sua *ponta inicial* (a cadeia produtiva no modo de produção capitalista) até a sua *ponta final* (o descarte inapropriado do produto — servível ou não, utilizável ou não), a demonstrar por si só a magnitude das suas profundas implicações nas mais diferenciadas esferas de interesse, sendo cada vez mais flagrante o alargamento de suas consequências.

Se, por um lado, a *atividade de produção* dos produtos eletroeletrônicos representa um alto custo ambiental — seja ao utilizar de forma nada programada os finitos recursos minerais, seja ao contaminar o solo, o ar, os cursos d'água e os trabalhadores com os produtos tóxicos que se manuseiam ao longo do processo produtivo —, por outro, o seu *descarte* de maneira inapropriada causa reflexos em situações absurdamente desvinculadas daquela que originou o problema, evidenciando como a produção do lixo eletrônico provoca efeitos não apenas distantes de quem o originou, como também desproporcionais ao atingir também quem não o causou.

Tais produtos integram — e cada vez mais — a vida cotidiana do ser humano, em sua vida privada e em suas atividades profissionais e institucionais, revelando-se urgente o enfrentamento da atual problemática dos resíduos tóxicos, possibilitando assim dimensionar a abrangência da questão da distribuição dos riscos criados pelo homem no desenvolvimento de suas atividades produtivas, cumprindo aqui destacar alguns dados interessantes:

- o Brasil consome 1,2 bilhão de pilhas por ano e, desse total, apenas 1% tem destino controlado e ambientalmente correto;
- o Brasil possui cerca de 160 milhões de celulares e a cada 100 brasileiros, 82 possuem telefones celulares, segundo a Anatel (2009);
- o Brasil possui cerca de 60 milhões de computadores em uso; em 2012 a previsão é atingir a marca de 100 milhões, 1 computador para cada 2 pessoas (FGV-EAESP, 2009) e de acordo com dados do Comitê de Democratização da Informática, mais de 1 milhão desses aparelhos são descartados anualmente;
- em 2008 o setor de eletroeletrônicos movimentou cerca de R$ 123 bilhões, 10% a mais do que em 2007, segundo sua entidade de classe, a ABINEE, em uma rota de crescimento ininterrupto desde 2002 (ABINEE, 2009);
- as vendas anuais de TV chegam a 10 milhões de unidades; com a chegada dos LCD e das telas planas, a tendência é que milhares de aparelhos sejam trocados, agravando o problema da sucata eletrônica (UM DESTINO correto para o lixo eletrônico, 2009);
- o número de usuários de internet no país chegou a 41,5 milhões em março de 2008 e até 2012 cerca de 1,8 bilhão de pessoas (ou 25% da população mundial) vão estar conectadas à rede mundial de computadores;
- a ONU calcula em 50 milhões de toneladas o lixo tecnológico descartado anualmente no mundo.

2 Vários são os fatores determinantes, contribuintes e agravantes para a atual situação dos resíduos eletroeletrônicos: a rapidez da evolução tecnológica, a expansão da chamada inclusão digital, o consumo exacerbado e a menor vida útil dos artigos eletrônicos. Fundamental aqui o papel da mídia promovida pela indústria de eletroeletrônicos, a qual se esforça em criar o *ritmo de consumo* (atraindo o consumidor para novas e não fundamentais funções ou designs dos aparelhos ou equipamentos) e a *ilusão de obsolescência*, convencendo o consumidor a trocar tais aparelhos e outros equipamentos em períodos cada vez mais curtos.

Não bastassem tais circunstâncias, o atual modelo de vida em sociedade induz o consumidor a adotar critérios da rapidez e da comodidade, preferindo-se produtos cada vez mais substituíveis — vivemos a *era do descartável*, a "era do lixo" (LIEBMANN, 1976).

Apresentam-se, assim, essas características da sociedade contemporânea do consumo, responsáveis pelo aumento crescente do volume de resíduos, em especial, do lixo eletrônico.

3 O enfoque, portanto, deve começar pelo *processo produtivo* — a indústria adota práticas predatórias no processo produtivo, tais como a utilização de mão de obra precária, o uso de matérias-primas extraídas sem levar em conta os impactos social e ambiental, entre outras.

Posteriormente ao uso/consumo em si do produto eletroeletrônico, o seu *descarte* — ainda que de total serventia, mas por mero capricho pessoal de consumar um *upgrade* — *sem uma destinação adequada* acarreta inúmeros e graves danos não apenas ao meio ambiente, ao contaminar com seus elementos tóxicos o solo e os cursos d'água, inclusive subterrâneos, mas principalmente para a saúde humana, seja pelo contato direto dos indivíduos com as toxinas ao manusear os resíduos eletroeletrônicos (REE), seja pelas doenças decorrentes do acúmulo invisível das substâncias, a chamada bioacumulação pelos organismos vivos. Trata-se, portanto, de um problema que transborda, e muito, o aspecto meramente ambiental, trazendo à tona um problema essencialmente de saúde pública.

"As substâncias mais problemáticas, do ponto de vista ambiental, são os metais pesados (mercúrio, chumbo, cádmio e cromo), os gases de efeito estufa, as substâncias halogenadas, como os clorofluorocarbonetos (CFC), as bifenilas policloradas (PCBs), o cloreto de polivinila (PVC) e retardadores de chama bromados, assim como o amianto e o arsênio 8", explica a pesquisadora Angela Cassia Rodrigues, doutoranda no assunto pela Faculdade de Saúde Pública da Universidade de São Paulo.

Certos aparelhos de uso constante pelo ser humano possuem grande concentração de agentes químicos altamente nocivos como, por exemplo, o arsênico presente nos celulares; cada monitor colorido ou aparelho de televisão contém de 1,8 a 3,7kg de chumbo, podendo causar desde danos ao sistema nervoso até o câncer.

Ademais, há outro fator de desequilíbrio que vem se agravando: as reservas de minério existentes no mundo encontram-se em vias de esgotamento devido ao seu uso contínuo na maioria dos equipamentos: níquel (celulares); chumbo (pilhas); urânio (usinas nucleares); índio (televisores LCD); platina (carros); tantálio (lentes de câmeras).

Conforme dados da United States Geological Survey (Universidade Yale, World Lithium Supply and Markets, 2009), "as reservas mundiais de lítio parecem gigantescas — 14 milhões de toneladas, que dão para mais de 100 anos no ritmo atual de consumo. Só que cada carro elétrico, grande esperança para reduzir o aquecimento global, usa pelo menos 8 quilos de lítio. E o mundo produz, a cada ano, 71 milhões de carros. Se todos fossem elétricos, todo o lítio do mundo seria consumido em apenas 12 anos — e não sobraria nada para fazer as baterias usadas em *laptops*, câmeras e outros aparelhos" (*Superinteressante*, n. 264, p. 30, abr. 2009).

QUADRO 1

Metais pesados

Metais	De onde vem	Efeitos
Alumínio	Produção de artefatos de alumínio; serralheria; soldagem de medicamentos (antiácidos) e tratamento convencional de água.	Anemia por deficiência de ferro; intoxicação crônica.
Arsênio	Metalurgia; manufatura de vidros e fundição.	Câncer (seios paranasais).
Cádmio	Soldas; tabaco; baterias e pilhas.	Câncer de pulmões e próstata; lesão nos rins.
Chumbo	Fabricação e reciclagem de baterias de autos; indústria de tintas; pintura em cerâmica; soldagem.	Saturnismo (cólicas abdominais, tremores, fraqueza muscular, lesão renal e cerebral).
Cobalto	Preparo de ferramentas de corte e furadoras.	Fibrose pulmonar (endurecimento do pulmão) que pode levar à morte.
Cromo	Indústrias de corantes, esmaltes, tintas, ligas com aço e níquel; cromagem de metais.	Asma (bronquite); câncer.
Fósforo amarelo	Veneno para baratas; rodenticidas (tipo de inseticida usado na lavoura) e fogos de artifício.	Náuseas; gastrite; odor de alho; fezes e vômitos fosforescentes; dor muscular; torpor; choque; coma e até morte.
Mercúrio	Moldes industriais; certas indústrias de cloro-soda; garimpo de ouro; lâmpadas fluorescentes.	Intoxicação do sistema nervoso central.
Níquel	Baterias; aramados; fundição e niquelagem de metais; refinarias.	Câncer de pulmão e seios paranasais.
Fumos metálicos	Vapores (de cobre, cádmio, ferro, manganês, níquel e zinco) da soldagem industrial ou da galvanização de metais.	Febre dos fumos metálicos (febre, tosse, cansaço e dores musculares) – parecido com pneumonia.

Fonte: *Ambientebrasil*: portal ambiental.

4 Outrossim, o descarte dos aparelhos eletroeletrônicos sem destinação correta apresenta outra face perversa no que tange ao não aproveitamento da significativa quantidade de recursos naturais não renováveis valiosos contidos nos aparelhos (como os acima mencionados): para cada microcomputador, necessário dez vezes o seu peso em produtos químicos e combustíveis fósseis.

Tal circunstância faz com que os aparelhos descartados passem a ser objeto de disputa por pessoas miseráveis, que sobrevivem da procura de lixo eletrônico nos lixões e ruas de grandes cidades para desmontá-los por motivos de subsistência, caracterizando o fenômeno contemporâneo da *mineração urbana*, o qual implica em atividades de desmontagem, separação e incineração de peças para recuperação dos metais valiosos neles presentes (ouro, cobre, paládio e platina) para sua revenda.

Nessa atividade de garimpagem, a qual se constitui fonte de renda para milhares de pessoas no mundo todo, além de ser comumente utilizada a mão de obra de crianças e adolescentes (que manuseiam os componentes químicos sem qualquer proteção), a saúde dos trabalhadores e de suas comunidades e o meio ambiente ao seu redor são expostos aos perigos provenientes do contato direto com metais pesados já mencionados como mercúrio, chumbo, berílio, cádmio e bromato, que deixam resíduos letais no corpo, no solo e cursos de água.

A mineração urbana ocorre tanto nas localidades onde o lixo é produzido e descartado (lixões, no caso do Brasil), mas principal e especialmente em países pobres, para os quais o lixo é enviado pelos países geradores dos resíduos eletroeletrônicos (REE), revelando-se este um dos aspectos mais sinistros dessa realidade da modernidade: a exportação dos REE dos países industrializados para países como a Índia, a China, o Paquistão e o Quênia, onde são desmontados por catadores, expondo as respectivas populações pobres aos efeitos venenosos decorrentes da contaminação do seu meio ambiente.[1]

De fato, por força do fortalecimento da legislação ambiental nos países industrializados, as empresas geradoras de resíduos perigosos nestes localizadas passaram a bu scar formas práticas e mais baratas para sua eliminação, optando por despachá-los para países em desenvolvimento e para Países do Leste. Conforme notícia divulgada pelo jornal *O Estado de S. Paulo* (EUA exportam 80% dos seus resíduos eletrônicos, 26 jul. 2009), a maior parte do lixo eletrônico dos Estados Unidos é exportada para países como o Brasil, México, Coreia do Sul, Índia, Malásia, Vietnã e

---

[1] Para quem se interessar, há um documentário sobre as condições subumanas em que é processado o lixo eletrônico nas proximidades de Deli, na Índia (Cf. CITIZENS at Risk. A film by Chintan, SVTC, IMAK/Arjun Bhagat. Disponível em: <http://www.youtube.com/watch?v=jkndVAwBf_k>).

principalmente para a China (a qual ainda produz 1 milhão de toneladas de lixo eletrônico por ano), sob a forma de acordos de venda de computadores e tecnologias de segunda mão, consistindo-se, todavia, a maioria em lixo, pois não seria reaproveitável (informação dada por uma entidade que monitora empresas de tecnologia na costa oeste americana, a Silicon Valley Toxics Coalition).

Segundo a Agência Ambiental dos EUA, tratar localmente o lixo produzido, principalmente os itens tecnológicos, custa dez vezes mais que exportá-lo aos países mais pobres. Assim, empresas (principalmente na Europa) vêm sendo criadas para explorar o mercado ilegal, tendo diplomatas brasileiros confirmado que em alguns carregamentos nem seguros são feitos, pois é melhor que a carga desapareça no mar.

5 Cumpre aqui registrar que a Convenção de Basileia,[2] tratado internacional assinado em 1989 por diversos países (116 partes), em vigor desde 1992, teve como objetivo controlar os movimentos transfronteiriços de resíduos perigosos (produtos que contêm baterias com chumbo e cádmio) e de outros resíduos de atenção especial, estabelecendo normas que assegurem a segurança do meio ambiente e da saúde humana, quer em termos de transporte, quer em termos de produção e gestão destes resíduos, devendo os países informar, fiscalizar e controlar todo o lixo eletrônico que exportam ou importam. No Brasil, tal convenção foi aprovada através do Decreto Legislativo nº 34, de 16.6.1992, e promulgada pelo Decreto nº 875, de 19.7.1993, proibindo a importação e a exportação de resíduos perigosos sem consentimento.

Consta do tratado a proibição aos países ricos de se desfazerem dos resíduos através de sua transferência aos países pobres, pretendendo monitorar o impacto ambiental das operações de depósito, recuperação e reciclagem após o movimento transfronteiriço dos resíduos perigosos. Se, por um lado, os países mais pobres têm a necessidade de receber doações de computadores (artefatos reutilizáveis), por outro cresce a preocupação em controlar o tráfico ilícito diante do risco de receberem resíduos eletrônicos sob a fachada de artefatos reutilizáveis, tal como ocorrido recentemente no Brasil, quando foram interceptadas centenas de toneladas de diversas classes de resíduos (domiciliares, hospitalares e perigosos) oriundos da Inglaterra e que se passavam por materiais recicláveis e em 2004, quando contêineres com cádmio e chumbo chegaram da Itália, da Espanha e dos EUA.

---

[2] Texto disponível em: <http://www.basel.int>.

6 Uma vez exposta a problemática tal como se apresenta atualmente em escala mundial, importa enquadrá-la sob o enfoque das crises social e ambiental que subjazem a questão — a exploração desmedida dos recursos naturais (renováveis e não renováveis) necessários à produção dos aparelhos eletroeletrônicos, cuja escassez será enfrentada por toda a humanidade e a exposição a todos os habitantes indistintamente aos perigos decorrentes da destinação inadequada dos resíduos gerados por equipamentos eletroeletrônicos usados por apenas uma parcela desses habitantes.

Interessa, assim, analisar o panorama acerca da problemática dos resíduos tóxicos segundo o desenvolvimento econômico para se abordar então a distribuição desigual dos riscos criados pelo homem no desenvolvimento de suas atividades produtivas e, posteriormente, segundo a ideia de sustentabilidade.

Em excelente obra, José Eli da Veiga (2008) distingue desenvolvimento de crescimento econômico afirmando que "ninguém duvida de que o crescimento é um fator muito importante para o desenvolvimento. Mas não se deve esquecer que no crescimento a mudança é quantitativa, enquanto no desenvolvimento ela é qualitativa. Os dois estão intimamente ligados, mas não são a mesma coisa", provocando estranhamento a determinadas circunstâncias usualmente aceitas pelo senso comum, a possibilitar assim novas reflexões:

> Apesar de *a pobreza* ser uma idéia essencialmente econômica, ela *não pode ser devidamente entendida sem sua dimensão cultural*. E foi o próprio Adam Smith quem primeiro estabeleceu essa *estreita ligação entre privação cultural e pobreza econômica*. (...) A lista de mercadorias que contam como "necessidades" não são independentes, segundo Smith, das exigências da cultura local. Para ele, os chamados "bens de primeira necessidade" não são apenas aqueles indispensáveis para o sustento, mas todos os que o país considera indigno que alguém não possua. Quando o hábito fez com que, na Inglaterra, os sapatos de couro se tornassem uma necessidade, qualquer pessoa digna passou a ter vergonha de aparecer sem eles em público. (VEIGA, 2008, p. 46, grifos nossos)

A dimensão cultural dada à pobreza está, portanto, subjacente à discussão sobre as "condições materiais da reprodução social", assim entendidas como "a *forma histórica de duração social das coisas* necessárias à manutenção, no tempo, das práticas espaciais pertinentes às diferentes identidades socioculturais dos grupos humanos" (ACSELRAD, 2007), no sentido de se refletir sobre as desigualdades econômico-sociais e sua reprodução no tempo e no espaço.

E ao se pensar nas transformações econômico-sociais ocorridas na sociedade moderna, usualmente atribuídas às mudanças de parâmetros introduzidas a partir da Revolução Industrial, verifica-se que são em verdade decorrências da interseção entre as *descobertas científico-tecnológicas* e a *disponibilidade de capital*.

> O ferro enferruja, a madeira apodrece. O fio que não se emprega, na produção de tecido ou de malha, é algodão que se perde. O trabalho vivo tem de apoderar-se dessas coisas, de arrancá-las de sua inércia, de transformá-las de valores-de-uso possíveis em valores-de-uso reais e efetivos. O trabalho, com sua chama, delas se apropria como se fossem partes do seu organismo, e de acordo com a finalidade que o move lhes empresta vida para cumprirem suas funções; elas são consumidas, mas com um propósito que as torna elementos constitutivos de novos valores de uso, de novos produtos que podem servir ao consumo individual como meios de subsistência ou a novo processo de trabalho como meios de produção. (MARX, 1986)

Assim, o atual perfil da sociedade de consumo (e as consequências advindas de tal modelo no que tange aos desequilíbrios ambientais) resultou não especificamente do crescimento econômico propiciado pela Revolução Industrial, mas de uma nova perspectiva de apropriação, pelos detentores do capital, dos recursos ambientais, explorando-os de forma indiscriminada por força do emprego das tecnologias cada vez mais modernas. E tal produção em larga escala, em busca da máxima eficiência, vem causando imensuráveis impactos ambientais, cujas consequências são indistintamente sentidas por todos os habitantes do planeta.

> Desde meados do século XVIII, com a Revolução Industrial, a história da humanidade passou a ser quase inteiramente determinada pelo fenômeno do crescimento econômico. (...) Também é errado pensar que o crescimento econômico foi produto da Revolução Industrial. (...) *O que realmente provocou uma mudança fundamental no funcionamento do mundo foi muito mais o casamento entre ciência e tecnologia, no final do século XIX, do que a emergência de fábricas, operários e máquinas a vapor, quase cem anos antes. (...)*
>
> É verdade que a comparação entre o crescimento econômico dos últimos duzentos anos e o de milênios anteriores dá mesmo a impressão de que toda a época pré-industrial foi marcada por uma espécie de estagnação permanente. (...) Duas razões teriam causado esse ritmo lento de progresso, ou *falta de progresso: a notável ausência de importantes melhoramentos técnicos e a deficiência da acumulação de capital.* (VEIGA, 2008, grifos nossos)

Tais colocações são de suma importância para evidenciar a estreita ligação entre o modo de produção capitalista, impulsionado pelo desenvolvimento tecnológico (ao mesmo tempo em que também o impulsiona) e as múltiplas necessidades que vão sendo introjetadas culturalmente em uma sociedade de consumo massificada. Não há questionamentos, não há estranhamentos, apenas absorção de padrões de consumo que são impostos e vão se propagando a uma velocidade impressionante.

Evidencia-se, aqui, uma espécie de círculo vicioso entre esses fatores propulsores do consumismo, da busca incessante pela maior produtividade e de uma cada vez maior inovação tecnológica: a produção em massa de bens é, ao mesmo tempo, causa e consequência do consumo em massa, e esta relação engendrou modificações na maneira de se pensar e de se desejar os objetos. Através da criatividade e da propaganda, criam-se novas e sucessivas necessidades de consumo, de lazer, entre outras, com uma valorização crescente da propriedade, em detrimento do ser e sentir humanos.

7 Nesse contexto de desigualdades socioeconômicas, não bastasse a não extensão das oportunidades de consumo dos países desenvolvidos aos habitantes de países subdesenvolvidos, resta caracterizado que "a distribuição dos riscos ambientais por classe social é uma consequência normal das economias capitalistas. (...) O moinho da produção gera tanto os benefícios econômicos quanto os riscos ambientais. Os benefícios econômicos da produção tendem a se concentrar nas camadas mais altas do sistema de estratificação. (...) Inversamente, os riscos ambientais gerados pela produção de mercadorias e de serviços tendem a se concentrar nas camadas inferiores do sistema de estratificação. (...) A distribuição de poder nas unidades de produção reflete a distribuição da riqueza, mas está inversamente relacionada à distribuição do risco ambiental" (GOULD, 2004).

Resta, portanto, inquestionável que a distribuição desigual dos riscos ambientais na sociedade ocorre da mesma forma e proporção, de forma inversa, que a distribuição desigual das riquezas: *quanto mais pobre, mais riscos, e quanto mais rico, menos riscos.*

Assim, o *espaço territorialmente considerado*, objeto de práticas regulatórias de ocupação e uso do solo, reveste-se de um caráter de *espaço socialmente produzido* (agente e produto da sociedade), refletindo a reprodução das desigualdades, aqui inseridas as formas múltiplas e diversas de exposição aos riscos ambientais: as externalidades não computadas no processo produtivo são arcadas globalmente (o meio ambiente como um todo é degradado), enquanto os malefícios da degradação são perceptíveis pelos estratos sociais menos favorecidos. Portanto, a localização do homem no espaço geográfico e social implica em estar mais ou menos exposto aos riscos, em maior ou menor segurança.

8 Diante de tal contexto, embora o Brasil apresente uma legislação ambiental considerada bastante avançada no panorama mundial, inexiste normatização específica que contemple a problemática dos resíduos sólidos e, em particular, dos resíduos eletroeletrônicos, da qual constem as particularidades dos componentes químicos envolvidos e que estabeleça uma política proativa contra o incorreto manuseio de tais resíduos, a afastar os absurdos danos ambientais e à saúde humana, além de banir o fenômeno social gravíssimo da mineração urbana.

Apesar do ritmo intenso de crescimento da venda de produtos eletrônicos, a única regulamentação vigente a respeito se consiste na Resolução nº 257 do Conselho Nacional do Meio Ambiente (CONAMA), que estabelece limites para o uso de substâncias tóxicas em pilhas e baterias e imputa aos fabricantes a responsabilidade de implantar sistemas para coleta destes materiais e encaminhá-los para reciclagem.

Nesse particular, cumpre destacar o cada vez mais adotado conceito do ciclo integral do produto, o qual consagra o princípio de que as empresas devem assumir os custos ambientais, tendo sido a Alemanha o primeiro país a adequar tal concepção ao estabelecer a Lei de Minimização e Eliminação de Resíduos (1986), inspirada nos princípios de evitar e valorizar os resíduos antes de sua eliminação. Tal lei foi substituída em 1994 pela Lei de Economia de Ciclo Integral e Gestão de Resíduos, por meio da qual "ampliou-se a responsabilidade do fabricante a todo o ciclo de vida de seu produto, desde a fabricação, passando pela distribuição e uso, até sua eliminação" (JURAS; ARAÚJO, 2006).

9 Atualmente, em termos de políticas públicas internacionais, existem dois modelos de responsabilidade pós-consumo dos equipamentos eletroeletrônicos: a Responsabilidade Ampliada do Produtor (RAP) e a Responsabilidade da Gestão Compartilhada:

- Responsabilidade Ampliada do Produtor (RAP) – responsabiliza o produtor pelos resíduos eletroeletrônicos, tendo a Comunidade Europeia adotado a Política Integrada de Produtos, a qual se baseia em conceitos e princípios da precaução, da ação preventiva, do poluidor pagador e da RAP através de duas diretivas em vigor desde 2003:
1. Diretiva 2002/96/CE (WEEE – Waste Electrical and Electronic Equipment Directive [Diretrizes sobre Lixo Elétrico e Eletrônico do Bloco])[3] – disciplina a gestão de resíduos de equipamentos eletroeletrônicos, consagrando o princípio da responsabilização

---

[3] Disponível em: <http://www.lixoeletronico.org/system/files/UE_WEEE_PT.pdf>. Acesso em: 15 mar. 2010.

pós-consumo: exigência de as indústrias eletrônicas que venderem aos 25 integrantes do bloco assumirem a responsabilidade por todo o ciclo de vida de seus produtos (os fabricantes se responsabilizam por seus produtos, desde o processo produtivo na fábrica até a hora em que são descartados);

2. Diretiva 2002/95/CE (ROHS – Restriction of Hazardous Substances Directive [Diretrizes sobre Restrições a Substâncias Perigosas])[4] – estabelece restrições na utilização de certas substâncias perigosas na fabricação de equipamentos elétricos e eletrônicos, com o objetivo de diminuir a contaminação ambiental da disposição ou tratamento desses materiais.

- Responsabilidade da Gestão Compartilhada – responsabilidade ampliada do produto, com divisão de responsabilidades pelos REE entre produtores, revendedores, consumidores e governos; vem sendo implementada pelos Estados Unidos.

Segundo a pesquisadora Angela Cassia Rodrigues, "o modelo de Responsabilidade Ampliada do Produtor é mais adequado, pois obriga o fabricante a repensar os produtos e o próprio modelo de produção, inclusive no que se refere à ampliação do tempo de vida útil e à facilidade de reciclagem dos equipamentos", afirmando que "a gestão compartilhada atende aos interesses econômicos dos produtores, no momento em que, ao responsabilizar todo mundo, acaba promovendo uma desresponsabilização generalizada" (Cf. VIANNA, 2010).

O Japão, por sua vez, está adotando um novo sistema, denominado *take-back*: as empresas japonesas estão alugando equipamentos eletroeletrônicos, trocando o conceito de posse pelo de uso: atualmente existem 27 milhões de computadores e 38 milhões de impressoras alugadas naquele país (VIANNA, 2010).

---

[4] Disponível em: <http://www.lixoeletronico.org/system/files/UE_ROHS_PT.pdf>. Acesso em: 15 mar. 2010.

QUADRO 2
Legislação internacional comparada de lixo eletrônico

(continua)

País	Legislação	Princípio	Desde	Etapas e prazos	Responsabilidades	Obs.
União Europeia	Diretiva ROHS	Restringe seis substâncias tóxicas na fabricação de eletrônicos.	2003	A serem decididos por comitê – alta especificidade.	Produtor: diminuir gradativamente e banir o uso das seis substâncias tóxicas em questão.	Chumbo, mercúrio, cádmio, crômio hexavalente e polibromatos (PBB e PBDE).
União Europeia	Diretiva REEE (WEEE)	Substituição de substâncias tóxicas; aumento da taxa de reciclabilidade, incentivo à reciclagem e proibição de depósito inadequado.	2002	Até 2006: reciclar 4kg de resíduos eletrônicos *per capita*/ano; aumentos gradativos da quantidade de eletrônicos reciclados.	Estados: estabelecer sistema de coleta; Produtor: custos de logística reversa e reciclagem; Consumidor: proibição de jogar na coleta do município.	Prazos e metas a serem cumpridos serão calculados a partir de estudos periódicos para medir impacto de aplicação da lei.
China	ROHS China	Restringe seis substâncias tóxicas em eletrônicos.	2006.	Segue padrões da legislação europeia ROHS.	Produtor: diminuir e reduzir o uso das seis substâncias tóxicas em questão.	Idem à legislação europeia ROHS.
EUA/CA	Decreto de Reciclagem de Eletrônicos (baseado nas diretivas WEEE e ROHS)	Responsabilidade do produtor de logística reversa e reciclagem.	2003	Metas e prazos gradativos a serem definidos por comitê especial.	Consumidor: imposto de reciclagem; Produtor: rede de coleta; Estado: mantenimento da reciclagem com recursos da taxa.	Na Califórnia está sediada grande parte das maiores indústrias de tecnologia do mundo.
EUA/NY	Electronic Equipment Collection	Responsabilidade do produtor de logística reversa e reciclagem. Metas e prazos gradativos.	2008	2015 (25% coletado)	Produtores têm que submeter plano de manejo do lixo à prefeitura. Proibição de descartar eletrônico no lixo comum e em aterro sanitário. Meta: 25% de coleta e reciclagem do total vendido anualmente para 2015. Sanção com pena mínima de US$100.00 (pessoa física) e US$1,000.00 (pessoa jurídica).	-

Denise Setsuko Okada
Resíduos Eletroeletrônicos: Realidades e Desafios à Ordem Jurídica 81

QUADRO 2
Legislação internacional comparada de lixo eletrônico

(conclusão)

País	Legislação	Princípio	Desde	Etapas e prazos	Responsabilidades	Obs.
Japão	Home Appliance Recycling Law	Substituição de substâncias tóxicas; aumento da reciclabilidade, incentivo à reciclagem e proibição de depósito inadequado	1998	Aplicação imediata	Consumidor: taxa para descartar eletroeletrônico. Estado: responsável pelos sistemas de coleta e logística reversa; Produtor: reciclagem e neutralização adequada dos componentes tóxicos.	No Japão estão sediadas grande parte das maiores indústrias de tecnologia do mundo. Maior taxa mundial de consumo e descarte de eletrônicos *per capita*.
Mundial	Convenção de Basileia	Regulamenta o movimento transfronteiriço de resíduos tóxicos entre os países signatários.	1989	Aplicação imediata.	Estados devem regularizar e fiscalizar todo o fluxo de importação/exportação de resíduos tóxicos. Resíduos eletrônicos classificados em duas categorias: altamente tóxicos (baterias e monitores de TV) e moderadamente tóxicos (qualquer resíduo de equipamento eletroeletrônico que não seja proveniente de bateria ou monitor de TV).	EUA, Afeganistão e Haiti não ratificaram o documento.

Fonte: Adaptado de ANDUEZA, 2009.

Assim, o princípio da responsabilidade pós-consumo (ou responsabilidade pelo ciclo total do produto ou responsabilidade estendida do produtor) visa impor aos produtores e fornecedores uma parcela de responsabilidade pela destinação adequada dos resíduos que suas atividades geram diariamente, consistindo-se desta forma uma das alternativas para solucionar a problemática dos danos decorrentes da destinação inadequada dos resíduos eletroeletrônicos e comprometer os fabricantes com o ciclo global de vida dos seus produtos, abrangendo desde a fabricação de um produto até a sua destinação adequada e de sua embalagem, responsabilidade esta implicitamente prevista na Lei nº 6.938/1981 (Política Nacional do Meio Ambiente).

Quando os custos da degradação do meio ambiente não são pagos por aqueles que a geram, esses custos tornam-se externalidades para o sistema econômico, ou seja, são externos às funções de custo e demanda. Tratados como recursos livres ou de custo muito baixo, os recursos naturais tendem a ser superexplorados. Outrossim, o custo da degradação não incide diretamente sobre o que degrada, mas recai sobre a sociedade como um todo. *Há, portanto, que internalizar os custos ambientais nas atividades de produção e consumo*, de forma a induzir a mudança no padrão de uso dos recursos naturais. (JURAS; ARAÚJO, 2006, grifos nossos)

Por tais perspectivas, cada empresa passaria a assumir as responsabilidades pelo modo como suas atividades afetam o meio ambiente, internalizando os custos que atualmente são transferidos de forma injusta à coletividade de uma maneira geral. Em tal contexto, no qual se constata a "privatização de lucros e socialização de perdas", onde as externalidades são absorvidas pela comunidade enquanto o lucro é do setor produtivo, a aplicação do princípio poluidor pagador (ou princípio da responsabilidade) imporia às fontes poluidoras a obrigação de incorporar em seus processos produtivos os custos com prevenção, controle e reparação de impactos ambientais, impedindo a socialização destes riscos, ou seja, *internalizando-se as externalidades ambientais negativas.*

10 No Brasil, longa é a batalha que vem sendo travada no âmbito do Legislativo Federal para a edição de uma Política Nacional de Resíduos Sólidos. O processo legislativo iniciou-se em 1991 com o Projeto de Lei nº 203, o qual versava somente "sobre o acondicionamento, a coleta, o tratamento, o transporte e a destinação final dos resíduos de serviços de saúde", tendo havido desde então a apresentação de quase uma centena de projetos de lei versando sobre resíduos sólidos, o que retardou deveras a tramitação legislativa.

Em 2003 foi instituída uma comissão especial para elaborar um parecer sobre o PL nº 203/91 e, em 2008, um grupo de trabalho foi constituído para avaliar tal parecer, tendo sido realizadas a partir de então várias audiências públicas, visitas e debates técnicos sobre a matéria resíduos sólidos. Em 2009 foi apresentado o relatório final, com a proposta do texto da Política Nacional de Resíduos Sólidos, a qual leva em consideração que os impactos ambientais gerados por produtos que representam alto risco toxicológico ao meio ambiente e à saúde humana decorrem não só do processo produtivo, mas também da (má) destinação pós-uso.

Assim, inova ao obrigar as empresas que produzam ou comercializem determinados produtos a estabelecerem o seu plano próprio para gerenciar o lixo sólido produzido em sua atividade produtiva e a promoverem a logística reversa — conjunto de ações para facilitar a restituição dos resíduos pelos próprios geradores. Fabricantes, importadores, distribuidores e comerciantes serão obrigados a manter uma estrutura não só para coletar embalagens e produtos após o uso pelo consumidor, mas também para transportá-los para que sejam tratados, reaproveitados e/ou tenham um destino final adequado.

Por tal sistemática, produtos como os agrotóxicos (seus resíduos e embalagens), pilhas e baterias, pneus, óleos lubrificantes (seus resíduos e embalagens), lâmpadas fluorescentes (que contêm vapor de sódio ou mercúrio) e produtos eletroeletrônicos (com seus componentes) deverão ser restituídos pelo consumidor, o qual passa a ter um papel fundamental no ciclo que compõe a logística reversa, eis que responsável pelo produto pós-compra.

A proposta, por outro lado, não impõe apenas obrigações, mas cria vários incentivos, inclusive tributários, e linhas de financiamento às empresas que fizerem prevenção e redução da geração de resíduos sólidos no seu processo produtivo: terão cobrança de menor taxa de juros do sistema financeiro e carências de parcelamento das operações de crédito e financiamento.

Cumpre ainda registrar que ao longo de 2009 vários foram os embates enfrentados, tendo sido excluídos do sistema de logística reversa os produtos eletrônicos e as lâmpadas fluorescentes (os quais se encontravam na versão original do projeto), decorrente da pressão da Confederação Nacional da Indústria que sustentava o argumento que tal sistema elevaria o custo final desses produtos, eis que as indústrias, distribuidores e varejistas teriam de arcar com complexas estruturas de recolhimento de seus produtos. Assim, restaram mantidos no sistema da logística reversa apenas os segmentos já obrigados por Resolução do CONAMA a implementar o seu sistema de logística reversa, pretendendo pois "que setores e produtos que não tivessem resolução específica implementada não deveriam ser citados na política nacional" (André Luís Saraiva, diretor de responsabilidade socioambiental da Associação Brasileira da Indústria Elétrica e Eletrônica – ABINEE).

Em outubro de 2009, após muita polêmica e intensa mobilização nacional, o grupo de trabalho decidiu por incluí-los novamente no texto, restando contemplados, até o presente momento, os resíduos eletroeletrônicos na lei federal implementadora do sistema da logística reversa, a qual depende ainda de aprovação pelas casas legislativas e posterior sanção do Presidente da República — ou seja, muito chão ainda a percorrer até que concretamente os fabricantes sejam obrigados a reduzir o impacto de seus produtos eletrônicos e seja de fato incutida uma nova postura a favor da sistemática do ciclo reverso.

O desafio posto pela realidade dos resíduos eletroeletrônicos, objeto do presente trabalho, encontra-se inserido sob o ponto de vista da sustentabilidade, cujo enfoque demanda "um quadro conceitual que articule, de um lado, o reconhecimento das múltiplas significações sociais dos territórios, e de outro, a questão das determinações espaçotemporais das práticas sociais", a concluir que "se ambientes e territórios são socialmente diferenciados, múltiplas serão também as temporalidades das técnicas, ou seja, múltiplas serão as 'sustentabilidades'" (ACSELRAD, 1997).

Referências

ABINEE – ASSOCIAÇÃO BRASILEIRA DA INDÚSTRIA ELÉTRICA E ELETRÔNICA. Desempenho setorial, 2009. Disponível em: <http://www.abinee.org.br/abinee/decon/decon15.htm>. Acesso em: 15 mar. 2010.

ACSELRAD, Henri. Sustentabilidade e território. In: VII ENCONTRO NACIONAL DA ANPUR, Recife, 1997. *Anais do VII Encontro Nacional da ANPUR*, 1997.

ACSELRAD, Henri. Vigiar e unir: a agenda da sustentabilidade urbana?. *Veracidade*, v. 2, n. 2, jul. 2007.

ACSELRAD, Henri; PÁDUA, José Augusto de; HERCULANO, Selene (Org.). *Justiça ambiental e cidadania*. Rio de Janeiro: Relume Dumará, 2004.

ANATEL revisa distribuição de celulares por tecnologia. Portal Anatel, 2 jul. 2009. Disponível em: <http://www.anatel.gov.br/Portal/exibirPortalNoticias.do?acao=carregaNoticia&codigo=18468>. Acesso em: 15 mar. 2010.

ANDUEZA, Felipe. Legislação internacional comparada de lixo eletrônico. *Lixo Eletrônico*, 20 ago. 2009. Disponível em: <http://www.lixoeletronico.org/blog/legislacao-internacional-comparada-de-lixo-eletronico>. Acesso em: 12 mar. 2010.

BASEL Convention on the Control of Transboundary Movements of Hazardous Wastes and their Disposal. Disponível em: <http://www.basel.int>. Acesso em: 15 mar. 2010.

CITIZENS at Risk. A film by Chintan, SVTC, IMAK/Arjun Bhagat. Disponível em: <http://www.youtube.com/watch?v=jkndVAwBf_k>. Acesso em: 15 mar. 2010.

EUA exportam 80% dos seus resíduos eletrônicos. *O Estado de S. Paulo*, São Paulo, 26 jul. 2009. Disponível em: <http://www.estadao.com.br/noticias/geral,eua-exportam-80-dos-seus-residuos-eletronicos,408584,0.htm>. Acesso em: 15 mar. 2010.

FGV-EAESP. 20ª pesquisa anual do uso de TI, 2009. Disponível em: <http://www.eaesp.fgvsp.br/subportais/interna/relacionad/gvciapesq2009.pdf>. Acesso em: 15 mar. 2010.

GOULD, Kenneth A. Classe social, justiça ambiental e conflito político. In: ACSELRAD, Henri; PÁDUA, José Augusto de; HERCULANO, Selene (Org.). *Justiça ambiental e cidadania*. Rio de Janeiro: Relume Dumará, 2004.

JURAS, Ilidia da Ascenção Garrido Martins; ARAÚJO, Suely Mara Vaz Guimarães de. Uma lei para a política nacional de resíduos sólidos. *Revista de Direito Ambiental*, v. 11, n. 43, p. 115-132, jul./set. 2006.

LIEBMANN, Hans. *Terra, um planeta inabitável?* Da antiguidade até os nossos dias, toda a trajetória poluidora da humanidade. Tradução de Flávio Meurer. São Paulo: Melhoramentos, 1976.

MARX, Karl. *O capital:* crítica da economia política. Tradução de Regis Barbosa e Flávio R. Kothe. 2. ed. São Paulo: Nova Cultural, 1985. v. 1.

METAIS pesados. *Ambientebrasil:* portal ambiental. Curitiba, 2009. Disponível em: <http://ambientes.ambientebrasil.com.br/residuos/artigos/metais_pesados.html>. Acesso em: 12 mar. 2010.

TIEZZI, Enzo. *Tempos históricos, tempos biológicos:* a Terra ou a morte: os problemas da nova ecologia. Tradução de Frank Roy Cintra Ferreira e Luiz Eduardo de Lima Brandão. São Paulo: Nobel, 1988.

UM DESTINO correto para o lixo eletrônico. *Instituto Akatu.* São Paulo, 10 dez. 2009. Disponível em: <http://www.akatu.org.br/central/especiais/2009/um-destino-correto-para-o-lixo-eletronico>. Acesso em: 15 mar. 2010.

VEIGA, José Eli da. *Desenvolvimento sustentável:* o desafio do século XXI. 3. ed. Rio de Janeiro: Garamond, 2008.

VIANNA, Daniela. Resíduos Hi-tech: uma bomba-relógio ambiental. *Ambientebrasil:* portal ambiental. Curitiba, 18 maio 2007. Disponível em: <http://noticias. ambientebrasil.com.br/noticia/?id=31220>. Acesso em: 15 mar. 2010.

VIANNA, Daniela. Resíduos Hi-tech: uma bomba-relógio ambiental (última parte). *Ambientebrasil:* portal ambiental. Curitiba, 21 maio 2007. Disponível em: <http:// noticias.ambientebrasil.com.br/noticia/?id=31266>. Acesso em: 15 mar. 2010.

Informação bibliográfica deste texto, conforme a NBR 6023:2002 da Associação Brasileira de Normas Técnicas (ABNT):

OKADA, Denise Setsuko. Resíduos eletroeletrônicos: realidades e desafios à ordem jurídica. In: BRAGA FILHO, Edson de Oliveira *et al.* (Coord.). *Mecanismos legais para o desenvolvimento sustentável.* Belo Horizonte: Fórum, 2010. p. 69-85. ISBN 978-85-7700-308-2.

A Parceria entre o Ministério Público e a Sociedade Civil na Defesa do Patrimônio Cultural

Denise Tarin

Sumário: 1 Introdução – 2 Rio de Janeiro: cidade histórica – 3 Os instrumentos tradicionais e inovadores na defesa do patrimônio cultural – 4 O Ministério Público e o controle social – 5 Estudos de casos – **5.1** Casa 20 do Largo do Boticário – **5.2** Estádio de Remo da Lagoa – 6 Conclusões – Referências

1 Introdução

O presente trabalho tem por objetivo demonstrar a importância da preservação do patrimônio cultural para a identidade de um grupo social, bem como o aperfeiçoamento dos novos instrumentos de defesa, cuja força vital decorre da parceria entre a sociedade civil e o Ministério Público.

A cidade do Rio de Janeiro, cenário da história brasileira possui uma paisagem heterogênea, onde o novo impôs-se sobre o antigo, cuja renovação urbanística fundou-se na destruição e no deslocamento de pessoas. A magnitude da "modernização" carioca pode ser percebida pela construção da Avenida Central, hoje Rio Branco e que importou na destruição de mais de duas mil casas.

O arcabouço legislativo para a proteção do meio ambiente cultural é extenso, não obstante algumas controvérsias derivem da aplicação do Decreto-Lei nº 25/37, porém é imperioso destacar que, não é por falta de lei que perdemos parte do nosso patrimônio histórico, o grande óbice na implementação de uma política conservacionista é a ausência de conhecimento e, por consequência, de reconhecimento do próprio valor imaterial intrínseco ao bem.

Aliada à visão míope do Administrador quanto ao valor do nosso patrimônio cultural nos deparamos com o imobilismo da sociedade que é bem retratado por Giannetti, que o traduz como o paradoxo do brasileiro:

> Cada um de nós isoladamente tem o sentimento e a crença sincera de estar muito acima de tudo isso que aí está. Ninguém aceita, ninguém agüenta mais: nenhum de nós pactua com o mar de lama, o deboche e a vergonha da nossa vida pública e comunitária. O problema é que, ao mesmo tempo, o resultado final de todos nós juntos é precisamente tudo isso que aí está.[1]

Assim, o nosso desafio é demonstrar a existência de novos caminhos e possibilidades na defesa do patrimônio cultural e o faremos retratando a experiência de dois inquéritos civis públicos que tramitaram na 3ª Promotoria de Justiça de Meio Ambiente da Capital do Rio de Janeiro, em 2007, sob a presidência da subscritora.

2 Rio de Janeiro: cidade histórica

Em 1565, Estácio de Sá fundou a cidade de São Sebastião do Rio de Janeiro, na praia, entre os morros Cara de Cão e Pão de Açúcar.

O papel de capital da Colônia, do Império e da República, faz do Rio de Janeiro o cenário da história brasileira.

A cidade colonial, em contrariedade à cidade isolada, medieval e renascentista teve o seu espaço territorial definido por seus campos, sendo aberta e voltada para a natureza.

Já no Império o Rio de Janeiro obteve destaque ímpar. Segundo Pessôa e Bicalho, a cidade "assumiu a posição síntese que o país queria representar. A natureza tropical espelhada no vigor monumental dos morros da cidade foi enquadrada à paisagem urbana por pintores e viajantes". Ainda destacam os historiadores o progresso conquistado em razão das melhorias "rede de esgotos, iluminação a gás e os novos palácios urbanos, hospitais e escola em estilo neoclássico deram novo perfil à paisagem carioca".[2]

---

[1] GIANNETTI. *Vícios privados, benefícios públicos?* A ética na riqueza das nações, p. 12.

[2] PESSÔA; BICALHO. Rio de Janeiro, RJ. In: PESSÔA; PICCINATO (Org.). *Atlas de centros históricos do Brasil*, p. 38

A modernização da cidade aconteceu, definitivamente, com a Proclamação da República. Ampliou-se a malha urbana propiciando a circulação de pessoas e mercadorias. Remodelou-se o porto e implantou-se ferrovias. Os estudos de Pessôa e Bicalho ressaltam que " na virada do século XIX para o XX, o Rio de Janeiro era a maior e mais importante cidade brasileira. Centro político do país, sede das principais transações comerciais e financeiras (...) foram implantadas fábricas e indústrias. Constituía-se o grande centro articulador das diferentes regiões do país".[3]

A transferência da capital da República, para Brasília, a expulsão das pessoas para os morros e periferias e o Golpe de 64 dão novo contorno ao espaço territorial carioca. Esta combinação de fatos e interesses, ao meu sentir, tornou a propriedade imobiliária um verdadeiro capital produtivo. Este fenômeno é definido por Benevolo como "renda imobiliária urbana". Retrata o autor: "As dificuldades da vida urbana oneram de modo pesado as classes mais fracas e a cidade se torna um grande aparato discriminante que confirma o domínio das classes mais fortes".[4]

Assim, a reconstrução da paisagem urbana contemporânea privilegia o novo, cuja atitude em relação ao patrimônio histórico é de total insignificância, de desrespeito ao passado, aos nossos antepassados, às nossas lutas... Sim, pois, nas palavras de Piccinato, "(...) reconhecer a própria história (...) significa reafirmar a própria identidade (...). A história do passado reverte-se no presente e ajuda entender as raízes e a estrutura de muitos dos problemas contemporâneos (...)".[5]

3 Os instrumentos tradicionais e inovadores na defesa do patrimônio cultural

Os conhecidos instrumentos de defesa do meio ambiente cultural são a fiscalização e a lei. Ocorre, no entanto, que tanto um quanto o outro mostram-se deficientes quanto aos resultados. Quem atua na proteção do patrimônio cultural brasileiro tem conhecimento dos conflitos de competência entre os órgãos de cultura, responsáveis pela fiscalização, bem como da dificuldade do Administrador em cumprir leis.

Ademais, com o advento do Estatuto da Cidade (Lei nº 10.257, de 10.7.2001), ressurge para o patrimônio histórico uma nova possibilidade de gestão; contudo, na prática, as mudanças são tímidas.

---

[3] PESSÔA; BICALHO. Rio de Janeiro, RJ. In: PESSÔA; PICCINATO (Org.). *Atlas de centros históricos do Brasil*, p. 38-39.

[4] BENEVOLO. *História da cidade*, p. 589.

[5] Cf. PESSÔA; PICCINATO (Org.). *Atlas de centros históricos do Brasil*, p. 12-13.

Minhas afirmações, embora sem qualquer amparo estatístico, fundamentam-se na deterioração do patrimônio histórico carioca, percebida à simples vista. Porém, não nos cabe, nesta oportunidade, debruçarmos sobre os motivos, o nosso compromisso é apontar caminhos e possíveis soluções.

O conceito de gestão ambiental urbana introduzido pelo Estatuto da Cidade traz uma proposta de integrar aos instrumentos tradicionais de tutela ferramentas inovadoras, como educação, comunicação, marketing e mediação de conflitos.

Para Ribeiro e Vargas, " a proposta de inclusão dos 'novos instrumentos' (...) tem como finalidade aumentar a eficiência dos responsáveis pela gestão ambiental urbana (...) pretende-se com isso obter melhorias na qualidade ambiental a partir de sinergias positivas (...)".[6]

4 O Ministério Público e o controle social

O Constituinte de 1988, atento à realidade brasileira e à complexidade das relações sociais, ambientais e econômicas, estabelece novos parâmetros para as atribuições do Ministério Público, e a forma de instrumentalizá-lo foi concedendo ao parquet autonomia administrativa e financeira.

Decorridas duas décadas, a defesa do meio ambiente cultural não se faz só por meio do controle jurisdicional mas, sobretudo, pelos instrumentos utilizados diretamente pelos promotores de justiça e procuradores da República, tais como o inquérito civil, a recomendação, a requisição de documentos e perícias e o Termo de Ajustamento de Condutas (TAC).

Neste perfil contemporâneo, o Ministério Público visa estabelecer uma parceria com a sociedade e funciona como órgão indutor de participação.

Entendemos que, a defesa do patrimônio cultural não se conquista, tão somente, por meio da "caneta" do juiz, mas, sim, pelo real interesse demonstrado pela sociedade. Cidadania é direito e, também, dever, corporificando-se por atos e ações voltados ao bem comum e ao interesse público.

Assim, cabe ao Ministério Público atuação positiva e dirigida à afirmação dos direitos coletivos e difusos. Um dos grandes obstáculos, no entanto, é que, funcionando como advogado da sociedade, esta, via de regra, mantém-se ausente do debate, do conflito e, consequentemente, das soluções.

---

[6] RIBEIRO; VARGAS. Qualidade ambiental urbana: ensaio de uma definição. In: VARGAS; RIBEIRO (Org.). *Novos instrumentos de gestão ambiental urbana*, p. 14.

Como afirmamos, anteriormente, a propriedade urbana está a serviço do capital, logo, o destino da paisagem enquanto bem difuso deve ser defendido, também, pela coletividade. É uma tomada de decisão, sob pena de perpetuarmos a teoria do isolamento que consagra a defesa dos monumentos em detrimento ao todo, ao conjunto paisagístico arquitetônico.

O que percebemos, hoje, é que o patrimônio cultural carioca alimenta os insaciáveis poderes políticos e econômicos.

O controle social é frágil e as dores de um passado recente, ainda, calam as vozes da sociedade, o que permite, em particular, a destruição do patrimônio histórico, que tem que dar vez a uma cidade pós moderna, diríamos "inteligente".

Como já ressaltado em outro trabalho,[7] é na teoria geral do poder que encontramos fundamento para que o membro do Ministério Público atue na organização da sociedade, com a finalidade de concretizar uma forma de poder que possa contrastar com o poder político e econômico estabelecido e, assim, equilibrar as forças... No processo de mobilização social, o promotor de justiça estabelece aliança com o seu "cliente", leia-se sociedade civil, na identificação dos problemas. Para tanto, cinco etapas devem ser enfrentadas:

1. Decidir que existe um problema;
2. Decidir que se deve tentar resolver o problema;
3. Decidir a melhor estratégia para enfrentar o problema;
4. Atuar na solução do problema; e
5. Institucionalizar a solução.

Por fim, destacamos que a mobilização social decorre de uma reação e que esta deve retratar o ideal da coletividade e, como assinalado em todo o trabalho, ou nós nos unimos e pautamos a nossa vida social de forma pró ativa e, coletivamente, atuamos na luta em busca de uma vida de qualidade, ou jamais atingiremos o patamar de uma cidade sustentável.

5 Estudos de casos

5.1 Casa 20 do Largo do Boticário

Bem tombado, integra o conjunto paisagístico e arquitetônico composto por palacetes no Largo do Boticário, limítrofe ao rio Carioca, no Cosme Velho.

---

[7] TARIN. A aliança entre o Ministério Público e a sociedade civil na definição de políticas públicas. In: VILLELA (Coord.). *Ministério Público e políticas públicas*, p. 66-67.

O imóvel foi ocupado pelo movimento dos "sem teto", questão política e social complexa, que só teve a solução equacionada graças a reação popular visando a preservação do patrimônio histórico. A sociedade civil, aliada ao Ministério Público, movimentou a mídia e mostrou o conflito, bem como a postura das autoridades públicas.

O proprietário foi instado a se posicionar e propôs ação de reintegração de posse, cuja liminar só foi cumprida após muita pressão popular.

5.2 Estádio de Remo da Lagoa

Bem tombado em razão da arquitetura modernista. Segundo os empresários e o Prefeito, era imperioso a adequação do estádio às exigências técnicas, visando a realização das provas dos Jogos Pan-Americanos.

Houve uma grande mobilização para a preservação do patrimônio histórico, não só nos jornais, mas também por meio digital. Ocorreram várias reuniões e o conjunto social estava motivado e sensível à causa.

Não obstante a ação dos órgãos de fiscalização, do movimento social e da ação proposta pelo Ministério Público, inclusive, como deferimento da liminar, o patrimônio histórico foi implodido.

6 Conclusões

1 A governança brasileira está em construção.

2 A propositura da ação civil pública não é, por si só, instrumento eficaz de tutela do patrimônio cultural.

3 A mobilização da sociedade é um processo que pode ser induzido pelo membro do Ministério Público e se funda na ampla defesa dos direitos transindividuais.

Referências

BENEVOLO, Leonardo. *História da cidade*. Tradução de Silvia Mazza. 4. ed. São Paulo: Perspectiva, 2005.

GIANNETTI, Eduardo. *Vícios privados, benefícios públicos?* A ética na riqueza das nações. São Paulo: Companhia das Letras, 2007.

PESSÔA, José; BICALHO, Maria Fernanda. Rio de Janeiro, RJ. In: PESSÔA, José; PICCINATO, Giorgio (Org.). *Atlas de centros históricos do Brasil*. Rio de Janeiro: Casa da Palavra, 2007.

PESSÔA, José; PICCINATO, Giorgio (Org.). *Atlas de centros históricos do Brasil.* Rio de Janeiro: Casa da Palavra, 2007.

RIBEIRO, Helena; VARGAS, Heliana Comin. Qualidade ambiental urbana: ensaio de uma definição. In: VARGAS, Heliana Comin; RIBEIRO, Helena (Org.). *Novos instrumentos de gestão ambiental urbana.* São Paulo: Edusp, 2001.

TARIN, Denise. A aliança entre o Ministério Público e a sociedade civil na definição de políticas públicas. In: VILLELA, Patrícia (Coord.). *Ministério Público e políticas públicas.* Rio de Janeiro: Lumen Juris, 2009.

VARGAS, Heliana Comin; RIBEIRO, Helena (Org.). *Novos instrumentos de gestão ambiental urbana.* São Paulo: Edusp, 2001.

VILLELA, Patrícia (Coord.). *Ministério Público e políticas públicas.* Rio de Janeiro: Lumen Juris, 2009.

Informação bibliográfica deste texto, conforme a NBR 6023:2002 da Associação Brasileira de Normas Técnicas (ABNT):

TARIN, Denise. A parceria entre o Ministério Público e a sociedade civil na defesa do patrimônio cultural. In: BRAGA FILHO, Edson de Oliveira *et al.* (Coord.). *Mecanismos legais para o desenvolvimento sustentável.* Belo Horizonte: Fórum, 2010. p. 87-93. ISBN 978-85-7700-308-2.

Os Instrumentos do Licenciamento Ambiental

Edson de Oliveira Braga Filho

A Lei nº 6.938/81, que instituiu a Política Nacional de Meio Ambiente, em seu art. 9º, com as modificações introduzidas pelo inciso VI do art. 1º da Lei nº 7.804/89, apresenta os instrumentos dessa política, utilizando-se o Poder Público do Direito Público e do Direito Administrativo, ramos inerentes a sua própria peculiaridade, a fim de exercer o seu poder de polícia administrativo, impondo restrições pertinentes ao exercício pleno da propriedade privada, como se demonstra a seguir:

I - O estabelecimento de padrões de qualidade ambiental;

II - O zoneamento ambiental;

III - A avaliação de impactos ambientais;

IV - O licenciamento e a revisão de atividades de efetiva ou potencialmente poluidoras;

V - Os incentivos à produção e instalação de equipamentos e a criação ou absorção de tecnologia, voltados para a melhoria da qualidade ambiental;

VI - A criação de espaços territoriais especialmente protegidos pelo Poder Público Federal, Estadual e Municipal, tais como áreas de proteção ambiental, de relevante interesse ecológico e reservas extrativistas;

VII - O sistema nacional de informações sobre o meio ambiente;

VIII - O cadastro técnico federal de atividades e instrumentos de defesa ambiental;

IX - As penalidades disciplinares ou compensatórias ao não cumprimento das medidas necessárias à preservação ou correção da degradação ambiental;

X - A instituição do relatório de qualidade do meio ambiente, a ser divulgado anualmente pelo IBAMA;

XI - A garantia da prestação de informações relativas ao meio ambiente, obrigando-se o poder público a produzi-las, quando inexistentes

XII - O cadastro técnico federal de atividades potencialmente poluidoras e/ou utilizadoras dos recursos ambientais;

XIII - Instrumentos econômicos, como concessão florestal, servidão ambiental, seguro ambiental, outros.

Todos os treze itens que compõem os instrumentos do licenciamento ambiental são pontos importantes dentro da Política Nacional de Meio Ambiente e necessários para uma boa aplicabilidade de seus conceitos e conteúdos na rotina diária dos entes federativos e da iniciativa privada, embora, de caráter lamentável, não tenham recebido a devida atenção por parte dos agentes públicos, no tocante a sua regulamentação a fim de permitir-se a sua otimização e integralização.

Importante ressaltar que os itens de I a VI, IX e XI, estão literalmente à disposição dos órgãos estaduais e municipais, que fazem parte do SISNAMA, mas que por razões diversas, entre elas em minha opinião, o seu próprio desconhecimento e a sua falta de publicidade, de preparo de gestão desses órgãos públicos, além da falta de planejamento ambiental nos estados e principalmente nos municípios, que soma mais de 5.000 em nosso país, sendo esse último a alma que alavanca todo o processo de desenvolvimento e crescimento na sustentabilidade e das potencialidades existentes, permanecem "dormindo em berço esplêndido".

Para que essa situação possa começar a ser revertida em tempo hábil, é fundamental que toda a sociedade civil organizada em parceria com os empreendedores nacionais em um primeiro plano e com o capital estrangeiro em um mesmo nível de investimentos contando com a "intervenção positiva" dos órgãos governamentais encarregados da elaboração da Política Pública Nacional do Meio Ambiente, percebam que é fundamental, prioritário e imprescindível que façamos um grande esforço, um verdadeiro mutirão para:

- Construir uma agenda de sustentabilidade, na qual o licenciamento ambiental seja um dos instrumentos que a compõe;
- Elaborar uma agenda econômica ambiental;
- Proporcionar o aperfeiçoamento da legislação; e
- Propiciar as condições onde o planejamento seja o segredo a ser verdadeiramente executado.

Em minha opinião temos três grandes "instrumentos do licenciamento ambiental" efetivos para a sua intensa utilização no momento pelo qual atravessa a zona nebulosa em nosso país, que são:

Avaliação de Impacto Ambiental (AIA)

É um processo concebido para garantir, no fundamental, que os impactos ambientais significativos seja satisfatoriamente caracterizados e tomados em consideração no planejamento, dimensionamento e licenciamento de um conjunto relevante de projetos ou ações que pela sua natureza, dimensão ou localização, são susceptíveis de gerarem consequências nefastas para o meio ambiente, sendo um procedimento de apoio à decisão baseado na elaboração de um Estudo de Impacto Ambiental e obviamente na condução que é obrigatória do processo de formalização de consulta pública; tendo como diplomas bases desse processo o Decreto-Lei nº 186, de 6.6.1990, e o Decreto Regulamentar nº 38, de 27.11.1990, na visão do Professor Paulo Pinho da Faculdade de Engenharia da Universidade do Porto.

A sua finalidade é para todos nós que o conjunto de técnicas e métodos destinados a identificar, predizer e descrever a influência sobre o ambiente biogeofísico, econômico e social, que terá uma determinada ação.

Possibilita a sociedade as várias alternativas que são possíveis na escolha da melhor alternativa a ser seguida, para potencializar os seus efeitos benéficos e diminuir ou restringir os adversos.

É portanto um poderoso instrumento a serviço das empresas de todos os portes e influências na economia do país, que deve ser amplamente divulgado e conhecido pelos agentes envolvidos, contando sempre com a participação efetiva do poder público que detém a hegemonia da elaboração da política nacional de meio ambiente, a produzir condições efetivas de sua implementação e utilização.

Avaliação Ambiental Estratégica (AAE)

A Avaliação Ambiental Estratégica (AAE) é um processo de identificação de impactos ambientais e de alternativas que os minimizem na implantação de políticas e projetos governamentais. A avaliação será utilizada na elaboração das propostas dessas ações estratégicas, sistematizando os resultados e sua utilização para tomadas de decisão ambientalmente sustentáveis.

A AAE é elaborada de forma pública e participativa baseando-se nos princípios da avaliação de impactos que regem os Estudos de Impacto Ambiental (EIA/RIMA). Tem, no entanto, o objetivo de analisar a ação estatal em todos os seus aspectos, servindo de subsídio na tomada de decisões ao disponibilizar informações sobre as possíveis consequências ambientais das ações governamentais, bem como das alternativas mitigadoras.

As avaliações iniciais serão executadas nos setores de mineração, geração de energia, agronegócio e saneamento. Os dados sobre a AAE do setor de geração de energia já estão disponíveis.

Deve-se estimular as avaliações ambientais estratégicas na implantação de políticas públicas setoriais com impactos sobre o meio ambiente, tendo em vista a possibilidade de estabelecer ações governamentais a longo prazo. Os órgãos que compõem o Sistema Estadual de Meio Ambiente são responsáveis pela análise das propostas das AAE.

No processo de Avaliação Ambiental Estratégica, a participação do público é princípio fundamental. O Conselho Estadual de Política Ambiental (Copam), juntamente com os conselhos setoriais e os comitês de bacia, acompanharão o trabalho, determinando objetivos e conteúdos, identificando e fornecendo informações para a realização da AAE e avaliando e propondo sugestões para o aperfeiçoamento das análises e propostas.

A coordenação da elaboração da Avaliação Ambiental Estratégica é realizada pelos Núcleos de Gestão Ambiental (NGA). Criados em 2003 pelo Decreto n° 43.372, estão implantados em cada uma das secretarias de Estado com representação no Plenário do Copam. Os núcleos executam ainda o assessoramento dos secretários de Estado, informando sobre as decisões do Copam que tenham alguma interferência sobre as políticas e ações das secretarias.

Zoneamento Ecológico-Econômico (ZEE)

O Zoneamento Ecológico-Econômico (ZEE) surge no bojo da necessidade de se preservar, melhorar e recuperar o meio ambiente, garantindo um desenvolvimento economicamente autossustentável.

Para tanto, torna-se necessário a instituição de um instrumento de organização do território, a ser obrigatoriamente seguido na implantação de planos, obras e atividades públicas e privadas, que estabeleça medidas e padrões de proteção ambiental, dos recursos hídricos e do solo e conservação da biodiversidade, fomentando o desenvolvimento sustentável e a melhoria das condições de vida da população.

O ZEE tem por finalidade propiciar um diagnóstico mais preciso sobre o meio físico-biótico, socioeconômico e sobre sua organização institucional, além de oferecer diretrizes de ação, as quais deverão refletir os diferentes interesses dos cidadãos

Desse modo, o ZEE contribui para um sistema de planejamento mais eficaz, onde os investimentos e esforços, tanto do governo quanto da iniciativa privada, sejam aplicados de acordo com as peculiaridades das zonas, as quais passam a ser tratadas como unidades de planejamento.

Art. 5º As diretrizes da Política Nacional de Meio Ambiente serão formuladas em normas e planos, destinados a orientar a ação dos Governos da União, dos Estados, do Distrito Federal, dos Territórios e dos Municípios no que se relaciona com a preservação da qualidade ambiental e manutenção do equilíbrio ecológico, observados os princípios estabelecidos no art. 2º desta Lei.

Posteriormente esta lei foi normatizada pelo Decreto nº 4.297, de 10.7.2002, que "regulamenta o art. 9º, inciso II, da Lei 6.938, de 31 de agosto de 1981, estabelecendo critérios para o Zoneamento Ecológico-Econômico do Brasil – ZEE, e dá outras providências". O mencionado Decreto estabelece os princípios e objetivos do ZEE, os termos para sua elaboração, os elementos mínimos que deverão constar de seu conteúdo, o uso, o armazenamento, a custódia e a publicidade dos dados e informações coletados, entre outros.

Conforme exposto, o ZEE encontra-se amplamente amparado pela legislação federal e local, porém, em consonância com esses ditames legais, temos a considerar:

1. O processo de elaboração e implantação do ZEE deverá contar com ampla participação do poder público e da sociedade civil;

2. O crescimento econômico e social deverá ser compatível com a proteção dos recursos naturais;

3. Cabe ao Poder Público Federal elaborar e executar o ZEE, nacional ou regional, quando o bioma *in casu* for considerado patrimônio nacional ou quando não deva ser tratado de maneira fragmentada. Nesse caso poderá ser executado em articulação e colaboração com os Estados;

4. O Poder Público Federal deverá reunir e compatibilizar em um único banco de dados as informações geradas em todas as escalas, mesmo as produzidas pelos estados, as quais serão disponibilizadas ao público, ressalvadas as de interesse estratégico para o País e as indispensáveis à segurança nacional.

Ainda por determinação da citada legislação, no que diz respeito especificamente ao conteúdo do ZEE, este deverá prever, entre outros, a divisão do território em zonas, cuja definição deverá levar em conta o diagnóstico socioeconômico, dos recursos naturais e a situação jurídico-institucional; considerar as informações constantes do Sistema de Informações Geográficas.

Ademais deverá apontar alternativas e tendências e diretrizes gerais e específicas, estas últimas com detalhamento das atividades adequadas a cada zona, respeitadas a fragilidade ecológica, a capacidade de suporte ambiental e potencialidades, até os planos e projetos, com as respectivas fontes de recursos.

Isso implica em uma abordagem multidisciplinar, capaz de considerar, na elaboração do zoneamento, a estrutura dinâmica ambiental e econômica e os valores históricos e evolutivos do patrimônio biológico e cultural do país, a fim de se estabelecer as relações de interdependência entre os subsistemas físico-biótico e socioeconômico.

As alterações nos produtos do ZEE, tais como mudanças de diretrizes ou modificações nos limites das zonas, deverão observar um prazo mínimo de dez anos, após sua conclusão ou sua última modificação. Este prazo não é exigível quando a alteração se der no sentido de ampliar o rigor da proteção da ambiental da zona a ser alterada ou for decorrente de aprimoramento técnico científico, vis-à-vis do disposto no Decreto n² 4.297/02.

Vale registrar, por força do mesmo decreto, que as alterações somente deverão ocorrer após consulta pública e aprovação pela Comissão Estadual do ZEE e pela Comissão Coordenadora do ZEE, mediante processo legislativo, de iniciativa do Poder Executivo. Tal alteração não poderá reduzir o percentual de reserva legal definido em legislação, tampouco as áreas protegidas, como unidades de conservação ou não.

No Espírito Santo temos o Sistema de Licenciamento e Controle das Atividades Poluidoras ou Degradadoras do Meio Ambiente (SILCAP), que é um importantíssimo instrumento no contexto geral dentro da política estadual, tendo sido instituído pelo Decreto n² 1.777-R, de 8.1.2007 e regulamenta todas as atividades ligadas ao meio ambiente e ao licenciamento, proporcionando as diretrizes e políticas básicas.

Com a formatação econômica que possui o estado do Espírito Santo, incorporando empreendimentos e empresas de grande porte como a ArcelorMittal, CVRD, Samarco, Aracruz, Petrobras, dentre outras, que aliadas ao polo moveleiro ao norte e granito e mármore ao sul, passando pelo contorno da Grande Vitória, com empresas de logísticas, importação e exportação, construção civil, portos, siderurgia, metalmecânico, naval, tecnológico e o complexo de expansão das áreas do Civit I e II, além do TIMS, Terminal Intermodal da Serra e o SUPPIN em Vila Velha; compondo com culturas tradicionais como o café e o mamão, a fruticultura, o turismo e o agronegócio, o cenário do futuro do desenvolvimento do Estado; desenvolvimento que pretende-se seja sustentável, respeitando-se a Mata Atlântica, a criação de RPPNS, além da proteção das regiões costeiras em toda a sua extensão, explorando com consciência ambiental, por exemplo o Parque Marinho de Santa Cruz.

Portanto, esses cenários concretos, somados aos novos rumos do empreendedorismo, tornam imprescindível a implementação do SILCAP, que regulamenta estas novas relações com uma visão de otimização na liberação de projetos responsáveis do ponto de vista ambiental e equilibrados no sentido da lucratividade, para proporcionar ao Espírito Santo todas as condições para o seu constante crescimento sustentável ao longo de muitas décadas, levando à sua população os benefícios inerentes a está expansão.

Assim em seu §2º traz a definição de diversas expressões e entidades relevantes no âmbito do meio ambiente, como veremos a seguir:

Avaliação Ambiental (AVA)

São todos os estudos relativos aos aspectos ambientais relacionados à localização, instalação, operação e ampliação de uma atividade ou empreendimento, que poderá ser apresentado como subsídio para análise da concessão da licença requerida, tais como relatório ambiental, plano e projeto de controle ambiental, relatório ambiental preliminar, diagnóstico ambiental, plano de manejo, plano de recuperação de área degradada, análise preliminar de risco, relatório de controle ambiental, avaliação ambiental estratégica, estudo de impacto ambiental, relatório de impacto ambiental e auditoria ambiental.

Autorização Ambiental (AA)

Ato administrativo, emitido em caráter precário e com limite temporal, mediante o qual o órgão competente, estabelece as condições de realização ou operação de empreendimentos, atividades, pesquisas e serviços de caráter temporário ou para execução de obras que não caracterizem instalações permanentes e obras emergenciais de interesse público, transporte de cargas e resíduos perigosos ou ainda para avaliar a eficiência das medidas adotadas pelo empreendimento ou atividade. Caso o empreendimento, atividade, pesquisa, serviço ou obra de caráter temporário, passe a configurar situação permanente, será exigida a licença ambiental correspondente em substituição a autorização ambiental.

Licença Ambiental de Regularização (LAR)

Ato administrativo em que o órgão ambiental emite uma única licença para empreendimento ou atividade que esteja em funcionamento ou em fase de implantação, respeitando, de acordo com a fase, as exigências próprias das Licenças Prévias, de Instalação e de Operação, estabelecendo as condições, restrições e medidas de controle ambiental, adequando o empreendimento às normas ambientais vigentes.

Termo de Referência (TR)

Ato administrativo utilizado para fixar diretrizes e conteúdo às avaliações ambientais desenvolvidas pelos empreendimentos ou atividades utilizadoras de recursos ambientais.

Consulta Prévia Ambiental (CPA)

A Consulta Prévia Ambiental será submetida ao órgão ambiental pelo interessado para obter informações sobre a necessidade de licenciamento de sua atividade ou sobre a viabilidade de localização de seu empreendimento, sendo que em nenhuma hipótese, a manifestação positiva do órgão ambiental nesta fase autorizará dispensa do licenciamento ambiental.

Consulta Técnica e Pública (CTP)

Destina-se a colher opinião de órgão técnico, público ou privado, bem como de profissional de comprovada experiência e conhecimento, sobre ponto específico tratado na avaliação ambiental em questão, enquanto a Consulta Pública tem a função de colher a opinião de setores representativos da sociedade sobre determinado empreendimento cujas as características não justifiquem a convocação de audiência pública.

Nova Ordem Realista

O licenciamento ambiental tem nos seus instrumentos a possibilidade de inserção e de alavancagem da economia, gerando empregos e rendas; lucros e impostos (bem aplicados); para otimizar e contribuir com a expansão do "desenvolvimento sustentável", em uma Nova Ordem Realista; que tem amplitude e visão mundial, nas relações de negócios internos/externos e na preservação, entre eles os bens e serviços ambientais, que, apoiados pelos elementos AIA, AEA e o ZEE, formam o tripé para sua execução.

Mas é preciso observar e agir de forma concisa e eficaz com uma visão de olhos de águia quanto a problemática que exponho a seguir, para uma análise nua e crua de uma realidade que demonstra os caminhos ainda a serem percorridos para o alcance de um equilíbrio nas relações entre os entes envolvidos nos processos de licenciamento ambiental e na utilização de seus instrumentos, diante de um quadro assustador de falta de preparo da grande maioria dos componentes da sociedade civil, em especial, os agentes públicos, que são:

- Quantidade imensa de licenciamentos a serem estudados e liberados ou não, com custos diversos, além da compensação ambiental;
- Órgãos com estruturas debilitadas, ultrapassadas e inexistentes, sem políticas de produção, incentivo, metas e remuneração internas;
- Investir na produção de conhecimento;
- Dar publicidade (informação ambiental);
- Digitalização integrada;
- Trabalhar a consciência ambiental e a educação ambiental;
- A qualidade do licenciamento ambiental depende em grande parte da disponibilidade e da produção de informação básica dos recursos naturais de cada localidade;
- Custos elevados (diretos e indiretos);
- Integrar o sistema de licenciamento ambiental;
- Processo de enquadramentos = potencial poluidor;
- Questão Fundiária (solução imediata). Exemplo: 75% da Amazônia = terras de domínio da União.

É, portanto imperativo que haja a compreensão que temos que integrar com cooperar para gera a otimização de todo o processo, percebendo essa importância, entre os órgãos que compõe o sistema de licenciamento ambiental, onde o IBAMA que é um órgão federal, os OEMAS que atua na esfera estadual e os OMMAS no campo municipal devem interagir entre si, o que fará com que os resultados sejam positivos; respeitando as peculiares locais, definindo-se a questão das competências de forma muito nítida e objetiva, analisando-se a questão do impacto ambiental do empreendimento, mas sobretudo tem a convicção de que o município é a base, a oportunidade para o caminho do desenvolvimento sustentável.

Alvo

O ponto crucial é a definição do *alvo* a ser objetivo da sociedade civil organizada quanto a Política Nacional do Meio Ambiente e a sua revisão imediata, com a participação efetiva dos governos federal, estaduais e municipais e do Congresso Nacional e demais agente públicos, em um esforço conjunto para a definição de metas, de ações e inserções de uma nova política ambiental nos moldes de uma sociedade globalizada em um mundo que preserva os seus interesses econômicos acima dos demais interesses das diversas populações e etnias, buscando-se assim o equilíbrio no delicado planeta!

A sociedade precisa manifestar-se de forma veemente e exigir as suas prerrogativas nessa questão ambiental, que envolve a todos e dirige a sustentabilidade dos atos de preservação e de lucratividade.

Opções

Temos como opções para implementação de outros instrumentos para alavancar o crescimento e o desenvolvimento do nosso Brasil, facilitando e otimizando as ações e os cumprimentos de metas, além dos constantes na nossa legislação, os enumerados abaixo, que dependem exclusivamente de uma amplitude da visão gerenciadora do Estado em consonância com o setor privado, na geração de empregos e renda, a todos os entes envolvidos nessa relação.

- PIB ecológico
- Commodities ambientais
- Serviços ambientais
- Cooperativas ambientais
- Bolsa de Valores Socioambiental (BVSA)
- ICMS ecológico

Carta de São Luis do Maranhão

Durante o Congresso Nacional da Advocacia Ambiental, um dos melhores de todo o Brasil, foi elaborada a Carta de São Luis do Maranhão, um documento histórico, que tem em item terceiro, transcrito a seguir, o pilar da visão quanto ao licenciamento ambiental.

3. O licenciamento ambiental, bem como os demais procedimentos administrativos concernentes à gestão do meio ambiente pelo Estado, devem respeitar os princípios que regem a Administração Pública, de forma a conferir segurança jurídica ao cidadão, aos entes da administração, aos investimentos e, principalmente, à sustentabilidade ambiental nos moldes preconizados pelo Estado de Democrático de Direito.

Panorama

!?...

Aqui temos uma exclamação, que é a perplexidade da sociedade diante de um panorama inexplicável pelos atores e agentes na seara ambiental brasileira, onde a torre de babel fala mais alto e causa sérios transtornos sociais, políticos, econômicos, financeiros, de segurança e de direitos humanos, todos envolvidos pela falta de uma política ambiental condizente com as possibilidades concretos dos bens ambientais e dos recursos naturais disponibilizados em nosso país e pessimamente utilizados em prol do desenvolvimento, do crescimento do PIB e das inserções sociais e ambientais.

A interrogação é quanto ao que esperar dos agentes e atores públicos em especial e dos grandes empresários, detentores de uma força econômico-financeira, de influências políticas poderosas e de suas representações sindicais, quanto ao futuro, que é muito mais presente na própria realidade do cotidiano brasileiro, onde 10% da população detém 70% da renda nacional, para a aplicabilidade de uma nova legislação ambiental e da implementação de uma política ambiental séria e duradoura em nosso Brasil.

E as reticências são a mais pura realidade!?...

A governabilidade significa encontrar pontos doutrinários comuns, entre partidos diferentes, para permitir efetividade à ação administrativa.

E isso é de uma simplicidade dentro da complexidade criada e implementada pelos Governos, que chega-se ao absurdo da ausência de uma política ambiental de primeira linha e com objetivos claros para o crescimento de uma *Nação!*

Pode-se traduzir a atual situação política ambiental brasileira como uma *jacumba* (coisa ruim que é uma mistura de água, farinha e sal), que é o que muitos brasileiros, nossos irmãos tem para comer (!?...)

Então podemos mergulhar em águas cristalinas, dentro da Mata Atlântica, na Floresta Amazônica, na caatinga, no cerrado, no pantanal, do Oiapoque ao Chuí, na Avenida Paulista, nas regiões costeiras, nos vales, onde vamos encontrar uma biodiversidade dentro da própria diversidade brasileira, as inúmeras opções de crescimento e desenvolvimento, na sustentabilidade de um POVO, gerando riquezas e lucros a todos, mas isso enquanto não acontece em sua plenitude...

Vem aí o imposto do *solo criado.*

Depois, naturalmente, teremos a taxa da *água imaginária* e do *esgoto suposto.* Tudo isso, é claro, pra que o *Estado Ideal* possa pagar a *limpeza urbana fictícia,* a *segurança inexistente,* o *transporte ilusório* e a *educação quimérica.* É por isso que eu digo; este é o *país dos meus sonhos!*

(Millôr Fernandes)

Referências

BRAGA FILHO, Edson de Oliveira. O licenciamento ambiental: uma visão realista. *Revista Brasileira de Direito Ambiental*, v. 3, n. 9, p. 247-290, jan./mar. 2007.

BRASIL. Constituição da República Federativa do Brasil de 1988. Disponível em: <http://www.planalto.gov.br/ccivil_03/constituicao/constituiçao.htm>. Acesso em: 16 mar. 2010.

BRASIL. Ministério do Meio Ambiente. Disponível em: <http://www.mma.gov.br>. Acesso em: 16 mar. 2010.

OLIVEIRA, Antônio Inagê de Assis. *Introdução à legislação ambiental brasileira e licenciamento ambiental.* Rio de Janeiro: Lumen Juris, 2005.

Informação bibliográfica deste texto, conforme a NBR 6023:2002 da Associação Brasileira de Normas Técnicas (ABNT):

BRAGA FILHO, Edson de Oliveira. Os instrumentos do licenciamento ambiental. In: BRAGA FILHO, Edson de Oliveira *et al.* (Coord.). *Mecanismos legais para o desenvolvimento sustentável.* Belo Horizonte: Fórum, 2010. p. 95-106. ISBN 978-85-7700-308-2.

As Normas Protetivas das Cavidades Naturais Subterrâneas e a Ação Direta de Inconstitucionalidade Referente ao Decreto N° 6.640/2008[1]

Fernando Cavalcanti Walcacer

O quadro normativo de proteção às cavidades naturais subterrâneas existentes no território brasileiro vem sendo objeto de polêmica nos últimos anos, principalmente a partir da edição do Decreto n° 6.640, de 7.11.2008, que dá nova redação aos artigos 1°, 2°, 3°, 4° e 5° e acrescenta os artigos 5-A e 5-B ao Decreto n° 99.556, de $1^{\circ}.10.1990$.

Os debates levaram à propositura, no dia 9.3.2009, da ação direta de inconstitucionalidade n° 4.218, com pedido de medida cautelar, pelo Procurador-Geral da República, tendo por objeto as alterações introduzidas pelo Decreto n° 6.640/2008. Os dois decretos dispõem, de forma distinta, sobre a proteção das cavidades naturais subterrâneas existentes no território nacional, que são bens da União, segundo o art. 20, X, da Constituição Federal de 1988. Em termos de conteúdo, tal divergência se dá, principalmente, na medida em que a redação original do Decreto n° 99.556/1990:

a) declarava que as "cavidades naturais subterrâneas existentes no território nacional constituem patrimônio cultural brasileiro, e, como tal, serão preservadas e conservadas de modo a permitir

---

[1] Esse trabalho contou com a participação do Grupo de Estudos de Direito Ambiental do Núcleo Interdisciplinar de Meio Ambiente da PUC-Rio.

estudos e pesquisas de ordem técnico-científica, bem como atividades de cunho espeleológico, étnico-cultural, turístico, recreativo e educativo" (art. 1º); e

b) obrigava a elaboração do Estudo de Impacto Ambiental para as ações ou os empreendimentos de qualquer natureza que pudessem, de modo direto ou indireto, ser lesivos a áreas de ocorrência de cavidades naturais subterrâneas ou de potencial espeleológico (art. 3º).

Por sua vez, o Decreto nº 6.640/2008, além de suprimir do texto do art. 1º a declaração de que as cavidades naturais subterrâneas existentes no território nacional são patrimônio cultural brasileiro, permite o impacto negativo irreversível em cavidades naturais subterrâneas classificadas com grau de relevância alto, médio ou baixo, mediante licenciamento ambiental (art. 4º), sem mencionar, contudo, a necessidade de elaboração de Estudo Prévio de Impacto Ambiental.

No que tange ao questionamento de inconstitucionalidade, o qual se concentra na hipótese de o Decreto nº 6.640/2008 ter contrariado o princípio da reserva legal, o Procurador-Geral da República propôs ação direta de inconstitucionalidade (ADI nº 4.218) com os seguintes fundamentos:

1 O Decreto nº 6.640/2008, por ter um caráter autônomo, eis que institui originariamente direitos e obrigações — sem o devido lastro em lei — ofenderia o art. 84, IV, da CF/88.

Segundo a representação da Associação Brasileira do Ministério Público do Meio Ambiente (ABRAMPA), que deu origem à ADIN, como o Decreto nº 6.640/2008 permite a alienação do patrimônio público imobiliário (as próprias cavidades naturais subterrâneas), já que autoriza impactos negativos irreversíveis nas mesmas, sem qualquer contrapartida financeira ou ambiental, essa norma estaria inovando no ordenamento jurídico e, outrossim, ignorando as disposições da Lei nº 9.636/1998, que dispõe sobre a regularização, administração, aforamento e alienação de bens imóveis de domínio da União. Assim, tal decreto teria natureza autônoma, uma vez que não se destinaria a regulamentar uma lei anteriormente existente e, portanto, feriria a regra constitucional estabelecida no já citado art. 84, IV, da CF/88.

2 O Decreto nº 6.640/2008, ao permitir, em seu art. 4º, que a cavidade natural subterrânea (espaço territorial especialmente protegido, segundo entendimento do Procurador-Geral da República) classificada com grau de relevância alto, médio ou baixo seja objeto de impactos negativos irreversíveis, estaria autorizando a supressão desse patrimônio especialmente protegido. Assim, haveria absoluta afronta ao inciso III do

§1º do art. 225 da CF/88, já que somente por intermédio de lei *stricto sensu* é que se pode alterar e suprimir espaços territoriais especialmente protegidos, sendo, ademais, vedada qualquer utilização que comprometa a integridade dos atributos que justifiquem sua proteção.

Importante frisar que, segundo o entendimento apresentado na ADI em comento, as cavidades naturais subterrâneas seriam espaços territoriais especialmente protegidos porquanto teriam íntima relação com as unidades de conservação, estas já entendidas pacificamente como espaços especialmente protegidos. Ademais, a Constituição, ao reservar tal patrimônio natural ao domínio da União (art. 20, X), teria explicitado a sua enorme relevância.

Analisando o argumento de que as cavidades naturais subterrâneas seriam espaços especialmente protegidos e, pois, inalteráveis e insuprimíveis senão por lei *stricto sensu*, pode-se refletir sobre o reconhecimento da inconstitucionalidade do Decreto nº 6.640/2008, a partir das seguintes questões:

a) O Decreto nº 99.556/1990 instituiu, em sua redação original, proteção especial, com regime jurídico próprio, e definiu o que se entende por cavidade natural subterrânea. Ao definir as cavidades subterrâneas (art. 1º, parágrafo único), não teria também definido espaço territorial e seus componentes a serem especialmente protegidos, nos exatos termos do que dispõe o inciso III do §1º do art. 225 da CF/88? Seguindo esta linha de raciocínio, a proteção instituída pelo Decreto nº 99.556/1990 só poderia ser alterada e suprimida por meio de lei em sentido estrito.

b) Outro questionamento que pode ser suscitado refere-se à distinção entre os espaços territoriais especialmente protegidos e as unidades de conservação. Será que todos os espaços dotados de atributos ambientais relevantes devem se enquadrar, necessariamente, como unidade de conservação? Já se observou que a Lei nº 9.985/2000, que se propõe a regulamentar o art. 225, §1º, incisos I, II, III e VII, da CF, só instituiu o Sistema Nacional de Unidades de Conservação, enquanto a Constituição Federal refere-se, de forma genérica, a *espaços territoriais e seus componentes*, sem fazer referência expressa às unidades de conservação. Daí seria possível concluir que as unidades de conservação nada mais são do que uma dentre as várias espécies de espaços territoriais especialmente protegidos.[2]

---

[2] Cf. SILVA. *Comentário contextual à Constituição*, p. 232-233; e BENJAMIN. Introdução à Lei do Sistema Nacional de Unidades de Conservação. In: BENJAMIN (Coord.). *Direito ambiental das áreas protegidas*: o regime jurídico das unidades de conservação, p. 286-287.

Não seria razoável pensar que espaços tão relevantes do ponto de vista ambiental — e até cultural —, como as cavidades subterrâneas, não merecem proteção especial por não ser enquadrarem como unidades de conservação. Observa-se, ainda, que a Lei n° 7.804/1989, que deu nova redação ao inciso VI do art. 9° da Lei n° 6.938/1981 para atender às inovações trazidas pela CF/88, utilizou a expressão *tais como* ao incluir a criação de espaços territoriais especialmente protegidos como um dos instrumentos da Política Nacional do Meio Ambiente:

> Art. 9° São instrumentos da Política Nacional do Meio Ambiente: (...)
>
> VI - a criação de espaços territoriais especialmente protegidos pelo Poder Público federal, estadual e municipal, *tais como* áreas de proteção ambiental, de relevante interesse ecológico e reservas extrativistas. (grifos nossos)

O que o referido dispositivo faz, portanto, é simplesmente citar exemplos de espaços territoriais especialmente protegidos, sem, contudo, listá-los de forma taxativa.

3 É possível indagar também se o Decreto n° 6.640/2008, assim como o Decreto n° 99.556/1990, regulamentaria a Lei n° 6.938/1981 (Política Nacional do meio Ambiente) ou se seria autônomo e, portanto, inconstitucional. A este respeito, cabem as seguintes observações:

a) O Poder Executivo Federal, ao dispor sobre a proteção das cavidades naturais subterrâneas e traçar seu regime de exploração, por meio da edição do Decreto n° 6.640/2008, teria excedido o poder regulamentar que lhe foi conferido constitucionalmente. Partindo da premissa de que o referido decreto não se destina a regulamentar uma lei anteriormente existente (vez que não há lei que discipline a matéria), tal diploma legal, ao instituir originariamente direitos e obrigações, se tornaria um decreto autônomo, ferindo, portanto, a regra do art. 84, IV, da Constituição Federal. Segundo esta tese, não haveria como entender-se que o Decreto n° 6.640/2008 tem por base legal a Lei n° 6.938/1981, visto que esta não normatiza, em nenhum momento, esses bens da União. Ademais, como a Política Nacional do Meio Ambiente foi editada anteriormente à CF vigente, não haveria como prever o status de bem da União conferido às cavidades naturais subterrâneas apenas a partir de 1988.

b) Por outro lado, seria possível argumentar que a Lei n° 6.938/1981 foi recepcionada pela CF e contém os fundamentos legais (artigos 2º, IV, 3º, V, e 4º, I, III e VI) para a edição do Decreto nº 6.640/2008. O referido decreto apenas estabeleceu critérios quanto ao regime de utilização das cavidades naturais subterrâneas, com vistas à execução do disposto na Lei nº 6.938/1981. Assim, com base no poder regulamentar conferido ao Presidente da República no art. 84, IV, da CF, não se estaria diante de decreto autônomo. Corroborando este entendimento, vale ressaltar que o regime de utilização das cavidades naturais subterrâneas já havia sido tratado pela Resolução CONAMA nº 347/2004, a qual disciplina o licenciamento ambiental desses espaços. É esse o argumento defendido pela AGU em sua manifestação.

4 À parte dos argumentos lançados na ADI, seria possível analisar a inconstitucionalidade formal do Decreto nº 6.640/2008 tendo como base outro fundamento: a previsão constitucional estabelecida no art. 48, V, de que cabe ao Congresso Nacional, com a sanção do Presidente da República, dispor sobre os bens de domínio da União. Uma vez que as cavidades naturais subterrâneas, com fulcro no art. 20, X, da CF/88, são bens da União, e que tal decreto não vem regulamentar qualquer lei pretérita,[3] estaria evidente a sua inconstitucionalidade.

Neste contexto, é oportuno trazer ao estudo as palavras de José Afonso da Silva: "É curial que só o Congresso Nacional, com sanção do presidente da República, possa legislar sobre bens de domínio da União. Nem havia necessidade de dizê-lo".[4]

Como se pode ver, a proteção às cavidades naturais brasileiras vem sendo objeto de intenso debate. Os possíveis argumentos acima apresentados sobre a inconstitucionalidade formal e material do Decreto 6.640/08 foram identificados pelo Grupo de Estudos do Setor de Direito Ambiental do Núcleo Interdisciplinar de Meio Ambiente (NIMA-Jur) da PUC-Rio, com o objetivo de demonstrar, ainda que sucintamente, as principais questões que atualmente cercam a proteção do patrimônio espeleológico brasileiro.

---

[3] Aqui é importante ressaltarmos que o argumento apresentado na ADI defende que o Decreto nº 99.56/1990 regulamenta a Lei da Política Nacional do Meio Ambiente (Lei nº 6.938/1981), o que levaria à conclusão de que não se trata de Decreto autônomo sobre proteção das cavidades naturais subterrâneas.

[4] SILVA. *Comentário contextual à Constituição*, p. 399.

Referências

BENJAMIN, Antonio Herman de Vasconcellos e (Coord.). *Direito ambiental das áreas protegidas*: o regime jurídico das unidades de conservação. Rio de Janeiro: Forense Universitária, 2001.

BENJAMIN, Antonio Herman de Vasconcellos e. Introdução à Lei do Sistema Nacional de Unidades de Conservação. In: BENJAMIN, Antonio Herman de Vasconcellos e (Coord.). *Direito ambiental das áreas protegidas*: o regime jurídico das unidades de conservação. Rio de Janeiro: Forense Universitária, 2001.

SILVA, José Afonso da. *Comentário contextual à Constituição*. 6. ed. atual. até a Emenda Constitucional 57, de 18.12.2008. São Paulo: Malheiros, 2009.

Informação bibliográfica deste texto, conforme a NBR 6023:2002 da Associação Brasileira de Normas Técnicas (ABNT):

WALCACER, Fernando Cavalcanti. As normas protetivas das cavidades naturais subterrâneas e a ação direta de inconstitucionalidade referente ao Decreto nº 6.640/2008. In: BRAGA FILHO, Edson de Oliveira *et al.* (Coord.). *Mecanismos legais para o desenvolvimento sustentável*. Belo Horizonte: Fórum, 2010. p. 107-112. ISBN 978-85-7700-308-2.

Integridade da UNFCCC – Copenhague: Guerra ou Paz em Meio à Crise

Flavia Witkowski Frangetto

A abordagem do título acima intenta passar uma mensagem às gerações futuras, como se já presentes elas pudessem aqui constatar que de nada vale a pena se omitir na realização de medidas preventivas da mudança do clima.

Acredita-se no princípio segundo o qual a causa da mudança do clima é humana, premissa esta aceita pela UNFCCC (Convenção do Clima). Em uma comparação, igualmente, os motivos que levam à guerra têm fonte antrópica.

Ante um evento de mudança do clima ou de guerra, as sociedades reagem, tentando desfazer e danos no ambiente, em seus bens e em seus seres, provocados pela estupidez humana. A atitude reativa é ineficiente, melhor seria prioritariamente fazer todo o possível para afastar a guerra e a mudança do clima.

Todos deveriam poder escolher os painéis solares, as turbinas movidas a onda, a vento (eólica), hidráulica, geotermal. Mas a realidade ainda é outra. São, em geral, opções de difícil acesso, porque menos práticas e mais custosas do que as fontes de combustível fóssil. Só se tornam viáveis quando produzidas em escala ou amparadas por quem possa nelas colocar recursos.

Nesse contexto, países desenvolvidos são mais propensos ao investimento na recuperação verde, como uma maneira de superar a crise econômica por meio da adoção de tecnologias pró ambientais.

Em matéria de emissões de gases de efeito estufa, os impactos da mudança do clima são transfronteiriços e não escolhem local ou situação social. Para substituir o cenário do dano provocado por não optar pela energia limpa, tanto ricos quanto pobres precisam portar as condições, estruturais e financeiras, para agir sem prejudicar o meio ambiente.

É ilógico que o Direito se reduza a disciplinar os problemas relacionados à mudança do clima por meio de contornos baseados na previsão de ressarcimentos indenizadores dos impactos negativos do aquecimento global. Como se, simbolicamente, uma região estivesse em bombardeio e, ante o sofrimento generalizado, a população caísse em si que teria sido melhor ter lutado para não haver conflito, do que agora arcar com as consequências

Programaticamente, sim, o jurídico deve servir também para planejar, e mesmo planificar, um futuro melhor, alcançado antes de qualquer convocação de exército de guerra ou de alerta à constatação de que emissões de gases de efeito estufa causaram impactos negativos.

Deve-se lembrar que acabaram os séculos das *expectativas de direito*, das lutas pela abolição da escravatura, pela autonomia da mulher, pela democracia, pela não discriminação contra as minorias sexuais. O século XXI contém o espírito do *exercício do direito*. Seria o lógico já estarmos na época de usufruir do ar puro, das paisagens naturais, da água limpa, da tranquilidade da vida pacificada em relacionamentos mútuos proporcionadores de bem-estar e saúde, em sintonia com a modernidade da medicina, transporte e telecomunicações.

Por tudo isso, não tem sentido as posturas do Brasil e dos brasileiros em reduzir as emissões de gases de efeito estufa terem que depender de eventuais priorizações políticas anunciadas pelos Estados Unidos ou pela Europa no intuito de banir a poluição de combustível fóssil. Cada um que realize a sua parte do compromisso humano com as gerações futuras.

Deve ser reconhecido o valor de participação na economia de baixo carbono por quem se predisponha a não emitir ou mitigar as emissões de gases de efeito estufa. É insensato vincular suas iniciativas individuais de afastar a causa da mudança do clima a melhor ou pior comprometimento de terceiro, dado que suas implicações atingem a todos e escapar de seus efeitos negativos é improvável. Dispositivos jurídicos precisam abarcar também os esforços particularizados em ser mais amigo do meio ambiente, premiando aquele que faça além do que a lei exige.

Quando a reação ao problema ambiental é dissociada ao problema da crise econômica, a medida típica (com exceção das situações de emergência) é não se fazer investimentos acima das possibilidades de retorno de capital. Em consequência, gasta-se apenas o mínimo possível para a realização da "economia limpa", até que a mesma se torne aperfeiçoada o bastante para ser exequível Os preços dos poluentes parecem ficar mais acessíveis do que evitar seu uso, como ocorre com o petróleo e o aço cujos preços, nessa sucessão, tendem a ficar mais baratos.

Mas na hipótese da solução à crise econômica se fundir à solução de erradicar a poluição, entre "sonho e realidade", a indústria de energia renovável não entra em crise.

Um caminho para ultrapassar o obstáculo, formado pelas fugas às alternativas em favor do meio ambiente, é encontrar, primeiro no imaginário e depois oficialmente na esfera da institucionalização de políticas públicas e respectivas estratégias de implementação, um trampolim para ações sustentáveis, cuja base seja o estímulo à escolha pelos modos de salvaguarda e aperfeiçoamento das condições ambientais.

Com esse foco, no direito a um mundo melhor, as relações intergeracionais e a busca de riquezas são argumentos que, ligados, podem abrir uma porta atrativa para avançar ao topo da sustentabilidade. A transição do período de expectativas de direito para exercício dos direitos norteia o ser humano em direção a uma linha de interesse na qual o capital olha à frente, para enxergar benefícios no longo prazo. Assim, pode-se presumir que se Adam Bruce, da Associação Eólica Britânica, em determinado contexto,[1] visualiza de forma otimista investimentos em meio ambiente é porque está diante do raciocínio de que vale a pena desembolsá-los antecipadamente ao dano.

A possibilidade de agir pelo meio ambiente faz acreditar que alguma intenção em diminuir as emissões de gases de efeito estufa seja alcançada. Quando não há espaço para contemporizar, deve-se construir uma estrutura isolada da obtenção de investimento em meio ambiente além do contexto da situação econômica favorável.

Enquanto esperar para agir pelo meio ambiente só quando melhorar a economia pode acarretar a sua piora, diferentemente, utilizar-se dos instrumentos financeiros fundados no sistema *cap and trade*, a exemplo do Mecanismo de Desenvolvimento Limpo (MDL) do Protocolo de Quioto, é uma forma de receber estímulos para investir no meio ambiente, viabilizando conduta saudável que não provoca mudança do clima.

Aplicações dificultosas do MDL o têm levado a ser alvo de críticas. Mas interpretações baseadas em utilizações equivocadas do mesmo não deveriam ser capazes de retirar a finalidade dele e, tampouco, a propriedade em penetrar no mercado de carbono para limpar o meio ambiente sem para isso precisar sujá-lo.

Perpetuar o discurso de que o MDL traga implicações negativas ao meio ambiente e à economia pode significar não compreendê-lo dentro

---

[1] Cf. PAGNAMENTA, Robin. Europe's Green Energy Vision Puts UK in Dark. *The Times*, 30 abr. 2009. Disponível em: <http://business.timesonline.co.uk/tol/business/industry_sectors/natural_resources/article6194801.ece>. Acesso em: 17 mar. 2010.

do sistema organizado da Convenção do Clima. O certo é aperfeiçoá-lo, missão que as negociações internacionais podem promover.

Ao intentar a estabilização dos níveis de gases de efeito estufa na atmosfera, a Convenção Internacional sobre Mudança do Clima demarcou uma obrigação séria. Se o Protocolo de Quioto, por sua vez, previu uma primeira agenda, as subsequentes são instituídas no âmbito desse objetivo final.

Abandonar a UNFCCC e seus mecanismos seria um retrocesso. Já desenvolver sistemas de reconhecimento das medidas de reduções de emissões líquidas de gases de efeito estufa é um caminho durável. Nesse panorama, uma ideia palpável para as tratativas climáticas *ad eternum* é a fórmula de contabilizar e fazer valer o quanto uma geração seguinte está antecipando aquele benefício que a anterior deveria ter proporcionado.

Informação bibliográfica deste texto, conforme a NBR 6023:2002 da Associação Brasileira de Normas Técnicas (ABNT):

FRANGETTO, Flavia Witkowski. Integridade da UNFCCC – Copenhague: guerra ou paz em meio à crise. In: BRAGA FILHO, Edson de Oliveira *et al.* (Coord.). *Mecanismos legais para o desenvolvimento sustentável*. Belo Horizonte: Fórum, 2010. p. 113-116. ISBN 978-85-7700-308-2.

O Meio Ambiente e a Cultura na Perspectiva Constitucional

Flávio Ahmed

Sumário: **1** Origens legais – **2** Fundamentos constitucionais da proteção à cultura – **2.1** Novos paradigmas – **2.2** Constituição como produto cultural – **3** Patrimônio cultural: um conceito amplo – Referências

> *O pensamento mítico, totalmente alheio à preocupação com pontos de partida ou de chegada bem definidos, não efetua percursos completos: sempre lhe resta algo a perfazer. Como os ritos, os mitos são intermináveis. E querendo imitar o movimento espontâneo do pensamento mítico, nosso empreendimento, igualmente curto demais e longo demais, teve se curvar às suas exigências e respeitar o seu ritmo.*
>
> (Claude Lévi-Strauss)

Um dos temas que passa ao largo dos debates envolvendo a sustentabilidade e seus mecanismos de tutela é a cultura. Não deveria ser. E o que aqui irá se procurar tentar demonstrar, amparado no arcabouço constitucional vigente e que se constitui a própria substância do Estado Democrático de Direito, é que a tutela do meio ambiente cultural como item essencial à dignidade da pessoa humana, um dos fundamentos do Estado Democrático de Direito, deve submeter-se à hermenêutica constitucional e nela buscar sua expressão maior.

De início, é sempre bom lembrar que a concepção constitucional do meio ambiente não ficou apenas restrita ao seu aspecto natural. Logrou o constituinte erigir o meio ambiente em diversas dimensões, de forma holística, contemplando a tutela e proteção do meio ambiente do trabalho, do meio ambiente artificial, do meio ambiente natural, do patrimônio genético (aí contemplando não só o DNA, mas a tutela da biodiversidade) e o meio ambiente cultural.

São facetas que se interpenetram e que fornecem a dimensão do aspecto plúrimo do meio ambiente, que se relacionam de forma imbricada, tendo o legislador tido a perspicácia de, em cada plano mencionado, emprestar conceitos distintos.

Antes se falar em tutela do meio ambiente cultural no plano constitucional, necessário proceder, de certo modo, ao resgate de um passado para que possamos aquilatar o que veio de novo com o ordenamento constitucional em vigor para que dele possamos extrair suas contribuições e o que ainda falta ser expandido para que possamos refletir sobre o projeto de cidadania cultural insculpido no texto maior.

1 Origens legais

Investigando nossas memórias legal e constitucional, impende considerar que a proteção ao patrimônio cultural não é novidade. O diploma considerado como marco em matéria de proteção ao patrimônio histórico e artístico nacional é o Decreto nº 22.928, de 12.7.1933, que elevou Ouro Preto à condição de Monumento Nacional, dispondo na sua exposição de motivos que "é dever do Poder Público de defender o patrimônio artístico da nação e que fazem parte de um povo os lugares em que se realizaram os grandes feitos da sua história".

Embora tenha sido esse o marco legal, outras tantas iniciativas de proteção já haviam se manifestado anteriormente.[1]

---

[1] Em 1742, o então Vice-Rei do Brasil, André de Melo e Castro, ordenou ao então Governador de Pernambuco a paralisação das obras de transformação do palácio Duas Torres em um quartel. O palácio havia sido construído por Maurício de Nassau e prestes a ser transformado teve sua restauração determinada. No expediente destacou que a transformação "arruinará a memória que mudamente estava recomendando às ilustres e famosas ações que obraram os portugueses" (Cf. MIRANDA. *Tutela do patrimônio cultural brasileiro*: doutrina, jurisprudência, legislação).

Outras tantas manifestações isoladas e locais também haviam ocorrido, tais como projetos de lei[2] e atos locais como, por exemplo, a que teve lugar na Bahia na década de 1920.[3] Foi na Constituição de 1934, contudo, que vemos a primeira inserção na tutela jurídica dos bens culturais, fazendo constar do art. 10, inciso II, competência da União para "proteger as belezas naturais, os monumentos de valor histórico ou artístico, podendo impedir a evasão de obras de arte".

No Título V do referido diploma, o Constituinte de 34 atribuiu "competência à União, aos Estados e aos Municípios favorecer e animar o desenvolvimento das ciências, das artes, das letras e cultura em geral, proteger os objetos de interesse histórico e o patrimônio artístico do País, como prestar assistência ao trabalhador intelectual". Vê-se que até aí fala-se em patrimônio artístico com pendor vinculado ao que era arte e com o conceito de patrimônio histórico e artístico, presente a noção de monumentalidade e remissão à memória.

A previsão constitucional em tela propiciou um detalhamento das iniciativas legais que visavam proteger tal patrimônio, o que se deu

---

[2] "No Brasil, em 1920, a Sociedade Brasileira de Belas Artes, por meio de seu presidente, Bruno Lobo, encarregou o professor Alberto Childe, conservador de Antiguidades clássicas do Museu Nacional, de elaborar um anteprojeto de lei em defesa do patrimônio artístico nacional. Contudo, a proposta preocupava-se quase que exclusivamente com proteção dos bens arqueológicos, propondo a desapropriação das áreas possuidoras desses bens, o que gerou reação por parte das oligarquias que se mantinham no poder, grandes proprietárias de terras, e inviabilizou a sua aprovação.

Um outro projeto, de autoria do deputado pernambucano Luiz Cedro, apresentado na Câmara em 1923, visava organizar a proteção dos monumentos artísticos, mas, ao contrário de Alberto Childe, não se preocupava com a questão arqueológica.

Um ano depois, o Deputado Augusto de Lima apresentou na Câmara Federal um projeto que visava proibir a saída de obras de arte antiga para o estrangeiro. Preocupava-se o ilustre mineiro com a proliferação do comércio desordenado e cada vez mais crescente de nossos bens culturais, mas o seu projeto não mostrou viável porque entrava em choque com a Constituição Federal então vigente, que não previa restrição à propriedade com o propósito de proteger o patrimônio cultural do País.

Em 1925 o Estado de Minas Gerais, por intermédio do governo Mello Vianna, encaminhou propostas ao Congresso Nacional para impedir a dispersão do patrimônio histórico das velhas cidades mineiras, mas novamente a tentativa de proteção não surtiu efeito no âmbito federal.

No ano de 1930, o deputado baiano José Wanderley de Araújo Pinto apresentou ao Congresso novo projeto de lei versando sobre a proteção dos monumentos históricos, que, com a dissolução do Congresso Nacional causada pela Revolução de outubro de 1930, não teve prosseguimento" (Cf. MIRANDA. *Tutela do patrimônio cultural brasileiro*: doutrina, jurisprudência, legislação).

[3] "Em nível estadual, ainda na década de 20 do século passado, Bahia e Pernambuco decidiram organizar a defesa de seus acervos históricos. A Bahia, com o então presidente estadual Francisco Marques de Góis Calmon, por meio das Leis Estaduais nº 2.031 e nº 2.032, de 8 de agosto de 1927, regulamentadas pelo Decreto nº 5.339 de 6 de dezembro de 1927, criou a Inspetoria Estadual de Monumentos Nacional. Pernambuco, pela Lei Estadual de Monumentos Nacional e um Museu. Apenas das medidas adotadas, os Estados não conseguiam assegurar a proteção dos monumentos históricos e artísticos, pois o Código Civil não previa sanções aos que atentassem contra o patrimônio cultural" (Cf. MIRANDA. *Tutela do patrimônio cultural brasileiro*: doutrina, jurisprudência, legislação).

no âmbito de um projeto de lei que visava reestruturar o Ministério da Educação, instigando o então Ministro Gustavo Capanema a propor uma emenda a tal projeto, criando o Serviço do Patrimônio Histórico e Artístico Nacional (SPHAN), que passou a funcionar, em caráter provisório, em 19.4.1936 e, em caráter definitivo, a partir de 3.1.1937.

Nessa mesma época o Ministro Capanema pediu ao então Diretor do Departamento de Cultura de São Paulo, o poeta e escritor Mário de Andrade, o esboço de um projeto de lei federal que instituísse uma política para o patrimônio cultural e que contemplasse os diversos gêneros de cultura existentes, os bens materiais e os imateriais.

Com o Estado Novo, de 1937, veio nova Constituição, marcadamente inspirada na Constituição polonesa de 1935, tanto que ficou conhecida aqui como a Constituição Polaca.

Nessa Constituição, a proteção do patrimônio cultural abarca os monumentos artísticos, históricos e culturais, bem como as paisagens ou os locais particularmente dotados pela natureza, cabendo à União, estados e municípios o dever de cuidá-los e preservá-los (art. 134).

Vinte dias depois foi publicado o Decreto-Lei n° 25, de 30.11.1937, o chamado Decreto do Tombamento, em vigor até hoje, um marco na legislação, sobre o qual se faz necessária breve consideração.

Embora fosse um diploma editado no período do Estado Novo, o texto reproduzia o projeto de Mário de Andrade que já tramitava na Câmara e no Senado, o que afasta críticas e argumentação de alguns nesse particular, embora muito do seu conteúdo não se adeque à sistemática plural e cidadã que desloca do Estado para a população o reconhecimento de suas referências culturais, afastando perspectivas estatais e monumentais que, lamentavelmente, contaminam até hoje o nosso sistema de gestão dos bens culturais.

Na Constituição de 1946, no seu Título VI, o tema é enfocado, dispondo o art. 174 ser dever do Estado amparar a cultura e declara ainda estar sob proteção do poder público "as obras, monumentos e documentos de valor histórico e artístico, bem como os monumentos naturais, as paisagens e os locais dotados de particular beleza" (art. 175).

Na Constituição de 1967 e na Emenda Constitucional de 1969 não se percebe diferença, salvo a inclusão das jazidas arqueológicas entre aquelas protegidas pelo Poder Público.

Foi na Constituição de 1988, a chamada Constituição Cidadã, que surgiu uma nova concepção de patrimônio cultural e surgiu o conceito de meio ambiente cultural, do qual nos dispomos a discorrer doravante.

2 Fundamentos constitucionais da proteção à cultura

2.1 Novos paradigmas

Como podemos verificar do breve retrospecto realizado, existia sim uma preocupação tanto legal quanto constitucional com o patrimônio cultural, mas essa noção de proteção passava por conceitos fortemente centrados na ideia de monumentalidade, na noção de memória, na chancela estatal o que, se não sucumbe, deixa de ser o único paradigma informador da proteção erigida pelo Constituinte.

Importantes instrumentos de proteção referendados pelo texto constitucional e consistentes no tombamento, no inventário, nos registros (§1º do art. 216), não são mais exercidos de forma apartada da sociedade, cabendo ao poder público "em colaboração com a comunidade" promover a sua proteção. Tais instrumentos administrativos de proteção deixam de ser exclusivamente uma forma de definição sobre o que integra o patrimônio cultural brasileiro, podendo atualmente ser assim reconhecido pela via legal ou judicialmente, mormente nas hipóteses em que houver risco de sua deterioração. A bem da verdade o tombamento deixa de ser requisito para que um bem seja reconhecimento como patrimônio cultural.

Ofusca-se um centralismo anteriormente existente, o que ora se afirma sem nenhum demérito à atuação importante dos órgãos do patrimônio em nosso país. Mas a Constituição erigiu novo paradigma, deixando de ser tarefa exclusiva do Poder Executivo a decisão sobre o que é importante ou não de ser reconhecido como digno de ser preservado, deixando assim o reconhecimento estatal de ser fator determinante. Nesse contexto, a expressão puramente artística deixa de ser referência primordial, ou seja, o novo modelo de preservação visa não isolar, mas preservar e referenciar a partir de valores culturais subjacentes e que antropologicamente identificam os diversos grupos culturais existentes na sociedade.

E quando se fala em referenciar é importante destacar que em um modelo cidadão, que é exatamente o que vem traçado no nosso texto constitucional,[4] o que importa é que as referências culturais do

---

[4] Art. 216. Constituem patrimônio cultural brasileiro os bens de natureza material e imaterial, tomados individualmente ou em conjunto, portadores de referência à identidade, à ação, à memória dos diferentes grupos formadores da sociedade brasileira, nos quais se incluem:
I - as formas de expressão;
II - os modos de criar, fazer e viver;
III - as criações científicas, artísticas e tecnológicas;
IV - as obras, objetos, documentos, edificações e demais espaços destinados às manifestações artístico-culturais;

povo não sejam aviltadas, sejam preservadas não porque queira delas o imobilismo, mas porque servem de testemunho de uma história viva, que veiculam valores e que se realizam mediante o exercício de direitos culturais, direitos de expressão, de manifestação, de liberdade religiosa, do desporto, da ciência e práticas tradicionais, de tudo aquilo que se amalgama no social e dela extrai sua genuína expressão, não só para a sociedade inteira, mas para parte dela e que na perspectiva de uma sociedade pluricultural acaba formando um caleidoscópio de movimento e de riqueza da pluralidade cultural.

É uma sociedade da diferença que vem contemplada na nossa Constituição, sociedade heterogênea, sociedade que não prescinde que o Estado (Poder Executivo) diga o que é que deve ser respeitado, porque a ela (aos diferentes grupos que a compõem) é assegurado constitucionalmente o direito de afirmar o que é relevante, de forma espontânea, conforme veremos nos exemplos a serem analisados ao longo e no final desse trabalho.

Raramente a tutela do meio ambiente cultural é interpretada à luz da hermenêutica constitucional, porque estamos habituados a um sistema legal que reduz a vocação constitucional, privilegiando a norma minudente contida no texto ordinário, quando deveria ser o contrário, quando deveríamos interpretar a legislação infraconstitucional segundo uma hermenêutica constitucional, o que, inevitavelmente, coloca o direito ao meio ambiente como pressuposto à realização da dignidade da pessoa humana e faz do exercício dos direitos culturais item central na pauta de realização da própria cidadania e na própria consecução do Estado Democrático de Direito.

Essa hermenêutica constitucional e os princípios que os informam é que reputamos essencial sejam trazidos à baila, a fim de que evitemos determinados equívocos.

2.2 Constituição como produto cultural

Em seus comentários à Constituição Federal, Nelson Nery Junior e Rosa Maria de Andrade Nery, reportando-se a Häberle, destacam em um

---

V - os conjuntos urbanos e sítios de valor histórico, paisagístico, artístico, arqueológico, paleontológico, ecológico e científico.

§1º O poder público, com a colaboração da comunidade, promoverá e protegerá o patrimônio cultural brasileiro, por meio de inventários, registros, vigilância, tombamento e desapropriação, e de outras formas de acautelamento e preservação.

§2º Cabem à administração pública, na forma da lei, a gestão da documentação governamental e as providências para franquear sua consulta a quantos dela necessitem.

§3º A lei estabelecerá incentivos para a produção e o conhecimento de bens e valores culturais.

§4º Os danos e ameaças ao patrimônio cultural serão punidos, na forma da lei.

tópico denominado "constituição como cultura" que ela "não significa, única e exclusivamente, o texto base que os juristas devem interpretar, mas também serve de fundamento e de guia seguro para o cidadão comum", asseverando, outrossim, que "ela é a expressão de certo grau de desenvolvimento cultural, um meio de auto-representação do povo, espelho de seu legado cultural e fundamentos de suas experiência e desejos (...) são materialmente e em sua forma de expressão e instrumento mediador de cultura, marco reprodutivo e de recepções culturais e depósito de futuras experiências, viveres e saberes".[5]

Afirmam ainda os autores que a teoria da constituição fundada em bases científico-culturais possui inegáveis contribuições, quais sejam:

a) evita os decisionismos decorrentes do positivismo tradicional e o propicia o exame e captação dos processos de desenvolvimento de forma dinâmica, abolindo-se a ótica normativista tradicional e dinamizando o nível cultural do povo;

b) promove a ampliação dos horizontes hermenêuticos, evitando o reducionismo;

c) assim, a teoria da constituição como cultura se converte, assim, em foro interdisciplinar, evitando o provincialismo científico, e promovendo o diálogo entre disciplinas;

d) proporciona segurança jurídica ao Estado, com o reforço de condições não escritas.

E prosseguem afirmando que "a constituição não deve mais ser encarada apenas como texto jurídico, senão como cultura, resultado cultural e agenda de desenvolvimento cultural." E "esta superação de conceito estritamente normativo da Constituição põe em questão o modelo positivista de interpretação em razão de sua incapacidade de abarcar toda a complexidade da constituição e por desconhecer a raiz cultural de suas normas constitucionais".[6]

Uma concepção cultural da Constituição atrelada à sua matriz principiológica, portanto, afasta reducionismos que resultam de uma legislação ordinária às vezes limitadora (porquanto engendrada por um outro conjunto de forças dissociado do projeto democrático que lhe deu origem, como sublinha Ronaldo Coutinho).[7] Afinal de contas, como lembra Celso Antônio Bandeira de Mello, "(...) violar um princípio é muito mais grave do que transgredir uma norma. A desatenção ao princípio implica ofensa não apenas a um específico mandamento obrigatório, mas a todo o sistema de comandos. É a mais grave forma de ilegalidade ou

---

[5] NERY JUNIOR; NERY. *Constituição Federal comentada e legislação constitucional*, p. 679.
[6] NERY JUNIOR; NERY. *Constituição Federal comentada e legislação constitucional*, p. 680.
[7] Cf. COUTINHO; ROCCO (Org.). *O direito ambiental das cidades*.

inconstitucionalidade, conforme o escalão do princípio atingido, porque representa insurgência contra todo o sistema, subversão de seus valores fundamentais, contumélia irremissível a seu arcabouço lógico e corrosão de sua estrutura mestra".[8]

Tecidas tais considerações, que não são propriamente preliminares mas o núcleo informador do que aqui se propõe sustentar, é certo que o constituinte criou um modelo novo de tutela do patrimônio cultural, erigindo o meio ambiente cultural como dimensão do meio ambiente, como dito alhures.

3 Patrimônio cultural: um conceito amplo

Com efeito, comentando o art. 216, da CF, bem distingue José Eduardo Ramos Rodrigues, "o legislador constitucional brasileiro aceitou integralmente o conceito moderno de 'patrimônio cultural' suprimindo expressões prolixas, imprecisas e incompletas como 'patrimônio artístico, histórico arquitetônico, arqueológico e paisagístico' que foram utilizadas nas cartas magnas anteriores". E prossegue afirmando que "não se discute mais se o patrimônio constitui-se apenas dos bens de valor excepcional ou também daqueles de valor cotidiano; se inclui monumentos individualizados ou também conjuntos, se dele faz parte a cultura erudita ou também a popular (...). Todos esses tipos de bens acima citados estão incluídos no patrimônio cultural brasileiro, desde que sejam portadores de referência à identidade, à ação, à memória dos diferentes grupos formadores nos exatos termos constitucionais".[9]

A bem da verdade, a noção de patrimônio cultural de modo amplo é destacada não apenas porque cristaliza um momento histórico específico, mas porque traduz hábitos, rotinas, referências valorativas que compõem o mosaico da cultura brasileira e servirão de parâmetros para as gerações futuras. Num enfoque muito feliz, Ana Claudia Aguiar assevera que "estender o conceito de 'patrimônio histórico e artístico' para 'patrimônio cultural' significa compreender que o valor de um bem transcende em muito o seu valor histórico comprovado ou reconhecido oficialmente, ou as suas possíveis qualidades artísticas. É compreender que este bem é parte de um conjunto maior de bens e valores que envolvem processos múltiplos e diferenciados de apropriação, recriação e repre-

---

[8] BANDEIRA DE MELLO. *Curso de direito administrativo*, p. 630.

[9] RODRIGUES. Patrimônio cultural e seus instrumentos jurídicos de proteção: tombamento, registro, ação civil pública, Estatuto da Cidade. In: MILARÉ (Coord.). *A ação civil pública*: após 20 anos: efetividade e desafios, p. 272.

sentação construídos e reconhecidos culturalmente e, aí sim, histórica e cotidianamente, portanto, anterior á própria concepção e produção daquele bem".[10]

É evidente, então, que a noção de testemunho e de preservação está relacionada ao direito ao exercício dos diretos culturais, ao direito ao meio ambiente cultural.

Os direitos culturais possuem, por sua vez, característica dinâmica, materializam-se nas garantias e acesso a bens materiais e imateriais para viver, cuja dicção constitucional presume diversidade e pluralidade.

A Declaração Universal dos Direitos Humanos dispõe, em seu art. 27, que "toda pessoa tem o direito de tomar parte livremente na vida cultural da comunidade, de gozar das artes e de participar do progresso científico e dos benefícios que dele resultam", e "toda pessoa tem direito à proteção dos interesses morais e materiais que lhe correspondem por razões das produções científicas, literárias ou artísticas de que seja autor".

Direito ao meio ambiente cultural[11] então é direito à fruição de bens como elementos formadores do indivíduo *per se* e como integrante da coletividade. Direito que, num contexto da transformação da natureza, é essencial para a realização do indivíduo na sociedade para si e para as futuras gerações. Afinal, "a relação da sociedade com a natureza é uma manifestação cultural. A natureza forma e é conformada pela cultura. Portanto, a cultura naturalizada determina, ao mesmo tempo que é determinada pelo indivíduo. Esta relação complexa e extremamente rica, onde não há uma linha única de causa e efeito, mas revelações em cada parte do todo, e visualização no todo das partes que a integram, permite afirmar que o meio ambiente como bem de uso comum do povo assim o é por ser imprescindível à realização do indivíduo como tal e como participante de uma sociedade".[12]

Outrossim, como bem lembrado por Inês Virgínia Prado Soares, "no arcabouço normativo sobre direitos culturais, tão importante quanto as normas que declaram os direitos culturais como direitos a serem gozados pela humanidade, são as normas e ações, no plano interno, do Poder Público e da sociedade que tutelem, promovam e valorizem o patrimônio cultural material e imaterial".[13]

Ou seja, o modelo constitucional não só privilegia o reconhecimento, impõe um poder dever do Poder Público e da sociedade, como também

---

[10] AGUIAR. A comunidade é a melhor guardiã de seu patrimônio *apud* MARCHESAN. *A tutela do patrimônio cultural sob o enfoque do direito ambiental*, p. 42.

[11] Art. 215. O Estado garantirá a todos o pleno exercício dos direitos culturais e o acesso às fontes da cultura nacional, e apoiará e incentivará a valorização e a difusão das manifestações culturais.

[12] DERANI. *Direito ambiental econômico*, p. 247.

[13] SOARES. *Direito ao (do) patrimônio cultural brasileiro*, p. 71.

verifica como expressão da cidadania a valorização dos direitos culturais, como sua força motriz, a ponto de motivar considerações como a do constitucionalista português José Joaquim Gomes Canotilho afirmando que trata-se a Constituição brasileira de uma Constituição Cultural.[14]

Nesse contexto insere-se a política cultural, compreendida como a atuação do Estado na gestão e incentivos às manifestações culturais, que desempenha importante papel no fomento das manifestações artísticas e movimentos sociais.

Destinar recursos diretamente para a produção de eventos e manifestações comunitárias, compreendidos por expressões musicais de diversos gêneros, shows, oficinas comunitárias, movimentos, é dever do Estado, sem que tal atuação represente a intervenção ou condução por parte dos seus respectivos gestores, pois, como foi visto, a multiculturalidade é que matiza a nossa Constituição. Qualquer postura intervencionista, portanto, desborda na inconstitucionalidade.

Segundo Marilena Chauí, "o Estado não pode colocar-se como centro onde se define e irradia memória, pois, ao fazê-lo, destrói a dinâmica e diferenciação interna da memória social e política; não pode ser produtor da memória nem o definidor do que pode e deve ser preservado. O Estado deve comportar-se como serviço público aos Cidadãos".[15]

A política cultural consistente não só no investimento para preservação da memória, mas também com vistas a assegurar um calendário de eventos propiciando o acesso a bens culturais e fomentando sua produção e circulação é, pois, tarefa essencial.

Com efeito, de um exame do texto constitucional, verifica-se que o §3º do art. 215, acrescentado pela Emenda Constitucional nº 48/2005, instituiu o Plano Nacional de Cultura, o qual visa:

I - defesa e valorização do patrimônio cultural brasileiro;

II - produção, promoção e difusão de bens culturais;

III - formação de pessoal qualificado para a gestão da cultura em suas múltiplas dimensões;

IV - democratização do acesso aos bens de cultura;

V - valorização da diversidade étnica e regional.

Ao discorrer sobre o papel do Estado no fomento à produção cultural, Françoise Benhamou destaca os efeitos de tais investimentos inclusive tendo em vista o modelo da livre iniciativa ao destacar que "toda vez que indivíduos ou empresas tem sua atividade afetada pela existência

---

[14] CANOTILHO. *Direito constitucional*, p. 800.

[15] CHAUÍ. Política cultural, cultura política e patrimônio histórico *apud* FIORILLO. Os fundamentos constitucionais da política nacional do meio ambiente: competências constitucionais em matéria ambiental. In: DANTAS; SÉGUIN; AHMED (Coord.). *O direito ambiental na atualidade*: estudos em homenagem a Guilherme José Purvin de Figueiredo, p. 58.

de um bem ou serviço cultural, aparecem efeitos externos positivos, sem que o produtor receba em troca um pagamento. Os efeitos externos podem ser privados, mediante a promoção do turismo, por exemplo, ou públicos, através da melhora do nível de civilização de uma nação. O mercado, por ignorar esses efeitos externos positivos, tende naturalmente a manter a produção abaixo do nível ótimo. O papel do Estado é, então, contribuir para o financiamento da produção, se o agente que se beneficia com essas conseqüências não o fizer (...). Um festival de música ou de teatro traz receitas para a cidade que o organiza (...) os monumentos atraem fluxos de turistas".[16]

Para ilustrar o posicionamento da economista, trazemos exemplos do seu país, no qual o empresário italiano Maurizio Borletti custeou a reforma da loja de departamentos *Le Printemps*, gastando 30 milhões de euros. O palácio, que é patrimônio cultural da cidade de Paris e fica no boulevard Hassuman, recebeu 20 mil folhas de ouro e o que se visa é que ele seja o templo da moda em Paris, moda essa que é, inegavelmente, patrimônio cultural do povo francês.[17]

Mas não é só. Na concepção da economista francesa, verifica-se a ideia de manter uma agenda viva na cidade, com o estímulo à política de eventos. Uma política de espetáculos culturais não só é estímulo ao turismo cultural como é essencial para proporcionar ao cidadão o acesso ao lazer, direito social consagrado no art. 6° da Constituição e no inciso I do art. 2° do Estatuto da Cidade. Espetáculos que devem ser referenciados com a identidade da população e os valores que cultuam, que privilegiem a diferença, fornecem não só as referências valorativas e os alicerces simbólicos, mas projetam o devir em apego à qualidade de vida das gerações futuras. Proporcionam estética, melhoria da qualidade de vida, diversão, melhoram a autoestima.

Com efeito, o lazer decorrente de um tempo livre que se afigura "não como uma decisão do indivíduo" já que é "primeiramente, o resultado de uma evolução da economia e da sociedade (...) um novo valor social da pessoa que se traduz por um novo direito social, o direito dela dispor de um tempo cuja finalidade é, antes, auto-satisfação"[18] constitui item essencial à sadia qualidade de vida.

Assim, tanto numa perspectiva de incremento às atividades culturais, como na preservação dos bens materiais e imateriais existente, esse poder-dever do Estado é fundamental para assegurar ao Cidadão o direito ao meio ambiente cultural numa perspectiva plural e cidadã.

---

[16] BENHAMOU. *A economia da cultura*, p. 149-150.
[17] REFORMA milionária devolve o charme ao palácio da moda Le Printemps. *O Globo*, p. 29.
[18] DUMAZEDIER. *Sociologia empírica do lazer*, p. 92.

E cidadã aí deve ser vislumbrada associando-se política cultural com direitos culturais sendo extremamente felizes as observações de Celso Fiorillo quando assevera que "deve-se questionar até que ponto uma elite de 10% da população brasileira, ou menos, a qual é permitido sob o ponto de vista econômico o acesso à cultura, bem como a diferentes informações que recebem por várias formas e veículos de comunicação, teria de fato o 'direito' de dizer o que constitui o bem cultural".[19]

Portanto, nesse cenário, quanto maior for a participação da população na gestão do meio ambiente cultural, mais próximo se estará aproximando do paradigma constitucional de pluralidade e afirmação de um projeto de cidadania ambiental cultural como afirmação do princípio da dignidade humana, numa sociedade democrática, consoante dos ditames insculpidos nos incisos I a V do art. 1º da CF.

Nesse sentido, quando se fala em meio ambiente cultural e no binômio exercício de direitos culturais/política cultural, importa destacar que constitui um poder-dever do Estado em assegurar a participação não meramente formal, mas orgânica, funcional e cooperativa, conforme nos assinala lapidarmente Henrique Mourão.[20]

Vivemos numa sociedade de consumo, capitalista, devendo-se estar atentos, outrossim, à dinâmica social para que se criem mecanismos de sustentabilidade aptos a promoverem o uso dos bens culturais. Samir Murad defende o uso de imóveis tombados para moradia no Centro Histórico do Maranhão e refuta a ideia de se colocar exclusivamente nos particulares o ônus de manter o patrimônio cultural, cunhando a feliz expressão "agregar valor para preservar".[21]

O uso sustentável do bem cultural não transforma o bem cultural em mercadoria, mas o insere numa perspectiva de uso, garantindo a sua fruição. Segundo Elizabeth Grace, sustentabilidade no patrimônio relaciona-se à possibilidade de uso para as gerações futuras e propiciam benesses econômicas em matéria de turismo. Discorre a referida autora que o turismo cultural contempla diversas dimensões: a econômica (resultando em benefícios financeiros com a integração do patrimônio cultural no processo produtivo), a social (com a melhoria da qualidade de vida das populações, a preservacionista e a política (onde e insere a participação dos atores envolvidos).[22]

---

[19] FIORILLO. Os fundamentos constitucionais da política nacional do meio ambiente: competências constitucionais em matéria ambiental. In: DANTAS; SÉGUIN; AHMED (Coord.). *O direito ambiental na atualidade*: estudos em homenagem a Guilherme José Purvin de Figueiredo, p. 58.

[20] Cf. MOURÃO. *Patrimônio cultural como um bem difuso*: o direito ambiental brasileiro e a defesa dos interesses coletivos por organizações não governamentais.

[21] Cf. MURAD. A necessidade de agregar valor ao bem tombado particular para sua preservação. *Revista do Advogado*.

[22] *SOCIEDADE e patrimônio cultural*: encontro nacional do Ministério Público na defesa do meio ambiente na defesa do patrimônio cultural: anais *apud* MARCHESAN. *A tutela do patrimônio cultural sob o enfoque do direito ambiental*, p. 188-189.

De certo que uma reflexão sobre sustentabilidade importa também considerar a dinâmica social, sendo certo, como assevera Paulo Affonso Leme Machado que o pleno exercício dos direitos culturais fornecerá a dinâmica "diante da qual a geração presente terá que emitir um juízo de valor, dizendo o que quererá conservar, modificar ou até demolir".[23]

Nesse sentido, também manifesta-se Carlos Frederico Marés de Souza Filho, aduzindo que "a preservação cultural, porém, não pode ser global, no sentido de que toda manifestação cultural deva ser preservada, porque isso implicaria em não admitir qualquer procedimento de mudança, processo ou desenvolvimento. Assim como preservar intocável o meio ambiente natural seria matar a vida, se fossem preservadas intactas todas as intervenções humanas na natureza, não haveria possibilidade de evolução ou desenvolvimento social".[24]

Portanto, cabe à população a escolha, devendo-se destacar que atos que importem em dirigismo como a recente pretensão em alterar a Lei Rouanet centrando no Governo a nomeação do Conselho Gestor do Fundo Nacional de Cultura ou, ainda, restrições que importem em vedação ao exercício dos direitos como os que pretendem obnubilar o acesso a informações da época do período do regime militar através da Comissão de Verdade e Justiça, importam em violação do direito cultural consistente no direito cultural à memória e à história, essencial à compreensão do passado como insumo simbólico do futuro. Marilena Chauí já destacou que o direito à memória tem o papel de nos libertar do passado como fantasma, como fardo, e que nos auxilia na compreensão do presente e na construção e invenção do futuro.[25]

Nesse diapasão destacam-se, ainda, as palavras sempre elucidadoras de Paulo Affonso Leme Machado, um dos maiores estudiosos do patrimônio cultural e do direito à informação, quando trata da questão destacando que "com a Constituição da República de 1988, os constituintes captaram um dos elementos essenciais da sociedade democrática — a transmissão da informação e o introduziram no art. 5º, XXXIII. A Administração Pública não pode ficar passiva diante do dever de informar. Veda-se 'o poder que oculta e o poder que se oculta', na expressão de Wallace Paiva Martins Júnior".[26]

---

[23] In: SOARES. *Direito ao (do) patrimônio cultural brasileiro.*

[24] SOUZA FILHO. *Bens culturais e sua proteção jurídica*, p. 21.

[25] CHAUÍ. Política cultural, cultura política e patrimônio histórico *apud* FIORILLO. Os fundamentos constitucionais da política nacional do meio ambiente: competências constitucionais em matéria ambiental. In: DANTAS; SÉGUIN; AHMED (Coord.). *O direito ambiental na atualidade:* estudos em homenagem a Guilherme José Purvin de Figueiredo, p. 43.

[26] MACHADO. *Direito à informação ambiental e qualidade do ar*, p. 18.

Tecidas tais considerações, mister reiterar que tal pluralidade cultural que tanto alardeamos vem expressada nos direitos culturais indígenas, na cultural quilombola, no direito às manifestações religiosas, nos movimentos culturais, em modos de fazer, como o queijo minas, em manifestações culturais como o samba de roda, o funk carioca, sendo digno de nota, ainda, para bem exemplificar e ilustrar a questão, a tutela do futebol como patrimônio cultural.

Nesse sentido importa citar Celso Fiorillo, cujo artigo "A tutela jurídica do desporto vinculada ao meio ambiente cultural e o Estatuto de Defesa do Torcedor (Lei n. 10.671/2003)"[27] é citado pelo culto Procurador de Justiça de São Paulo Sérgio Luis de Mendonça Alves, em parecer lavrado em ação proposta pelo advogado em questão que, ao correlacionar o desporto ao meio ambiente cultural, afirmou, *verbis*:

Ao se tutelar o meio ambiente cultural, o objeto imediato de proteção relacionado à qualidade de vida em nosso país é o *patrimônio cultural brasileiro*, conceituado constitucionalmente (art. 216) como "os bens de natureza material ou imaterial, tomados individualmente ou em conjunto, portadores de referência à identidade, à ação, à memória dos diferentes grupos formadores da sociedade brasileira, nos quais se incluem as formas de expressão; os modos de criar, fazer e viver; as criações científicas, artísticas e tecnológicas; as obras, objetos, documentos, edificações e demais espaços destinados às manifestações artístico-culturais; os conjuntos urbanos e sítios de valor histórico, paisagístico, artístico, arqueológico, paleontológico, ecológico e científico". A Carta Magna não faz restrição a qualquer tipo de bem, de modo que podem ser materiais ou imateriais, singulares ou coletivos, móveis ou imóveis, mas sempre passíveis de proteção, independentemente do fato de terem sido criados por intervenção humana.

Como recreação, passatempo, lazer, o *desporto*, embora explicitamente tratado no art. 217 da Constituição Federal, passou a ter *natureza jurídica de bem ambiental a partir de 1988*, por se encontrar claramente integrado ao conteúdo do art. 216 como importante forma de expressão (art. 216, I), portadora de referência à identidade, à ação, à memória dos diferentes grupos formadores da sociedade brasileira.

O desporto faz parte, em síntese, do patrimônio cultural brasileiro (art. 216, caput da Constituição Federal), sendo dever

---

[27] Disponível em: <http://www.saraivajur.com.br/menuEsquerdo/doutrinaArtigosDetalhe.aspx?Doutrina=369>.

do Estado observar sua proteção assim como incentivar as manifestações desportivas de criação nacional (art. 217, IV).[28] (grifos no original)

No mesmo sentido, manifestou-se o promotor Marcos Paulo de Souza Miranda, para quem "algumas práticas desportivas podem ser inseridas entre as formas de expressão do povo brasileiro, como, por exemplo, o futebol",[29] e, para tanto, reporta-se ao acórdão do TRF1 no Ag. nº 1998.01.00.057324-DF (julg. 14.12.1999).

A questão, contudo, recentemente recebeu a apreciação do STJ, cujo voto da Ministra Eliana Calmon no REsp nº 1.041.765/MG, embora tenha reconhecido no recurso em tela o caráter exclusivamente financeiro da pretensão envolvendo determinado clube, reconheceu o futebol como expressão do patrimônio cultural, sendo de interesse indisponível não só aos amantes do esporte, mas de toda a sociedade.

Verifica-se, portanto, quão alargada é a dimensão do meio ambiente cultural na definição constitucional de meio ambiente como item necessário à sadia qualidade de vida das presentes e futuras gerações tal como vem inserida na Carta Magna.

Em uma perspectiva de sustentabilidade, a cultura se relaciona de forma curial com o desenvolvimento das cidades, com a convivência democrática e com a realização do princípio da dignidade da pessoa humana. Ela pressupõe o convívio com as diferenças e a própria construção do que, amanhã, será incluído no rol do que deve ser preservado, se facultado hoje o livre exercício dos direitos culturais. Nesse diapasão, o livre exercício de tais direitos são requisitos de uma sociedade justa, fraterna, e soberana e que traduz a própria essência humana, sendo certo tanto mais sociedade haverá quanto mais valorizadas e diversas forem suas formas plurais de expressão nela existentes.

Referências

AHMED, Flávio; COUTINHO, Ronaldo (Coord.). *Patrimônio cultural e sua tutela jurídica.* Rio de Janeiro: Lumen Juris, 2009.

BANDEIRA DE MELLO, Celso Antônio. *Curso de direito administrativo.* 11. ed. rev. atual. e ampl. de acordo com as emendas constitucionais 19 e 20, de 1998. São Paulo: Malheiros, 1999.

---

[28] TJSP. Parecer na Apelação Cível nº 880.838.5/0-00, Câmara Especial de Meio Ambiente, Sérgio Luis de Mendonça Alves, 27.04.2009.

[29] MIRANDA. *Tutela do patrimônio cultural brasileiro:* doutrina, jurisprudência, legislação, p. 62.

BENHAMOU, Françoise. *A economia da cultura*. Tradução de Geraldo Gerson de Souza. Cotia, SP: Ateliê Editorial, 2007.

CANOTILHO, José Joaquim Gomes. *Direito constitucional*. 6. ed. rev. Coimbra: Almedina, 1993.

COUTINHO, Ronaldo; ROCCO, Rogério (Org.). *O direito ambiental das cidades*. 2. ed. rev. atual. e ampl. Rio de Janeiro: Lumen Juris, 2009.

DANTAS, Marcelo Buzaglo; SÉGUIN, Elida; AHMED, Flávio (Coord.). *O direito ambiental na atualidade*: estudos em homenagem a Guilherme José Purvin de Figueiredo. Rio de Janeiro: Lumen Juris, 2010.

DERANI, Cristiane. *Direito ambiental econômico*. 3. ed. São Paulo: Saraiva, 2008.

DUMAZEDIER, Joffre. *Sociologia empírica do lazer*. Tradução de de Silvia Mazza e J. Guinsburg. São Paulo: Perspectiva, 1979.

FIORILLO, Celso Antonio Pacheco. A tutela jurídica do desporto vinculada ao meio ambiente cultural e o Estatuto de Defesa do Torcedor (Lei n. 10.671/2003). *SaraivaJur*, 11 ago. 2003. Disponível em: <http://www.saraivajur.com.br/menuEsquerdo/doutrinaArtigosDetalhe.aspx?Doutrina=369>. Acesso em: 17 mar. 2010.

FIORILLO, Celso Antonio Pacheco. Os fundamentos constitucionais da política nacional do meio ambiente: competências constitucionais em matéria ambiental. In: DANTAS, Marcelo Buzaglo; SÉGUIN, Elida; AHMED, Flávio (Coord.). *O direito ambiental na atualidade*: estudos em homenagem a Guilherme José Purvin de Figueiredo. Rio de Janeiro: Lumen Juris, 2010.

LÉVI-STRAUSS, Claude. *O cru e o cozido*: mitológicas 1. Tradução de Beatriz Perrone-Moisés. São Paulo: Cosac & Naify, 2004.

MACHADO, Paulo Affonso Leme. *Direito à informação ambiental e qualidade do ar*. São Paulo: Instituto de Energia e Meio Ambiente. 2009.

MARCHESAN, Ana Maria Moreira. *A tutela do patrimônio cultural sob o enfoque do direito ambiental*. Porto Alegre: Livraria do Advogado, 2007.

MILARÉ, Édis (Coord.). *A ação civil pública*: após 20 anos: efetividade e desafios. São Paulo: Revista dos Tribunais, 2005.

MIRANDA, Marcos Paulo de Souza. *Tutela do patrimônio cultural brasileiro*: doutrina, jurisprudência, legislação. Belo Horizonte: Del Rey, 2006.

MOURÃO, Henrique Augusto. *Patrimônio cultural como um bem difuso*: o direito ambiental brasileiro e a defesa dos interesses coletivos por organizações não governamentais. Belo Horizonte: Del Rey, 2009.

MURAD, Samir Jorge. A necessidade de agregar valor ao bem tombado particular para sua preservação. *Revista do Advogado*, v. 29, n. 102, p. 107-111, mar. 2009.

NERY JUNIOR, Nelson; NERY, Rosa Maria de Andrade. *Constituição federal comentada e legislação constitucional*. 2. ed. rev. ampl. e atual. até 15.1.2009. São Paulo: Revista dos Tribunais, 2009.

REFORMA milionária devolve o charme ao palácio da moda Le Printemps. *O Globo,* Rio de Janeiro, p. 29, 31 jan. 2010.

RODRIGUES, José Eduardo Ramos. Patrimônio cultural e seus instrumentos jurídicos de proteção: tombamento, registro, ação civil pública, Estatuto da Cidade. In: MILARÉ, Édis (Coord.). *A ação civil pública*: após 20 anos: efetividade e desafios. São Paulo: Revista dos Tribunais, 2005.

SOARES, Inês Virgínia Prado. *Direito ao (do) patrimônio cultural brasileiro.* Belo Horizonte: Fórum, 2009.

SOUZA FILHO, Carlos Frederico Marés de. *Bens culturais e sua proteção jurídica.* 3. ed. rev. e atual. Curitiba: Juruá, 2005.

Informação bibliográfica deste texto, conforme a NBR 6023:2002 da Associação Brasileira de Normas Técnicas (ABNT):

AHMED, Flávio. O meio ambiente e a cultura na perspectiva constitucional. In: BRAGA FILHO, Edson de Oliveira *et al.* (Coord.). *Mecanismos legais para o desenvolvimento sustentável.* Belo Horizonte: Fórum, 2010. p. 117-133. ISBN 978-85-7700-308-2.

O Manejo Florestal Sustentável na Amazônia Legal e a Necessidade de Licenciamento Ambiental

Leonardo Pio da Silva Campos

Tatiana Monteiro Costa e Silva

Sumário: 1 Introdução – **2** Os índices de reserva legal na Amazônia: uma revisão necessária? – **2.1** Reserva legal florestal – **3** Manejo florestal sustentável na Amazônia Legal – **3.1** Manejo florestal sustentável no Estado de Mato Grosso – **4** Conclusão – Referências

1 Introdução

Atualmente a Amazônia brasileira é observada, cuidada e cobiçada por muitos países, que a veem como fonte de riqueza em termos de biodiversidade e como alternativa para equacionar o problema que aflige a todos: o aquecimento global.

Sem dúvida a Amazônia brasileira deve ser preservada e conservada para as presentes e futuras gerações, e o seu desfrute não cabe exclusivamente aos brasileiros, mas a todos, indistintamente.

Ocorre que grande parte da floresta amazônica encontra-se em território brasileiro, o que gera conflito quanto ao seu uso ou apropriação, bem como quanto às políticas públicas adotadas pelo governo brasileiro.

Faz parte de uma política pública protecionista a limitação administrativa conhecida como área de reserva legal, instituída pelo Código Florestal, que impõe ao proprietário ou possuidor que conserve uma parcela do imóvel, considerando os critérios de sustentabilidade.

A questão é polêmica nos Estados amazônicos, haja vista a exigência de averbação desta parcela do imóvel, correspondente a 80% de sua área, que então passa a admitir apenas o manejo florestal sustentável como atividade econômica, imposição que invariavelmente contraria o produtor rural, dado o seu elevado custo de implantação.

O manejo florestal sustentável está inserido no contexto do Código Florestal (Lei n$^{\circ}$ 4.771, de 15.9.1965) pela Medida Provisória n$^{\circ}$ 2.166-67, de 24.8.2001, que passa atualmente por profundas alterações conceptuais no Congresso Nacional.

O manejo florestal sustentável vem sendo regulamentado principalmente pelo Ibama, por meio de portarias e instruções normativas, e também pelos Estados que implantaram a operacionalização dessa atividade econômica em seus territórios, como é o caso de Mato Grosso.

O presente estudo pretende demonstrar a importância do manejo florestal sustentável da área de reserva legal na Amazônia Legal, em faze da necessidade de licenciamento ambiental.

2 Os índices de reserva legal na Amazônia: uma revisão necessária?

2.1 Reserva legal florestal

Vários aspectos são considerados polêmicos com relação à reserva legal na Amazônia Legal, a começar pelo seu conceito legal, que exclui as áreas de preservação permanente.

A área de reserva legal é a área localizada no interior de uma propriedade ou posse rural, excetuada a de preservação permanente, necessária ao uso sustentável dos recursos naturais, à conservação e reabilitação dos processos ecológicos, à conservação da biodiversidade e ao abrigo e proteção de fauna e flora nativas.

A área de reserva legal difere da área de preservação permanente, que não é computada nessa parcela do imóvel. A situação se complica ainda mais, nas propriedades na Amazônia Legal, que têm que observar a exigência legal de 80%, mais a área de preservação permanente, caso o imóvel tenha um córrego, olho d'água, serra, monte, encosta etc., ou seja, caso incida sobre ele o art. 2° do Código Florestal.[1]

---

[1] Art. 2° Consideram-se de preservação permanente, pelo só efeito desta Lei, as florestas e demais formas de vegetação natural situadas:

a) ao longo dos rios ou de qualquer curso d'água desde o seu nível mais alto em faixa marginal cuja largura mínima será: (*Redação dada pela Lei n° 7.803 de 18.7.1989*)

1 - de 30 (trinta) metros para os cursos d'água de menos de 10 (dez) metros de largura; (*Redação dada pela Lei n° 7.803 de 18.7.1989*)

Do seu conceito podemos extrair quatro finalidades primordiais:
1. Necessidade de uso sustentável dos recursos naturais;
2. Conservação e reabilitação dos processos ecológicos;
3. Conservação da biodiversidade; e
4. Abrigo e proteção de fauna e flora nativas.

Nas áreas de reserva legal, alguns percentuais devem ser observados e respeitados, nos termos do art. 16 da Lei nº 4.771/1965, que preceitua: as florestas e outras formas de vegetação nativa, *ressalvadas as situadas em área de preservação permanente*, assim como aquelas não sujeitas ao regime de utilização limitada ou objeto de legislação específica, são suscetíveis de supressão, desde que sejam mantidas, a título de reserva legal, no mínimo: 80% na propriedade rural situada em área de floresta localizada na Amazônia Legal; 35% na propriedade rural situada em área de Cerrado localizada na Amazônia Legal, sendo no mínimo 20% na propriedade e 15% na forma de compensação em outra área, desde que esteja localizada na mesma microbacia, e seja averbada junto à matrícula do imóvel; 20% na propriedade rural situada em área de floresta ou outras formas de vegetação e em área de campos gerais nativa localizada nas demais regiões do país.

Como visto, esses percentuais variam de acordo com a região brasileira, tendo-se em conta a necessidade de manutenção de tais espaços protegidos, sendo que as maiores restrições encontram-se nos Estados amazônicos.

---

2 - de 50 (cinquenta) metros para os cursos d'água que tenham de 10 (dez) a 50 (cinquenta) metros de largura; (*Redação dada pela Lei nº 7.803 de 18.7.1989*)

3 - de 100 (cem) metros para os cursos d'água que tenham de 50 (cinquenta) a 200 (duzentos) metros de largura; (*Redação dada pela Lei nº 7.803 de 18.7.1989*)

4 - de 200 (duzentos) metros para os cursos d'água que tenham de 200 (duzentos) a 600 (seiscentos) metros de largura; (*Redação dada pela Lei nº 7.803 de 18.7.1989*)

5 - de 500 (quinhentos) metros para os cursos d'água que tenham largura superior a 600 (seiscentos) metros; (*Incluído pela Lei nº 7.803 de 18.7.1989*)

b) ao redor das lagoas, lagos ou reservatórios d'água naturais ou artificiais;

c) nas nascentes, ainda que intermitentes e nos chamados "olhos d'água", qualquer que seja a sua situação topográfica, num raio mínimo de 50 (cinquenta) metros de largura; (*Redação dada pela Lei nº 7.803 de 18.7.1989*)

d) no topo de morros, montes, montanhas e serras;

e) nas encostas ou partes destas, com declividade superior a 45º, equivalente a 100% na linha de maior declive;

f) nas restingas, como fixadoras de dunas ou estabilizadoras de mangues;

g) nas bordas dos tabuleiros ou chapadas, a partir da linha de ruptura do relevo, em faixa nunca inferior a 100 (cem) metros em projeções horizontais; (*Redação dada pela Lei nº 7.803 de 18.7.1989*)

h) em altitude superior a 1.800 (mil e oitocentos) metros, qualquer que seja a vegetação. (*Redação dada pela Lei nº 7.803 de 18.7.1989*)

Parágrafo único. No caso de áreas urbanas, assim entendidas as compreendidas nos perímetros urbanos definidos por lei municipal, e nas regiões metropolitanas e aglomerações urbanas, em todo o território abrangido, observar-se-á o disposto nos respectivos planos diretores e leis de uso do solo, respeitados os princípios e limites a que se refere este artigo. (*Incluído pela Lei nº 7.803 de 18.7.1989*)

Aspecto de flexibilização na área de reserva legal é o dispositivo que possibilita a revisão ou redução nos índices da área de reserva florestal, com base no Zoneamento Ecológico Econômico (ZEE) e pelo Zoneamento Agrícola, desde que ouvido o CONAMA, o Ministério do Meio Ambiente e o Ministério da Agricultura e Abastecimento.[2]

Esse dispositivo de flexibilização nos índices da área de reserva legal tem feito com que os Estados instituam em seus territórios o Zoneamento Ecológico Econômico (ZEE). Rondônia e Mato Grosso assim o procederam.

Uma das vantagens do ZEE é a promoção do reflorestamento de áreas degradadas, conforme atesta Nilo Diniz, diretor do CONAMA, quanto ao zoneamento de Rondônia:

(...) que a recomendação aprovada pelo Conselho no último dia 22, permitindo a alteração da Reserva Legal para 50% da propriedade rural no estado de Rondônia, em zona definida no Zoneamento Ecológico-Econômico, trará benefício ambiental para a Amazônia, porque vai promover o reflorestamento. Ele também entende que a região será beneficiada tanto do ponto de vista econômico quanto social, pois vai impedir as migrações predatórias.[3]

O Estado de Mato Grosso, após mais de 20 anos de espera, retomou em 2008 o projeto visando à elaboração do ZEE, aqui denominado de Zoneamento Socioeconômico-Ecológico, realizando inúmeras audiências públicas pelo interior do Estado, que contaram da participação maciça da sociedade, encontrando-se o projeto atualmente na Assembleia Legislativa para ser votado.

O ZEE é instrumento preventivo da Política Nacional do Meio Ambiente, instituído desde a década de 1980 pela Lei 6.938/1981, regulamentado pelo Decreto nº 4.297/2002 e atualizado pelo Decreto nº 6.288/2007. Além de ser instrumento preventivo da Política Nacional

---

[2] Art. 16. (...)

§5º O Poder Executivo, se for indicado pelo Zoneamento Ecológico Econômico – ZEE e pelo Zoneamento Agrícola, ouvidos o CONAMA, o Ministério do Meio Ambiente e o Ministério da Agricultura e do Abastecimento, poderá: (*Incluído pela Medida Provisória nº 2.166-67, de 2001*)

I - reduzir, para fins de recomposição, a reserva legal, na Amazônia Legal, para até cinqüenta por cento da propriedade, excluídas, em qualquer caso, as Áreas de Preservação Permanente, os ecótonos, os sítios e ecossistemas especialmente protegidos, os locais de expressiva biodiversidade e os corredores ecológicos; (*Incluído pela Medida Provisória nº 2.166-67, de 2001*)

II - ampliar as áreas de reserva legal, em até cinqüenta por cento dos índices previstos neste Código, em todo o território nacional. (*Incluído pela Medida Provisória nº 2.166-67, de 2001*)

[3] ZEE de Rondônia promoverá reflorestamento. *Ecofalante*.

do Meio Ambiente, serve para equacionar a redução ou não da reserva legal na Amazônia Legal de 80 para 50%.

A área de reserva legal deve ser averbada à margem da inscrição da matrícula do imóvel, no registro de imóveis competente. É vedada a alteração de sua destinação, nos casos de transmissão, a qualquer título, de desmembramento ou de retificação da área, depois de devidamente averbada.

Outro mecanismo de flexibilização nas áreas de reserva legal está na possibilidade de realizar a compensação de áreas localizadas no interior das unidades de conservação pendentes de regularização fundiária. A compensação incide somente nestas áreas, e busca solucionar o passivo existente em tais áreas.

A compensação da área de reserva legal surge como alternativa para aquele proprietário ou possuidor que em sua propriedade ou posse, não tiver o percentual legalmente instituído, ou seja, ele, caso tenha em sua propriedade ou posse, um passivo desse espaço protegido que deve ser recomposta.

Além da compensação, existem outras duas formas de recomposição da área de reserva legal degradada: a regeneração natural e a recomposição mediante o plantio.[4]

Entendem alguns, dentre os quais Dauana Ferreira dos Santos, que nas áreas das reservas extrativistas ocupadas por populações tradicionais não há a necessidade de se constituir a reserva legal porque "em tese não há que se falar em Reserva Legal dentro dessas áreas, já que há um comprometimento de tais populações com a terra em que vivem e a preocupação da utilização da exploração em forma de manejo".[5] A autora afirma seu posicionamento com dizeres de Paulo Affonso Leme Machado, que leciona: "Há o entendimento de que toda utilização que não implique

---

[4] Art. 44. O proprietário ou possuidor de imóvel rural com área de floresta nativa, natural, primitiva ou regenerada ou outra forma de vegetação nativa em extensão inferior ao estabelecido nos incisos I, II, III e IV do art. 16, ressalvado o disposto nos seus §§5º e 6º, deve adotar as seguintes alternativas, isoladas ou conjuntamente: (*Redação dada pela Medida Provisória nº 2.166-67, de 2001*)
I - recompor a reserva legal de sua propriedade mediante o plantio, a cada três anos, de no mínimo 1/10 da área total necessária à sua complementação, com espécies nativas, de acordo com critérios estabelecidos pelo órgão ambiental estadual competente; (*Incluído pela Medida Provisória nº 2.166-67, de 2001*)
II - conduzir a regeneração natural da reserva legal; e (*Incluído pela Medida Provisória nº 2.166-67, de 2001*)
III - compensar a reserva legal por outra área equivalente em importância ecológica e extensão, desde que pertença ao mesmo ecossistema e esteja localizada na mesma microbacia, conforme critérios estabelecidos em regulamento. (*Incluído pela Medida Provisória nº 2.166-67, de 2001*)
[5] FERREIRA. Reserva legal na legislação brasileira: viabilidade de implementação nas áreas habitadas por populações tradicionais e áreas protegidas. In: BENJAMIN (Org.). *Direito ambiental, mudanças climáticas e desastres*: impactos nas cidades e no patrimônio cultural, p. 275.

em corte raso da vegetação e que respeite outras exigências legais está permitida. Parece-nos admissível a coexistência da reserva Florestal Legal com a Reserva Extrativista".[6]

3 Manejo florestal sustentável na Amazônia Legal

Na área de reserva legal, a única atividade econômica permitida é o manejo florestal sustentável, onde é proibido o corte raso. Ou seja, a área de reserva legal é considerada "como uma das formas de restrição à exploração econômica da propriedade, restrição esta justificada pela necessidade de se garantir o atendimento de interesses ecológicos específicos, sem excluir interesses ambientais difusos".[7]

A Lei que instituiu o Sistema Nacional de Unidades de Conservação (SNUC) definiu o conceito de "manejo" como "todo e qualquer procedimento que vise a assegurar a conservação da diversidade biológica e dos ecossistemas".

Por sua vez, a Portaria n° 48/86 do Ibama deliberou conceitualmente o que vem a ser manejo florestal sustentável como "aquele em que uma empresa florestal visa a aproximação, o mais cedo possível, do equilíbrio entre incremento líquido e corte, quer anualmente, quer em um período mais longo".

Segundo Édis Milaré:

O mesmo art. 16, §2°, do Código Florestal, na redação dada pela Medida Provisória 2.166-67/2001, proibiu o corte raso em área de Reserva Legal, permitindo apenas sua utilização sob regime de manejo florestal sustentável, ou seja, sem descaracterizar ecologicamente os recursos florestais e os ecossistemas. O Plano de Manejo Florestal Sustentável – PMF é atualmente regulamentado pelo Decreto 5.975, de 30.11.2006.[8]

Conforme o referido decreto, a exploração de florestas e formações sucessoras sob o regime de manejo florestal sustentável, tanto de domínio público como de domínio privado, dependerá de prévia aprovação do Plano de Manejo Florestal Sustentável (PMFS) pelo órgão competente do Sistema Nacional do Meio Ambiente (SISNAMA).

---

[6] MACHADO *apud* FERREIRA. Reserva legal na legislação brasileira: viabilidade de implementação nas áreas habitadas por populações tradicionais e áreas protegidas. In: BENJAMIN (Org.). *Direito ambiental, mudanças climáticas e desastres*: impactos nas cidades e no patrimônio cultural, p. 275.

[7] Cf. MILARÉ. *Direito do ambiente*: a gestão ambiental em foco: doutrina, jurisprudência, glossário.

[8] MILARÉ. *Direito do ambiente*: a gestão ambiental em foco: doutrina, jurisprudência, glossário, p. 754.

Conceitualmente, entende-se por PMFS o documento técnico básico que contém as diretrizes e procedimentos para a administração da floresta, visando à obtenção de benefícios econômicos, sociais e ambientais, observada a definição de manejo florestal sustentável.

O PMFS atenderá aos seguintes fundamentos técnicos e científicos: caracterização do meio físico e biológico; determinação do estoque existente; intensidade de exploração compatível com a capacidade da floresta; ciclo de corte compatível com o tempo de restabelecimento do volume de produto extraído da floresta; promoção da regeneração natural da floresta; adoção de sistema silvicultural adequado; adoção de sistema de exploração adequado; monitoramento do desenvolvimento da floresta remanescente; adoção de medidas mitigadoras dos impactos ambientais e sociais.

Todos esses procedimentos devem ser observados no Plano de Manejo Florestal Sustentável, inclusive pelos Estados, quando implementam a operacionalização do manejo no respectivo território.

Isso sucedeu no Estado de Mato Grosso, onde a gestão florestal é disciplinada pela Lei n° 233/2005, que em seu art. 14, parágrafo único, estabelece:

> A exploração das florestas e demais formas de vegetação natural somente será permitida nas propriedades rurais devidamente licenciadas pela SEMA, sob a forma de manejo florestal sustentável de uso múltiplo, ressalvados os casos de supressão previstos em lei.

Determinou ainda a Lei Complementar que o manejo florestal sustentável de uso múltiplo é a administração da floresta para a obtenção de benefícios econômicos, sociais e ambientais, respeitando-se os mecanismos de sustentabilidade do ecossistema objeto do manejo, e considerando-se, cumulativa ou alternativamente, a utilização de múltiplos produtos e subprodutos madeireiros e não madeireiros, bem como a utilização de outros bens e serviços de natureza florestal.

De qualquer forma, podemos conceituar doutrinariamente o manejo florestal sustentável como:

> Manejo Florestal está compreendido em um conjunto de técnicas empregadas na colheita de matéria-prima florestal, de tal maneira que respeite os mecanismos de sustentação do ecossistema e garanta a preservação da floresta para as futuras gerações. Tem como foco a produção, rentabilidade, segurança no trabalho, respeito à legislação, oportunidade de mercado, conservação florestal ou serviços ambientais.[9]

---

[9] MANEJO florestal sustentável em pequena escala: conceito e categorias. *Portal da madeira manejada e do manejo florestal sustentável no Amazonas.*

Sobeja dizer que o manejo florestal é importantíssimo para a perpetuação da biota, já que visa à sustentabilidade do ecossistema, ainda mais quando na Amazônia Legal. O relatório *Amazônia sustentável*: limitantes e oportunidades para o desenvolvimento rural, publicado em 2000 pelo Banco Mundial e pelo Instituto do Homem e do Meio Ambiente da Amazônia (Imazon), determinou:

> (...) que se adote uma política de desenvolvimento para a Amazônia com forte ênfase no manejo florestal sustentável. Esta é a melhor opção para o uso do solo em 83% da extensão da Amazônia Legal. Não mais de 17% das terras, ao sul da região, numa zona caracterizada por chuvas moderadas com menos de 1.800mm por ano (a chamada Amazônia seca), prestam-se, com alguma possibilidade de êxito econômico, à agropecuária.[10]

O Código Florestal também deliberou sobre os Estados que compõem a Amazônia Legal, no inciso VI, §2º, do art. 1º da Lei nº 4.771/1965, acrescentado pela Medida Provisória nº 2.080, de 17.5.2001, como: "os Estados do Acre, Pará, Amazonas, Roraima, Rondônia, Amapá e Mato Grosso e as regiões situadas ao norte do paralelo 13°S, dos Estados do Tocantins e Goiás, e ao oeste do meridiano de 44°W, do Estado do Maranhão".

Esses Estados devem observar com rigor os procedimentos de exploração por sua complexidade e riqueza. Resumidamente, estes são os números da geografia da Amazônia Legal brasileira, segundo dados do ISA com: área de 5,2 milhões de km²; 60% do território nacional (8,5 milhões de km²); 7 Países fronteiriços; 10 mil km de faixa de fronteira; 17,5 milhões de habitantes (somente 9% da população nacional); maior floresta tropical úmida do planeta; maior reserva biogenética do mundo; lar de 60% de todas as formas de vida do planeta; maior província mineral do mundo (Carajás); responsável por 75,7% de toda energia consumida no País; potencial de 105.000MW de geração hidroelétrica na bacia hidrográfica do rio Amazonas (menos de 10% são explorados); potencial de 59.000MW de geração hidroelétrica na bacia hidrográfica do rio Paraná (70% já explorados).

O aspecto ecológico inserido nesse complexo sistema é formado por:

> Bacias do Rio Amazonas e do Alto Orenoco, a Amazônia representa uma área de aproximadamente 750 milhões de hectares, dos quais cerca de 260 milhões se encontram em território brasileiro.

---

[10] Cf. SCHNEIDER *et al. Amazônia sustentável*: limitantes e oportunidades para o desenvolvimento rural.

A floresta pluvial tropical que predomina nessa região é provavelmente o mais antigo e mais complexo ecossistema deste planeta.

A principal característica dessa cobertura florestal — dotada até certo ponto de uma marcante uniformidade (vegetação, condições climáticas, hidrografias, hidrologia, topografia, geormofologia e natureza de seus solos) —, é a sua imensa riqueza de espécies tanto vegetais quanto animais.[11]

O Estado de Mato Grosso está na Amazônia Legal e vem implementando políticas públicas protecionistas com relação à flora. Nesse respeito, citamos o modelo de licenciamento ambiental de propriedade, pré-requisito para o manejo florestal sustentável nos termos da legislação estadual vigente.

3.1 Manejo florestal sustentável no Estado de Mato Grosso

O Estado de Mato Grosso é considerado o grande celeiro do Brasil, possuindo uma diversidade econômica, social e ambiental admirável, com área física de 903.357,908km²; 141 municípios; 2,8 milhões de habitantes (somente 1,47 % da população nacional); 47% de área de floresta; 39% de área de cerrado; 14% de área de campos (incluindo o Pantanal).

O Estado de Mato Grosso, desde 2005, vem reformulando com rigor e pioneirismo a sua legislação ambiental, consequências das operações desencadeadas pela Polícia Federal contra os crimes ambientais, especialmente contra a flora.

Assim, o Código Ambiental do Estado de Mato Grosso (Lei Complementar nº 232/2005) revogou o antigo Código Ambiental (Lei Complementar nº 38/1995), que, em seu art. 19, inciso IV, disciplina a necessidade de licenciamento ambiental único da propriedade rural como requisito para exploração nas áreas de reserva legal com manejo florestal sustentável.

> Art. 19. A SEMA, no exercício de sua competência, expedirá as seguintes licenças, de caráter obrigatório: (...)
>
> IV - Licença Ambiental Única (LAU): é concedida nos termos do regulamento, *autorizando a exploração florestal, desmatamento, atividades agrícolas e pecuária*; (...)
>
> §2º A Licença Ambiental Única será concedida com o prazo máximo de 5 (cinco) anos para as atividades de exploração florestal ou desmatamento, e de 10 (dez) anos para as atividades agrícolas e pecuárias, desde que não haja alteração na área de posse ou propriedade. (grifos nossos)

---

[11] PROPOSTA de política florestal para a Amazônia brasileira, p. 15.

Conforme os dados do Portal Transparência Florestal de 2007, a área total do Estado de Mato Grosso é de 70,3 milhões de hectares, dos quais 17.456.084,59 já estão licenciados e 22,1 milhões estão cadastrados no Sistema de Licenciamento Ambiental de Propriedade Rural (SLAPR), o que equivale a 31,5% da área total estimada das propriedades rurais de Mato Grosso.

Apenas a título de esclarecimento, deve-se dizer que o proprietário rural ou possuidor não é obrigado a realizar o manejo florestal na área de reserva legal. Ele pode fazer a opção de preservá-la. Isto significa que a exploração econômica da área de reserva legal é uma opção.

Não obstante, considerando-se a natureza preventiva do licenciamento ambiental de propriedades rurais, sua eficiência não é satisfatória, visto que não é ainda garantia de preservação e proteção de área de reserva legal, conforme André Lima (do ISA).

No Estado de Mato Grosso, no ano de 2006, um ano após a edição da Lei Complementar nº 232, os manejos florestais aprovados foram 170, o equivalente a 114.381,1561ha; no ano de 2007 foram aprovados 160 projetos, o equivalente a 135.969,7801ha; no ano de 2008 foram aprovados 348 projetos, o equivalente a 334.246,3592ha; e no ano de 2009 foram aprovados 78 projetos, o equivalente a 78.721,9302ha, segundo dados fornecidos pela Superintendência de Gestão Florestal (SGF) da SEMA.

Ainda são poucos os incentivos para os projetos de manejos, dada a quantidade de propriedades licenciadas e a serem cadastradas, bem como pela ausência de instrumentos econômicos e/ou financeiros, já que o custo de um projeto de manejo custa aproximadamente R$150,00 (cento e cinquenta reais) por hectare para áreas de 1.000 a 3.000ha; a volumetria média de madeira extraída: 30m^3 por hectare e o valor do manejo vendido em pé: R$140,00 por m^3, com base na cotação Nortão Projetos, da cidade de Sinop/MT.

Ocorre que o Estado de Mato Grosso vem avançando com políticas arrojadas, flexíveis e ao mesmo tempo protecionistas, tanto é que editou a Lei Complementar nº 343, 24.12.2008, que criou o MT LEGAL, que visa a promover a regularização das propriedades e posses rurais e sua inserção no Sistema de Cadastramento Ambiental Rural e/ou Licenciamento Ambiental de Propriedades Rurais (SLAPR).

Dispõe o art. 2º da Lei Complementar nº 343/2008:

> Art. 2º Para a adesão ao MT LEGAL os proprietários ou possuidores rurais deverão, espontaneamente, requerer o Licenciamento Ambiental de seus imóveis, no prazo máximo de 01 (um) ano, a contar da data de publicação desta lei complementar.

Parágrafo único. O proprietário ou possuidor de imóvel rural, com área de preservação permanente e/ou reserva legal em extensão inferior ao estabelecido na legislação, que aderir ao MT LEGAL, no prazo fixado no caput, deverá ajustar a sua conduta, por meio de Termo de Compromisso, no curso do processo de licenciamento ambiental de imóveis rurais, e não será autuado pelo passivo ambiental objeto do Termo de Compromisso.

Tudo que é novo traz desconfianças e inseguranças. Assim ocorre com o MT LEGAL, que ainda se encontra numa fase incipiente de capacitação dos profissionais e divulgação da norma.

4 Conclusão

Atualmente a norma florestal vem passando por mudanças estruturantes, ao mesmo tempo em que novos mecanismos são criados para fomentar a exploração sustentável na área de reserva legal.

Assim, procedimentos arcaicos e inadequados são postos de lado ante as novas demandas econômico-ambientais como é o caso da obrigatoriedade da fase prévia do licenciamento ambiental para a exploração da área de reserva legal através do manejo florestal sustentável.

Torna-se imprescindível o licenciamento ambiental porque antes da concessão da autorização da exploração da área de reserva legal o órgão ambiental competente tem como controlar e monitorar todo o imóvel rural, não apenas a área de reserva legal, verificado desse modo, se existe área desmatada sem autorização ou área de preservação permanente degradada, o que impediria a permissão para exploração.

É neste cenário que o Estado de Mato Grosso se destaca colocando como obrigatoriedade o licenciamento da propriedade para a autorização do plano de manejo florestal sustentável.

Tal iniciativa deve ser seguida pelos demais Estados, principalmente pelos Estados amazônicos, dada a riqueza e a cobiça existente nessa imensidão verde.

Referências

BENJAMIN, Antonio Herman de Vasconcellos e (Org.). *Direito ambiental, mudanças climáticas e desastres*: impactos nas cidades e no patrimônio cultural. São Paulo: Imprensa Oficial, 2009.

FERREIRA, Dauana Santos. Reserva legal na legislação brasileira: viabilidade de implementação nas áreas habitadas por populações tradicionais e áreas protegidas.

In: BENJAMIN, Antonio Herman de Vasconcellos e (Org.). *Direito ambiental, mudanças climáticas e desastres*: impactos nas cidades e no patrimônio cultural. São Paulo: Imprensa Oficial, 2009.

MANEJO florestal sustentável em pequena escala: conceito e categorias. *Portal da madeira manejada e do manejo florestal sustentável no Amazonas*, Manaus/AM. Disponível em: <http://www.florestavivaamazonas.org.br/21121.php>. Acesso em: 18 mar. 2010.

MILARÉ, Édis. *Direito do ambiente*: a gestão ambiental em foco: doutrina, jurisprudência, glossário. 6. ed. rev., atual. e ampl. São Paulo: Revista dos Tribunais, 2009.

PROPOSTA de política florestal para a Amazônia brasileira. Manaus: Fundação Universidade do Amazonas, 1979.

SCHNEIDER, Robert R. *et al. Amazônia sustentável*: limitantes e oportunidades para o desenvolvimento rural. Brasília; Belém: Banco Mundial; Imazon, 2000. Disponível em: <http://www.imazon.org.br/downloads/index.asp?categ=1>. Acesso em: 18 mar. 2010.

ZEE de Rondônia promoverá reflorestamento. *Ecofalante*, 23 fev. 2006. Disponível em: <http://ecofalante.terra.com.br/sub/noticias.php?set=1081>. Acesso em: 18 mar. 2010.

Informação bibliográfica deste texto, conforme a NBR 6023:2002 da Associação Brasileira de Normas Técnicas (ABNT):

CAMPOS, Leonardo Pio da Silva; SILVA, Tatiana Monteiro Costa e. O manejo florestal sustentável na Amazônia Legal e a necessidade de licenciamento ambiental. In: BRAGA FILHO, Edson de Oliveira *et al.* (Coord.). *Mecanismos legais para o desenvolvimento sustentável*. Belo Horizonte: Fórum, 2010. p. 135-146. ISBN 978-85-7700-308-2.

DIREITO AMBIENTAL E O AGRONEGÓCIO

Luiz Carlos Aceti Júnior

Sumário: 1 Introdução – 2 Aspectos jurídicos relevantes do licenciamento e da autorização ambiental – **2.1** Meio ambiente – **2.2** Definição legal – **3** O meio ambiente como bem jurídico relevante – **3.1** Princípios do direito ao meio ambiente – **3.2** Aspectos jurídicos do licenciamento ambiental – **3.3** Itens na propriedade rural e cunho relevante para com a legislação ambiental vigente – **3.3.1** Recursos hídricos – **3.3.2** APPs e reserva legal – **3.3.3** Agrotóxicos e demais produtos agroquímicos – **3.3.4** Esgoto sanitário das residências existentes em imóvel rural – **4** Aspecto ambiental relevante – **4.1** Da reserva legal – **4.2** Preservação permanente – **4.3** Conservação do solo e a preservação dos recursos naturais – **4.4** Dos recursos hídricos e da necessidade de sua outorga – **5** Maquinários agrícolas, criação de animais, efluentes: impactos ambientais – **5.1** Informação ambiental fundiária importante – **5.2** Depósito de agrotóxicos – **5.3** Poeira e particulados em silos, armazéns e tulha – **5.4** Georrefenciamento – **5.5** Da criação de animais, em especial gado vacum e suínos

1 Introdução

A cada dia que se passa, mais o imóvel rural tem o papel de *empresa rural*, e com isso vêm os benefícios e as obrigações.

Os órgãos fiscalizados estão cada vez mais eficientes com uso de alta tecnologia, obrigando o proprietário rural a se enquadrar sob pena de ser responsabilizado ambientalmente, nas esferas administrativas, criminal e civil, podendo ainda ocorrer situações extremadas de perder o seu patrimônio, por desapropriação por interesse social, expropriação, confisco ou mesmo inviabilidade econômica.

Assim sendo, mister se faz a observância das regras legais e econômicas sob a óptica de profissionais especializados em áreas correlatas às necessidades e prioridades observadas por este trabalho.

O presente trabalho tem o objetivo de demonstrar a complexidade do assunto direito ambiental no setor do agronegócio.

2 Aspectos jurídicos relevantes do licenciamento e da autorização ambiental

2.1 Meio ambiente

Ambiente significa entorno, esfera, tudo aquilo que nos cerca, a vida em volta de nós. O *Dicionário Aurélio* eletrônico apresenta a seguinte definição para o vocábulo: 1. Que cerca ou envolve os seres vivos ou as coisas, por todos os lados; envolvente. 2. Aquilo que cerca ou envolve os seres vivos ou as coisas; meio ambiente. 3. Lugar, sítio, espaço, recinto (...).

Deve-se deixar claro que a expressão *meio ambiente* é bastante criticada como sendo pleonástica, porquanto o vocábulo *ambiente* equivale à palavra *meio*, significando o que cerca ou envolve os seres vivos ou as coisas.

No Brasil, porém, a expressão *meio ambiente* é largamente utilizada, até mesmo nos diplomas legais, tendo sido consagrada no próprio texto da vigente Constituição Federal de 1988, em várias passagens.

2.2 Definição legal

A definição legal do que seja meio ambiente é trazida pela Lei nº 6.938/1981 (Política Nacional de Meio Ambiente), que dispõe em seu art. 3º, inciso I, que deve-se entender como meio ambiente "o conjunto de condições, leis, influências e interações de ordem física, química e biológica, que permite, abriga e rege a vida em todas as suas formas".

Apesar de parte da doutrina considerar ser esta uma definição ampla, uma outra corrente afirma que a definição legal restringe-se aos recursos naturais, quando o meio ambiente deveria ser analisado não só sob o aspecto natural, mas também sob os aspectos artificial e cultural.

A doutrina majoritária afirma que tal expressão apresenta dois sentidos que compreendem aos dois aspectos principais dos interesses protegidos: o natural e o cultural. O primeiro relaciona-se com os elementos que condicionam a vida num grupo biológico, compreendendo as espécies animais e vegetais e seu equilíbrio, bem como os elementos naturais (água, ar, solo) essenciais à criação e manutenção dos seres vivos. O segundo qualifica a interação entre o meio ambiente natural e os espaços construídos ou modificados pelo homem no decorrer da história.

Desse modo, tem-se que integram o meio ambiente natural, o solo, a água, o ar atmosférico, a fauna, a flora, enfim, a interação entre os seres vivos e seu meio, onde se dá a correlação recíproca entre as espécies e as relações destas com o ambiente físico que ocupam. Já o meio ambiente artificial engloba o espaço urbano construído que se desdobra em espaço urbano fechado (conjunto de edificações) e espaço urbano aberto (conjunto de equipamentos públicos, tais como ruas, praças e áreas verdes). Podemos falar também, em meio ambiente do trabalho, que seria a proteção do trabalhador em seu local de trabalho e dentro das normas de segurança, com o intuito de fornecer uma qualidade de vida digna. Por fim, o meio ambiente cultural é constituído pelo patrimônio histórico, artístico, arqueológico, paisagístico e turístico, que se distingue do anterior pelo valor especial que adquiriu ou de que se impregnou.

Esse conceito mais abrangente foi levado em consideração na elaboração do texto da Lei nº 9.605/1998, conhecida popularmente como Lei de Crimes Ambientais. Tal diploma tutela penalmente, além do meio ambiente natural, o artificial e o cultural, considerando crimes contra o meio ambiente as infrações contra o ordenamento urbano e o patrimônio cultural (artigos 62 e 65).

3 O meio ambiente como bem jurídico relevante

A proteção do meio ambiente teve início de uma maneira pouco expressiva, onde eram regulados apenas interesses privados ou públicos particulares, como por exemplo o direito de vizinhança e as formas de utilização da água.

Esta proteção apresentava uma série de características que a tornavam, ao primeiro relance, insuficiente para conter a degradação ecológica ameaçadora. As normas eram puramente repressivas, sem nenhuma eficácia preventiva. Era uma tutela genérica, não só contra agentes objetivamente poluidores, mas também contra fenômenos irrelevantes aos fins da degradação ambiental. O sistema normativo não dispunha, enfim, de uma visão global da atividade poluidora.

No entanto a degradação ambiental continuava aumentando e somente após a II Guerra Mundial começou-se a perceber que era necessário a criação de leis mais eficazes tendo em vista a relevância do bem que necessitava de proteção, e que abrangesse não só problemas no âmbito privado.

Desse modo, o meio ambiente passou a ser analisado como um bem de extrema importância, já que dele depende toda a humanidade.

Passou-se, então, a serem adotadas medidas preventivas e de proteção condizentes com a relevância do bem jurídico em tela.

Surgem, no entanto, os direitos fundamentais do ser humano com a Declaração Universal dos Direitos do Homem em 1948. Com o passar do tempo, surgem outros direitos tidos como fundamentais, quais sejam os direitos individuais e sociais, logo depois os difusos e coletivos, nos quais está inserido o direito de viver em um meio ambiente ecologicamente saudável e equilibrado.

O reconhecimento, expresso, do meio ambiente como o direito fundamental do homem surge com a Declaração da Conferencia das Nações Unidas sobre o meio ambiente humano, realizada em Estocolmo, Suécia, de 5 a 16 de junho de 1972. Tal declaração funciona como um prolongamento da citada Declaração Universal dos Direitos do Homem e como um apelo à junção de esforços no intuito de conservar e melhorar o meio ambiente em benefício da vida humana.

A Declaração de Estocolmo foi um marco importante para a proteção e preservação do meio ambiente, já que o reconheceu como um bem de relevância incontestável e fundamental para a própria existência humana.

Necessário se faz a transcrição do trecho consagrado na Declaração sobre o Ambiente Humano, ocasionado pela Conferência das Nações Unidas em Estocolmo, realizada na Suécia em 1972:

> O homem tem o direito fundamental à liberdade, à igualdade e ao desfrute de condições de vida adequadas, em um meio ambiente de qualidade tal qual que lhe permita levar uma vida digna, gozar de bem-estar e é portador solene de obrigação de proteger e melhorar o meio ambiente, para as gerações presentes e futuras (...). O homem tem a responsabilidade especial de preservar e administrar judiciosamente o patrimônio representado pela flora e fauna silvestres, bem assim o seu habitat, que se encontram atualmente em grave perigo, por uma combinação de fatores adversos. Em conseqüência, ao planificar o desenvolvimento econômico, deve ser atribuída importância à conservação da natureza, incluídas a flora e fauna silvestres.

Surge, então, a Lei nº 6.938, de 31.8.1981, que trata da Política Nacional do Meio Ambiente. Esta lei, que era bastante avançada para a época, foi o primeiro diploma legal a tratar das questões ambientais de uma maneira sistemática. Até o início dos anos 1980 pode-se dizer que não havia uma legislação de proteção do meio ambiente, pois o ordenamento jurídico até então, relativo à água, florestas, tinha o objetivo de proteção econômica e não ambiental.

Esta lei foi recepcionada pela Constituição Federal, promulgada em 5.10.1988, cujo art. 225 fixou os princípios gerais em relação ao meio ambiente, estabelecendo em seu §3º que as condutas e atividades lesivas ao meio ambiente sujeitarão os infratores, pessoas físicas ou jurídicas, às sanções penais e administrativas, independentemente da obrigação de reparar o dano causado. A grande novidade: a responsabilidade penal não só para a pessoa física mas também à pessoa jurídica.

Após o advento da Declaração de Estocolmo, vários eventos foram sendo promovidos no intuito de repensar a utilização do meio ambiente e a prevenção de atividades degradantes.

Há que se destacar, como evento de repercussão mundial envolvendo o tema ambiental, a Conferencia de 1992. Realizada no Rio de Janeiro entre os dias 3 e 14 de junho, essa conferência, conhecida como "Rio 92", reuniu representantes da maioria dos países do globo, tendo produzido cinco documentos contendo várias recomendações atinentes à proteção ambiental.

O primeiro documento produzido na Conferência de 1992 é a Declaração do Rio de Janeiro, também conhecida como "Carta da Terra", que contém 27 princípios ambientais com orientação para a implantação do desenvolvimento sustentável no planeta.

O segundo documento é a Declaração de Princípios sobre Florestas, que estabelece a proteção de florestas tropicais, boreais e outras.

O terceiro é a Convenção sobre Biodiversidade, em que os 112 países signatários se comprometem a proteger as riquezas biológicas existentes, principalmente as florestas.

O quarto documento é a Convenção sobre o Clima, assinada por 152 países que se comprometem a preservar o equilíbrio atmosférico utilizando tecnologias limpas e controlando a emissão de gás carbônico na atmosfera.

Finalmente tem-se a Agenda 21, que estabelece um plano de ação que servirá como guia de cooperação internacional. Tal documento propõe a adoção de procedimentos em varias áreas, como recursos hídricos, resíduos tóxicos, degradação do solo, do ar, das florestas, transferência de recursos e de tecnologia para os países pobres, qualidade de vida dos povos, questões jurídicas, índios, mulheres e jovens.

Entretanto, somente em 1998 surge a Lei nº 9.605, conhecida como Lei dos Crimes Ambientais, que dispõe sobre as sanções penais e, também administrativas derivadas de condutas e atividades lesivas ao meio ambiente. A partir daí, com os poderes atribuídos ao Ministério Público pela própria Constituição, e depois pelo Código de Defesa do Consumidor, somados à atividade dos órgãos ambientais, começa a haver a efetividade desta lei, passando especialmente as empresas a correr sérios riscos ao não observarem as regras ambientais, podendo sofrer severas e pesadas penas, tanto administrativas, civis e penais, que vão desde a interrupção das atividades, suspensão de direitos, tais como, não participar de licitações, não receberem incentivos fiscais, ou financiamentos oficiais, ou ainda, trabalhos comunitários, a prisão de todos que colaboraram para o delito, dirigentes ou não, mais multa, independentemente do dever de reparar os danos.

Outras leis e normas importantes foram editadas no mesmo período, ressaltando-se entre muitas a Política Nacional de Recursos Hídricos, Lei nº 9.433/1997, conhecida como a Lei das Águas, que cria os comitês de gerenciamento de bacias; a legislação que prevê o destino adequado de embalagens dos agrotóxicos; e as resoluções do CONAMA, editadas a partir 1986.

Toda esta legislação exige uma imediata mudança nos paradigmas das atividades produtivas, buscando a sustentabilidade, com a aplicação de processos de produção mais limpa e/ou tecnologias limpas. Deve-se atentar, entretanto, para a necessidade de um tempo para ajustamentos, um tempo para informação, um tempo para que exigências desmesuradas ou fora de nossa realidade, impeçam o progresso. Não podemos matar o boi para eliminar o carrapato. Mas é importante que nossos empresários comecem a buscar adequar-se ao novo modelo, para não serem pegos de surpresa, até pelo mercado que também exige uma nova postura em relação ao meio ambiente.

Nota-se, pelo exposto, que a Declaração de Estocolmo foi fundamental para a proteção do meio ambiente, porquanto fez com que a consciência ambiental se desenvolvesse como nunca, consubstanciando-se no ponto de partida para uma nova etapa na trajetória de sua tutela jurídica.

Assim, resta claro que o meio ambiente é comum aos cidadãos, sendo seu uso e gozo um direito de todos, porém devendo fazê-lo de forma responsável e sustentável.

3.1 Princípios do direito ao meio ambiente

A proteção do meio ambiente está respaldada em alguns princípios oriundos de conferências internacionais que legislações ordinárias e constituições passaram a acolher.

Apenas com intuito de exemplificação citamos aqueles que têm especial função no entendimento dessa peça doutrinária, sendo: princípio do desenvolvimento sustentável; priscípio da equidade; princípio do usuário pagador e do poluidor pagador; princípio da precaução; princípio da prevenção; princípio da reparação; princípio da informação; princípio da participação; princípio da cooperação; princípio da supremacia do interesse público na proteção do meio ambiente em relação aos interesses privados; princípio da indisponibilidade do interesse público na proteção do meio ambiente; princípio da intervenção estatal obrigatória na defesa do meio ambiente; princípio da garantia do desenvolvimento econômico e social ecologicamente sustentado; princípio da função social e ambiental da propriedade; princípio da responsabilização das condutas lesivas ao meio ambiente.

3.2 Aspectos jurídicos do licenciamento ambiental

A chamada Lei da Política Nacional do Meio Ambiente (Lei n° 6.938/1981), que norteia todas as atividades de gestão ambiental, estabeleceu como um dos instrumentos da política nacional do meio ambiente o licenciamento ambiental e a revisão de atividades consideradas efetiva ou potencialmente poluidoras.

Esta mesma lei atribui competência ao Conselho Nacional do Meio Ambiente (CONAMA), mediante proposta do Instituto Brasileiro do Meio Ambiente e Recursos Naturais Renováveis (Ibama) e, posteriormente, do Instituto Chico Mendes, para a propositura de normas e padrões para implantação, acompanhamento e fiscalização do licenciamento ambiental.

Por sua vez, a Resolução CONAMA n° 237, de 19.12.1997, foi editada em face de necessidade de revisão dos procedimentos e critérios utilizados no licenciamento, visando o desenvolvimento sustentável e a melhoria contínua. Com o objetivo de regulamentar e estabelecer critérios para o exercício da competência para o licenciamento. Apresentou grandes inovações, confirmando-se como importante instrumento normativo na análise do licenciamento ambiental.

O Brasil adota a responsabilidade objetiva nas questões ambientais. A Lei n° 6.938/1981 tem como objetivo geral, expresso em seu art. 2°:

A Política Nacional do Meio Ambiente tem por objetivo a preservação, melhoria e recuperação da qualidade ambiental propícia à vida, visando assegurar, no país, condições ao desenvolvimento socioeconômico, aos interesses da segurança nacional e à proteção da dignidade da vida humana, atendidos os princípios ambientais de preservação, melhoria e recuperação, que é condição para o processo de desenvolvimento sustentável e da segurança nacional.

A nossa atual Constituição Federal consagrou o meio ambiente como *"bem de uso comum do povo", essencial à sadia qualidade de vida.* Considerou o legislador que o meio ambiente consiste num bem jurídico que pertence a todos. Por ser de todos e de ninguém individualmente, inexiste direito subjetivo à sua utilização, que, à evidência, só pode legitimar-se mediante ato próprio de seu direto guardião — o Poder Público. Para tanto, arma-o a lei de uma série de instrumentos de controle, que são as *permissões, autorizações* e *licenças*.

Autorização é o ato administrativo *discricionário* e *precário* mediante o qual a autoridade competente faculta ao administrado, em casos concretos, o exercício ou a aquisição de um direito, em outras circunstâncias, sem tal pronunciamento, proibido.[1]

Importa dizer que a autoridade ambiental analisa discricionariamente, isto é leva em consideração a oportunidade e a conveniência da *autorização*.

Por sua vez, a *licença* é ato da autoridade ambiental administrativo vinculado e definitivo, que significa, que foram atendidos todos os requisitos legais, de forma que não pode ser recusada a sua expedição.

Podemos concluir que a *autorização* envolve interesse da autoridade, que se caracteriza pelo ato discricionário, não havendo por parte do interessado qualquer direito subjetivo à obtenção ou à continuidade da autorização.

Por outro lado, a *licença* resulta em direito subjetivo do requerente que satisfez todos os requisitos legais para a sua obtenção, não poderá ser negado pela autoridade, uma vez expedida, tem caráter definitivo e sua anulação só se dará mediante comprovação de ilegalidade na sua expedição.

Na linha do disposto, a Lei nº 6.938/1981, no §1º de seu art. 10, determina a renovação de licença, indicando assim que se trata de autorização, pois se licença fosse seria definitiva, sem necessidade de renovação. Portanto, pelos preceitos da citada lei, não existe no licenciamento ambiental nenhum caráter definitivo tal como conhecemos no Direito Administrativo.

Assim, quais ações desenvolvidas pelas empresas requerem a obtenção do licenciamento ambiental?

Em primeiro lugar deverá o empreendedor atentar-se para item que consideramos de extrema relevância, que é a escolha do local do empreendimento. Considerando que há locais que não comportam quaisquer atividades industriais ou que oneram o empreendimento.

O licenciamento ambiental, um procedimento administrativo por meio do qual o órgão competente licencia a localização, a instalação, a

---

[1] Cf. MAZZILLI, Hugo Nigro. *A defesa dos interesses difusos em juízo*: meio ambiente, consumidor, patrimônio cultural, patrimônio público e outros interesses. 22. ed. rev., ampl. e atual. São Paulo: Saraiva, 2009.

ampliação e a operação dos empreendimentos e atividades que utilizam recursos ambientais, ou que são efetiva ou potencialmente poluidores, ou que de alguma forma podem impactar o meio ambiente, deve o mesmo sujeitar-se às determinações legais, normas administrativas e rituais claramente obedecidos e cada dia mais integrados à perspectiva de empreendimentos que causem, ou possam causar, significativas alterações do meio, com repercussões sobre a qualidade ambiental.

As normas e preceitos gerais sobre o licenciamento ambiental, encontram-se na Resolução CONAMA nº 237/1997, como o "procedimento administrativo pelo qual o órgão ambiental competente licencia a localização, instalação, ampliação e a operação de empreendimentos e atividades utilizadoras de recursos ambientais, consideradas efetiva ou potencialmente poluidoras ou daquelas que, sob qualquer forma, possam causar degradação ambiental, considerando as disposições legais e regulamentares e as normas técnicas aplicáveis ao caso".

Por ser instrumento de gestão ambiental, na medida em que por meio dele, a Administração Pública busca exercer o necessário controle sobre as atividades humanas que interferem nas condições ambientais, de forma a compatibilizar o desenvolvimento econômico com a preservação do equilíbrio ecológico. Eis aqui que o poder de polícia administrativa não deve ser considerado como obstáculo ao desenvolvimento, daí qualificar-se como "instrumento da Política Nacional do Meio Ambiente".

O licenciamento ambiental é ato único, de caráter complexo, cujas várias etapas intervêm vários agentes e que deverá ser precedido de estudos técnicos que subsidiem sua análise, inclusive Estudo de Impacto Ambiental e Relatório de Impacto Ambiental (EIA/RIMA) sempre que constatada a significativa de impacto ambiental.

Como exemplo, na cartilha *Micro e pequenas empresas no Estado de São Paulo e a legislação ambiental* encontramos as recomendações que entendemos válidas não somente para o Estado de São Paulo, quais sejam:

(i) Consultar o Plano Diretor, quando houver, bem como lei de parcelamento, uso e ocupação do solo urbano, e ainda eventual Código de Obras do Município, para verificar a existência de eventuais restrições à atividade, ou de diretrizes quanto à sua localização no Município, ou ainda de índices urbanísticos aplicáveis às construções e posturas de segurança a serem observadas;

(ii) Ter certeza de que o arquiteto e o engenheiro responsáveis pelo projeto e pelas obras do estabelecimento estão familiarizados com a lei de parcelamento, uso e ocupação do solo urbano, com o Código de Obras e com as posturas de segurança impostas pelo Município;

(iii) Obter o Alvará de Construção, o certificado de recolhimento dos encargos trabalhistas e previdenciários da mão-de-obra empregada na construção (Certidão Negativa de Débitos do Instituto Nacional de Seguridade Social – CND-INSS-Obra), e o Alvará de Conclusão de Obra, em se tratando de novo estabelecimento;

(iv) Obter o Alvará para Reforma da Instalação, a Certidão Negativa de Débitos do Instituto Nacional de Seguridade Social – CND-INSS-Obra e o Alvará de Conclusão de Obra, em se tratando de reforma de estabelecimentos já construídos;

(v) Obter o Auto de Vistoria do Corpo de Bombeiros. Para as edificações de pequeno porte e de risco reduzido, de até dois pavimentos e área inferior a 750m^2 de construção, foi criado um procedimento simplificado (vide Anexo Bombeiros – I); e

(vi) Obter Alvará de Localização, Uso e Funcionamento – ALUF.[2]

O art. 10 da Resolução CONAMA nº 237/1997 define as etapas do procedimento de licenciamento ambiental. Deve a empresa empreendedora observar qual o órgão ambiental que definirá os documentos, projetos e estudos ambientais pertinentes, necessários ao início do processo de licenciamento de acordo com a licença a ser requerida. Neste caso comparecendo o empreendedor pessoalmente ou através de notificação, deve-se dar aquiescência àquele dos documentos necessários a instrução do processo, concedendo-lhe um prazo para apresentação destes, que deverá ser razoável, tendo em vista a necessidade de realização de alguns estudos.

Nesta resolução encontram-se enumeradas as diversas fases pelas quais deverá submeter-se para obter o licenciamento ambiental, que são as seguintes:

a) definição pelo órgão licenciador dos documentos, projetos e estudos ambientais necessários ao início do processo de licenciamento;

b) requerimento da licença e seu anúncio público;

c) análise pelo órgão licenciador dos documentos, projetos e estudos apresentados e realização de vistoria técnica, se necessária;

d) solicitação de esclarecimentos e complementações pelo órgão licenciador;

e) realização ou dispensa de audiência pública;

---

[2] FIESP/CIESP. *Micro e pequenas empresas no Estado de São Paulo e a legislação ambiental.* São Paulo, jun. 2004, p. 14. Disponível em: <http://www.fiesp.com.br/publicacoes/pdf/ambiente/legis_ambiental_2ed.pdf>. Acesso em: 18 mar. 2010.

f) solicitação de esclarecimentos e complementações decorrentes da audiência pública;
g) emissão de parecer técnico conclusivo e, quando couber, parecer jurídico;
h) deferimento ou não do pedido de licença, com a devida publicidade.

Em caso positivo, esta fase de emissão de licença desdobra-se em licença prévia, licença de instalação e licença de operação ou funcionamento.

Licença prévia – É o ato pelo qual o órgão ambiental atesta a viabilidade ambiental do empreendimento ou atividade e estabelece os requisitos básicos e condicionantes a serem atendidos nos próximos passos de sua implementação. Dependerá da licença prévia o planejamento preliminar de uma fonte de poluição, que deverão conter os requisitos básicos e serem atendidos nas fases de localização, instalação e operação do empreendimento.

Se a atividade for constante da Resolução CONAMA nº 1/1986, ou houver a necessidade de apresentação de Relatório Ambiental Preliminar (RAP)[3] ou Estudo de Impacto Ambiental e Relatório de Impacto Ambiental (EIA/RIMA), a licença prévia será expedida pelo a Secretaria do Meio Ambiente. Caso contrário, será expedida pelo órgão de controle ambiental do Estado onde estiver localizado o empreendimento, em separado ou concomitantemente com a licença de instalação.

No Estado de São Paulo, as atividades constantes do Anexo 3 do Decreto Estadual nº 47.397/2002 deverão solicitar a licença prévia em separado. Caso contrário, junto com a licença de instalação. Para a obtenção da licença prévia o valor da taxa deverá ser calculado mediante a seguinte fórmula:

$$P = 0,3 \times [\, 70 + (1,5 \times W \times \sqrt{A1}\,)]$$

Onde:
P = preço a ser cobrado em UFESP;
W = fator de complexidade da fonte de poluição (constante do anexo 1 do Decreto nº 47.397/2002);
A1 = raiz quadrada da área da fonte de poluição

---

[3] O RAP existe somente no Estado de São Paulo. Nos demais Estados existem ferramentas similares, porém com nomes distintos.

Esta taxa deverá ser recolhida nos casos em que a CETESB deva emitir a licença prévia, prevista no Anexo 3 do Decreto Estadual nº 47.397/2002.

Quando se tratar de licenciamento prévio analisado pela Secretaria do Meio Ambiente, o valor da taxa da análise será por ela estabelecido, conforme Decreto Estadual nº 47.400/2002.

Por sua vez, quando a CETESB emitir concomitantemente a licença prévia e a licença de instalação será cobrado somente o valor da taxa da licença de instalação.

Licença de instalação – Uma vez concedida a licença prévia, esta expressa o consentimento para o início da implementação do empreendimento ou atividade, de acordo com as especificações constantes dos planos, programas e projetos aprovados.

Dependerão da licença de instalação previamente a construção, reconstrução ou reforma de prédio destinado à instalação de uma fonte de poluição; a instalação de fonte de poluição em prédio já construído; a instalação, a ampliação ou alteração de fonte de poluição.

Devem ser apresentados memoriais e todas as informações que forem exigidas, bem como de certidão da Prefeitura Municipal, declarando que o local e o tipo de instalação estão em conformidade com suas leis e regulamentos administrativos, além das publicações da solicitação no *Diário Oficial do Estado de São Paulo* e periódico municipal.

Licença de operação ou funcionamento – Possibilita a operação da atividade ou empreendimento, após a verificação do efetivo cumprimento do que consta nas licenças anteriores.

Existe ainda o fator custo que deve ser levando em consideração principalmente na burocracia da obtenção de uma licença, além do valor da taxa que deve ser observado. O Estado de São Paulo determina os artigos 72 a 73-D do Decreto Estadual nº 8.468/1976, modificado pelo Decreto Estadual nº 47.397/2002, determina que o valor da taxa das licenças de instalação e de operação serão calculados mediante a seguinte fórmula:

$$P = 70 + (1,5 \times W \times \sqrt{A1})]$$

Portanto, o valor da taxa da licença será calculado tendo como base além da área do empreendimento a complexidade da fonte de poluição.

Para o pedido de renovação da licença de operação de empreendimentos localizados no Estado de São Paulo, deverá ser aplicado no cálculo do pagamento da taxa a fórmula:

$$P = 0,5 \times [\ 70 + (1,5 \times W \times \sqrt{A1})]$$

Importante ressaltar que a Lei nº 9.605/1998 dispõe, em seu art. 60, que "construir, reformar, ampliar, instalar e fazer funcionar, em qualquer parte do território nacional, estabelecimentos, obras ou serviços potencialmente poluidores, sem licença ou autorização dos órgãos ambientais competentes, ou contrariando as normas legais e regulamentares pertinentes", constitui crime com pena de detenção de seis meses ou multa, ou ambas as penas cumulativamente.

Pelo exposto, quis o legislador a responsabilidade criminal não somente da pessoa física, mas também da pessoa jurídica, impondo-se a esta as penas específicas. O Direito Ambiental, ao contrário de outros ramos do direito, tem a previsão da responsabilidade criminal da pessoa jurídica, considerando o legislador que o fato de a empresa, pessoa jurídica, se beneficia de alguma forma deste funcionamento sem licença. Portanto, a responsabilidade criminal, administrativa e civil da pessoa física não excluí a da jurídica e vice-versa.

Importante frisar que a falta de licença é também infração administrativa, punível com multa, conforme prevê o Decreto nº 3.179/1999 em seu art. 44, substituído pelo Decreto nº 6.514/2008 e atualizado pelo Decreto nº 6.686/2008. Sendo, por sua vez, o decreto regulamentador da Lei de Crimes Ambientais considera ainda infração administrativa a falta de registro no Cadastro Técnico Federal de Atividades Potencialmente Poluidoras e Utilizadoras de Recursos Naturais. Vale lembrar que registro não se confunde com licença. A falta de registro não é crime, tão somente ilícito administrativo; o fato de a empresa encontrar-se registrada não significa dizer que está licenciada.

Assim, todo município deveria ter um canal direto com o Estado (Secretaria de Meio Ambiente) e com a União (Ministério do Meio Ambiente), mediante convênios previamente firmados, para que o licenciamento ambiental fosse simplificado e ao mesmo tempo pudesse o município fornecer informações ao Estado e à União acerca de atividades poluentes, o que resultaria em maior celeridade na fiscalização e maior praticidade e celeridade na recuperação de áreas degradadas.

3.3 Itens na propriedade rural e cunho relevante para com a legislação ambiental vigente

3.3.1 Recursos hídricos

Os imóveis rurais, com raras exceções, apresentam malha hídrica representada por cursos d'água, nascentes, reservatórios artificiais (lagos ou açudes), alagados, etc.

Todos os represamentos artificiais devem possuir autorização (para os novos), e regularização (para os já existentes), junto aos órgãos ambientais estaduais competentes.

Tanto para as autorizações quanto para as regularizações, necessária a contratação de engenheiro habilitado para elaboração de projeto, sendo emitida a competente ART (anotação de responsabilidade técnica).

Importante frisar que todas as captações de água, tanto em nascentes quanto em corpos d'água superficiais e subterrâneos, também necessitam de autorizações junto aos órgãos ambientais estaduais, sendo denominadas outorgas.

3.3.2 APPs e reserva legal

Como os imóveis rurais, na grande maioria, possuem malha hídrica no seu interior, então nas respectivas faixas marginais de cursos d'água, e ao entorno de nascentes, mesmo as intermitentes (Lei n° 4.771/1965), é necessário o cercamento e a implantação de vegetação própria (mata ciliar), estabelecida em projeto, confeccionado por profissional competente com emissão de ART, devidamente autorizado pelo órgão ambiental competente. O mesmo procedimento é necessário para se implantar a área de reserva legal. Ambos procedimentos podem ser feitos visando a regeneração natural da mata, sendo essa a forma mais adequada aos "olhos da Lei", existindo outras técnicas para esse fim, porém sendo de bom alvitre necessário o cercamento das Nascentes e demais áreas de APP para que animais de grande porte (bovino e equinos) lá não adentrem.

3.3.3 Agrotóxicos e demais produtos agroquímicos

Agrotóxicos são produtos e agentes químicos ou biológicos cuja finalidade é alterar a composição da flora e da fauna a fim de preservá-la da ação danosa de seres vivos considerados nocivos.

Grande parte das propriedades rurais faz uso desses produtos, necessitando assim, especial cuidado em sua armazenagem e utilização, devendo existir um depósito para produtos químicos e agrotóxicos, que necessita seguir critérios estabelecidos em normas técnicas para segurança do meio ambiente e dos trabalhadores que lá adentrarem.

Todos os resíduos gerados no estabelecimento deverão ter destinação adequada, atendendo ao art. 51 do regulamento da Lei paulista n° 997/1976, aprovado pelo Decreto n° 8.468/1976 e suas alterações. O acondicionamento, o armazenamento e a destinação dos resíduos devem atender a legislação aplicável, bem como as diretrizes estabelecidas pela

CETESB. Devendo possuir, ao redor da área de armazenagem, testes de absorção no solo, observando-se a norma NBR 7229 da Associação Brasileira de Normas Técnicas (ABNT).

A legislação que faz previsão ao uso, manipulação, produção, armazenagem, etc., dos agrotóxicos são basicamente as seguintes: Lei nº 7.802, de 11.7.1989, e suas atualizações; Lei nº 9.974, de 6.6.2000, e suas atualizações; Decreto nº 3.550/2000 e suas atualizações.

Necessário ter cuidados especiais no uso e manuseio de agrotóxicos (inseticidas, fungicidas, bactericidas, herbicidas). Embora seja uma ferramenta muito útil no controle de doenças, pragas e plantas daninhas, o uso de agrotóxico na propriedade exige que o proprietário e os aplicadores tenham um conhecimento básico sobre o modo de ação, doses recomendadas, hora e época da aplicação, formulação do produto (pó molhável, concentrado emulsionável, pó seco), classe toxicológica e os cuidados durante e após a aplicação nas culturas.

Quando se usa agrotóxicos deve-se observar uma série de cuidados. A primeira coisa que deve ser feita quando da compra de um produto químico para uso na lavoura é ler o rótulo. Todo produto químico, apresentado em diferentes formas de embalagem (vidro, tambor, lata, caixa, pacote), tem um rótulo que deve ser sempre mantido para que o agrônomo, técnico agrícola, capataz e o operador saibam o seguinte:

a) Quais culturas podem ser tratadas com o produto;
b) Quais doenças, pragas ou plantas daninhas podem ser tratadas com o produto;
c) Qual a melhor época para se controlar as doenças, pragas e plantas daninhas;
d) Qual a dose a ser usada;
e) Qual o intervalo entre uma aplicação e outra;
f) Qual o intervalo entre a última aplicação e a colheita para que o agrotóxico não contamine os alimentos (carência do produto);
g) Qual a possibilidade de se aplicar mais de um produto ao mesmo tempo (compatibilidade);
h) Quais cuidados o aplicador deve tomar para não se contaminar;
i) Tipo de formulação do produto e princípio ativo.

Importante também observar o transporte desses produtos químicos.

O transporte deve ser feito observando-se as normas da legislação específica vigente, que inclui o acompanhamento da ficha de emergência do produto. Bem como determina que os agrotóxicos não podem ser transportados junto de pessoas, animais, alimentos, rações, medicamentos ou outros animais.

Conforme estabelecido na legislação e pelas normas da ABNT NBR 7.503, NBR 7.504 e NBR 8.285, o transporte de todo defensivo agrícola de natureza química deve ser acompanhado de sua respectiva ficha de emergência (fornecida pelo fabricante ou expedidor), onde estão contidos todos os procedimentos em caso de acidente. Deve-se ter ainda os seguintes cuidados:

a) Antes de carregar, retirar os pregos e metais salientes ou lascas de madeira, porventura existentes nos veículos e que podem perfurar as embalagens e causar vazamentos;

b) Nunca colocar sobre as embalagens dos defensivos agrícolas volumes pesados que as possam danificar ou que as façam cair;

c) Não transportar embalagens abertas, furadas ou com vazamentos;

d) Em caminhões e outros meios de transporte sem cobertura própria, proteger os defensivos agrícolas com uma cobertura de lona;

e) Todas as pessoas envolvidas no carregamento, arrumação e descarga de defensivos agrícolas devem utilizar equipamento de proteção individual adequado (avental, camisa de manga comprida, chapéu, luvas) durante a operação citada;

f) Não transportar o produto junto com pessoas, animais, alimentos, ração animal, medicamento ou outros materiais;

g) Seguir as normas ABNT NBR 7.500, com relação a símbolos de risco e manuseio para transporte e armazenagem de materiais, e NBR 8286, para emprego de simbologia para o transporte rodoviário de produtos perigosos.

Da mesma forma que o transporte, o armazenamento do produto químico é também muito importante.

No armazém é necessário observar os seguintes cuidados:

a) Guardar os produtos químicos longe do alcance de crianças e de animais;

b) Manter as embalagens sempre fechadas;

c) Evitar guardar o produto em lugares úmidos ou descobertos;

d) Evitar construir o depósito para guardar os agrotóxicos próximos das habitações;

e) Não deixar embalagens vazias espalhadas pela plantação ou no pasto. As embalagens, principalmente as de plástico têm causado a morte de animais, inclusive silvestres;

f) Manter os defensivos químicos na embalagem original, sem retirar o seu rótulo;

g) Não reutilizar as embalagens de agrotóxicos.

Outra atenção necessária é quanto ao manuseio do produto químico.

Quando abrimos uma embalagem de um agrotóxico qualquer, seja uma barrica de pó, lata, vidro, tambor de plástico, caixa de papelão ou pacote, não se deve tocar no produto com as mãos desprotegidas. Se for preciso, usam-se luvas para tocar no produto e, no caso de pó, o uso de máscara é indispensável, pois esta evita que se respire o produto.

Cuidados também são necessários quanto as embalagens. Muitas pessoas quando vão comprar um defensivo ficam mais interessadas na embalagem do que no produto pensando nas muitas utilidades que podem ter na propriedade. Embalagens têm causado contaminações e até mortes, por isso deve-se tomar os seguintes cuidados:

a) Não usar embalagens de agrotóxicos para guardar leite, água, cereal ou outro alimento;

b) Inutilizar as embalagens de vidro, plásticos ou papel e lata;

c) Conservar em sacos de plásticos as embalagens abertas ou rasgadas, assim como as embalagens vazias;

d) Descartar as embalagens em postos de coletas autorizados, ou devolvê-las ao fabricante e ou comerciante, após ser feita a tríplice lavagem.

Cuidados como os aqui citados visam prevenir contaminações, que são na verdade impactos ambientais.

Os defensivos são valiosas ferramentas que o produtor dispõe, mas se forem usados incorretamente, podem contaminar a água, nascentes, solo, animais, sal mineral, leite, rações, o ar, lavouras, inclusive de terceiros, etc. A fim de reduzir os perigos da contaminação devemos ter os seguintes cuidados:

a) Evitar o abastecimento do pulverizador com resto de calda, com bombas de sucção sem válvulas de segurança;

b) Ao encher o pulverizador até derramar;

c) Não jogar restos de defensivos em caixas d'água, açudes, igarapés, ou qualquer tipo de corpo hídrico; e não deixar a calda cair ao solo;

d) Não desentupir os bicos dos pulverizadores com a boca, arames, objetos pontiagudos, etc.;

e) Não lavar os pulverizadores nem os respectivos bicos em rios e igarapés;

f) O pulverizador usado para herbicidas não deve ser usado para aplicação de outros defensivos;

g) Evitar a ocorrência de deriva, que pode contaminar as lavouras, pastagem e propriedades vizinhas;

h) Aplicar os defensivos agrícolas nas horas mais frescas do dia;
i) Fazer sempre revisão e uma boa regulagem do equipamento, para uma aplicação de precisão;
j) Consertar rapidamente e de forma eficaz os vazamentos existentes no equipamento;
l) Durante as pulverizações, as pessoas que não estiverem com roupa adequada (EPI) devem ficar afastadas para prevenir contaminações;
m) Evitar o uso de defensivos muito voláteis perto de plantações sensíveis ao produto;
n) Nunca utilizar mão de obra de pessoas sem experiência ou de menores de idade para aplicação de agroquímicos.

Os trabalhadores rurais responsáveis pela aplicação de defensivos devem tomar os cuidados para evitar que se contaminem através de manuseio, devendo sempre fazer uso de equipamento de proteção individual (EPI) e equipamento de proteção coletiva (EPC).

O Decreto nº 4.074, de 4.1.2002, através do seu art. 84, prevê:

Art. 84. As responsabilidades administrativa, civil e penal pelos danos causados à saúde das pessoas e ao meio ambiente, em função do descumprimento do disposto na legislação pertinente a agrotóxicos, seus componentes e afins, recairão sobre:

I - o registrante que omitir informações ou fornecê-las incorretamente;

II - o produtor, quando produzir agrotóxicos, seus componentes e afins em desacordo com as especificações constantes do registro;

III - o produtor, o comerciante, o usuário, o profissional responsável e o prestador de serviços que opuser embaraço à fiscalização dos órgãos competentes ou que não der destinação às embalagens vazias de acordo com a legislação;

IV - o profissional que prescrever a utilização de agrotóxicos e afins em desacordo com as especificações técnicas;

V - o comerciante, quando efetuar a venda sem o respectivo receituário, em desacordo com sua prescrição ou com as recomendações do fabricante e dos órgãos registrantes e sanitário-ambientais;

VI - o comerciante, o empregador, o profissional responsável ou prestador de serviços que deixar de promover as medidas necessárias de proteção à saúde ou ao meio ambiente;

VII - o usuário ou o prestador de serviços, quando proceder em desacordo com o receituário ou com as recomendações do fabricante ou dos órgãos sanitário-ambientais; e

VIII - as entidades públicas ou privadas de ensino, assistência técnica e pesquisa, que promoverem atividades de experimentação ou pesquisa de agrotóxicos, seus componentes e afins em desacordo com as normas de proteção da saúde pública e do meio ambiente.

Tais responsabilidades não excluem ainda as responsabilidades ambientais administrativas, criminais e cíveis por possíveis danos ao meio ambiente.

3.3.4 Esgoto sanitário das residências existentes em imóvel rural

Os esgotos sanitários das residências existentes dentro das propriedades rurais deverão ser segregados dos demais efluentes e lançados em rede pública coletora ou receber tratamento no próprio local, de acordo com as normas ABNT NBR 7.229 e 13.969. Assim, atendendo-se mais uma vez ao art. 51 do regulamento da Lei paulista nº 997/1976, aprovado pelo Decreto nº 8.468/1976 e suas alterações.

4 Aspecto ambiental relevante

De acordo com o art. 1º do Código Florestal, as florestas existentes no território nacional e as demais formas de vegetação, reconhecidas de utilidades às terras que revestem, são bens de interesse comum a todos os habitantes do país, exercendo-se os direitos de propriedade, com as limitações que a legislação em geral e especialmente esta lei estabelecem.

Segundo a Legislação Fundiária (Lei nº 8.629/1993, art. 9º, IV, §3º), "considera-se preservação do meio ambiente a manutenção das características próprias do meio natural e da qualidade dos recursos ambientais, na medida adequada à manutenção do equilíbrio ecológico da propriedade e da saúde e qualidade de vida das comunidades vizinhas".

4.1 Da reserva legal

Nos termos do Código Florestal em vigor, a reserva legal é:

(...) área localizada no interior de uma propriedade ou posse rural, excetuada a de preservação permanente, necessária ao uso sustentável dos recursos naturais, à conservação e reabilitação dos processos ecológicos, à conservação da biodiversidade e ao abrigo e proteção de fauna e flora nativas. (Lei nº 4.771/1965, art. 1º, §2º, III, incluído pela MP nº 2.166-67/2001)

Assim, em princípio, é a área de reserva legal uma limitação administrativa, onde o proprietário possuidor somente poderá utilizá-la sob manejo florestal sustentado, em tese, mediante projeto próprio confeccionado e prévia autorização de órgão ambiental competente. De acordo com a Lei nº 4.771/1965, art. 16, consideram-se áreas de reserva legal:

> Art. 16. As florestas e outras formas de vegetação nativa, ressalvadas as situadas em área de preservação permanente, assim como aquelas não sujeitas ao regime de utilização limitada ou objeto de legislação específica, são suscetíveis de supressão, desde que sejam mantidas, a título de reserva legal, no mínimo: (*Redação dada pela Medida Provisória nº 2.166-67, de 2001*)
>
> I - oitenta por cento, na propriedade rural situada em área de floresta localizada na Amazônia Legal; (*Incluído pela Medida Provisória nº 2.166-67, de 2001*)
>
> II - trinta e cinco por cento, na propriedade rural situada em área de cerrado localizada na Amazônia Legal, sendo no mínimo vinte por cento na propriedade e quinze por cento na forma de compensação em outra área, desde que esteja localizada na mesma microbacia, e seja averbada nos termos do §7º deste artigo; (*Incluído pela Medida Provisória nº 2.166-67, de 2001*)
>
> III - vinte por cento, na propriedade rural situada em área de floresta ou outras formas de vegetação nativa localizada nas demais regiões do País; e (*Incluído pela Medida Provisória nº 2.166-67, de 2001*)
>
> IV - vinte por cento, na propriedade rural em área de campos gerais localizada em qualquer região do País. (*Incluído pela Medida Provisória nº 2.166-67, de 2001*)
>
> §1º O percentual de reserva legal na propriedade situada em área de floresta e cerrado será definido considerando separadamente os índices contidos nos incisos I e II deste artigo. (*Redação dada pela Medida Provisória nº 2.166-67, de 2001*)
>
> §2º A vegetação da reserva legal não pode ser suprimida, podendo apenas ser utilizada sob regime de manejo florestal sustentável, de acordo com princípios e critérios técnicos e científicos estabelecidos no regulamento, ressalvadas as hipóteses previstas no §3º deste artigo, sem prejuízo das demais legislações específicas. (*Redação dada pela Medida Provisória nº 2.166-67, de 2001*)

§3º Para cumprimento da manutenção ou compensação da área de reserva legal em pequena propriedade ou posse rural familiar, podem ser computados os plantios de árvores frutíferas ornamentais ou industriais, compostos por espécies exóticas, cultivadas em sistema intercalar ou em consórcio com espécies nativas. (*Redação dada pela Medida Provisória nº 2.166-67, de 2001*)

§4º A localização da reserva legal deve ser aprovada pelo órgão ambiental estadual competente ou, mediante convênio, pelo órgão ambiental municipal ou outra instituição devidamente habilitada, devendo ser considerados, no processo de aprovação, a função social da propriedade, e os seguintes critérios e instrumentos, quando houver: (*Incluído pela Medida Provisória nº 2.166-67, de 2001*)

I - o plano de bacia hidrográfica; (*Incluído pela Medida Provisória nº 2.166-67, de 2001*)

II - o plano diretor municipal; (*Incluído pela Medida Provisória nº 2.166-67, de 2001*)

III - o zoneamento ecológico-econômico; (*Incluído pela Medida Provisória nº 2.166-67, de 2001*)

IV - outras categorias de zoneamento ambiental; e (*Incluído pela Medida Provisória nº 2.166-67, de 2001*)

V - a proximidade com outra Reserva Legal, Área de Preservação Permanente, unidade de conservação ou outra área legalmente protegida. (*Incluído pela Medida Provisória nº 2.166-67, de 2001*)

§5º O Poder Executivo, se for indicado pelo Zoneamento Ecológico Econômico – ZEE e pelo Zoneamento Agrícola, ouvidos o CONAMA, o Ministério do Meio Ambiente e o Ministério da Agricultura e do Abastecimento, poderá: (*Incluído pela Medida Provisória nº 2.166-67, de 2001*)

I - reduzir, para fins de recomposição, a reserva legal, na Amazônia Legal, para até cinqüenta por cento da propriedade, excluídas, em qualquer caso, as Áreas de Preservação Permanente, os ecótonos, os sítios e ecossistemas especialmente protegidos, os locais de expressiva biodiversidade e os corredores ecológicos; e (*Incluído pela Medida Provisória nº 2.166-67, de 2001*)

II - ampliar as áreas de reserva legal, em até cinqüenta por cento dos índices previstos neste Código, em todo o território nacional. (*Incluído pela Medida Provisória nº 2.166-67, de 2001*)

§6º Será admitido, pelo órgão ambiental competente, o cômputo das áreas relativas à vegetação nativa existente em área de preservação permanente no cálculo do percentual de reserva legal, desde que não implique em conversão de novas áreas para o uso alternativo do solo, e quando a soma da vegetação nativa em área de preservação permanente e reserva legal exceder a: (*Incluído pela Medida Provisória nº 2.166-67, de 2001*)

I - oitenta por cento da propriedade rural localizada na Amazônia Legal; (*Incluído pela Medida Provisória nº 2.166-67, de 2001*)

II - cinqüenta por cento da propriedade rural localizada nas demais regiões do País; e (*Incluído pela Medida Provisória nº 2.166-67, de 2001*)

III - vinte e cinco por cento da pequena propriedade definida pelas alíneas "b" e "c" do inciso I do §2º do art. 1º. (*Incluído pela Medida Provisória nº 2.166-67, de 2001*)

§7º O regime de uso da área de preservação permanente não se altera na hipótese prevista no §6º. (*Incluído pela Medida Provisória nº 2.166-67, de 2001*)

§8º A área de reserva legal deve ser averbada à margem da inscrição de matrícula do imóvel, no registro de imóveis competente, sendo vedada a alteração de sua destinação, nos casos de transmissão, a qualquer título, de desmembramento ou de retificação da área, com as exceções previstas neste Código. (*Incluído pela Medida Provisória nº 2.166-67, de 2001*)

§9º A averbação da reserva legal da pequena propriedade ou posse rural familiar é gratuita, devendo o Poder Público prestar apoio técnico e jurídico, quando necessário. (*Incluído pela Medida Provisória nº 2.166-67, de 2001*)

§10. Na posse, a reserva legal é assegurada por Termo de Ajustamento de Conduta, firmado pelo possuidor com o órgão ambiental estadual ou federal competente, com força de título executivo e contendo, no mínimo, a localização da reserva legal, as suas características ecológicas básicas e a proibição de supressão de sua vegetação, aplicando-se, no que couber, as mesmas disposições previstas neste Código para a propriedade rural. (*Incluído pela Medida Provisória nº 2.166-67, de 2001*)

§11. Poderá ser instituída reserva legal em regime de condomínio entre mais de uma propriedade, respeitado o percentual legal em relação a cada imóvel, mediante a aprovação do órgão ambiental estadual competente e as devidas averbações referentes a todos os imóveis envolvidos. (*Incluído pela Medida Provisória nº 2.166-67, de 2001*)

Necessário ainda que a reserva legal esteja averbada na matrícula do imóvel, nos termos previstos pela Lei nº 4.771/1965, art. 16, §8º.

A Lei nº 8.629/1993 faz previsão quanto às áreas imprestáveis para o uso agrícola:

Art. 10. Para efeito do que dispõe esta lei, consideram-se não aproveitáveis:

I - as áreas ocupadas por construções e instalações, excetuadas aquelas destinadas a fins produtivos, como estufas, viveiros, sementeiros, tanques de reprodução e criação de peixes e outros semelhantes;

II - as áreas comprovadamente imprestáveis para qualquer tipo de exploração agrícola, pecuária, florestal ou extrativa vegetal;

III - as áreas sob efetiva exploração mineral;

IV - as áreas de efetiva preservação permanente e demais áreas protegidas por legislação relativa à conservação dos recursos naturais e à preservação do meio ambiente.

Todas essas áreas descritas como imprestáveis, podem ficar isentas de Imposto Territorial Rural (ITR), mediante o preenchimento anual do Ato Declaratório Ambiental (ADA) perante o Ibama e depois protocolado junto ao INCRA.

A Instrução Normativa Ibama nº 31, de 3.12.2009 (*DOU*, 4.12.2009), faz a seguinte previsão:

Art. 9º As pessoas físicas e jurídicas que desenvolvem atividades classificadas como agrícolas ou pecuárias, incluídas na Categoria de Uso de Recursos Naturais constantes no Anexo II, deverão apresentar anualmente o Ato Declaratório Ambiental.

Existe a opção do ADAWeb, que serve basicamente para cadastrar o ADA por meio eletrônico, com isso o proprietário rural e/ou representante legal devem estar cadastrados no Cadastro Técnico Federal (CTF) do Ibama. Ao cadastrar o ADA, o representante legal deve usar seus dados (CPF/CNPJ e senha) para acessar o sistema e não os dados do proprietário do imóvel.

Para as declarações anteriores ao exercício 2005 enviadas em papel uma nova declaração poderá ser enviada via ADAWeb caso seja necessária alguma alteração nos dados enviados pelo ADA. Neste caso, esta será considerada como a primeira declaração. Para maiores informações sobre esse item basta acessar o endereço eletrônico: <http://servicos.ibama.gov.br/cogeq/index.php?id_menu=76>.

Quanto à questão tributária, sem adentrar muito no assunto, não obstante se dê a justa isenção de Imposto Territorial Rural (ITR), auferida pela presença de áreas de proteção ambiental para aquelas devidamente preservadas (Lei nº 9.393/96, art. 10, §1º, II), lembramos que estas áreas deverão estar declaradas no ADA, caso contrário a propriedade perde a isenção, acarretando em mudanças de índices de produtividade, o que elevará a alíquota do ITR além do aumento da área tributável, gerando um significativo aumento do imposto devido, que seria corrigido e multado, alcançando cifras significativas. Assim sendo mister se faz providenciar a declaração neste sentido; ou pior, poderá ser atribuída pelo INCRA um cálculo errôneo da respectiva, atribuindo a mesma a condição de não produtiva e podendo gerar o risco de uma desapropriação futura.

As áreas verdes existentes no interior da propriedade rural, com intuito "conservacionistas", devem compor a área de reserva legal prevista em lei.

A reserva legal do imóvel rural, pela sua localização, deve ter a área mínima respeitada conforme previsão na Lei supracitada, não podendo ser incluído no respectivo cálculo as áreas de preservação permanente.

Para se conseguir implantar a reserva legal em propriedades rurais estabelecidas no Estado de São Paulo, é necessário seguir a lista de documentos para a solicitação de averbação de reserva legal (Portaria DEPRN nº 51/2005), a saber:

- Requerimento (duas vias);
- Certidão da matrícula do cartório de registro de imóveis (atualizada até 180 dias);
- Planta do imóvel – 4 vias;
- Memorial descritivo da reserva legal – 4 vias;
- ART do engenheiro responsável pelo levantamento;
- Apresentar cópias do último Imposto Territorial Rural (ITR) recolhido;
- Caso a propriedade tiver mais de um proprietário, deverá obter anuência de todos para a averbação da reserva legal;
- Laudo de caracterização florestal da área a ser averbada.

Devendo a planta do imóvel seguir as seguintes especificações:

- Planta em 4 vias;
- Planialtimétrica com curvas de nível de 10 em 10 metros no máximo;
- Escala compatível com a área do imóvel;
- Assinatura do técnico (CREA e ART) e do proprietário;
- Delimitação das áreas com cobertura vegetal nativa segundo a legenda: várzea, campo, campo cerrado, cerrado, cerradão, floresta ombrófila, etc.;
- Sistema viário;
- Hidrografia;
- Confrontantes;
- Coordenadas geográficas;
- Benfeitorias;

- Legenda (escala, convenções, norte magnético);
- Delimitação das áreas a serem averbadas e respectivo memorial descritivo.

4.2 Preservação permanente

Áreas de preservação permanente são áreas protegidas nos termos dos artigos 2° e 3° do Código Florestal, que faz a seguinte previsão:

Art. 2° Consideram-se de preservação permanente, pelo só efeito desta Lei, as florestas e demais formas de vegetação natural situadas:

a) ao longo dos rios ou de qualquer curso d'água desde o seu nível mais alto em faixa marginal cuja largura mínima será: (*Redação dada pela Lei nº 7.803 de 18.7.1989*)

1 - de 30 (trinta) metros para os cursos d'água de menos de 10 (dez) metros de largura; (*Redação dada pela Lei nº 7.803 de 18.7.1989*)

2 - de 50 (cinquenta) metros para os cursos d'água que tenham de 10 (dez) a 50 (cinquenta) metros de largura; (*Redação dada pela Lei nº 7.803 de 18.7.1989*)

3 - de 100 (cem) metros para os cursos d'água que tenham de 50 (cinquenta) a 200 (duzentos) metros de largura; (*Redação dada pela Lei nº 7.803 de 18.7.1989*)

4 - de 200 (duzentos) metros para os cursos d'água que tenham de 200 (duzentos) a 600 (seiscentos) metros de largura; (*Redação dada pela Lei nº 7.803 de 18.7.1989*)

5 - de 500 (quinhentos) metros para os cursos d'água que tenham largura superior a 600 (seiscentos) metros; (*Incluído pela Lei nº 7.803 de 18.7.1989*)

b) ao redor das lagoas, lagos ou reservatórios d'água naturais ou artificiais;

c) nas nascentes, ainda que intermitentes e nos chamados "olhos d'água", qualquer que seja a sua situação topográfica, num raio mínimo de 50 (cinquenta) metros de largura; (*Redação dada pela Lei nº 7.803 de 18.7.1989*)

d) no topo de morros, montes, montanhas e serras;

e) nas encostas ou partes destas, com declividade superior a 45°, equivalente a 100% na linha de maior declive;

f) nas restingas, como fixadoras de dunas ou estabilizadoras de mangues;

g) nas bordas dos tabuleiros ou chapadas, a partir da linha de ruptura do relevo, em faixa nunca inferior a 100 (cem) metros em projeções horizontais; (*Redação dada pela Lei nº 7.803 de 18.7.1989*)

h) em altitude superior a 1.800 (mil e oitocentos) metros, qualquer que seja a vegetação. (*Redação dada pela Lei nº 7.803 de 18.7.1989*)

Parágrafo único. No caso de áreas urbanas, assim entendidas as compreendidas nos perímetros urbanos definidos por lei municipal, e nas regiões metropolitanas e aglomerações urbanas, em todo o território abrangido, observar-se-á o disposto nos respectivos planos diretores e leis de uso do solo, respeitados os princípios e limites a que se refere este artigo. (*Incluído pela Lei nº 7.803 de 18.7.1989*)

Art. 3º Consideram-se, ainda, de preservação permanentes, quando assim declaradas por ato do Poder Público, as florestas e demais formas de vegetação natural destinadas:

a) a atenuar a erosão das terras;

b) a fixar as dunas;

c) a formar faixas de proteção ao longo de rodovias e ferrovias;

d) a auxiliar a defesa do território nacional a critério das autoridades militares;

e) a proteger sítios de excepcional beleza ou de valor científico ou histórico;

f) a asilar exemplares da fauna ou flora ameaçados de extinção;

g) a manter o ambiente necessário à vida das populações silvícolas;

h) a assegurar condições de bem-estar público.

§1º A supressão total ou parcial de florestas de preservação permanente só será admitida com prévia autorização do Poder Executivo Federal, quando for necessária à execução de obras, planos, atividades ou projetos de utilidade pública ou interesse social.

§2º As florestas que integram o Patrimônio Indígena ficam sujeitas ao regime de preservação permanente (letra g) pelo só efeito desta Lei.

Art. 3º-A. A exploração dos recursos florestais em terras indígenas somente poderá ser realizada pelas comunidades indígenas em regime de manejo florestal sustentável, para atender a sua subsistência, respeitados os arts. 2º e 3º deste Código. (*Incluído pela Medida Provisória nº 2.166-67, de 2001*)

Assim, essas áreas de preservação permanente, estando cobertas ou não por vegetação nativa, tem função ambiental de preservar os recursos hídricos, a paisagem, a estabilidade geológica, a biodiversidade, o fluxo gênico de fauna e flora, proteger o solo e assegurar o bem-estar das populações humanas das micro e macrorregiões. E com isso, essas áreas que não estejam cobertas por vegetação, devem urgentemente ser alvo de um projeto de recuperação de área degradada com a confecção de projeto autorizado pelo órgão ambiental competente.

Importante frisar que as áreas "de preservação permanente", principalmente nas faixas marginais de corpos hídricos, onde a vegetação fora suprimida, poderá ser alvo de sanções administrativas, criminais e cíveis, de acordo com a legislação ambiental vigente. O descumprimento da determinação expressa do Código Florestal poderá ocasionar infração ambiental.

A Lei nº 9.605/98, no art. 70, prevê: "considera-se infração administrativa ambiental toda ação ou omissão que viole as regras jurídicas de uso, gozo, promoção, proteção e recuperação do meio ambiente".

Importante ser observado a forma como a autoridade administrativa ambiental procede para imposição e gradação de autuações ambientais, sendo:

Art. 6º Para imposição e gradação da penalidade, a autoridade competente observará:

I - a gravidade do fato, tendo em vista os motivos da infração e suas conseqüências para a saúde pública e para o meio ambiente;

II - os antecedentes do infrator quanto ao cumprimento da legislação de interesse ambiental;

III - a situação econômica do infrator, no caso de multa. (Lei nº 9.605/1998)

Deve ainda ser observado o art. 1º da Lei nº 4.771/1965, que diz:

Art. 1º As florestas existentes no território nacional e as demais formas de vegetação, reconhecidas de utilidade às terras que revestem, são bens de interesse comum a todos os habitantes do País, exercendo-se os direitos de propriedade, com as limitações que a legislação em geral e especialmente esta Lei estabelecem.

§1º As ações ou omissões contrárias às disposições deste Código na utilização e exploração das florestas e demais formas de vegetação são consideradas uso nocivo da propriedade, aplicando-se, para o caso, o procedimento sumário previsto no art. 275, inciso II, do Código de Processo Civil. (*Renumerado do parágrafo único pela Medida Provisória nº 2.166-67, de 2001*)

§2º Para os efeitos deste Código, entende-se por: (*Incluído pela Medida Provisória nº 2.166-67, de 2001*) (*Vide Decreto nº 5.975, de 2006*)

I - pequena propriedade rural ou posse rural familiar: aquela explorada mediante o trabalho pessoal do proprietário ou posseiro e de sua família, admitida a ajuda eventual de terceiro e cuja renda bruta seja proveniente, no mínimo, em oitenta por cento, de atividade agroflorestal ou do extrativismo, cuja área não supere: (*Incluído pela Medida Provisória nº 2.166-67, de 2001*)

a) cento e cinqüenta hectares se localizada nos Estados do Acre, Pará, Amazonas, Roraima, Rondônia, Amapá e Mato Grosso e nas regiões situadas ao norte do paralelo 13°S, dos Estados de Tocantins e Goiás, e ao oeste do meridiano de 44°W, do Estado do Maranhão ou no Pantanal mato-grossense ou sul-mato-grossense; (*Incluído pela Medida Provisória nº 2.166-67, de 2001*)

b) cinqüenta hectares, se localizada no polígono das secas ou a leste do Meridiano de 44°W, do Estado do Maranhão; e (Incluído pela Medida Provisória n⁰ 2.166-67, de 2001)

c) trinta hectares, se localizada em qualquer outra região do País; (*Incluído pela Medida Provisória nº 2.166-67, de 2001*)

II - área de preservação permanente: área protegida nos termos dos arts. 2º e 3º desta Lei, coberta ou não por vegetação nativa, com a função ambiental de preservar os recursos hídricos, a paisagem, a estabilidade geológica, a biodiversidade, o fluxo gênico de fauna e flora, proteger o solo e assegurar o bem-estar das populações humanas; (*Incluído pela Medida Provisória nº 2.166-67, de 2001*)

III - Reserva Legal: área localizada no interior de uma propriedade ou posse rural, excetuada a de preservação permanente, necessária ao uso sustentável dos recursos naturais, à conservação e reabilitação dos processos ecológicos, à conservação da biodiversidade e ao abrigo e proteção de fauna e flora nativas; (*Incluído pela Medida Provisória nº 2.166-67, de 2001*)

IV - utilidade pública: (*Incluído pela Medida Provisória nº 2.166-67, de 2001*)

a) as atividades de segurança nacional e proteção sanitária; (*Incluído pela Medida Provisória nº 2.166-67, de 2001*)

b) as obras essenciais de infraestrutura destinadas aos serviços públicos de transporte, saneamento e energia e aos serviços de telecomunicações e de radiodifusão; (*Redação dada pela Lei nº 11.934, de 2009*)

c) demais obras, planos, atividades ou projetos previstos em resolução do Conselho Nacional de Meio Ambiente – CONAMA; (*Incluído pela Medida Provisória nº 2.166-67, de 2001*)

V - interesse social: (*Incluído pela Medida Provisória nº 2.166-67, de 2001*)

a) as atividades imprescindíveis à proteção da integridade da vegetação nativa, tais como: prevenção, combate e controle do fogo, controle da erosão, erradicação de invasoras e proteção de plantios com espécies nativas, conforme resolução do CONAMA; (*Incluído pela Medida Provisória nº 2.166-67, de 2001*)

b) as atividades de manejo agroflorestal sustentável praticadas na pequena propriedade ou posse rural familiar, que não descaracterizem a cobertura vegetal e não prejudiquem a função ambiental da área; e (*Incluído pela Medida Provisória nº 2.166-67, de 2001*)

c) demais obras, planos, atividades ou projetos definidos em resolução do CONAMA; (*Incluído pela Medida Provisória nº 2.166-67, de 2001*)

VI - Amazônia Legal: os Estados do Acre, Pará, Amazonas, Roraima, Rondônia, Amapá e Mato Grosso e as regiões situadas ao norte do paralelo 13°S, dos Estados de Tocantins e Goiás, e ao oeste do meridiano de 44°W, do Estado do Maranhão. (*Incluído pela Medida Provisória nº 2.166-67, de 2001*)

E ainda importantíssimo ser observado o teor do art. 9º, IV, §3º, da Lei nº 8.629/1993, Legislação Fundiária, que acaba sendo utilizado aqui apenas para demonstração da importância da reserva legal.

Assim, o descumprimento das normas acima descritas, em especial o Código Florestal, poderá acarretar responsabilização administrativa para o proprietário do imóvel, podendo o mesmo incorrer em multa a ser fixada pela autoridade ambiental, bem como poder ainda figurar no polo passivo de uma medida judicial, que poderá ser impetrada pelo Ministério Público curador do meio ambiente, ou mesmo, alguma ONG de defesa ambiental da região, para que a reserva legal seja constituída de fato e de direito, além da recuperação de matas ciliares.

4.3 Conservação do solo e a preservação dos recursos naturais

A conservação do solo e da água está diretamente ou indiretamente ligada às práticas agrícolas. Portanto, o ideal para a exploração racional de uma propriedade é a elaboração de um planejamento conservacionista selecionando as glebas para as diferentes explorações agrícolas e pastoris com uma diretriz básica para o aproveitamento de terra baseado na conservação do solo e da água.

Nos imóveis rurais, em sua grande maioria é utilizado para plantio e pastagem. E de modo geral, salvo melhor juízo, estas acabam proporcionando uma boa proteção ao solo, salvo se a cultura plantada não for adequada ao solo ou á região, e salvo se forem utilizadas barreiras para conter enxurradas. Porém de forma geral, a cobertura constante do terreno pelas culturas e outros vegetais, facilita a infiltração da água e minimizam a deterioração do solo, e sua capacidade produtiva.

Porém, estas áreas cultivadas deverão ser permanentemente monitoradas por técnico capacitado para que não venham a ocorrer danos pelo mau uso das mesmas, tais como: erosão dos solos; compactação do solo com a consequente redução da disponibilidade de água no mesmo; maior exposição do solo aos fatores erosivos; aumento de custo na conservação e recuperação do solo; redução na capacidade de suporte; invasão de plantas indesejáveis, etc.

Importante frisar que de acordo com as resoluções CONAMA n$^{\circ}$ 01/1986, n$^{\circ}$ 11/1986 e n$^{\circ}$ 237/1997, áreas plantadas acima de 1.000ha necessitam de EIA-RIMA, ou seja, necessitam de licença ambiental. Em alguns Estados, destacando-se Minas Gerais, Rio Grande do Sul e Mato Grosso, autorizações ambientais já estão sendo necessárias para que as propriedades rurais possam produzir, independentemente de seu porte ou tamanho.

4.4 Dos recursos hídricos e da necessidade de sua outorga

Importante observar que toda a captação de água, seja de cursos d'água superficiais ou subterrâneos, necessário o prévio licenciamento ambiental no órgão competente.

Deve ser observada para tanto a Política Nacional de Recursos Hídricos, bem como a Lei paulista n$^{\circ}$ 7.663/1991, está ultima que criou o Departamento de Águas e Energia Elétrica (DAEE). Assim, no Estado de São Paulo cabe à CETESB, que incorporou o DAEE, o poder outorgante, por intermédio do Decreto n$^{\circ}$ 41.258, de 31.10.96, de acordo com o art. 7° das disposições transitórias da Lei n$^{\circ}$ 7.663/1991.

Para se conseguir a outorga na propriedade necessário basicamente o seguinte:

a) preencher os formulários de requerimento segundo o tipo de uso (Anexos I a XIX das normas constantes da Portaria DAEE n$^{\circ}$ 717/1996);[4]

b) prestar as informações do empreendimento, documentos de posse ou cessão de uso da terra, e do usuário;

c) apresentar projetos, estudos e detalhes das obras acompanhados da anotação de responsabilidade técnica (ART) do responsável técnico pela mesma;

---

[4] Disponível em: <http://www.daee.sp.gov.br>.

d) providenciar protocolo/cópia do atestado de regularidade florestal (ARF) emitido pelo DEPRN e da licença de instalação ou funcionamento da CETESB, conforme o caso;
e) apresentar relatório final de execução do poço, no caso de captação de água subterrânea, e relatório de avaliação de eficiência (RAE) do uso das águas;
f) apresentar estudos de viabilidade (EVI) e cronograma de implantação no caso de empreendimentos;
g) anexar o comprovante de pagamento dos emolumentos quanto a outorga.

Importante citar que outros documentos poderão ser necessários conforme o uso pretendido, a critério do DAEE e da complexidade do caso, levando-se ainda em consideração a quantidade de água a ser utilizada, e a média disponível na bacia hidrográfica da localidade do imóvel rural.

Assim, a outorga quanto a utilização dos recursos hídricos é de caráter urgente, pois não possuindo a mesma, poderá acarretar responsabilização administrativa, criminal e civil.

5 Maquinários agrícolas, criação de animais, efluentes: impactos ambientais

Atualmente é comum que propriedades rurais tenham e utilizem maquinário agrícola para várias finalidades.

Em especial nas fazendas cafeeiras, canavieiras, algodoeiras e de grãos em geral, as de cítricos, as de frutas, etc., a utilização de maquinários, principalmente para colheita, beneficiamento e classificação é cada vez mais comum e necessária.

Para o beneficiamento e classificação, principalmente para grãos e frutos, as máquinas agrícolas necessitam utilizar recursos naturais diretos ou indiretos, e por decorrência disso necessitam ser gerenciados para que não venham a ocasionar impactos ao meio ambiente; e por consequência prejuízos ao produtor rural.

A utilização de recursos naturais diretos ou indiretos ocorre da seguinte forma:

a) *Energia elétrica* – boa parte da energia elétrica consumida na região Sudeste é produzida através de hidroelétricas, as quais produzem eletricidade em detrimento de enormes reservatórios de água, que acabam por eliminar grandes áreas verdes ocasionando impactos na macrorregião atingida pelo respectivo reservatório. Por decorrência disso, o consumo elétrico tem de ser calculado dentro de exata necessidade de utilização. Então se faz necessário que os projetos sejam extremamente criteriosos quanto a esse aspecto pois caso contrário, será utilizado motores maiores que a real necessidade da respectiva máquina, gerando um custo desnecessário quando da aquisição do mesmo, e ainda um maior custo todas as vezes que o mesmo estiver funcionando. A utilização de motores elétricos de maior capacidade do que realmente seria necessário, acarreta prejuízos ambientais, e financeiros, pois poderá gerar em casos extremos sobretaxas do valor enérgico, e até multas pelos órgãos reguladores.

b) *Recursos hídricos* – Toda perfuração de poços; toda captação de água subterrânea; toda captação de águas superficial (em minas d'água, ou em cursos d'água) necessita obrigatoriamente de autorização ambiental, denominada "outorga". A falta dessa licença ambiental pode acarretar responsabilização administrativa, criminal e civil.

c) *Efluente líquido* – Da mesma forma que o narrado no item anterior, para que seja liberado no corpo hídrico efluente liquido (esgoto) necessário também ter autorização ambiental, e que o mesmo seja tratado. A liberação de efluente liquido sem tratamento, ou seja, esgoto *in natura* poderá acarretar responsabilização administrativa, criminal e cível, responsabilidades estas aplicadas pelos órgãos ambientais competentes. Importante ainda frisar que nas localidades onde existe Comitê de Bacia Hidrográfica instalado e em funcionamento, pode estar ocorrendo a cobrança pelo uso dos recursos hídricos, prevista pelas leis nº 6.938/1981 e nº 9.433/1997, e, e nesse caso, estará sujeito ainda a aplicação de multa, caso exista o despejo de efluente liquido sem tratamento no respectivo corpo hídrico, essa poderá ser equivalente em até 100 vezes o valor pago na captação pelo uso do recurso hídrico. Detalhe, a arrecadação, tanto na captação quanto na utilização, quanto na multa por despejo de efluente, é realizada pelo Comitê de Bacia Hidrográfica onde está inserida propriedade rural. Ainda quanto ao efluente líquido sem tratamento, importante frisar que o efluente líquido eliminado pelo beneficiamento do café é muito próximo das propriedades físico — química da vinhaça,[5] sendo proibida a sua disposição nos corpos hídricos, e possuindo normas ambientais especificas para a realização, com segurança, de fertirrigação.[6]

d) *Lenha* – Todo corte (supressão) e transporte de vegetação, em tese, necessita de licença ou autorização específica ambiental. Sendo assim, caso o produtor rural queira utilizar-se de lenha para utilizar como combustível para uma fornalha, necessário obter previamente junto ao órgão ambiental competente as autorização ambientais necessárias, sob pena de responsabilização administrativa, criminal e civil.

---

[5] Efluente líquido obtido pela produção de álcool e açúcar.
[6] Utilização do efluente líquido para a realização de irrigação da cultura.

Ainda quanto a combustível para fornalha, pode o produtor rural utilizar gás natural, desde que disponível na localidade, porém necessário um projeto detalhado para que o dimensionamento do empreendimento seja o mais adequado possível, pois um consumo além da necessidade acarreta prejuízos e até inviabilidade da utilização dessa matriz enérgica.

Pode ainda o produtor rural utilizar de energia decorrente de biogás, obtido através de estações de tratamento de efluentes, por meio de bactérias anaeróbias, com utilização de reatores específicos, porém necessário uma quantidade significativa e constante de efluente para conseguir o biogás em quantidade suficiente para suprir a necessidade que o produtor rural necessita. Porém, para que o biogás funcione, necessária a implantação de um biodigestor, o qual necessita de licenças ambientais para instalação e funcionamento, emitida pelo agente ambiental estadual.

Pode ainda o produtor rural utilizar-se de energias eólica e solar, para suprir a necessidade de energia elétrica no imóvel rural, existindo atualmente no mercado diversas empresas que dominam essa tecnologia e comercializam esses equipamentos com preços competitivos, e dependendo do porte dos equipamentos, também necessitaram licenças ambientais emitidas pelo agente ambiental estadual, principalmente na geração de energia eólica, a qual é acessível, existindo até mesmo linhas de créditos governamentais para facilitar a instalação e utilização.

Finalizando esse item, algumas propriedades rurais podem fazer uso de pequena central hidrelétrica (PCH), as quais são acessíveis, existindo até mesmo linhas de créditos governamentais para facilitar a instalação e utilização, porém necessário licença ambiental do órgão estadual competente.

5.1 Informação ambiental fundiária importante

Segundo a Legislação Fundiária, Lei n° 8.629/1993:

Art. 6° Considera-se propriedade produtiva aquela que, explorada econômica e racionalmente, atinge, simultaneamente, graus de utilização da terra e de eficiência na exploração, segundo índices fixados pelo órgão federal competente.

§1° O grau de utilização da terra, para efeito do caput deste artigo, deverá ser igual ou superior a 80% (oitenta por cento), calculado pela relação percentual entre a área efetivamente utilizada e a área aproveitável total do imóvel.

§2° O grau de eficiência na exploração da terra deverá ser igual ou superior a 100% (cem por cento) (...):

§3º Considera-se efetivamente utilizadas: (...)

II - as áreas de pastagens nativas e plantadas, observado o índice de lotação por zona de pecuária, fixado pelo Poder Executivo;

Assim, importante saber calcular o Grau de Utilização da Terra (GUT), e o Grau de Eficiência na Exploração (GEE), sendo que a seguir os mesmos são exemplificados:

Do Grau de Utilização da Terra – O GUT é fixado mediante a divisão da área efetivamente utilizada pela área aproveitável do imóvel, multiplicando-se o resultado por cem para obtenção do valor em percentuais.

Exemplo do cálculo do GUT – Área efetivamente utilizada (ha): pastagens, áreas que possuem capacidade de acordo com o índice de lotação por zona de pecuária, fixado pelo Poder Executivo.

Exemplo hipotético de cálculo de áreas aproveitáveis total (ha) – Pastagens = 1.750,5483ha; pastagens degradadas = 715,1534ha; vegetação nativa = 55,5012ha; Total = 2.512,2029ha. GUT = (1.750,5483/2.521,2029) x 100. *GUT = 69%*.

Devendo ser considerando que a área corresponde a 30% (déficit de reserva legal) é classificada pelo INCRA como área não aproveitável.

Do Grau de Eficiência na Exploração – O GEE é fixado mediante a divisão da área equivalente pela aérea efetivamente utilizada do imóvel, multiplicando-se o resultado por cem para obtenção do valor em percentuais.

Exemplo do cálculo do GEE – Categoria animal: Equinos - número de cabeças: 47 (média anual); bovinos com mais de 36 meses - número de cabeças: 624,67 (média anual); bovinos de 36 a 24 meses - número de cabeças: 779,25 (média anual); bovinos de 24 a 12 meses - número de cabeças: 62,00 (média anual); bovinos de 12 a 4 meses - número de cabeças: 269,92 (média anual); bovinos de até 4 meses - número de cabeças: 4,08 (média anual); Total de UA no período = 1.330,875; Área equivalente (pecuária) = 1.330,8775/0,46. Área equivalente = 2.893,2120ha. GEE = (2.893,2120/1.750,5483) x 100. *GEE = 165%*.

No exemplo hipotético acima citado, a condição fundiária encontrada é delicada, o imóvel apresentou um GEE ideal, porém, em relação ao GUT, está abaixo do necessário para que este seja considerado produtivo.

No intuito de se promover uma melhora nesta situação o ideal é que seja feito projeto técnico de acordo com a Lei nº 8.629/93, Art. 6º, §3º, onde diz que "consideram-se áreas efetivamente utilizadas, dentre outras, as áreas sobre projetos técnicos de formação ou recuperação de pastagens ou de culturas permanentes, tecnicamente conduzidas e devidamente comprovadas, mediante documentação e Anotação de Responsabilidade Técnica". Completada pela Instrução Normativa INCRA n° 11, Art.5°, §1°, V, "c": "no caso de processo técnico de recuperação de pastagens que as áreas tenham sido submetidas a tratos culturais adequados, visando restaurar a capacidade de suporte do pasto ou a produção de massa verde".

Devendo o proprietário tomar estas medidas o mais rápido possível, pois, embora a confecção e a aplicação de projeto seja simples, o mesmo só terá validade após 6 (seis) meses de seu registro ou eficácia imediata para as áreas já trabalhadas.

Assim, conforme exemplo hipotético acima feito, apenas para demonstração de calculo de GUT e GEE, necessário, que se recupere em caráter de urgência uma área equivalente a 520,00ha para que se obtenha um GUT acima de 80%, índice esse considerado mínimo.

5.2 Depósito de agrotóxicos

Para o armazenamento e depósito de agrotóxicos necessário observar a Norma ABNT NBR 9.843, que fixa as condições para armazenamento adequado de agrotóxicos, visando garantir a qualidade do produto, bem como a prevenção de acidentes.

E ainda deverão ser observados os padrões estabelecidos na norma NR-23, da proteção contra incêndios, que deve ser atendida na sua íntegra, e os padrões da Norma ABNT NBR 12.235, que dispõe sobre o armazenamento de resíduos perigosos.

Para o armazenamento dos produtos dentro dos depósitos de agrotóxicos deverá seguir as orientações da Norma ABNT NBR 9.843, respeitando-se, dentre outras coisas, a distância mínima de 1m do teto e 0,5m das paredes laterais para uma boa ventilação.

Importante salientar que também é necessário observar e seguir as determinações previstas na Portaria MTE n° 3214, de 6.6.1978, que aprova as normas regulamentadoras de segurança e saúde do trabalhador (NR-1 a NR-28).

Os funcionários deverão utilizar EPI nas operações de descarregamento, armazenamento e transporte de agrotóxicos.

O material para atendimento de situações de acidente e emergência deverá estar claramente identificado e em local de fácil acesso.

O plano de emergência deverá ser afixado no quadro de avisos na entrada do depósito, contendo telefones de emergência, tais como do corpo de bombeiros, centro de informações toxicológicas, hospital, médico e pronto-socorro mais próximos, e do fabricante dos agrotóxicos comercializados e outras informações relevantes.

As fichas de emergência e bulas dos agrotóxicos deverão estar em local de fácil acesso e identificação, para consulta em casos de acidentes.

Os vazamentos de agrotóxicos e afins deverão ser registrados em planilha, com especificação de data, tipo e quantidade de produto, por marca comercial e fabricante.

Os resíduos decorrentes de eventuais vazamentos deverão ser devolvidos ao fabricante conforme o art. 53, §4º, do Decreto Federal nº 4.074/2002 e suas atualizações, observando o competente licenciamento ambiental da empresa transportadora, bem como do empreendimento responsável pelo destino final dos resíduos.

5.3 Poeira e particulados em silos, armazéns e tulha

Os silos, tulhas e os armazéns são construções indispensáveis ao armazenamento da produção agrícola e influem decisivamente na sua qualidade e preço. Entretanto, por sua dimensão e complexidade, podem ser fonte de vários e graves acidentes do trabalho. Por serem os silos locais fechados, enclausurados, perigosos e traiçoeiros, são conhecidos como *espaços confinados* e são objeto da NR-33, espaços confinados, da NBR 14.787 ABNT e de alguns itens da NR-18, construção civil, do MTE. A revista *Proteção* apresenta um excelente artigo de Ary de Sá (engenheiro de segurança e especialista em ventilação industrial e controle de riscos ambientais com poeiras explosiva) sobre explosões em locais onde existe muita poeira acumulada.[7]

Essas explosões ocorrem frequentemente em instalações agrícolas ou industriais onde são processados:

a) farinhas – trigo, milho, soja, cereais, etc.; e

b) particulados – açúcar, arroz, chá, cacau, couro, carvão, madeira, enxofre, magnésio, eletrometal (ligas), etc.

O milho é considerado um dos grãos *mais voláteis e perigosos*, embora *toda poeira de grãos* possa ser tida como *muito perigosa*.

Na agricultura existem ainda os chamados *espaços confinados móveis*: os tanques que são levados para o campo, nos quais são armazenados os agrotóxicos usados na lavoura, e os caminhões-tanque transportadores de combustível ou de água (carros-pipa).

Exemplos de espaços confinados que podem ser encontrados nas diversas atividades ligadas à agroindústria são: tonéis (de vinho/

---

[7] SÁ, Ary de. Explosão de pós. *Proteção*: Revista Mensal de Saúde e Segurança do Trabalho, n. 181, p. 63, jan. 2007.

aguardente, p.ex.), reatores, colunas de destilação, vasos, cubas, tinas, misturadores, secadores, moinhos, depósitos e outros.

Um espaço confinado apresenta sérios riscos com danos à saúde, sequelas e morte. São riscos físicos, químicos, ergonômicos, biológicos e mecânicos e são uma triste realidade no Brasil. Vejamos alguns dos riscos dos acidentes em silos e armazéns agrícolas:

1. Explosões;
2. Problemas ergonômicos;
3. Lesões do trato respiratório (poeiras) e do globo ocular;
4. Riscos físicos (ruído, iluminação, umidade, vibrações, etc.); e
5. Acidentes em geral (quedas, sufocamento, etc.).

Assim, os silos, tulhas, armazéns, etc., devem respeitar integralmente a Portaria MTE nº 3.214, de 6.6.1978, que aprova as normas regulamentadoras de segurança e saúde do trabalhador (NR-1 a NR-28), e a norma NR-23 da proteção contra incêndios.

Pois, as indústrias que processam produtos alimentícios e as unidades armazenadoras de grãos, além das agroindustriais, apresentam alto potencial de risco de incêndios e explosões, pois o trabalho nessas unidades consiste basicamente em receber os produtos, armazenar, transportar e descarregar. O processo inicia com a chegada dos caminhões graneleiros e ao descarregar seu produto nas moegas, produzem uma enorme nuvem de poeira, em condições e concentrações propícias a uma explosão.

O acúmulo de poeiras no local de trabalho, depositada nos pisos, elevadores, túneis e transportadores, apresentam um risco de incêndio muito grande. Isso ocorre quando, uma superfície de poeira de grãos é aquecida até o ponto de liberação de gases de combustão que, com o auxílio de uma fonte de ignição com energia, dá início ao incêndio. Além disso, a decomposição de grãos pode gerar vapores inflamáveis; se a umidade do grão for superior a 20%, poderá gerar metanol, propanol ou butanol. Os gases metano e etano, também produzidos pela decomposição de grãos, são igualmente inflamáveis e podem gerar explosões.

A poeira depositada ao longo do tempo, quando agitada ou colocada em suspensão e na presença de uma chama, poderá explodir, causando vibrações subsequentes pela onda de choque; isto fará com que mais pó depositado no ambiente entre em suspensão e que mais explosões aconteçam. Cada uma mais devastadora que a anterior, causando prejuízos irreversíveis ao patrimônio, paradas no processo produtivo e, o pior, vidas humanas ceifadas ou permanentemente incapacitadas para o trabalho.

Os acidentes ocorridos com silos, tulhas, armazéns, além de prejuízos patrimoniais, acabam gerando muitas vezes, danos cíveis e até criminais por decorrência da relação trabalhista existente com os funcionários do local, e ainda, responsabilidade administrativa, criminal e civil por danos ao meio ambiente.

5.4 Georrefenciamento

O chamado georreferenciamento consiste na obrigatoriedade da descrição do imóvel rural, em seus limites, características e confrontações, através de memorial descritivo firmado por profissional habilitado, com a devida ART, "contendo as coordenadas dos vértices definidores dos limites dos imóveis rurais, georreferenciadas ao Sistema Geodésico Brasileiro e com precisão posicional a ser fixada pelo INCRA" (art. 176, §4º, da Lei nº 6.015/1975, com redação dada pela Lei nº 10.267/2001 e atualizações).

O georreferenciamento tem embasamento na Lei nº 10.267/2001, no Decreto nº 4.449/2001, na Portaria INCRA nº 954/2002, na Instrução Normativa INCRA nº 8, de 13.11.2002, e na Instrução Normativa INCRA nº 13, de 17.11.2003.

Em regra, todos os proprietários de imóvel rural estão obrigados ao georreferenciamento. Será também exigido das seguintes pessoas, em razão de serem obrigadas a prestar a declaração para o cadastro de imóveis rurais (CCIR), junto ao INCRA, observados os prazos do art. 10 do Decreto nº 4.449/2002:

I - dos usufrutuários e dos nu-proprietários;

II - dos posseiros; e

III - dos enfiteutas e dos foreiros.

Apenas poderão realizar os trabalhos de georreferenciamento, para fins da Lei nº 10.267/2001, os profissionais habilitados e com a devida anotação de responsabilidade técnica (art. 176, §4º, Lei nº 6.015/1975, com redação dada pela Lei nº 10.267/2001).

O pedido de credenciamento e a documentação deverá atender ao contido na Norma Técnica para Georreferenciamento de Imóveis Rurais (NTGIR).

A documentação necessária para o credenciamento é a seguinte:
- Carteira de registro no CREA (cópia autenticada);
- Documento hábil fornecido pelo CREA, reconhecendo a habilitação do profissional para assumir responsabilidade técnica sobre os serviços de georreferenciamento de imóveis rurais em atendimento à Lei nº 10.267/2001 (original);
- Cartão de inscrição no CPF (cópia autenticada);
- Formulário de credenciamento preenchido adequadamente. Se o pedido de credenciamento se der via internet, a documentação deverá ser encaminhada ao INCRA (sala do cidadão) ou via postal, para o seguinte endereço: Comitê Nacional de Certificação e Credenciamento – INCRA. Ed. Palácio do Desenvolvimento, 12º andar, sl. 1.207. Setor Bancário Norte – SBN. CEP 70.057-900. Brasília/DF.

A listagem dos profissionais habilitados para a execução dos trabalhos pode ser obtida no *site* <http://www.incra.gov.br>.

Os prazos para o georreferenciamento estão fixados no art. 10 do Decreto nº 4.449/2002:

I - após noventa dias da publicação do decreto para os imóveis com área acima de 5.000ha, ou seja, desde 29.11.2003;

II - após um ano para os imóveis com área entre 5.000 e 1.000ha, ou seja, desde 1º.11.2003;

III - após dois anos para os imóveis com área entre 500 e 1.000ha, ou seja, desde 1º.11.2004; e

IV - após três anos para os imóveis com área abaixo de 500ha.

Os procedimentos do georreferenciamento devem se dar em etapas:

1. A primeira etapa se dá com o profissional habilitado/credenciado para a execução dos serviços de campos e de elaboração do material;

2. A segunda se dá junto ao INCRA com a apresentação do material, anuência dos confinantes e demais materiais; e

3. A terceira se dá junto ao cartório de registro de imóveis.

O georreferenciamento para ser realizado deverá ser feito por incumbências especificas, sendo:

1. Incumbência do profissional habilitado:

a) possuir anotação de responsabilidade técnica (ART) emitida pelo CREA da região onde for realizado o serviço;

b) a realização do trabalho de campo, levantando as coordenadas dos vértices definidores dos limites dos imóveis rurais, georreferenciadas ao sistema geodésico brasileiro, observada a precisão posicional pelo INCRA;

c) elaborar:

c.1) relatório técnico, conforme descrito no item 5.4 da NTGIR;

c.2) a planta e memorial descritivo – 3 vias;

c.3) gerando:

c.3.1) arquivo digital georreferenciado, nos formatos DWG, DGN ou DXF, conforme item 5.2.2 da NTGIR;

c.3.2) arquivo digital contendo dados brutos (sem correção diferencial) das observações do GPS, quando utilizada esta tecnologia, nos formatos nativos do equipamento e Rinex;

c.3.3) arquivo digital contendo dados corrigidos das observações do GPS, quando utilizada esta tecnologia;

c.3.4) arquivo digital contendo arquivos de campos gerados pela estação total, teodolito eletrônico ou distanciômetro, quando utilizada esta tecnologia;

d) relatório resultante do processo de correção diferencial das observações GPS, quando utilizada esta tecnologia;
e) relatório do cálculo e ajustamento da poligonal de demarcação do imóvel quando utilizada esta tecnologia;
f) planilhas de cálculo com os dados do levantamento, quando utilizado teodolito ótico mecânico;
g) cadernetas de campo contendo os registros das observações de campo, quando utilizado teodolito ótico mecânico;
h) a faculdade de colher declaração expressa dos confinantes de que os limites divisórios foram respeitados (art. 9º, §6º, Decreto nº 4.449/2002).

2. Pelo INCRA, para a certificação – Após os trabalhos realizados pelo profissional habilitado para a certificação do INCRA, nos termos da IN nº 13/2003, o interessado legítimo deverá apresentar:

a) requerimento solicitando a certificação, conforme modelo Anexo XI (original);
b) relatório técnico, conforme descrito no item 5.4 da NTGIR (original);
c) matrícula(s) ou transcrição do imóvel (cópia autenticada);
d) planta e memorial descritivo assinado pelo profissional que realizou os serviços (original);
e) ART emitida pelo CREA da região onde foi realizado o serviço (original);
f) arquivo digital georreferenciado, nos formatos DWG, DGN ou DXF, conforme item 5.2.2 da NTGIR;
g) arquivo digital contendo dados brutos (sem correção diferencial) das observações do GPS, quando utilizada esta tecnologia, nos formatos nativos do equipamento e Rinex;
h) arquivo digital contendo dados corrigidos das observações do GPS, quando utilizada esta tecnologia;
i) arquivo digital contendo arquivos de campos gerados pela estação total, teodolito eletrônico ou distanciômetro, quando utilizada esta tecnologia;
j) relatório resultante do processo de correção diferencial das observações GPS, quando utilizada esta tecnologia (cópia);
k) relatório do cálculo e ajustamento da poligonal de demarcação do imóvel quando utilizada esta tecnologia (cópia);
l) planilhas de cálculo com os dados do levantamento, quando utilizado teodolito ótico mecânico (cópia);
m) cadernetas de campo contendo os registros das observações de campo, quando utilizado teodolito ótico mecânico (cópia);

n) declaração dos confrontantes de acordo com o art. 9º do Decreto nº 4.449/2002, conforme modelo descrito no anexo X da NTGIR (original).

Todas as páginas da documentação deverão estar assinadas pelo credenciado responsável pelo levantamento, com a sua respectiva codificação obtida junto ao INCRA e ao CREA. Apresentada a documentação, compete ao INCRA, através do Comitê Regional de Certificação da Superintendência Regional, aferir se a poligonal objeto do memorial não se sobrepõe a outra e se o memorial atende às exigências técnicas (art. 9º, §1º, Decreto nº 4.449/2002). Quando a documentação não estiver de acordo com a NTGIR, o interessado será notificado para proceder às devidas correções. Estando nos termos da NTGIR, será emitido parecer conclusivo através de certificação, sendo aposto carimbo nas três vias da planta e do memorial descritivo do imóvel. O INCRA restituirá ao interessado a certidão, uma via da planta e do memorial.

3. Incumbência para a averbação no cartório de registro de imóveis – Para a averbação no cartório de registro de imóveis, o interessado legítimo deverá apresentar:

a) certidão do INCRA de que a poligonal não se sobrepõe a outra (item 6.2.b);

b) CCIR (art. 9º, §5º, Decreto nº 4.449/2002);

c) ITR dos cinco últimos anos (art. 9º, §5º, Decreto nº 4.449/2002);

d) memorial descritivo (art. 9º, §5º, Decreto nº 4.449/2002);

e) declaração expressa dos confinantes e com firma reconhecida de que os limites divisórios foram respeitados (art. 9º, §6º, Decreto nº 4.449/2002);

f) declaração firmada sob pena de responsabilidade civil e criminal, com firma reconhecida, de que não houve alteração das divisas do imóvel registrado e de que foram respeitados os direitos dos confrontantes (art. 9º, §5º, Decreto nº 4.449/2002).

4. Incumbe ao proprietário do imóvel rural:

a) contratar e custear todo o trabalho do profissional habilitado, observada a hipótese de isenção;

b) colher a assinatura dos confrontantes na declaração, nos termos do art. 9º do Decreto nº 4.449/2002, conforme modelo descrito no Anexo X da NTGIR (original);

c) firmar o requerimento, solicitando a certificação conforme modelo Anexo XI (original);

d) após certificado pelo INCRA, em 30 dias, protocolar no cartório de registro de imóveis, sob pena de perda de validade (IN INCRA nº 13/2003).

Não sendo realizado o georreferenciamento, após os prazos do art. 10 do Decreto nº 4.449/2002, prevalece o §4º do art. 176 da Lei nº 4.947/1666, modificada pela Lei nº 10.267/2001, que assim dispõe: "no impedimento da efetivação do registro, em qualquer situação de transferência do imóvel rural", ou seja, o imóvel para ser vendido e transferida a propriedade com registro no cartório de registro de imóveis, será obrigatório o mesmo estar averbado, sob pena de ser registrada a respectiva escritura.

5.5 Da criação de animais, em especial gado vacum e suínos

Importante destacar que a criação de animais, em especial gado vacum e suínos, necessitam de grande volume de recursos hídricos para sua manutenção e higiene, além dos alimentos necessários a manter a boa saúde e desenvolvimento dos mesmos.

Tanto o gado vacum quanto os suínos gera grande impacto aos corpos hídricos quando seus dejetos são liberados sem qualquer tratamento, impactando parte da bacia hidrográfica, inviabilizando a captação e a utilização dessa mesma água para o abastecimento de residências, a dessedentação de animais, e também a irrigação. Frise-se que para todos os usos acima citados, necessária a previa autorização ambiental.

Importante frisar que a liberação de efluente líquido sem tratamento, ou seja, esgoto *in natura* em corpo hídrico poderá acarretar responsabilização administrativa, criminal e cível, aplicadas pelos órgãos ambientais competentes.

Frise-se que a atenção nesse caso é para possível existência de poluição por decorrência da atividade agrícola.

A definição legal de poluição está expressa no Decreto Federal nº 76.389/1975:

> Poluição é qualquer alteração das propriedades físicas, químicas ou biológicas do meio ambiente (solo, água e ar), causada por qualquer substância sólida, líquida, gasosa ou em qualquer estado da matéria, que, direta ou indiretamente seja nociva ou ofensiva à saúde, à segurança e ao bem-estar das populações ou crie condições inadequadas para fins domésticos, agropecuários, industriais e outros; ou ocasione danos à fauna e à flora.

Poluição também está definida no art. 3, III, da Lei nº 6.938/1981, como:

(...) a degradação da qualidade ambiental resultante de atividades que, direta ou indiretamente, prejudiquem a saúde, segurança e o bem-estar da população; criem condições adversas às atividades sociais e econômicas; afetem desfavoravelmente a biota; afetem as condições estéticas ou sanitárias do meio ambiente; lancem matérias ou energia em desacordo com os padrões ambientais estabelecidos.

No Estado de São Paulo, a Lei paulista n° 997/1976, define:

Considera-se poluição do meio ambiente a presença, o lançamento ou a liberação, nas águas, no ar ou no solo, de toda e qualquer forma de matéria ou energia, com intensidade, em qualidade, de concentração ou com características em desacordo com as que forem estabelecidas em decorrência desta lei, ou que tornem ou possam tornar as águas, o ar ou o solo: impróprios, nocivos ou ofensivos à saúde; inconvenientes ao bem-estar público; danosos aos materiais, à fauna e à flora; prejudiciais à segurança, ao uso e gozo da propriedade e às atividades normais da comunidade.

A Lei n° 9.605/1998, que trata dos crimes ambientais, em seu art. 54, configura crime "causar poluição de qualquer natureza em níveis tais que resultem ou possam resultar em danos à saúde humana, ou que provoquem a mortandade de animais ou a destruição significativa da flora (...)".

Podemos entender, portanto, poluição como sendo qualquer modificação do meio ambiente e que altere seu equilíbrio, tornando-o impróprio e comprometendo todas as formas de vida existentes no planeta.

Existem vários tipos de poluição, causando efeitos dos mais adversos, mas mantendo o foco do presente assunto, importante conhecer um pouco sobre poluição em recursos hídricos.

A Lei n° 3.068/1995 define poluição das águas como "(...) qualquer alteração das propriedades físicas, químicas e biológicas das águas que possa constituir prejuízo à saúde, à segurança e ao bem estar das populações e ainda, possa comprometer a fauna ictiológica e utilização das águas para fins comerciais, industriais e recreativos (...)".

Bem como poluição também é o lançamento ou infiltração de substâncias nocivas na água, comprometendo a existência normal da flora e da fauna aquática e ainda, seu uso pela coletividade.

As atividades antrópicas como a agricultura, os processos industriais, mineração, os esgotos urbanos, industriais e agrícolas, as atividades do agronegócio, são as principais fontes de poluição das águas.

Outro tipo de poluição e contaminação das águas ocorre através dos fertilizantes, pesticidas, fungicidas e herbicidas, que são utilizados na agricultura. Quando chove, estes produtos são arrastados para os rios, contaminando, também o solo e as águas subterrâneas.

Informação bibliográfica deste texto, conforme a NBR 6023:2002 da Associação Brasileira de Normas Técnicas (ABNT):

ACETI JÚNIOR, Luiz Carlos. Direito ambiental e o agronegócio. In: BRAGA FILHO, Edson de Oliveira *et al.* (Coord.). *Mecanismos legais para o desenvolvimento sustentável.* Belo Horizonte: Fórum, 2010. p. 147-190. ISBN 978-85-7700-308-2.

O Projeto da Nova Lei da Ação Civil Pública: Principais Aspectos

Luiz Manoel Gomes Junior
Rogério Favreto

Sumário: 1 Introdução: o Sistema Único Coletivo – **2** O projeto da nova Lei da Ação Civil Pública – **3** Algumas das principais inovações propostas – **3.1** A estruturação do Sistema Único Coletivo – **3.2** Ampliação dos direitos coletivos tuteláveis pela Ação Civil Pública – **3.3** Adequação e estruturação do rol de legitimados – **3.4** Modificação das regras de competência – **3.5** A coisa julgada coletiva – **3.6** Readequação do ônus da prova – **3.7** Aperfeiçoamento do Sistema de Execução das Tutelas Coletivas – **3.8** Nova disciplina para a destinação dos valores originários das ações coletivas – **3.9** Cadastros nacionais: inquéritos civis e compromissos de ajustamento de conduta (CNMP) e ações civis públicas (CNJ) – **4** Conclusões – Referências

1 Introdução: o Sistema Único Coletivo

No presente estudo iremos analisar os principais aspectos relacionados com o Projeto de Lei nº 5.139/2009, Câmara dos Deputados, que propõe uma sistematização do Sistema Único Coletivo, com a adoção de uma nova Lei da Ação Civil Pública e ampla modificação em diversos dispositivos do direito processual coletivo brasileiro, havendo inegáveis reflexos para a sociedade brasileira.

Importante acrescentar que o legislador ordenou um sistema próprio para a tutela dos interesses oriundos dos conflitos de massa da sociedade, a chamada tutela jurisdicional diferenciada.

Com efeito, cuida-se de reflexo dos conflitos sociais instaurados no último século. Cada vez mais, preza-se pela tutela de direitos, como saúde, educação, cultura, segurança, meio ambiente, direitos de natureza fluida, atribuindo-se sua titularidade a diversos entes e, em alguns casos, a qualquer cidadão.

Não se afasta, é claro, o caráter individual desses direitos, mas desloca-se o enfoque das relações intersubjetivas para àquelas inerentes a uma sociedade de massa, e portanto, transcendendo à esfera do indivíduo.

Tem-se, assim, a adoção de um sistema que privilegia o tratamento coletivo dos problemas enfrentados por número considerável de pessoas, permitindo o acesso à Tutela Jurisdicional por indivíduos que estavam ou estão à margem do sistema, tutelando direitos relevantes ou até mesmo aqueles que, individualmente, são mínimos (delitos de bagatela), mas com alto valor se coletivamente considerados.

Em tal contexto é que se insere o sistema processual do novo século, com o tema emblemático da coletivização dos direitos. A par da necessidade de dar efetividade a esse processo coletivo surgiram inúmeros institutos jurídicos — Ação Popular, Ação Civil Pública, Ação Popular Ambiental, Mandado de Segurança Coletivo, Ação por Descumprimento de Preceito Fundamental —, propiciando o atendimento das necessidades há muito reclamadas pela coletividade. No mesmo passo, cuidou-se do resgate daqueles oriundos do Direito Processual Civil, mais adequados à proteção dos interesses metaindividuais. É o que se depreende, *de lege lata* do disposto no art. 83, caput, do Código do Consumidor (CDC): "para a defesa dos direitos e interesses protegidos por este Código são admissíveis todas as espécies de ações capazes de propiciar sua adequada e efetiva tutela".

Todas as normas que disciplinam a aplicação dos direitos coletivos — Lei da Ação Popular (Lei nº 4.717/65), Lei da Ação Civil Pública (Lei nº 7.347/85), Código do Consumidor (Lei nº 8.078/90), Lei da Improbidade Administrativa (Lei nº 8.429/92), Estatuto da Criança e do Adolescente (Lei nº 8.069/90), Lei da Pessoa Portadora de Deficiências (Lei nº 7.853/89), Lei Protetiva dos Investidores do Mercado de Valores Imobiliários (Lei nº 7.913/89) e Lei de Prevenção e Repressão às Infrações contra a Ordem Econômica – Antitruste (Lei nº 8.884/94) — formam um *único sistema interligado* de proteção dessas espécies de direitos (difusos, coletivos e individuais homogêneos).

Deve assim ser reconhecida a existência de um Sistema Único Coletivo, ou seja, os diversos textos legais formam todo um sistema interligado. Havendo a lacuna ou ausência de disciplina normativa em um texto legal, aplica-se a norma de outra lei pertencente ao Sistema Único Coletivo, somente podendo ser invocado o Código de Processo Civil na ausência de qualquer disciplina específica ou caso haja expressa previsão legal.[1] A existência de um Sistema Único Coletivo, apesar de não ser expressamente reconhecido na legislação, encontra respaldo nos julgados do Superior Tribunal de Justiça quando, por exemplo, aplica o prazo prescricional da Ação Popular nas ações civis públicas, inclusive naquelas relacionadas com a improbidade administrativa.[2] Neste precedente restou reconhecida a existência de um microssistema de tutela dos direitos coletivos:

> (...) 1. A Ação Civil Pública e a Ação Popular veiculam pretensões relevantes para a coletividade. 2. Destarte, hodiernamente ambas as ações fazem parte de um microssistema de tutela dos direitos difusos onde se encartam a moralidade administrativa sob seus vários ângulos e facetas. Assim, à míngua de previsão do prazo prescricional para a propositura da Ação Civil Pública, inafastável a incidência da *analogia legis*, recomendando o prazo quinquenal para a prescrição das Ações Civis Públicas, tal como ocorre com a prescritibilidade da Ação Popular, porquanto *ubi eadem ratio ibi eadem legis dispositio*. Precedentes do STJ: REsp 890.552/ MG, Relator Ministro José Delgado, *DJ* de 22.3.2007 e REsp 406.545/SP, Relator Ministro Luiz Fux, *DJ* de 09.12.2002.

Deste modo, o Sistema Único Coletivo já está consolidado na doutrina e mesmo na jurisprudência.

Não obstante, era mesmo o caso de transformar a Lei da Ação Civil Pública em uma norma geral, passando a ter natureza de uma Lei de Introdução ao Sistema Único Coletivo, com a disciplina específica das regras e formas de processamento das Ações Coletivas, retirando tais normas dos demais textos legais, como meio de eliminar os conflitos.

As vantagens desta opção são inegáveis:

a) afasta os conflitos de interpretação, havendo apenas uma disciplina para o processamento das ações coletivas;

b) padroniza a aplicação das normas e o próprio processamento das ações coletivas;

c) torna o Sistema Único Coletivo coerente.

---

[1] STJ. REsp. nº 610.438/SP. Rel. p/ acórdão Min. Castro Meira, julg. 15.12.2005. *DJU*, 30.3.2006.

[2] STJ. REsp. nº 727.131/SP. Rel. Min. Luiz Fux, julg. 11.3.2008. *DJU*, 23.4.2008. De igual teor: STJ. REsp. nº 805.277/RS. Rel. Min. Nancy Andrighi, julg. 23.9.2008. *DJ*, 8.10.2008. Mais recentemente admitiu-se a incidência da remessa obrigatória prevista na Lei da Ação Popular na Ação Civil Pública (STJ. REsp. nº 1.108.542/SC. Rel. Min. Castro Meira, julg. 19.5.2005. *DJ*, 29.5.2009). Na doutrina: TAHIM JÚNIOR. Ação civil pública *ex delicto*. *Revista de Processo*, p. 44.

Há assim a possibilidade de disciplinar diversos aspectos das ações coletivas ampliando a abrangência e os seus efeitos, com a finalidade de solucionar os graves problemas da interpretação e aplicação das normas existentes de forma esparsa.

Não se desconhece que ainda hoje, apesar de mais de 20 anos de vigência da Lei da Ação Civil Pública a questão da legitimidade e da competência suscitem dúvidas, com o atraso no julgamento do mérito e prejuízos para todos os envolvidos.

Enquanto as ações coletivas não tiverem a efetividade necessária não haverá o efeito de evitar o ajuizamento das ações individuais. O caso do questionamento da cobrança da tarifa básica de assinatura[3] demonstra, ainda, que há necessidade de uma nova disciplina para a pendência de ações individuais quando há o ajuizamento de ações coletivas. Também foi ressaltada a necessidade de modificar a possibilidade da existência de diversas ações coletivas sobre o mesmo objeto, com a revisão do conceito de litispendência no Sistema Único Coletivo.

A opção de readequar o Sistema Único Coletivo com a transformação da Lei da Ação Civil Pública em uma norma geral do sistema terá também outro relevante efeito prático: preparar o ordenamento jurídico para um futuro Código de Processo Coletivo. Uma maior integração das normas que compõem o Sistema Único Coletivo será o primeiro grande passo para tornar possível a aprovação de um Código de Processo Coletivo.

2 O projeto da nova Lei da Ação Civil Pública

O Presidente da República enviou ao Congresso Nacional (Câmara dos Deputados) o Projeto de Lei nº 5.139/2009 que propõe uma nova disciplina para a Ação Civil Pública visando uma adequação do Sistema Único Coletivo frente às transformações econômicas, políticas, tecnológicas e culturais marcantes desde o final do século XX e início deste século XXI, havendo evidentes reflexos na sociedade e não adequadamente disciplinados no Sistema Processual.

Tem-se que o atual Código de Processo Civil não possui mecanismos suficientes para solucionar diversas espécies de demandas da sociedade brasileira, posto que fundado em uma concepção individualista, própria do início da década de 1970, sem qualquer disciplina necessária para a complexidade e especialização exigidas para disciplinar os direitos coletivos, difusos e individuais homogêneos.

---

[3] Cf. BRASIL. Ministério da Justiça. *Tutela judicial dos interesses metaindividuais:* ações coletivas: relatório final, p. 79 *et seq.*

A Lei da Ação Civil Pública (1985) e o Código de Defesa do Consumidor (1990) são textos relevantes para a tutela dos interesses coletivos, mas atualmente insuficientes frente à necessidade de aperfeiçoamento e modernização destes mecanismos de tutela dos direitos coletivos, inclusive frente às atuais posições da doutrina — Código Modelo de processos coletivos para a Ibero América e os três anteprojetos do Código Brasileiro de Processo Coletivo, gestados: a) por professores da Universidade de São Paulo (USP), com participação do Instituto Brasileiro de Direito Processual (IBDP); b) por professores da Universidade Estadual do Rio de Janeiro (UERJ); e c) pelo Prof. Antonio Gidi, além de outras propostas de doutrinadores que inovaram no tema.

Durante o Congresso das Carreiras Jurídicas de Estado, promovido pela Advocacia-Geral da União, realizado no mês de junho de 2008, com participação de representantes das referidas instituições e das suas categorias profissionais, em oficina coordenada pela Secretaria de Reforma do Judiciário, verificou-se a necessidade de aperfeiçoamento da tutela coletiva no Brasil, de um lado, por meio de um amplo debate que reconhecesse o acúmulo de conhecimento teórico de especialistas e, por outro, que recebesse novas sugestões, de forma e conteúdo que possibilitassem uma adequação.

Frente a este cenário, o Ministério da Justiça instituiu pela Portaria n° 2.481/2008, uma Comissão Especial com a finalidade de apresentar uma proposta de readequação e modernização da tutela coletiva, com a seguinte composição: Dr. Rogério Favreto, Secretário de Reforma do Poder Judiciário, Presidente, Luiz Manoel Gomes Junior, relator (ambos coautores do presente trabalho), Ada Pellegrini Grinover, Alexandre Lipp João, Aluisio Gonçalves de Castro Mendes, André da Silva Ordacgy, Anizio Pires Gavião Filho, Antonio Augusto de Aras, Antonio Carlos Oliveira Gidi, Athos Gusmão Carneiro, Consuelo Yatsuda Moromizato Yoshida, Elton Venturi, Fernando da Fonseca Gajardoni, Gregório Assagra de Almeida, Haman de Moraes e Córdova, João Ricardo dos Santos Costa, José Adonis Callou de Araújo Sá, José Augusto Garcia de Souza, Luiz Philippe Vieira de Mello Filho, Luiz Rodrigues Wambier, Petronio Calmon Filho, Ricardo de Barros Leonel, Ricardo Pippi Schmidt e Sergio Cruz Arenhart.

Os trabalhos foram desenvolvidos no período de julho de 2008 até final de março deste ano (2009), com o envio do texto para a Casa Civil que, após alterações, foi remetido ao Congresso Nacional em 27 de março, recebendo o número 5.139/2009, estando sob a relatoria do Deputado Federal Antonio Carlos Biscaia, do Rio de Janeiro, já tendo sido realizada uma Audiência Pública para debates.

3 Algumas das principais inovações propostas

Como adiantado, neste trabalho iremos analisar as principais alterações propostas no Projeto da nova Lei da Ação Civil Pública, destacando as mais relevantes sob a nossa perspectiva.

3.1 A estruturação do Sistema Único Coletivo

Um ponto relevante é a estruturação do Sistema Único Coletivo, pois atualmente há vários sistemas processuais para cada tipo de direito material (consumidor, idoso, criança e adolescente, mercado de capitais etc.), às vezes sem comunicação correta entre eles ou mesmo com disposições contraditórias.

Alguns exemplos demonstram a necessidade desta adequação proposta no Sistema Único Coletivo. O art. 80 do Estatuto do Idoso apenas repete a disposição contida no art. 2º da Lei da Ação Civil Pública. Já o art. 83 do referido texto legal também repete o art. 461 do Código de Processo Civil e art. 84 do Código do Consumidor, como se essas normas já não pudessem ser invocadas na defesa dos idosos.

Consta que a multa fixada em decorrência de desobediência a uma decisão judicial (parágrafo único do art. 84 do Estatuto do Idoso), caso não seja paga voluntariamente, será objeto de demanda executiva a ser ajuizada pelo Ministério Público. Ora, havendo vários legitimados ativos (art. 81. União, Estados, Municípios, OAB e associações) não se justifica restringir a legitimidade para iniciar a demanda executiva apenas ao Ministério Público. E se o Ministério Público ficar inerte? Ninguém poderá executar a multa?

Neste ponto, propõe-se através do Projeto de Lei a revogação dos seguintes dispositivos: Lei nº 7.347, de 24.7.1985; os arts. 3º a 7º da Lei nº 7.853, de 24.10.1989; o art. 3º da Lei nº 7.913, de 7.12.1989; os arts. 209 a 213 e 215 a 224 da Lei nº 8.069, de 13.7.1990; os arts. 81 a 84, 87, 90 a 95, 97 a 100, 103 e 104 da Lei nº 8.078, de 11.9.1990; o art. 88 da Lei nº 8.884, de 11.6.1994; o art. 7º da Lei nº 9.008, de 21.3.1995, na parte em que altera os arts. 82, 91 e 92 da Lei nº 8.078, de 11.9.1990; os arts. 2º e 2º-A da Lei nº 9.494, de 10.9.1997; o art. 54 da Lei nº 10.257, de 10.7.2001; os arts. 4º, na parte em que altera o art. 2º-A da Lei nº 9.494, de 10.9.1997, e art. 6º da Medida Provisória nº 2.180-35, de 24.8.2001; os arts. 74, inciso I, 80 a 89 e 92, da Lei nº 10.741, de 1º.10.2003; e a Lei nº 11.448, de 15.1.2007.

Com a proposta, a futura Lei da Ação Civil Pública passará a ser a norma disciplinadora de todo o Sistema Único Coletivo, atuando como regra geral e, salvo regra específica em outros diplomas (Lei da Ação Popular, Lei de Improbidade Administrativa, Lei do Mandado de Segurança) terá aplicação ampla de forma integradora e sistemática. Neste ponto, o Projeto de Lei propõe, de forma clara, a evidente autonomia do direito processual coletivo, com a adoção de diversos princípios próprios, em seu art. 3º:

> O processo civil coletivo rege-se pelos seguintes princípios:
>
> I - amplo acesso à justiça e participação social;
>
> II - duração razoável do processo, com prioridade no seu processamento em todas as instâncias;
>
> III - isonomia, economia processual, flexibilidade procedimental e máxima eficácia;
>
> IV - tutela coletiva adequada, com efetiva precaução, prevenção e reparação dos danos materiais e morais, individuais e coletivos, bem como punição pelo enriquecimento ilícito;
>
> V - motivação específica de todas as decisões judiciais, notadamente quanto aos conceitos indeterminados;
>
> VI - publicidade e divulgação ampla dos atos processuais que interessem à comunidade;
>
> VII - dever de colaboração de todos, inclusive pessoas jurídicas públicas e privadas, na produção das provas, no cumprimento das decisões judiciais e na efetividade da tutela coletiva;
>
> VIII - exigência permanente de boa-fé, lealdade e responsabilidade das partes, dos procuradores e de todos aqueles que de qualquer forma participem do processo; e
>
> IX - preferência da execução coletiva.

3.2 Ampliação dos direitos coletivos tuteláveis pela Ação Civil Pública

Com a aprovação do Projeto de Lei diversas categorias de direitos coletivos poderão ser defendidos através da Ação Civil Pública, potencializando seus efeitos e, ainda, atuando como forma de incentivar a especialização dos entes legitimados para o seu ajuizamento.

Dentre os direitos previstos devem ser apontados:

> I - do meio ambiente, da saúde, da educação, do trabalho, do desporto, da segurança pública, dos transportes coletivos, da assistência jurídica integral e da prestação de serviços públicos;

II - do consumidor, do idoso, da infância e juventude e das pessoas portadoras de deficiência;

III - da ordem social, econômica, urbanística, financeira, da economia popular, da livre concorrência, do patrimônio público e do erário;

IV - dos bens e direitos de valor artístico, cultural, estético, histórico, turístico e paisagístico; e além de quaisquer outros interesses ou direitos difusos, coletivos ou individuais homogêneos. (inciso V)

3.3 Adequação e estruturação do rol de legitimados

A nosso ver, nas Ações Coletivas estará sempre presente uma *legitimação processual coletiva* que é, justamente, a possibilidade de almejar a proteção dos direitos coletivos *lato sensu* (difusos, coletivos e individuais homogêneos), ainda que haja coincidência entre os interesses próprios de quem atua com os daqueles que serão, em tese, beneficiados com a decisão a ser prolatada.

Haverá assim no caso dos entes legitimados para atuar no polo ativo das ações coletivas, *sempre*, uma *legitimação processual coletiva*. Esta é a denominação que propomos, afastando a classificação fundamentada no tipo de interesse protegido.[4]

Em primeiro lugar, desde já deve ser destacado que a Comissão, nomeada pelo Ministro da Justiça Tarso Genro, visando a elaboração do projeto da nova Lei da Ação Civil Pública (Portaria nº 2.481/2008. *DOU*, 10.12.2008) optou pela mais ampla legitimidade para a defesa dos direitos coletivos.

Caso haja a opção por alguma forma de restrição, em princípio, deve a mesma ser apresentada pela doutrina e pela jurisprudência, salvo quando houver expressa limitação na própria lei.

A Comissão, na verdade, ratificou a anterior posição no sentido de manter o amplo rol dos entes legitimados para o ajuizamento das ações coletivas de um modo geral. De todas as ações coletivas, as duas únicas que possuem legitimação restrita continuaram sendo mesmo a Ação Popular, já que somente o cidadão é quem pode se utilizar de tal meio de

---

[4] Ao contrário da posição de Humberto Theodoro Júnior (*O mandado de segurança segundo a Lei nº 12.016, de 07 de agosto de 2009*, p. 46, 54), entendemos que nem no Mandado de Segurança Coletivo, nem nas demais Ações Coletivas, existe a figura da *substituição processual* prevista no art. 6º do Código de Processo Civil, isso porque o legitimado coletivo também atua em nome próprio e na defesa dos direitos coletivos. Aliás, apesar de não ser realmente usual, o próprio direito material pode ser de titularidade daquele que o defende em sede coletiva (Ação Popular, p. ex.). Se há uma *feição particular* no instituto da substituição processual, como defendido pelo referido autor, é justamente por não se tratar da figura disciplinada no Código de Processo Civil.

impugnação,[5] ao menos de início, pois pode haver o seu prosseguimento pelo Ministério Público, na hipótese do art. 9º da Lei nº 4.717/65, e a Ação de Improbidade Administrativa, restrita ao Ministério Público e à pessoa jurídica de direito público interessada (art. 17, Lei nº 8.429/92).

Nas demais, estarão legitimados desde os entes de direito público interno, como associações, Ministério Público, autarquias, fundações e sociedades de economia mista.

Assim, a regra na exegese dos textos que disciplinam as Ações Coletivas — e a do Projeto de Lei — é ampliativa, pois, evidente é o interesse em ampliar o rol daqueles que podem ajuizar tais demandas, posição esta que foi ratificada pela Comissão na elaboração do anteprojeto.

Restou ratificada a legitimidade ampla da Defensoria Pública, com a ampliação daquela anteriormente conferida à Ordem dos Advogados do Brasil, com maior destaque aos partidos políticos, que passam a poder atuar na defesa dos direitos coletivos de forma mais abrangente. Cabe ainda, defender a conveniência e importância da inclusão das Mesas diretoras das casas legislativas por sua representatividade social, conforme sugerido no anteprojeto da Comissão Especial do Ministério da Justiça.

3.4 Modificação das regras de competência

Ao contrário da disciplina adotada pelo Código de Processo Civil, mais adequada para litígios individuais, as Ações Coletivas pela atual Lei da Ação Civil Pública adotou a opção por uma sistemática diferenciada, privilegiando a defesa dos interesses difusos, coletivos e individuais homogêneos.

Segundo a correta ponderação de Motauri Ciocchetti de Souza,[6] no caso das Ações Coletivas, deve o intérprete analisar as questões envolvendo a competência do órgão julgador sob a ótica de *critérios próprios* e *específicos*, considerando as particularidades de tal espécie de tutela jurisdicional.

A Ação Civil Pública, nos termos do art. 2º da Lei nº 7.347/85, deverá ser ajuizada perante o órgão jurisdicional do local onde ocorrer o dano, sendo hipótese de competência funcional,[7] já que "(...) possui melhores

---

[5] Sobre qual deve ser o atual conceito de cidadão, cf. GOMES JUNIOR. *Ação popular*: aspectos polêmicos: Lei de Responsabilidade Fiscal, improbidade administrativa, danos causados por liminares e outros pontos relevantes.

[6] SOUZA. *Ação civil pública*: competência e efeitos da coisa julgada, p. 96.

[7] Conforme anotado por Hugo Nigro Mazzilli (*A defesa dos interesses difusos em juízo*: meio ambiente, consumidor, patrimônio cultural, patrimônio público e outros interesses, p. 212), mais técnico o Estatuto da Criança e Adolescente que utilizou a expressão competência absoluta (art. 209).

condições — quando em cotejo com qualquer de seus pares — de exercer a função jurisdicional no caso concreto, mercê de presumido conhecimento dos fatos e maior facilidade na coleta e obtenção das provas necessárias para deslindá-lo".[8]

Conforme anotado por Rodolfo de Camargo Mancuso, o art. $2^{\underline{o}}$ da Lei nº 7.347/85 disciplina hipótese de *competência absoluta*, já que "(...) improrrogável e inderrogável, porque firmada em razões de ordem pública, onde se prioriza o interesse do próprio processo. Em princípio, prevalece o interesse das partes apenas quando se trata de distribuição territorial da competência (competência de foro)".[9]

Na correta ponderação de Cássio Scarpinella Bueno, a "(...) competência absoluta distingue-se da relativa pela presença ou não do interesse público na sua fixação. Disto decorrem seus respectivos regimes jurídicos",[10] sendo que a competência absoluta é um pressuposto de validade do processo.

A opção do legislador é justificável, já que no local onde ocorrer o dano haverá maior facilidade para a colheita dos elementos probatórios, com menor custo e maior possibilidade de uma rápida solução.[11] Havendo mais de um juiz competente, no mesmo local, resolve-se pelo critério da prevenção, ou seja, aquele que primeiro conhecer da causa, ou seja, despachar determinando a citação.[12] Mas e se houver interesse da União ou de suas autarquias, p. ex., haverá o deslocamento da competência para a Justiça Federal (art. 109 da CF-88).

Conforme anotado por Patricia Miranda Pizzol:

A interpretação dada aos dois artigos" (art. $2^{\underline{o}}$ da Lei da Ação Civil Pública e art. 93, inciso I do Código do Consumidor) "é no sentido de que a ação coletiva deve ser promovida no local onde ocorreu ou deva ocorrer o dano, ou seja, na Justiça Estadual (justiça local); em caso de intervenção da União ou interesse da União, a competência passa a ser da Justiça Federal, conforme o art. 109 da CF (seção judiciária do local do dano). A competência é territorial funcional, ou seja, absoluta e improrrogável.[13]

---

[8] SOUZA. *Ação civil pública*: competência e efeitos da coisa julgada, p. 94.

[9] MANCUSO. *Ação civil pública*: em defesa do meio ambiente, do patrimônio cultural e dos consumidores: Lei 7.347/1985 e legislação complementar, p. 69.

[10] BUENO. *Curso sistematizado de direito processual civil*, v. 1, p. 12.

[11] No mesmo sentido, MANCUSO. *Ação civil pública*: em defesa do meio ambiente, do patrimônio cultural e dos consumidores: Lei 7.347/1985 e legislação complementar, p. 66.

[12] Art. $5^{\underline{o}}$, $\S 3^{\underline{o}}$, da Lei da Ação Popular e art. 106 do Código de Processo Civil – RSTJ nº 10/462 e STJ-RT nº 653/216 (BRASIL. *Código de processo civil e legislação processual em vigor*, p. 204, nota art. 106:1b).

[13] PIZZOL. *A competência no processo civil*, p. 572-573.

A Comissão responsável pela redação do anteprojeto — posição acolhida no Projeto de Lei — manteve a anterior opção da atual Lei da Ação Civil Pública, mas com um evidente aperfeiçoamento:

> Art. 4º É competente para a causa o foro do local onde ocorreu ou deva ocorrer o dano ou o ilícito, aplicando-se as regras da prevenção e da competência absoluta.
>
> §1º Se a extensão do dano atingir a área da capital do Estado, será esta a competente; se também atingir a área do Distrito Federal será este o competente, concorrentemente com os foros das capitais atingidas.
>
> §2º A extensão do dano será aferida, em princípio, conforme indicado na petição inicial.
>
> §3º Havendo, no foro competente, juízos especializados em razão da matéria e juízos especializados em ações coletivas, aqueles prevalecerão sobre estes.

Restou mantida a competência do local do ilícito — termo mais preciso que *dano*, o que por sinal pode nem existir nas ações de natureza preventiva. Contudo, se o dano atingir área de Capital de Estado passará esta a ser a competente, passando o Distrito Federal a concorrer com as demais capitais no caso de dano de âmbito nacional em igualdade de condições. Sendo o dano de âmbito nacional a competência será sempre de uma das capitais — qualquer uma — do país delimitando a competência pela prevenção (art. 5º).[14]

Também houve a opção por delimitar a extensão do dano nos termos indicados na inicial, na medida em que o autor terá melhores condições de prever. Mas se posteriormente restar verificado que a capital será atingida, haverá o deslocamento de competência frente aos termos do §1º do art. 4º.

3.5 A coisa julgada coletiva

No Código de Processo Civil, o instituto processual da coisa julgada é disciplinado pelos arts. 467 e seguintes. O conceito de coisa julgada é legal: "denomina-se coisa julgada material a eficácia, que torna imutável e indiscutível a sentença, não mais sujeita a recurso ordinário ou extraordinário".

---

[14] MENDES. *Ações coletivas*: no direito comparado e nacional, p. 245-246.

José Carlos Barbosa Moreira[15] entende que a coisa julgada é uma *qualidade da sentença*, porém acrescenta que o que adquire o selo da imutabilidade é o seu conteúdo. Assim, o que é revestido pela autoridade da coisa julgada é a "nova situação jurídica decorrente da sentença" uma vez que os efeitos da mesma são possíveis de modificação.

Na Ação Civil Pública, a coisa julgada é prevista no art. 16 da Lei nº 7.347/85, disciplinando, apenas, que produzirá efeitos *erga omnes* nos limites territoriais do órgão prolator, salvo no caso de improcedência por *insuficiência* de provas, sendo que em tal hipótese poderá haver o ajuizamento de idêntica demanda, ou seja, com as mesmas partes — ainda que seja outro legitimado —, pedido e causa de pedir, desde que embasado em nova prova.[16]

Nelson Nery Junior afirma, com indiscutível razão, que a forma tradicional da coisa julgada foi afastada nas Ações Coletivas, pois, estabeleceu-se um sistema *secundum eventum litis*. Em suas palavras:

> Nas ações coletivas com pedido de natureza difusa ou coletiva, a coisa julgada será *erga omnes*, ou ultra partes (mas limitada ao grupo ou categoria). No caso de improcedência por insuficiência de provas, não haverá autoridade de coisa julgada, a exemplo do que ocorre no sistema da ação popular constitucional. Isto quer dizer que o próprio autor ou qualquer outro co-legitimado poderá repropor a ação, *valendo-se de nova prova.*[17] (grifos nossos)

Na verdade, existe atualmente uma nova categoria de coisa julgada *secundum eventum probationis*, já que a existência, ou não, de prova é que tornará realmente imutável a coisa julgada, impedindo a repropositura da mesma demanda. Este sistema é antigo já que previsto desde a Lei da Ação Popular (art. 18, Lei nº 4.717/65).

No sensível tema da coisa julgada foi seguida a posição do Superior Tribunal de Justiça, ou seja, no sentido de ser a mesma ampla, independentemente da competência territorial do órgão julgador afastando o regime previsto no art. 16, da atual Lei da Ação Civil Pública:

> Art. 16. A sentença civil fará coisa julgada *erga omnes*, nos limites da competência territorial do órgão prolator, exceto se o pedido for julgado

---

[15] Cf. MOREIRA. A ação popular do direito brasileiro como instrumento de tutela jurisdicional dos chamados interesses difusos. In: MOREIRA. *Temas de direito processual*.

[16] Hugo Nigro Mazzilli (*A defesa dos interesses difusos em juízo*: meio ambiente, consumidor, patrimônio cultural, patrimônio público e outros interesses, p. 422). Analisando o tema no atual sistema, Paulo Eduardo Lépore (Extensão subjetiva da coisa julgada no direito processual civil coletivo. *Revista de Processo*, p. 9-37) traz bons argumentos no sentido de criticar o modelo atual.

[17] NERY JUNIOR. O processo civil no Código de Defesa do Consumidor. *Revista de Processo*, p. 29.

improcedente por insuficiência de provas, hipótese em que qualquer legitimado poderá intentar outra ação com idêntico fundamento, valendo-se de nova prova.

Os efeitos da Ação Civil Pública, pela sua natureza coletiva, são *erga omnes*, ou seja, atingem a todos que estejam na referida categoria jurídica:

> A distinção, defendida inicialmente por Liebman, entre os conceitos de eficácia e de autoridade da sentença, torna inócua a limitação territorial dos efeitos da coisa julgada estabelecida pelo art. 16 da LAP. A coisa julgada é meramente a imutabilidade dos efeitos da sentença. Mesmo limitada aquela, os efeitos da sentença produzem-se *erga omnes*, para além dos limites da competência territorial do órgão julgador.[18]

A regra passará a ser que "(...) a sentença no processo coletivo fará coisa julgada erga omnes, independentemente da competência territorial do órgão prolator ou do domicílio dos interessados", na linha da posição do Superior Tribunal de Justiça e sem as inadequadas limitações do art. 16 da atual Lei da Ação Civil Pública.

Na doutrina já há a adesão de Rodolfo de Camargo Mancuso,[19] com bons argumentos no sentido de criticar o atual sistema da Lei da Ação Civil Pública.

Pela proposta restará afastada a categoria da coisa julgada *secundum eventum probationis* na medida em que será criada uma ação revisional no art. 38 do Projeto de Lei:

> Na hipótese de sentença de improcedência, havendo suficiência de provas produzidas, qualquer legitimado poderá intentar ação revisional, com idêntico fundamento, no prazo de um ano contado do conhecimento geral da descoberta de prova técnica nova, superveniente, que não poderia ser produzida no processo, desde que idônea para mudar seu resultado.

Haja ou não prova suficiente, seja para o acolhimento (§1º), seja para a rejeição do pedido em Ação Coletiva poderá haver o ajuizamento de nova demanda, desde que haja a descoberta de prova nova. O efeito

---

[18] STJ. REsp. nº 411.529/SP. Rel. Min. Nancy Andrighi, julg. 24.6.2008. *DJ*, 5.8.2008.

[19] MANCUSO. *Ação civil pública*: em defesa do meio ambiente, do patrimônio cultural e dos consumidores: Lei 7.347/1985 e legislação complementar, p. 349, inclusive com menção ao Projeto de Lei.

será o de uma Ação Rescisória, só que tramita desde o início em 1º grau, mas com a possibilidade de afastar os efeitos da anterior decisão prolatada em ação coletiva.

De outro lado, desde que haja a devida comunicação aos membros do grupo interessado, "não serão admitidas novas demandas individuais relacionadas com interesses ou direitos individuais homogêneos, quando em ação coletiva houver julgamento de improcedência em matéria exclusivamente de direito, sendo extintos os processos individuais anteriormente ajuizados" (art. 34, §3º).

A opção realmente pode causar alguma perplexidade, mas temos vários pontos positivos nesta inovadora proposta:

a) haverá a necessidade de comunicação adequada da existência da Ação Coletiva (art. 34, parágrafos 3º e 4º) sob responsabilidade do réu;

b) o efeito é apenas na parte relativa a matéria de direito — pontos ou questões de fato podem ser resolvidos de forma individual, se o caso;

c) evita a *loteria judiciária*, na medida em que a decisão será igualitária para todos os membros do grupo;

d) traz evidente economia processual pois afasta a necessidade de ajuizar centenas ou milhares de ações idênticas com perda de tempo para todos os interessados, especialmente para o Sistema Jurídico;[20] e

e) haverá a suspensão das ações individuais, aguardando o resultado coletivo.[21]

Assim, em relação aos interesses ou direitos individuais homogêneos, propõe-se um regime da coisa julgada *pro et contra*, restrita à matéria exclusivamente de direito, de modo a atingir a solução da controvérsia de

---

[20] MENDES. *Ações coletivas*: no direito comparado e nacional, p. 285.

[21] Mesmo sem expressa previsão legal, o Superior Tribunal de Justiça, com bons argumentos, entendeu que não viola a lei, ou o Sistema Único Coletivo, a decisão que determina a suspensão das ações individuais, aguardando assim o resultado de uma ação coletiva anteriormente ajuizada: "Recurso repetitivo. Ação Civil Pública. Suspensão. Ação individual. A Seção, ao apreciar REsp submetido ao regime do art. 543-C do CPC e da Res. n. 8/2008-STJ, por maioria, firmou o entendimento de que, ajuizada a ação coletiva atinente à macro lide geradora de processos multitudinários, admite-se a sustação de ações individuais no aguardo do julgamento da ação coletiva. Quanto ao tema de fundo, o Min. Relator explica que se deve manter a suspensão dos processos individuais determinada pelo Tribunal *a quo* à luz da legislação processual mais recente, principalmente ante a Lei dos Recursos Repetitivos (Lei n. 11.672/2008), sem contradição com a orientação antes adotada por este Superior Tribunal nos termos da legislação anterior, ou seja, que só considerava os dispositivos da Lei da Ação Civil Pública. Observa, ainda, entre outros argumentos, que a faculdade de suspensão nos casos multitudinários abre-se ao juízo em atenção ao interesse público de preservação da efetividade da Justiça, que fica praticamente paralisada por processos individuais multitudinários, contendo a mesma lide. Dessa forma, torna-se válida a determinação de suspensão do processo individual no aguardo do julgamento da macro lide trazida no processo de ação coletiva embora seja assegurado o direito ao ajuizamento individual" (REsp nº 1.110.549/RS. Rel. Min. Sidnei Beneti, julg. 28.10.2009).

forma definitiva, vedado o ajuizamento de novas ações individuais para rediscutir o que anteriormente decidido em sede coletiva, o que tenderá a evitar a repetição indiscriminada de demandas individuais com o mesmo objeto, ressalvando sempre a possibilidade de o interessado propor e prosseguir com sua demanda individual, antes do resultado final.

3.6 Readequação do ônus da prova

O sistema proposto possui inúmeras inovações no art. 20 do Projeto de Lei:

> Art. 20. Não obtida a conciliação ou quando, por qualquer motivo, não for utilizado outro meio de solução do conflito, o juiz, fundamentadamente: (...).
>
> III - fixará os pontos controvertidos, decidirá as questões processuais pendentes e determinará as provas a serem produzidas;
>
> IV - distribuirá a responsabilidade pela produção da prova, levando em conta os conhecimentos técnicos ou informações específicas sobre os fatos detidos pelas partes ou segundo a maior facilidade em sua demonstração;
>
> V - poderá ainda distribuir essa responsabilidade segundo os critérios previamente ajustados pelas partes, desde que esse acordo não torne excessivamente difícil a defesa do direito de uma delas;
>
> VI - poderá, a todo momento, rever o critério de distribuição da responsabilidade da produção da prova, diante de fatos novos, observado o contraditório e a ampla defesa;
>
> VII - esclarecerá as partes sobre a distribuição do ônus da prova; e
>
> VIII - poderá determinar de ofício a produção de provas, observado o contraditório.

A primeira inovação é a distribuição do ônus da prova que levará em consideração quem possui melhor conhecimento técnico ou informações específicas sobre os fatos.[22] A regra potencializará o princípio da colaboração no processo pelas partes, inclusive podendo essas deliberarem sobre a referida distribuição, sempre sob o controle do julgador e do Ministério Público (se atuar como fiscal da Ordem Jurídica)

---

[22] Lembrando que o direito à prova nunca será absoluto: "Porém, o direito público subjetivo à prova não é absoluto e pode ser restrito em cada processo, segundo as noções de relevância, pertinência, necessidade, utilidade, admissibilidade, razoabilidade, proporcionalidade e efetividade (...)" (CAMBI. *Direito constitucional à prova no processo civil*, v. 3, p. 46).

para que não seja imputada a uma delas a prática de ato que seja difícil para a defesa do direito.

Restará também ao juiz — sempre de forma devidamente motivada — alterar a distribuição do ônus da prova, sempre que houver a presença de fatos novos, com a observância do prévio contraditório. Ficará também positivada a possibilidade de determinação no sentido de que certa prova seja realizada por determinação judicial, especialmente por ser o julgador o destinatário da mesma.[23]

3.7 Aperfeiçoamento do Sistema de Execução das Tutelas Coletivas

Restou proposto também um aperfeiçoamento do Sistema de Execução das Tutelas Coletivas, inclusive com o incentivo aos meios alternativos de solução de controvérsias coletivas, em juízo ou extrajudicialmente, mediante o acompanhamento do Ministério Público e do Poder Judiciário em dois dispositivos.

No art. 40 resta delimitada a competência do juízo da ação de conhecimento ou mesmo do local do dano — que em regra coincidirão — ou em local onde estejam bens sujeitos à constrição. A opção será sempre pelo local em que o direito coletivo puder ser melhor defendido (liquidado e executado).

A legitimidade para a liquidação e execução será de qualquer colegitimado, sempre com a preferência daquele que tiver ajuizado a ação de conhecimento, ainda que este ponto não esteja expresso no Projeto de Lei, pois decorre deste sistema.

Já no art. 57 do Projeto de Lei há a inovadora proposta de se criar um Sistema Extrajudicial de Prevenção e Reparação de Danos, possibilitando àquele que será demandado em uma ação coletiva propor uma forma de reparação do dano, sempre com acompanhamento do Ministério Público e o controle judicial:

> Art. 57. O demandado, a qualquer tempo, poderá apresentar em juízo proposta de prevenção ou reparação de danos a interesses ou direitos difusos, coletivos ou individuais homogêneos, consistente em programa extrajudicial.

---

[23] "Assim, lícita e jurídica se mostra a decisão que, motivadamente, entendeu desnecessária a realização de nova perícia, porquanto proferida no exercício dos poderes instrutórios do juiz (CPC, art. 131). Com efeito, a livre apreciação da prova, desde que em decisão fundamentada, considerados os elementos existentes nos autos, é um dos cânones do nosso sistema processual (STJ. REsp nº 7.870/SP. Rel. Min. Sálvio de Figueiredo. 4ª Turma. *DJU*, 3.2.92, p. 469)" (TJSP. Ap. Cível nº 258.003-5/0-00, Guarujá/SP. Rel. Des. Ricardo Lewandowski, julg. 19.2.2003. *LEX* 265, p. 230-231).

3.8 Nova disciplina para a destinação dos valores originários das ações coletivas

Tema relevante reside na disciplina relacionada com a utilização dos valores resultantes de condenações originárias de ações coletivas. A atual Lei da Ação Civil Pública prevê em seu art. 13 que o produto da condenação em dinheiro será revertido a um *fundo*.

O Projeto de Lei traz duas inovações, a primeira delas, mais relevante, permite que a sociedade delibere sobre a forma de utilização dos valores originários de condenações de Ação Civil Pública, inclusive através de audiência pública:

> Art. 46. Havendo condenação em pecúnia, inclusive decorrente de dano moral coletivo, originária de ação relacionada com interesses ou direitos difusos e coletivos, a quantia será depositada em juízo, devendo ser aplicada na recuperação específica dos bens lesados ou em favor da comunidade afetada.
>
> §1º O legitimado coletivo, com a fiscalização do Ministério Público, deverá adotar as providências para a utilização do valor depositado judicialmente, inclusive podendo postular a contratação de terceiros ou o auxílio do Poder Público do local onde ocorreu o dano.
>
> §2º Na definição da aplicação da verba referida no caput, serão ouvidos em audiência pública, sempre que possível, os membros da comunidade afetada.

Nada mais correto que a população atingida pela ilegalidade/ dano causado e questionado na Ação Civil Pública receba os benefícios originários do acolhimento do pedido. Não havia e nem há sentido em determinar a remessa do produto da condenação para um fundo quando é possível a recuperação do bem lesado ou haja uma forma de atenuar os prejuízos da comunidade atingida.

Foi mantido o Fundo de Direitos Coletivos:

> Art. 66. As multas administrativas originárias de violações dos direitos ou interesses difusos, coletivos ou individuais homogêneos reverterão a fundo gerido por conselho federal ou por conselhos estaduais de que participarão necessariamente o Ministério Público e representantes da sociedade civil, sendo seus recursos destinados à reconstituição dos bens lesados e a projetos destinados à prevenção ou reparação dos danos.
>
> Parágrafo único. Sem prejuízo do disposto no art. 46, poderá o juiz, após prévia oitiva das partes interessadas, atendidas as especificidades

da demanda e o interesse coletivo envolvido, destinar o produto da condenação em dinheiro originária de ação coletiva para o fundo previsto no caput.

Em regra o referido fundo irá receber as multas originárias do CADE. O importante é que houve a opção pela reconstituição do bem lesado ou que sejam atenuadas as consequências infringidas à comunidade afetada.

3.9 Cadastros nacionais: inquéritos civis e compromissos de ajustamento de conduta (CNMP) e ações civis públicas (CNJ)

Outro ponto que será crucial para o aperfeiçoamento do Sistema Coletivo Brasileiro e para o correto funcionamento da sistemática proposta no Projeto de Lei são os cadastros de inquéritos civis, dos compromissos de ajustamento de condutas e das ações coletivas de um modo geral:

> Art. 53. O Conselho Nacional de Justiça organizará e manterá o Cadastro Nacional de Processos Coletivos, com a finalidade de permitir que os órgãos do Poder Judiciário e os interessados tenham amplo acesso às informações relevantes relacionadas com a existência e o estado das ações coletivas. (...)

> Art. 54. O Conselho Nacional do Ministério Público organizará e manterá o Cadastro Nacional de Inquéritos Civis e de Compromissos de Ajustamento de Conduta, com a finalidade de permitir que os órgãos do Poder Judiciário, os co-legitimados e os interessados tenham amplo acesso às informações relevantes relacionadas com a abertura do inquérito e a existência do compromisso.

Não há qualquer sentido que no direito brasileiro não haja controle sobre a quantidade e o objeto das diversas ações coletivas em tramitação, havendo total desconhecimento pelos operadores do direito a respeito de tais dados.

Com a criação do Cadastro de Ações Coletivas, a sua consulta será uma condição de procedibilidade da ação,[24] evitando o ajuizamento em duplicidade de demandas, o que caracterizaria a litispendência ("A inicial deverá ser instruída com comprovante de consulta ao cadastro nacional de processos coletivos, de que trata o caput do art. 53 desta

---

[24] Reformulamos nossa posição anterior no sentido de ser uma condição da ação.

Lei, sobre a inexistência de ação coletiva que verse sobre bem jurídico correspondente". Art. 10, §2º), ainda que o resultado seja a reunião dos processos coletivos e não a extinção de um deles.

4 Conclusões

O que se verifica é que através do Projeto da nova Lei da Ação Civil Pública haverá uma completa alteração do Sistema Processual, com futuros reflexos inclusive no direito processual civil individual, com a adoção de novos paradigmas para o Brasil do Século XXI.

A proposta veiculada no Projeto de Lei é generosa para com a sociedade brasileira, com soluções inovadoras e que poderá sofrer algumas resistências.

Claro que sempre poderá haver o risco de involuções — efeito colateral decorrente do próprio debate democrático —, mas o certo é que não podemos deixar de tentar evoluir ou aperfeiçoar apenas com receio do novo, da alteração da situação atual.

Não se pode olvidar que o atual Sistema Único Coletivo mostra-se insuficiente para as atuais demandas coletivas do Brasil. Apesar dos benefícios inegáveis na defesa dos direitos coletivos que foram obtidos nestes vários anos, desde a Lei da Ação Popular (1965) até a atual Lei da Ação Civil Pública (1985) e o Código do Consumidor (1990), é hora de avançar e esta é a proposta básica do Projeto de Lei nº 5.139/2009 em tramitação na Câmara dos Deputados.

Referências

ALMEIDA, Gregório Assagra de. *Direito processual coletivo brasileiro*: um novo ramo do direito processual. São Paulo: Saraiva, 2003.

BEDAQUE, José Roberto dos Santos. *Direito e processo*: influência do direito material sobre o processo. São Paulo: Malheiros, 1995.

BITTAR, Carlos Alberto. Interesses difusos. *Revista dos Tribunais*, v. 89, n. 782, p. 739-747, dez. 2000.

BRASIL. *Código de processo civil e legislação processual em vigor*. Organização, seleção e notas: Theotônio Negrão, com a colaboração de José Roberto Ferreira Gouvêa. 31. ed. atual. até 5 de janeiro de 2000. São Paulo: Saraiva, 2000.

BRASIL. Ministério da Justiça. *Tutela judicial dos interesses metaindividuais*: ações coletivas: relatório final. Brasília: Secretaria de Reforma do Judiciário; CEBEPEJ, 2007.

BUENO, Cassio Scarpinella. *Curso sistematizado de direito processual civil*. São Paulo: Saraiva, 2007. v. 1. Teoria geral do direito processual civil.

CALMON DE PASSOS, José Joaquim. *Mandado de segurança coletivo, mandado de injunção, habeas data*: constituição e processo. Rio de Janeiro: Forense, 1989.

CAMBI, Eduardo. *Direito constitucional à prova no processo civil*. São Paulo: Revista dos Tribunais, 2001.

CANARIS, Claus-Wilhelm. *Pensamento sistemático e conceito de sistema na ciência do direito*. Tradução de Antonio Menezes Cordeiro. Lisboa: Fundação Calouste Gulbenkian, 1989.

DIDIER JR., Fredie. O controle jurisdicional da legitimação coletiva e as ações coletivas passivas (o art. 82 do CDC). In: MAZZEI, Rodrigo; NOLASCO, Rita Dias (Coord.). *Processo civil coletivo*. São Paulo: Quartier Latin, 2005.

DINAMARCO, Pedro da Silva. Las acciones colectivas pasivas en el Código Modelo de procesos colectivos para Iberoamérica. In: GIDI, Antonio; MAC-GREGOR, Eduardo Ferrer (Coord.). *La tutela de los derechos difusos, colectivos e individuales homogéneos*: hacia un código modelo para Iberoamérica. México: Porrúa, 2003.

FERRAZ, Sérgio. *Mandado de segurança*: individual e coletivo: aspectos polêmicos. 3. ed. rev., atual. e ampl. São Paulo: Malheiros, 1996.

FRANCO, Fábio Luis; MARTINS, Antonio Darienso. A ação civil pública como instrumento de controle das políticas públicas. *Revista de Processo*, v. 31, n. 135, p. 34-70, maio 2006.

GIDI, Antonio. *Coisa julgada e litispendência em ações coletivas*: mandado de segurança coletivo, ação coletiva de consumo, ação coletiva ambiental, ação civil pública, ação popular. São Paulo: Saraiva, 1995.

GIDI, Antonio; MAC-GREGOR, Eduardo Ferrer (Coord.). *La tutela de los derechos difusos, colectivos e individuales homogéneos*: hacia un código modelo para Iberoamérica. México: Porrúa, 2003.

GOMES JUNIOR, Luiz Manoel. Ação popular, alteração do pólo jurídico da relação processual: considerações, parecer jurídico. *Revista de Processo*, v. 30, n. 125, p. 183-194, jul. 2005.

GOMES JUNIOR, Luiz Manoel. *Ação popular*: aspectos polêmicos: Lei de Responsabilidade Fiscal, improbidade administrativa, danos causados por liminares e outros pontos relevantes. 2. ed. rev., ampl. e atual., inclusive com referências às Leis n. 10.352/01, 10.358/01 e 10.444/02 – Reforma do Código de Processo Civil. Rio de Janeiro: Forense, 2004.

GRINOVER, Ada Pellegrini. Mandado de segurança coletivo: legitimação e objeto. *Revista de Processo*, v. 15, n. 57, p. 96-101, jan./mar. 1990.

LENZA, Pedro. *Teoria geral da ação civil pública*. São Paulo: Revista dos Tribunais, 2003.

MANCUSO, Rodolfo de Camargo. *Ação civil pública*: em defesa do meio ambiente, do patrimônio cultural e dos consumidores: Lei 7.347/1985 e legislação complementar. 11. ed. rev. e atual. São Paulo: Revista dos Tribunais, 2009.

MANCUSO, Rodolfo de Camargo. O município enquanto co-legitimado para a tutela dos interesses difusos. *Revista de Processo*, v. 12, n. 48, p. 45-63, out./dez. 1987.

MAZZEI, Rodrigo; NOLASCO, Rita Dias (Coord.). *Processo civil coletivo*. São Paulo: Quartier Latin, 2005.

MAZZILLI, Hugo Nigro. *A defesa dos interesses difusos em juízo*: meio ambiente, consumidor, patrimônio cultural, patrimônio público e outros interesses. 15. ed. rev., ampl. e atual. São Paulo: Saraiva, 2002.

MENDES, Aluisio Gonçalves de Castro. *Ações coletivas*: no direito comparado e nacional. 2. ed. rev., atual. e ampl. São Paulo: Revista dos Tribunais, 2010.

MILARÉ, Édis (Coord.). *Ação civil pública*: Lei 7.347/1985: 15 anos. São Paulo: Revista dos Tribunais, 2001.

MOREIRA, José Carlos Barbosa. A ação popular do direito brasileiro como instrumento de tutela jurisdicional dos chamados interesses difusos. In: MOREIRA, José Carlos Barbosa. *Temas de direito processual*. São Paulo: Saraiva, 1977.

MOREIRA, José Carlos Barbosa. Ações coletivas na Constituição Federal de 1988. *Revista de Processo*, v. 16, n. 61, p. 187-200, jan./mar. 1991.

MOREIRA, José Carlos Barbosa. *Comentários ao Código de Processo Civil*: Lei nº 5.869, de 11 de janeiro de 1973. 14. ed. rev. e atual. Rio de Janeiro: Forense, 2008. v. 5, arts. 476 a 565.

MOREIRA, José Carlos Barbosa. *Temas de direito processual*. São Paulo: Saraiva, 1977.

NERY JUNIOR, Nelson. O processo civil no Código de Defesa do Consumidor. *Revista de Processo*, v. 16, n. 61, p. 24-35, jan./mar. 1991.

NERY JUNIOR, Nelson; NERY, Rosa Maria de Andrade. *Código de Processo Civil comentado e legislação extravagante*: atualizado até 1º de outubro de 2007. 10. ed. rev., atual. e ampl. São Paulo: Revista dos Tribunais, 2007.

PIZZOL, Patricia Miranda. *A competência no processo civil*. São Paulo: Revista dos Tribunais, 2003.

PONTES DE MIRANDA, Francisco Cavalcanti. *Comentários à Constituição de 1946*. 2. ed. rev. e aum. São Paulo: M. Limonad, 1953. v. 4, arts. 141 a 156.

ROCHA, Luciano Velasque. *Ações coletivas*: o problema da legitimidade para agir. Rio de Janeiro: Forense, 2007.

SHIMURA, Sérgio. *Tutela coletiva e sua efetividade*. São Paulo: Método, 2006.

SOUZA, Motauri Ciocchetti de. *Ação civil pública*: competência e efeitos da coisa julgada. São Paulo: Malheiros, 2003.

TAHIM JÚNIOR, Anastácio Nóbrega. Ação civil pública *ex delicto*. *Revista de Processo*, v. 29, n. 115, p. 28-54, maio/jun. 2004.

THEODORO JÚNIOR, Humberto. *O mandado de segurança segundo a Lei nº 12.016, de 07 de agosto de 2009*. Rio de Janeiro: Forense, 2009.

VENTURI, Elton. *Processo civil coletivo*: a tutela jurisdicional dos direitos difusos, coletivos e individuais homogêneos no Brasil: perspectivas de um código brasileiro de processos coletivos. São Paulo: Malheiros, 2007.

VIGLIAR, José Marcelo Menezes. *Interesses individuais homogêneos e seus aspectos polêmicos*: causa de pedir e pedido, ação civil pública ou coletiva, eficácia do procedimento previsto no CDC. São Paulo: Saraiva, 2003.

VIGORITI, Vincenzo. *Interessi collettivi e processo*: la legittimazione ad agire. Milano: Giuffrè, 1979.

ZANETI JUNIOR, Hermes. *Mandado de segurança coletivo*: aspectos processuais controversos. Porto Alegre: Sergio Antonio Fabris, 2001.

ZAVASCKI, Teori Albino. *Eficácia das sentenças na jurisdição constitucional*. São Paulo: Revista dos Tribunais, 2001.

ZAVASCKI, Teori Albino. *Processo coletivo*: tutela de direitos coletivos e tutela coletiva de direitos. 3. ed. rev. e atual. e ampl. São Paulo: Revista dos Tribunais, 2008.

Informação bibliográfica deste texto, conforme a NBR 6023:2002 da Associação Brasileira de Normas Técnicas (ABNT):

GOMES JUNIOR, Luiz Manoel; FAVRETO, Rogério. O projeto da nova Lei da Ação Civil Pública: principais aspectos. In: BRAGA FILHO, Edson de Oliveira *et al.* (Coord.). *Mecanismos legais para o desenvolvimento sustentável*. Belo Horizonte: Fórum, 2010. p. 191-212. ISBN 978-85-7700-308-2.

A Criação de Unidades de Conservação da Natureza em Áreas Habitadas: Problemática e Soluções Possíveis

Marcelo Buzaglo Dantas

Sumário: 1 Considerações iniciais – 2 Panorama geral das UCs – 3 A criação das UCs e a indispensável observância ao princípio da participação popular – 4 A questão vista sob a ótica do direito ao meio ambiente ecologicamente equilibrado – 5 Conflito com outros direitos fundamentais – 6 Soluções possíveis para o conflito entre o direito ao meio ambiente ecologicamente equilibrado e outros direitos fundamentais dos habitantes de área onde se pretende instalar uma UC – 7 Intervenção do Poder Judiciário – Referências

1 Considerações iniciais

É indiscutível a importância da criação de espaços territoriais ambientalmente protegidos. Não é à toa, aliás, que o legislador constituinte fez constar de modo expresso esta exigência imposta ao Poder Público, no art. 225, §1º, III, da Lei Maior.

Contudo, no que se refere especificamente às Unidades de Conservação da Natureza (UCs) — espécie do gênero a que alude o mandamento constitucional referido — o assunto merece ser melhor examinado, considerando que, muitas vezes, a área objeto da pretendida implantação é habitada.

Tendo em vista que o dispositivo constitucional que determina a prévia e justa indenização em dinheiro nas hipóteses de desapropriação (art. 5º, XXIV) muito raramente é observado no Brasil, a criação formal de uma UC normalmente se transforma em uma situação de intenso conflito entre as partes envolvidas. De um lado, os habitantes da área, que, não sendo indenizados previamente pelo Poder Público nem tampouco realocados, não possuem outra alternativa senão permanecer no local; de outro, o órgão que instituiu a UC, que é o responsável por implementar a unidade.

As consequências advindas deste conflito resultam em prejuízos tanto aos habitantes e proprietários de imóveis situados na área quanto ao próprio meio ambiente, tendo em vista que as atividades daqueles passam a ser consideradas clandestinas e ilegais a partir do ato de criação da UC e o órgão gestor não possui condições de exercer a fiscalização adequada. Todos perdem, portanto.

O objetivo do presente trabalho é fazer uma análise jurídica da problemática aqui apontada e das possíveis soluções que se apresentam.

2 Panorama geral das UCs

Como dito acima, a Constituição Federal de 1988 estabeleceu, dentre os deveres do Poder Público destinados a garantir a efetividade do direito ao meio ambiente ecologicamente equilibrado, o de "definir, em todas as unidades da Federação, espaços territoriais e seus componentes a serem especialmente protegidos (...)".

É comum, tanto na doutrina quanto na jurisprudência, entender-se que a norma em apreço se referiria apenas às UCs. Não é, contudo, o que nos parece. De fato, a nosso sentir, a expressão *espaços territoriais ambientalmente protegidos* deve ser encarada de modo mais abrangente, alcançando diversas outras modalidades, especialmente, as seguintes:

a) áreas de preservação permanente (APPs), previstas nos arts. 2º e 3º da Lei nº 4.771/65;

b) reserva florestal legal, cuja disciplina se encontra estatuída nos arts. 16 e 44, da mesma norma;

c) bioma Mata Atlântica (CF/88, art. 225, §4º), regulamentada pela Lei nº 11.428/06 e pelo Decreto nº 6.660/08.

Assim, as UCs, cujo regramento hoje se encontra estabelecido na Lei nº 9.985/00 e no Decreto nº 4.340/02, é apenas uma das espécies pertencentes ao gênero *espaços territoriais ambientalmente protegidos,* que, portanto, não se resumem àquelas.[1]

---

[1] Como bem assinala José Afonso da Silva, "nem todo Espaço Territorial Especialmente Protegido se confunde com Unidades de Conservação, mas estas são também Espaços Especialmente Protegidos" (*Direito ambiental constitucional*, p. 232). Em sentido idêntico, cf. SANTILLI. *Socioambientalismo e novos direitos*: proteção jurídica à diversidade biológica e cultural, p. 108-110. Com este mesmo entendimento, cf. MILARÉ. *Direito do ambiente*: a gestão ambiental em foco: doutrina, jurisprudência, glossário, p. 164-166, 694. O autor distingue as áreas em ETEPs em sentido estrito (UCs) e em sentido amplo (APPs, reserva legal e outras).

Dito isto, é de se afirmar que a UC, nos termos da Lei nº 9.985/00, é o "espaço territorial e seus recursos ambientais, incluindo as águas jurisdicionais, com características naturais relevantes, legalmente instituído pelo Poder Público, com objetivos de conservação e limites definidos, sob regime especial de administração, ao qual se aplicam garantias adequadas de proteção" (art. 2º, I).

A aludida lei sistematizou a matéria, instituindo o que chamou de Sistema Nacional de Unidades de Conservação (SNUC), composto pelo conjunto de unidades de conservação municipais, estaduais e federais (art. 3º).

Os objetivos do SNUC encontram-se arrolados nos 13 incisos do art. 4º, da lei, ao passo que as diretrizes norteadoras do sistema encontram-se apontadas no art. 5º, I a XIII.

A sua gestão será feita pelos seguintes órgãos (art. 6º):

a) CONAMA, órgão consultivo e deliberativo que deve acompanhar a implementação do sistema (I);

b) Ministério do Meio Ambiente, órgão central que tem a missão de coordenar o sistema (II);

c) IBAMA e órgãos estaduais e municipais integrantes do SISNAMA, que têm a finalidade de implementar o SNUC e subsidiar as propostas de criação e administração das UCs (III).[2]

Importante ressaltar que, excepcionalmente, unidades de conservação federais, estaduais e municipais podem integrar o SNUC, quando seus objetivos não se enquadrem em qualquer das categorias instituídas pela lei (parágrafo único).

As unidades de conservação se dividem em dois grupos, a saber:

a) *Unidades de Proteção Integral*, cujo objetivo é a preservação da natureza (art. 7º, I, §1º), como tal entendido o "conjunto de métodos, procedimentos e políticas que visem a proteção a longo prazo das espécies, habitats e ecossistemas, além da manutenção dos processos ecológicos, prevenindo a simplificação dos sistemas naturais" (art. 2º, V);

b) *Unidades de Uso Sustentável*, cujo objetivo é compatibilizar a conservação da natureza com o uso sustentável de parte de seus recursos (art. 7º, II, §2º). Por conservação da natureza, a lei conceitua "o manejo do uso humano da natureza, compreendendo a preservação, a manutenção, a utilização sustentável, a restauração e a recuperação do ambiente natural, para que possa

---

[2] Com o advento da Lei nº 11.516/07, que criou o Instituto Chico Mendes de Conservação da Biodiversidade (ICMBio), este passou a ser o órgão público competente para a gestão das UCs federais.

produzir o maior benefício, em bases sustentáveis, às atuais gerações, mantendo seu potencial de satisfazer as necessidades e aspirações das gerações futuras, e garantindo a sobrevivência dos seres vivos em geral" (art. 2°, II).

As Unidades de Proteção Integral são compostas pelas seguintes categorias (art. 8°):

a) Estação ecológica (I c/c art. 9°);

b) Reserva biológica (II c/c art. 10);

c) Parque nacional (III c/c art. 11);

d) Monumento natural (IV c/c art. 12);

e) Refúgio de vida silvestre (V c/c art. 13).

Já as Unidades de Uso Sustentável, por sua vez, são compostas das seguintes categorias (art. 14):

a) Área de proteção ambiental (I c/c art. 15);

b) Área de relevante interesse ecológico (II c/c art. 16);

c) Floresta nacional (III c/c art. 17);

d) Reserva extrativista (IV c/c art. 18);

e) Reserva da fauna (V c/c art. 19);

f) Reserva de desenvolvimento sustentável (VI c/c art. 20);

g) Reserva particular do patrimônio natural (VII c/c art. 21).

As Unidades de Uso Sustentável podem ser transformadas em Unidades de Proteção Integral, total ou parcialmente, por instrumento normativo de mesmo nível hierárquico daquele que criou a unidade, observado a necessidade de consulta pública (art. 22, $\S5^\circ$). O mesmo se diga da ampliação dos limites de uma unidade de conservação ($\S6^\circ$). Contudo, a desafetação ou redução destes limites somente pode ser feita através de lei ($\S7^\circ$).

A Lei do SNUC estabeleceu ainda a imposição de uma medida compensatória ao empreendedor responsável por atividade potencialmente causadora de significativo impacto ambiental, a qual se consubstancia na obrigatoriedade do mesmo apoiar a implantação e manutenção de uma Unidade de Proteção Integral, em valor correspondente, no mínimo, a 0,5% dos custos totais previstos para a implantação do empreendimento (art. 36, caput e $\S1^\circ$). Ao apreciar uma ação direta de inconstitucionalidade intentada contra o dispositivo, o STF decidiu suspender a expressão "não pode ser inferior a meio por cento dos custos totais previstos para a implantação do empreendimento".[3] Compete ao órgão ambiental licenciador, com base nas propostas apresentadas no EIA/RIMA e ouvido

---

[3] STF. ADIN n° 3.378-6/DF. Rel. Min. Carlos Ayres Britto. *DJU*, 20.6.2008. Sobre esta e outras decisões da Corte em matéria ambiental, cf. DANTAS. O STF e o direito ambiental. *Revista do Advogado*, p. 73-79.

o empreendedor, definir a(s) unidade(s) de conservação a ser(em) beneficiada(s), podendo, inclusive, contemplar-se a criação de novas UCs (§2º). Além disso, quando o empreendimento afetar unidade de conservação ou sua zona de amortecimento, a compensação será destinada a ela, sendo que a licença ambiental somente poderá ser expedida após autorização dada pelo órgão responsável por sua administração (§3º).

Ainda sobre o tema da compensação ambiental instituída pela Lei do SNUC, é de se ressaltar que a matéria foi regulada pelo Decreto nº 4.340/02 e recentemente sofreu alteração significativa pelo Decreto nº 6.848/09.

Por fim, é de se ressaltar que o art. 60 da Lei nº 9.985/00 revogou expressamente o art. 18 da Lei da Política Nacional do Meio Ambiente, que transformava as APPs do art. 2º do Código Florestal em reservas ou estações ecológicas.

3 A criação das UCs e a indispensável observância ao princípio da participação popular

As UCs devem ser criadas por ato do Poder Público (Lei nº 9.985/00, art. 22), sempre precedidas de estudos técnicos e consulta pública (§2º), esta em que o órgão proponente é obrigado a prestar informações adequadas e inteligíveis à população local e a outras partes interessadas (§3º), sendo dispensável em se tratando de estação ecológica e reserva biológica (§4º).

As normas em questão visam a atender as diretrizes do próprio SNUC, estabelecidas no art. 5º, da mesma lei, dentre os quais se destacam o de assegurar "a participação efetiva das populações locais na criação, implantação e gestão das unidades de conservação" (inciso III), bem como "que o processo de criação e a gestão das unidades de conservação sejam feitos de forma integrada com as políticas de administração das terras e águas circundantes, considerando as condições e necessidades sociais e econômicas locais" (VIII) e, ainda que "considerem as condições e necessidades das populações locais no desenvolvimento e adaptação de métodos e técnicas de uso sustentável dos recursos naturais" (IX).

Já o Decreto nº 4.340, ao tratar especificamente sobre a consulta pública, estabeleceu que a mesma "tem a finalidade de subsidiar a definição da localização, da dimensão e dos limites mais adequados para a unidade" (art. 5º, caput).

Logo, a legislação reguladora das UCs, de maneira muito acertada, demonstrou grande preocupação com o interesse das populações locais e de quaisquer outros interessados, que devem ter a oportunidade de participar do processo, dando sugestões de aprimoramento, corrigindo possíveis equívocos existentes e contribuindo para que a criação da unidade ocorra da maneira mais legítima possível.

Ao comentar o tema, Paulo de Bessa Antunes assinala:

É importante, no entanto, que haja clareza e regras do conhecimento de todos os interessados. Deve ser observado que, no processo de consulta pública, o órgão executor competente deve indicar, de modo claro e em linguagem acessível, as implicações para a população residente no interior e no entorno da unidade proposta. As normas definidas nos artigos acima mencionados são direito subjetivo público da população e, em especial, daqueles indivíduos que tenham posses ou propriedades nas áreas a serem incorporadas nas futuras unidades de conservação. No particular, o leitor deve ser alertado para o fato de que tanto o Superior Tribunal de Justiça – STJ, como o próprio Supremo Tribunal Federal – STF já se manifestaram no sentido da obrigatoriedade da Consulta Pública e da nulidade procedimental, caso ela não seja realizada.[4]

No mesmo sentido, Márcia Leuzinger salienta que "a finalidade da norma é a de informar, de maneira efetiva, a população afetada pela instituição da UC sobre as suas conseqüências, bem como buscar subsídios para sua ideal conformação", alertando para o fato de que "isso somente poderá ser alcançado quando houver real oitiva das pessoas envolvidas, não sendo suficiente processo formal de consulta que não ouve, verdadeiramente, ao menos parte significativa daqueles que serão atingidos pela criação da unidade de conservação".[5]

Também este é o pensamento de Maurício Mercadante, a saber:

A criação de uma Unidade de Conservação deve ser precedida de amplo processo de consulta e negociação. Não se trata simplesmente de conduzir uma audiência pública para ouvir o que a comunidade tem a dizer sobre uma proposta acabada (o que já seria uma avanço significativo). Trata-se de discutir com a comunidade local a melhor estratégia para assegurar, de um lado, a conservação e, de outro, a melhora efetiva das condições de vida (sem ignorar que as duas coisas estão intimamente relacionadas.[6]

---

[4] ANTUNES. *Direito ambiental*, p. 564-565.

[5] LEUZINGER. *Natureza e cultura*: unidades de conservação de proteção integral e populações tradicionais residentes, p. 203. Importante transcrever a crítica da autora à singeleza da disciplina em questão, o que, a seu sentir, resulta "em prejuízo às populações locais envolvidas, às populações tradicionais residentes, aos proprietários privados que possuam propriedades na área afetada e, enfim, ao ambiente natural que se visa a proteger".

[6] MERCADANTE. Democratizando a criação e a gestão de unidades de conservação da natureza: a Lei 9.985, de 18 de julho de 2000. *Revista de Direitos Difusos*, p. 563. Em outra passagem do texto, contudo, o autor afirma, de modo desalentador: "É, de fato, é assim que, tradicionalmente, as UCs

A jurisprudência é do mesmo sentir.

Com efeito, o Tribunal Regional Federal da 4ª Região, enfrentando o tema, decidiu que "a participação popular no procedimento administrativo de criação das unidades de conservação (Lei n. 9.985/00, arts. 5º e 22) e D. 4.340/02, art. 5º), além de concretizar o princípio democrático, permite levar a efeito, da melhor forma possível, a atuação administrativa, atendendo, tanto quanto possível, aos vários interesses em conflito".[7]

Também o Supremo Tribunal Federal já deixou assentado que "o processo de criação e ampliação das unidades de conservação deve ser precedido da regulamentação da lei, de estudos técnicos e de consulta pública".[8] Convém, a propósito, colacionar excerto do voto do Min. Carlos Britto, proferido por ocasião do julgamento:

> É verdade que a Constituição de 1988 não trata de consulta pública, por si mesma, em matéria de meio ambiente. No entanto, é claro que a lei pode instituir esse procedimento eminentemente democrático, abrir espaços de participação popular para decisões administrativas, e homenagear, em última análise, a própria democracia, significando, exatamente, prestígio das bases e, não das cúpulas. A democracia é cada vez mais compreendida como movimento que o poder político assume, não de cima para baixo, mas de baixo para cima. Metaforicamente falando, quer dizer "tirando o povo da platéia e o colocando no palco das decisões que lhe digam respeito".

No entender de Sua Excelência, portanto, a criação de uma UC não deve jamais ser imposta *de cima para baixo*, sem que os interessados, que serão diretamente atingidos, possam se manifestar e expor os seus argumentos de contrariedade.

De outro lado, sobre o procedimento de consulta pública em si, reza o art. 22, §3º, da Lei nº 9.985/00 referida:

> No processo de consulta de que trata o §2º, o Poder Público é obrigado a fornecer informações adequadas e inteligíveis à população local e a outras partes interessadas.

---

são criadas no Brasil. Os técnicos do órgão competente elaboram os estudos básicos, os limites da área são definidos no mapa, o Presidente decreta a criação da UC e começa a novela em busca de recursos para cercar a área, desapropriar, indenizar e pôr a população residente para fora. Para a comunidade local, alijada do processo, a criação da UC é uma imposição, um ato de força, uma medida autoritária, 'urdida nos gabinetes refrigerados dos tecnocratas de Brasília'".

[7] TRF 4ª Região. Agravo de Instrumento nº 2005.04.01.020976-0/PR. Rel. Juiz Federal José Paulo Baltazar Junior. *DJU*, 22.3.2006. No precedente em tela decidiu-se permitir o prosseguimento da criação da UC, por ter havido "ampla participação da sociedade desde o início do procedimento administrativo", bem como que os requerimentos endereçados ao órgão proponente "foram analisados e, em alguns casos, deferidos".

[8] STF. MS nº 24.184-5/DF. Rel. Min. Ellen Gracie. *DJU*, 27.2.2004

Nos mesmos termos é o disposto no art. 5º, §2º, do Decreto nº 4.340/02:

> No processo de consulta pública, o órgão executor competente deve indicar, de modo claro e em linguagem acessível, as implicações para a população residente no interior e no entorno da unidade proposta.

Ao comentar o tema, Maria Tereza Jorge Pádua afirma que "a nova lei põe fim a uma questão importante e recorrente: a falta de transparência e de participação no estabelecimento e gestão das unidades de conservação".[9]

Trata-se da aplicação, em nível normativo, do princípio da participação popular.

4 A questão vista sob a ótica do direito ao meio ambiente ecologicamente equilibrado

Poder-se-ia aventar que a criação de uma UC seria sempre justificável, posto que configuraria a observância estrita ao preceito que regula o direito fundamental ao meio ambiente ecologicamente equilibrado (art. 225, caput, da Constituição de 1988).

Contudo, embora assim aparente, à primeira vista, a máxima não pode ser imposta como regra. Com efeito, como se sabe, a criação de uma UC não é, em absoluto, garantia de preservação ambiental. E, a falta de participação dos interessados (comunidade local, populações tradicionais, proprietários e possuidores de imóveis na área), pode ser um grande propulsor da falta de cuidado com o meio ambiente, posto que as atividades ali desenvolvidas passam, de uma hora para a outra, a ser consideradas ilegais. Como bem assinalou Maurício Mercadante, em outro trabalho, justamente "a falta de transparência e a ausência de negociação é que pode estimular a depredação".[10]

A triste realidade é que, apesar das inúmeras UCs existentes no país, elas não representam preservação ambiental das áreas onde foram respectivamente implantadas.

Não é outra, aliás, a opinião de José Eduardo Ramos Rodrigues, em trabalho escrito há quase quinze anos, mas que continua atual,

---

[9] PÁDUA. Análise crítica da nova lei do sistema de unidades de conservação da natureza do Brasil. *Revista de Direito Ambiental*, v. 6, n. 22, p. 52.

[10] MERCADANTE. Uma década de debate e negociação: a história da elaboração da Lei do SNUC. In: BENJAMIN (Coord.). *Direito ambiental das áreas protegidas*: o regime jurídico das unidades de conservação, p. 223.

para quem "a maior parte das unidades de conservação de domínio público existe apenas no papel" e que "apesar disto, todo ano, em todo dia comemorativo, o Poder Público está criando mais e mais espaços protegidos apenas para fazer figuração", já que "em verdade, não são tomadas quaisquer providências no sentido de desapropriar os imóveis particulares, identificar as terras devolutas ou demarcar suas divisas".[11]

Novamente, traga-se à colação o escólio de Maurício Mercadante:

> Os fatos falam por si: a situação fundiária de grande parte das UCs brasileiras ainda não foi resolvida, inclusive aquela do mais antigo Parque Nacional do País, o Parque do Itatiaia, criado em 1937. A regularização fundiária é um dos mais sérios obstáculos à efetiva implantação dessas áreas, nos moldes conservacionistas. Um grande número de UCs só existe mesmo "no papel".
>
> Além de faltarem recursos para pôr as pessoas para fora, faltam também para mantê-las do outro lado da cerca. Como se sabe, as UCs, quase sem exceção, convivem com problemas crônicos de desmatamento, caça, incêndios, etc.[12]

É fora de qualquer dúvida, portanto, que a criação de UCs somente "no papel" ou "de papel" não significa, em absoluto, atendimento ao disposto no mandamento constitucional que estabelece o direito ao meio ambiente ecologicamente equilibrado. E, menos ainda, que seria necessária a criação desta espécie de espaço protegido para que se pudesse dar cumprimento à legislação protetora do meio ambiente. Muito ao contrário, as agressões ao meio ambiente são coibidas através da adoção de políticas públicas adequadas, com licenciamento e fiscalização executados de modo sério e efetivo. A legislação ambiental brasileira em vigor é das mais avançadas do mundo e, se bem cumprida, por si só, é mais do que suficiente a garantir a conservação do meio ambiente para as presentes e futuras gerações.

Daí Édis Milaré afirmar que "nunca é demais insistir que a criação da unidade de conservação, bem como sua desafetação ou alteração, observadas as exigências legais, devem ser motivadas e fundamentadas, atendidos o interesse público e a necessidade de proteger o meio ambiente ecologicamente equilibrado".[13] Isto porque, como visto, nem sempre a criação da UC atende à necessidade de proteção ambiental.

---

[11] RODRIGUES. Aspectos jurídicos das unidades de conservação. *Revista de Direito Ambiental*, p. 140.

[12] MERCADANTE. Democratizando a criação e a gestão de unidades de conservação da natureza: a Lei 9.985, de 18 de julho de 2000. *Revista de Direitos Difusos*, p. 561.

[13] MILARÉ. *Direito do ambiente*: a gestão ambiental em foco: doutrina, jurisprudência, glossário, p. 718.

A questão pode ainda ser examinada pelo seguinte prisma:

Ademais, a simples retirada dessas comunidades tradicionais das unidades de conservação, com o pagamento de indenização pelos recursos perdidos, cuja avaliação será dificílima, sequer traduz ganho significativo para a defesa do ambiente natural, uma vez que esses grupos acabarão por integrar a grande massa de miseráveis que habitam os centros urbanos e que é responsável por inúmeros problemas ambientais, pois tanto a falta quanto o excesso de desenvolvimento causam degradação ambiental.[14]

Por todo o exposto, há que se sopesar bem os benefícios que a criação da UC representam em termos de proteção ao meio ambiente, sob pena de acabar contribuindo justamente com uma piora da qualidade ambiental da região.

5 Conflito com outros direitos fundamentais

Ainda que assim não fosse e se pudesse afirmar que a criação de uma UC, independentemente das condições, forma e local onde ocorra, sempre significará observância ao preceito constitucional que resguarda o direito ao meio ambiente ecologicamente equilibrado, isto não significa que a opção do órgão proponente não possa ser questionada.

De fato, embora o meio ambiente seja um direito fundamental, não se pode olvidar que, muitas vezes, a pretensão à sua tutela acaba configurando um conflito com outros direitos igualmente dignos de proteção. É o que não raro ocorre quando se pretende criar UCs em áreas habitadas e tituladas, algo muito frequente no Brasil.

Em situações como essas, podem vir a ser atingidos direitos fundamentais individuais (vida, liberdade, igualdade, segurança e propriedade – art. 5º, caput, CF/88), bem como direitos sociais (trabalho, moradia, lazer, segurança, proteção à maternidade e à infância, assistência aos desamparados – art. 6º, caput, CF/88).

E, tão importante quanto estes direitos, vigoram os princípios fundamentais da República Federativa do Brasil (art. 1º), dentre os quais se destacam o da "dignidade da pessoa humana" (III) e "os valores sociais do trabalho e da livre iniciativa" (IV). Daí a necessidade de compatibilização entre os princípios constitucionais eventualmente em conflito, como bem destaca José Afonso da Silva, na seguinte passagem de sua clássica obra:

---

[14] LEUZINGER. *Natureza e cultura*: unidades de conservação de proteção integral e populações tradicionais residentes, p. 316.

O ser humano é também, parte da Natureza. A proteção, preservação e conservação desta são feitas em função daquele. O fim da proteção do meio ambiente não é a proteção, mas porque, na concepção constitucional, o meio ambiente ecologicamente equilibrado é essencial à sadia qualidade de vida (art. 225). Logo, a proteção do meio ambiente deve fazer-se tanto quanto possível com o menor sacrifício das populações diretamente afetadas pela intervenção do Poder Público. (...)

O ideal será compatibilizar a presença humana com os objetivos conservacionistas. Especialmente é desejável que se preserve as populações que convivem na área.[15]

Além disso, a mesma Carta Magna que erigiu o meio ambiente à condição de direito de todos e das futuras gerações (art. 225, caput), não olvidou da necessidade de tutela do chamado patrimônio cultural, de que cuidam os seus arts. 215 e 216.[16]

Aliás, o §1º deste último dispositivo é expresso ao dispor que "o Poder Público, com a colaboração da comunidade, promoverá e protegerá o patrimônio cultural brasileiro". Comentando o assunto, Márcia Dieguez Leuzinger assinala:

(...) as populações tradicionais e os povos indígenas têm garantido constitucionalmente o direito à identidade e perpetuidade cultural, impondo-se, em consequência, que lhe sejam proporcionados os meios para a manutenção de seu modo de vida e produção, repassados de geração a geração, e intimamente ligados à sua relação com a natureza.[17]

E mais adiante arremata, de modo lapidar:

Isso porque o dispositivo legal deve ser interpretado em harmonia com o texto constitucional, que garante a todos, em seu art. 215, o pleno exercício dos direitos culturais, cabendo ao Estado, nos termos de seu §1º, proteger as manifestações das culturas populares, indígenas e afro-brasileiras. Ora, se a defesa das manifestações culturais é uma obrigação imposta ao poder público e estando, por outro lado, a manutenção da cultura das populações tradicionais diretamente ligada a sua relação com o meio ambiente, é claro

---

[15] SILVA. *Direito ambiental constitucional*, p. 254-255. Sobre o princípio da pessoa humana vista sob a ótica do Direito Ambiental, cf. FIORILLO. *Curso de direito ambiental brasileiro*, p. 15.

[16] Para uma análise abrangente do tema, cf. FREITAS. *A Constituição Federal e a efetividade das normas ambientais*, p. 92-126.

[17] LEUZINGER. A presença de populações tradicionais em unidades de conservação. In: LIMA (Org.). *O direito para o Brasil socioambiental*, p. 312.

que não constitui opção do administrador simplesmente expulsá-las, ainda que mediante indenização, pois semelhante compensação pecuniária certamente não permitiria a esses grupos sua sobrevivência com igual dignidade.[18]

Na esteira da Lei Maior, a mais recente legislação ambiental brasileira tem demonstrado uma profunda e absoluta preocupação com as populações tradicionais que habitam áreas que integram ecossistemas protegidos.

É o caso, por exemplo, da Lei nº 11.284/06, que dispõe sobre a gestão de florestas públicas para a produção sustentável, que, em seu art. 3º, X, conceitua comunidades locais como aquelas "populações tradicionais e outros grupos humanos, organizados por gerações sucessivas, com estilo de vida relevante à conservação e à utilização sustentável da diversidade biológica". A lei demonstra um grande interesse pelo tema, tratado, de modo específico, no Capítulo III do Título II, na perspectiva "Da Destinação às Comunidades Locais".

Também a chamada Lei da Mata Atlântica não se descurou do assunto. De fato, o art. 3º do referido diploma é preciso ao conceituar pequeno produtor rural (I), população tradicional (II), prática preservacionista (IV) e exploração sustentável (V).

Já o art. 6º da referida lei estatui, de modo emblemático, o seguinte:

> Art. 6º A proteção e a utilização do Bioma Mata Atlântica têm por objetivo geral o desenvolvimento sustentável e, por objetivos específicos, a salvaguarda da biodiversidade, da saúde humana, dos valores paisagísticos, estéticos e turísticos, do regime hídrico e da estabilidade social.
>
> Parágrafo único. Na proteção e na utilização do Bioma Mata Atlântica, serão observados os princípios da função socioambiental da propriedade, da eqüidade intergeracional, da prevenção, da precaução, do usuário-pagador, da transparência das informações e atos, da gestão democrática, da celeridade procedimental, da gratuidade dos serviços administrativos prestados ao pequeno produtor rural e às populações tradicionais e do respeito ao direito de propriedade.

E o art. 7º prevê, dentre as condições que assegurem a proteção e a utilização da mata atlântica, "o disciplinamento da ocupação rural e urbana, de forma a harmonizar o crescimento econômico com a manutenção do

---

[18] LEUZINGER. A presença de populações tradicionais em unidades de conservação. In: LIMA (Org.). *O direito para o Brasil socioambiental*, p. 316.

equilíbrio ecológico". Finalmente, o art. 9º, parágrafo único, prevê que "os órgãos competentes, sem prejuízo do disposto no caput deste artigo, deverão assistir as populações tradicionais e os pequenos produtores no manejo e exploração sustentáveis das espécies da flora nativa".

Como se vê, toda a novel legislação ambiental tem por objetivo a compatibilização entre a manutenção das populações tradicionais e a proteção do meio ambiente, em um espírito de conciliação e busca do desenvolvimento sustentável.

Aliás, a este respeito, chama a atenção o advento do Decreto nº 5.758/06, que instituiu o chamado Plano Estratégico Nacional de Áreas Protegidas (PNAP), em que fica clara a necessidade de compatibilização entre o meio ambiente e os direitos das populações locais. É o que se denota facilmente a partir da simples leitura de alguns dos princípios (1.1, III, VII, XII, XIII, XIV, XVII e XX) e diretrizes (1.2, VI, VIII, X, XI, XII, XV e XIX) do PNAP, constantes de seu Anexo.[19]

6 Soluções possíveis para o conflito entre o direito ao meio ambiente ecologicamente equilibrado e outros direitos fundamentais dos habitantes de área onde se pretende instalar uma UC

Como se sabe, a colisão em apreço resolve-se, não pela restrição apriorística de um dos direitos fundamentais conflitantes, mas sim pela tentativa de *harmonização* e, não sendo esta possível, pela prevalência de um deles em detrimento do outro, *ponderadas* as nuances do caso concreto.

Logo, a primeira alternativa é a tentativa de harmonização dos direitos conflitantes.

Neste contexto, afirma Paulo Affonso Leme Machado, "a Lei 9.985, com seu posicionamento sobre as 'populações tradicionais', quer valorizar ao mesmo tempo o ser humano e a natureza. Não admite que nenhum deles seja aviltado e menosprezado".[20]

---

[19] Ao tratar do aludido diploma normativo, Édis Milaré deixou assentado o seguinte: "Poucas vezes, na legislação brasileira, um instrumento legal chega a ser tão explícito e preciso. A natureza do tema, porém, o tratamento interdisciplinar e a preocupação de eficiência conferiram ao texto um tom mais incisivo e moderno. Aliás, é forçoso reconhecer que a linguagem legislativa empregada nos textos que interessam à gestão ambiental tem, claramente, procurado adaptar-se aos tempos e às questões da atualidade — o que denota um avanço na mentalidade do legislador" (*Direito do ambiente*: a gestão ambiental em foco: doutrina, jurisprudência, glossário, p. 619-620).

[20] MACHADO. Áreas protegidas: a Lei n. 9.985/2000. In: BENJAMIN (Coord.). *Direito ambiental das áreas protegidas*: o regime jurídico das unidades de conservação, p. 262.

Do mesmo passo, Elida Séguin assevera que, nesta seara, deve-se sopesar "a eterna dicotomia entre preservar e desenvolver, entre o Direito Ambiental e a satisfação das necessidades humanas locais, num equilíbrio entre os objetivos que se busca e a realidade. A discussão, inclusive com a realização de audiência pública, deve ser ampla, representativa e consensual, que permita implementar o que for decidido".[21]

Não é outra a lição de Juliana Santilli, ao cuidar do tema, de modo ainda mais específico, nos seguintes termos:

> O princípio fundamental que deve orientar toda a aplicação e interpretação judicial do SNUC é de que se trata de um sistema de unidades de conservação socioambientais que visa proteger e conservar os recursos naturais e culturais associados, baseado na compreensão unitária e indissociável de ambiente e cultura, e de integração entre o homem e a natureza. A enorme diversidade de ecossistemas brasileiros produziu culturas distintas, adaptadas ao ambiente em que vivem e com ele guardam íntimas relações. Tanto a diversidade biológica quanto a diversidade cultural são valores constitucionalmente protegidos, e a especial preocupação do legislador em assegurar às populações tradicionais as condições necessárias à sua reprodução física e cultural é motivada pelo reconhecimento de sua relação diferenciada com a natureza.[22]

Lembre-se, a propósito, que o art. 22-A, da Lei nº 9.985/00, inserido pela Lei nº 11.132/05, estabelece a possibilidade de o Poder Público estabelecer restrições administrativas provisórias, com vistas a realizar estudos para a criação de UCs, "ressalvadas as atividades agropecuárias e outras econômicas em andamento", o que demonstra a preocupação do legislador com situações que envolvam proprietários e possuidores de imóveis onde se pretenda instalar uma UC.

À mesma conclusão se pode chegar a partir do disposto no art. 42, do mesmo diploma, segundo o qual "as populações tradicionais residentes em unidades de conservação nas quais sua permanência não seja permitida serão indenizadas ou compensadas pelas benfeitorias existentes e devidamente realocadas pelo Poder Público, em local e condições acordados entre as partes".

Assim é possível afirmar-se, com Márcia Leuzinger, o seguinte:

> Em resumo, o choque entre o direito fundamental ao meio ambiente ecologicamente equilibrado e os direitos culturais das populações

---

[21] SÉGUIN. *O direito ambiental*: nossa casa planetária, p. 255.

[22] SANTILLI. *Socioambientalismo e novos direitos*: proteção jurídica à diversidade biológica e cultural, p. 133-134.

tradicionais residentes em UCs já criadas ou a serem instituídas resolve-se a partir da interpretação sistemática da Constituição Federal e do texto legal, devendo-se, na medida do possível, criar-se espaços ambientais que permitam a permanência desses grupos.

Caso não seja viável a instituição de unidade de uso sustentável, enquanto não for possível ao Poder Público realizar o reassentamento, deverão os grupos permanecer no interior das UCs, garantidos seu modo de vida, as fontes de subsistência e os locais de moradia, estabelecendo-se, com a participação das comunidades envolvidas, normas e ações que visem a compatibilizar a presença das populações tradicionais com os objetivos do espaço ambiental, nos termos do §2º do art. 42 da Lei nº 9.985/00.[23]

De fato, a primeira opção parece ser a busca pela alteração de categoria da UC, permitindo assim a convivência entre os proprietários de imóveis na área e a proteção do meio ambiente.[24]

Caso isto não seja possível, deve-se permitir a manutenção das pessoas residentes e o exercício da atividade produtiva, até que haja o efetivo desapossamento administrativo, consoante determina a Constituição da República no já referido art. 5º, XXIV.

Em absoluta consonância com este entendimento, já decidiu o TRF da 4ª Região, em mais de uma oportunidade, que "a criação de parque nacional deve ser precedida de desapropriação. Não é simples limitação administrativa a determinação de que o proprietário retire o gado do local, quando esta a sua única atividade econômica. Sem prévia indenização não é possível impedir a exploração da propriedade sob pena de se configurar confisco".[25]

---

[23] LEUZINGER. *Natureza e cultura*: unidades de conservação de proteção integral e populações tradicionais residentes, p. 177-178.

[24] Aliás, na opinião de Consuelo Yatsuda Moromizato Yoshida, esta é a tendência a ser seguida, *verbis*: "Mais se revela a importância da discussão quando se leva em conta que a noção estrita de *preservação ambiental*, associada à idéia de manter tanto quanto possível incólumes os ecossistemas protegidos, cede lugar para a noção mais abrangente e dinâmica de *conservação ambiental*, que admite o uso e o manejo racionais, e é mais compatível com o *desenvolvimento sustentável*" (*Tutela dos interesses difusos e coletivos*, p. 63). Nos mesmos moldes: "Para os socioambientalistas, não existe natureza virgem. A idéia de natureza intocada é um mito. O homem não é um estranho ou um intruso nos ambientes naturais. O homem é parte da natureza; a natureza que conhecemos é uma natureza humanizada. A presença ou a interferência do homem no ambiente natural não é, por definição, degradadora ou predatória. É possível conciliar a presença humana com a conservação da natureza. A política da decretação "de cima para baixo" e da expulsão da população residente, mesmo sob o ponto de vista restrito da conservação, não é necessária e nem desejável" (MERCADANTE. Democratizando a criação e a gestão de unidades de conservação da natureza: a Lei 9.985, de 18 de julho de 2000. *Revista de Direitos Difusos*, p. 561).

[25] TRF 4ª Região. Apelação Cível nº 2000.71.07.006640-5/RS, Rel. Des. Fed. Maria de Fátima Freitas Labarrèrre. *DJU*, 2.7.2003. No mesmo sentido, cf. AMS nº 1999.04.01.005895-0/RS. Rel. Juíza Taís Schilling Ferraz. *DJU*, 13.2.2002.

Resta-nos apenas verificar se seria possível ainda que, através da propositura de uma ação judicial, a proposta de criação de uma UC fosse sustada e, caso afirmativo, em que hipóteses isto poderia ocorrer. É o que se passa a examinar no próximo e derradeiro tópico do presente trabalho.

7 Intervenção do Poder Judiciário

Insta salientar, desde logo, que duas situações podem ser aventadas em se tratando de ação judicial intentada com vistas a atacar uma determinada proposta de criação de UC. De um lado, pode se alegar a existência de vícios procedimentais, que levem à pretensão a que seja decretada a nulidade do procedimento. De outro, o fundamento da demanda pode consistir no exame de mérito da proposta. Examinemos, pois, a viabilidade de cada uma das hipóteses.

Quanto à alegação de existência de qualquer vício no procedimento, bem como de ilegalidade na condução do mesmo, é evidente a possibilidade de controle do ato administrativo por parte do Poder Judiciário. De longa data já se assentou o entendimento segundo o qual "a administração pode anular seus próprios atos, quando eivados de vícios que os tornam ilegais, porque deles não se originam direitos" (Súmula STF n.º 473, 1ª parte). Logo, havendo alegação de nulidade ou ilegalidade no procedimento, é inconteste a possibilidade de apreciação judicial.

Trazendo-se este entendimento para a hipótese ora *sub examine*, Paulo Affonso Leme Machado afirma, com precisão:

> Além da consulta pública, é necessária a elaboração de estudos técnicos para criação das unidades de conservação, visando esses procedimentos à localização, à dimensão e aos limites mais adequados para a unidade. Tais procedimentos, que serão especificados por regulamento, deverão obedecer, ente outros, aos princípios do interesse público, da motivação e da publicidade e, evidentemente, poderão ser objeto de ações judiciais, se desrespeitada a legislação pertinente.[26]

Da jurisprudência do TRF da 1ª Região extrai-se o seguinte precedente, cuja ementa é representativa do entendimento em questão:

> Agravo de Instrumento. Criação de Unidade de Conservação Da natureza do tipo reserva extrativista (Lei 9.985/2000; Decreto 4.340/2002). Estudos técnicos e consulta pública. Observância.

---

[26] MACHADO. *Direito ambiental brasileiro*, p. 800.

1. No processo de criação de unidades de conservação da natureza, à vista do disposto no artigo 22, §§2º e 3º, da Lei 9.985/2000 e nos artigos 4º e 5º do Decreto 4.340/2002, a consulta pública à população interessada deve ser precedida dos estudos técnicos que comprovem a viabilidade dela (unidade de conservação).

2. Por sua vez, a consulta pública, além de observar os preceitos legais e regulamentares (Lei 9.985/2000, artigos 5º, III, e 22, §§2º e 3º; Decreto 4.340/2002, artigos 4º e 5º), deve ser procedida com obediência ao disposto no Guia de Consultas Públicas para Unidades de Conservação, de forma a permitir a mais ampla divulgação e oportunidade de discussão sobre as implicações da criação da unidade de conservação, em observância ao princípio democrático.

3. Improcedência das alegações de ofensa ao disposto no artigo 43 da Lei 9.985/2000 e de ausência de dotação orçamentária (Lei 4.320/1964, artigo 4º).

4. Ocorrência do "periculum in mora", uma vez que a criação da unidade de conservação em causa sem a observância dos preceitos legais e regulamentares pertinentes poderá implicar dano de difícil reparação à população a ser atingida pelo ato do Poder Público.

5. Agravo de instrumento provido em parte.[27]

A segunda questão é um tanto mais complexa, porque envolve a possibilidade, ou não, de que o Poder Judiciário ingresse no exame de mérito da proposta de criação de uma UC, toda vez em que a mesma for considerada lesiva a outros direitos fundamentais. Haveria, em situações como estas, ofensa ao princípio da separação de poderes?

Embora ainda haja alguma divergência doutrinária e jurisprudencial a respeito do tema, a tendência é no sentido de se admitir o controle judicial dos atos administrativos de maneira ampla.

Neste sentido é a lição de Celso Antônio Bandeira de Mello, nos seguintes termos:

A análise dos pressupostos de fato que embasaram a atuação administrativa é recurso impostergável para aferição do direito e o juiz, neste caso, mantém-se estritamente em sua função quando procede ao cotejo entre o enunciado legal e a situação concreta. (...)

É, pois, precisamente em casos que comportam discrição administrativa que o socorro do Judiciário ganha foros de remédio mais valioso, mais

---

[27] TRF 1ª Região. Agravo de Instrumento nº 2006.01.00.015900-0/BA. Rel. Juiz Federal Leão Aparecido Alves. DJU, 29.1.2007.

ambicionado e mais necessário para os jurisdicionados, já que a pronúncia representa garantia última para contenção do administrador dentro dos limites de liberdade efetivamente conferidos pelo sistema normativo.[28]

Também segue este mesmo norte a reiterada jurisprudência do STJ, de que se extrai que "não há discricionariedade do administrador frente aos direitos consagrados, quiçá constitucionalmente. Nesse campo a atividade é vinculada sem admissão de qualquer exegese que vise afastar a garantia pétrea".[29]

E, como se estivesse a tratar do caso de que cuidam estes autos, a Segunda Turma daquela mesma Corte deixou assentada que "o Poder Judiciário não mais se limita a examinar os aspectos extrínsecos da administração, pois pode analisar, ainda, as razões de conveniência e oportunidade, uma vez que essas razões devem observar critérios de moralidade e razoabilidade".[30]

E, mais recentemente: REsp. nº 736.524/SP. Rel. Min. Luiz Fux. *DJU*, 3.4.2006; REsp. n. 749.988/SP. Rel. Min. Luiz Fux. *DJU*, 18.9.2006.

Em termos de criação de UCs, o entendimento dos Tribunais vem sendo neste mesmo sentido, consoante se infere, por exemplo, do seguinte precedente, do Tribunal de Justiça de Santa Catarina:

A teor da Lei n. 9.985/00 e do Decreto n. 4.340/02, a criação de uma unidade de conservação pode se dar por simples ato do Poder Público, devendo, todavia, ser precedida de estudos técnicos e de consulta pública, cujos objetivos são subsidiar a definição da localização, da dimensão e dos limites mais adequados para a unidade.

Dita cautela se justifica para evitar que o administrador, dentro da sua vontade pessoal discricionária, muitas vezes equivocada ou mesmo arbitrária, crie áreas de conservação ambiental em localização tecnicamente desaconselhável ou inútil, contrária aos interesses da população que venha por ela a ser afetada.[31]

Não se trata, por evidente, de interferência indevida do Poder Judiciário na Administração Pública, mas sim, de permitir que se exerça o indispensável controle de legalidade e constitucionalidade dos atos do Poder Público.

---

[28] BANDEIRA DE MELLO. *Curso de direito administrativo*, p. 963, 976.

[29] STJ. REsp. nº 575.998/MG. Rel. Min. Luiz Fux. *DJU*, 7.10.2004, p. 191

[30] STJ. REsp. n. 429.570/GO. Rel. Min. Eliana Calmon. *DJU*, 22.3.2004.

[31] TJSC. Apelação Cível em MS nº 2005.035384-1/Içara-SC. Rel. Des. Vanderlei Romer, julg. 25.5.2006.

Neste mesmo contexto pronunciou-se o TRF da 4ª Região, em acórdão assim ementado:

> Agravo em Suspensão de Ato Judicial. Sentença de improcedência suspensa até o trânsito em julgado das ações originárias. Restabelecimento de liminar concedida em medida cautelar preparatória de ação civil pública. Sobrestamento da criação formal do parque nacional do campo dos padres no planalto catarinense. Presença dos requisitos do art. 4º da Lei 8.437/92. (...)
>
> Ofensa ao interesse público, no que tange à sobrevivência da população das cidades de Alfredo Wagner, Anitápolis, Bom Retiro, Grão Pará, Rio Fortuna, Rio Rufino, Santa Rosa de Lima e Urubici, cuja economia se caracteriza pela prática de agricultura e pecuária em regime de economia familiar.
>
> Quando um ato do Poder Público se torna litigioso por criar prejuízos econômicos irreversíveis a determinados municípios, abstraindo os reflexos nos direitos individuais dos particulares, não se pode permitir que uma sentença de improcedência produza seus efeitos de forma a impedir o retorno ao "statu quo ante" caso venha a mesma a ser reformada em instâncias superiores.
>
> Se a decisão judicial cujos efeitos se pretendem fazer cessar não conduzir às graves conseqüências já especificadas, sua suspensão não pode ser admitida, "impondo-se o máximo rigor na averiguação dos pressupostos autorizadores da contracautela, caso a caso, de forma concreta" (STF, SS 3201/GO, Rel. Min. Presidente Ellen Gracie Northfleet, DJU 27.06.2007, p. 18).
>
> Decisão proferida com a ressalva de que os demais instrumentos recursais devem ser manejados de acordo com natureza de seus respectivos pressupostos, razão porque a matéria que trata de aspectos jurídicos fica relegada ao âmbito apropriado.
>
> Agravo improvido.[32]

Perceba-se que, no paradigma, a matéria foi examinada sob a ótica do "interesse público" e dos alegados "prejuízos econômicos irreversíveis", ou seja, nitidamente, trata-se de controle da discricionariedade administrativa.

---

[32] TRF 4ª Região. Agravo na Suspensão de Execução de Liminar nº 2008.04.00.000950-6/SC. Rel. Des. Fed. Silvia Goraieb. DJe, 18.11.2008.

Finalmente, visto que é possível ao Poder Judiciário intervir de modo amplo na matéria, seja no tocante à alegação de nulidade e/ou ilegalidade do procedimento, seja no que tange ao mérito da proposta, é importante assinalar que qualquer medida judicial é cabível para o fim de atacar a criação de uma UC, seja ela individual (calcada no CPC), seja coletiva (ação civil pública, ação popular, mandado de segurança coletivo).

Referências

ANTUNES, Paulo de Bessa. *Direito ambiental*. 9. ed. rev., ampl. e atual. Rio de Janeiro: Lumen Juris, 2006.

BANDEIRA DE MELLO, Celso Antônio. *Curso de direito administrativo*. 25. ed. rev. e atual. até a emenda constitucional 56, de 20.12.2007. São Paulo: Malheiros, 2008.

BENJAMIN, Antonio Herman de Vasconcellos e (Coord.). *Direito ambiental das áreas protegidas*: o regime jurídico das unidades de conservação. Rio de Janeiro: Forense Universitária, 2001.

DANTAS, Marcelo Buzaglo. O STF e o direito ambiental. *Revista do Advogado*, v. 29, n. 102, p. 73-79, mar. 2009.

FIORILLO, Celso Antonio Pacheco. *Curso de direito ambiental brasileiro*. 10. ed. rev., atual. e ampl. São Paulo: Saraiva, 2009.

FREITAS, Vladimir Passos de. *A Constituição Federal e a efetividade das normas ambientais*. 3. ed. São Paulo: Revista dos Tribunais, 2005.

LEUZINGER, Márcia Dieguez. A presença de populações tradicionais em unidades de conservação. In: LIMA, André (Org.). *O direito para o Brasil socioambiental*. Porto Alegre: Sergio Antonio Fabris, 2002.

LEUZINGER, Márcia Dieguez. *Natureza e cultura*: unidades de conservação de proteção integral e populações tradicionais residentes. Curitiba: Letra da Lei, 2009.

LIMA, André (Org.). *O direito para o Brasil socioambiental*. Porto Alegre: Sergio Antonio Fabris, 2002.

MACHADO, Paulo Affonso Leme. Áreas protegidas: a Lei n. 9.985/2000. In: BENJAMIN, Antonio Herman de Vasconcellos e (Coord.). *Direito ambiental das áreas protegidas*: o regime jurídico das unidades de conservação. Rio de Janeiro: Forense Universitária, 2001.

MACHADO, Paulo Affonso Leme. *Direito ambiental brasileiro*. 15. ed. rev., atual. e ampl. São Paulo: Malheiros, 2007.

MERCADANTE, Maurício. Democratizando a criação e a gestão de unidades de conservação da natureza: a Lei 9.985, de 18 de julho de 2000. *Revista de Direitos Difusos*, v. 1, n. 5, p. 557-586, fev. 2001.

MERCADANTE, Maurício. Uma década de debate e negociação: a história da elaboração da Lei do SNUC. In: BENJAMIN, Antonio Herman de Vasconcellos e (Coord.). *Direito ambiental das áreas protegidas*: o regime jurídico das unidades de conservação. Rio de Janeiro: Forense Universitária, 2001.

MILARÉ, Édis. *Direito do ambiente*: a gestão ambiental em foco: doutrina, jurisprudência, glossário. 6. ed., rev., atual. e ampl. São Paulo: Revista dos Tribunais, 2009.

PÁDUA, Maria Tereza Jorge. Análise crítica da nova lei do sistema de unidades de conservação da natureza do Brasil. *Revista de Direito Ambiental*, v. 6, n. 22, p. 51-61, abr./jun. 2001.

RODRIGUES, José Eduardo Ramos. Aspectos jurídicos das unidades de conservação. *Revista de Direito Ambiental*, v. 1, n. 1, p. 107-142, jan./mar. 1996.

SANTILLI, Juliana. *Socioambientalismo e novos direitos*: proteção jurídica à diversidade biológica e cultural. São Paulo: Peirópolis; Instituto Internacional de Educação do Brasil, 2005.

SÉGUIN, Elida. *O direito ambiental*: nossa casa planetária. 3. ed. rev. e atual. Rio de Janeiro: Forense, 2006.

SILVA, José Afonso da. *Direito ambiental constitucional*. 6. ed. atual. São Paulo: Malheiros, 2007.

YOSHIDA, Consuelo Yatsuda Moromizato. *Tutela dos interesses difusos e coletivos*. 1. ed., 2. tiragem, rev. e atual. São Paulo: J. de Oliveira, 2006.

Informação bibliográfica deste texto, conforme a NBR 6023:2002 da Associação Brasileira de Normas Técnicas (ABNT):

DANTAS, Marcelo Buzaglo. A criação de unidades de conservação da natureza em áreas habitadas: problemática e soluções possíveis. In: BRAGA FILHO, Edson de Oliveira et al. (Coord.). *Mecanismos legais para o desenvolvimento sustentável*. Belo Horizonte: Fórum, 2010. p. 213-233. ISBN 978-85-7700-308-2.

O Mecanismo de Desenvolvimento Limpo e a Natureza Jurídica das Reduções Certificadas de Emissões no Brasil

Rafael Domingos Acioly Nunes
Aloísio Pereira Neto

Sumário: **1** Introdução – **2** As RCEs no Brasil e suas relações jurídicas – **2.1** As diversas naturezas jurídicas discutidas no Brasil – **2.2** A real natureza jurídica das RCEs – **2.3** A posição do Brasil no atual mercado de carbono mundial – **2.4** Atuais negociações para um "pós-Quioto" – **3** Conclusão – Referências

1 Introdução

O Mecanismo de Desenvolvimento Limpo (MDL) tem como escopo assistir aos países em desenvolvimento para que atinjam a sustentabilidade e auxiliar aos países desenvolvidos para que cumpram seus compromissos quantificados de limitação e redução de emissões.

Diante da conclusão retirada do art. 12 do Protocolo de Quioto, tem-se que os objetivos explícitos do MDL acabam por se concentrar na única forma prática de ajuda mútua não vinculada entre países desenvolvidos e os em desenvolvimento. Apesar dos países não incluídos no Anexo I do protocolo restarem como partes tanto da convenção quanto da norma aqui em estudo, tem-se que não existe qualquer obrigação para que eles ajudem nas reduções de emissões. O único atrativo acaba sendo a inclusão no mercado de Reduções Certificadas de Emissões (RCEs). Esse ponto é, talvez, o centro da crítica ambientalista dos países desenvolvidos.

Com a economia totalmente integrada, a crítica acaba por se fundar exatamente na concentração de obrigações para com os países ricos. Por que os países em desenvolvimento, mostrando hoje em dia uma clara recuperação de aspectos econômicos, não poderiam cumprir também com essas obrigações? E esse é exatamente um dos pontos que serão levados para a discussão do próximo período de compromissos que ainda será realizado ao término do prazo do Protocolo de Quioto, em 2012. O MDL, tendo como atrativo o mercado de carbono, acaba por ser a única forma de interação entre os países desenvolvidos e os em desenvolvimento.

Olvidando da discussão tratada pelas partes do Anexo I e se apegando às questões normativas, tem-se que um dos objetivos tratados no art. 12 é o alcance do desenvolvimento sustentável nos países em desenvolvimento. O MDL, portanto, é o real impulsionador do desenvolvimento sustentável que se almeja a convenção-quadro.

Porém, além do auxílio aos países em desenvolvimento, o art. 12 também cobre necessidades das demais partes. É exatamente quando trata de assistir a países desenvolvidos para que cumpram seus compromissos quantificados de limitação e redução de emissões. Esse objetivo é bem mais complexo do que a leitura imediata do artigo nos propõe. Isso porque a assistência de que trata o dispositivo é de maneira secundária. Ou seja, a aquisição de RCEs dos países em desenvolvimento geradas pelo MDL deve ajudar de maneira suplementar às atividades domésticas dos adquirentes a alcançar as obrigações de reduções de emissões. Vejamos o texto do art. 6 do protocolo:

Artigo 6. 1. A fim de cumprir os compromissos assumidos sob o Artigo 3, qualquer Parte incluída no Anexo I pode transferir para ou adquirir de qualquer outra dessas Partes unidades de redução de emissões resultantes de projetos visando a redução das emissões antrópicas por fontes ou o aumento das remoções antrópicas por sumidouros de gases de efeito estufa em qualquer setor da economia, desde que: (...);

(d) A aquisição de unidades de redução de emissões seja suplementar às ações domésticas realizadas com o fim de cumprir os compromissos previstos no Artigo 3.

Ainda, diante do art. 17, também temos um reforço ao caráter suplementar das RCEs criadas pelo MDL aos países desenvolvidos:

Artigo 17. A Conferência das Partes deve definir os princípios, as modalidades, regras e diretrizes apropriados, em particular para verificação, elaboração de relatórios e prestação de contas do comércio de emissões. As Partes incluídas no Anexo B podem participar do comércio de emissões com o objetivo de cumprir os compromissos assumidos sob o Artigo 3. Tal comércio deve ser suplementar às ações domésticas com vistas a atender os compromissos quantificados de limitação e redução de emissões, assumidos sob esse Artigo.

Além do alcance de desenvolvimento sustentável e do caráter suplementar da utilização do seu ativo, o MDL tem também uma questão basilar que reforça a transparência e credibilidade das operações. O referido apego a questões legislativas para se obter certificação tem sido, inclusive, fator relevante para a desvalorização das RCEs no mercado de carbono mundial. Eis outro aspecto digno de crítica dos ambientalistas. Exatamente o arcabouço assegurado por um tratado internacional é o que gera ativos mais baratos nos mercados de carbono espalhados para o mundo. Isso se dá à burocracia que assegura a transparência e segurança dos ativos. O processo de certificação do MDL é processado durante diversas etapas que envolvem órgãos e entidades públicas e privadas, nacionais e internacionais. O ponto de partida para a geração de RCEs é exatamente ter o projeto. O Protocolo de Quioto estabeleceu as seguintes etapas a serem observadas:

I - elaboração do Documento de Concepção do Projeto (DCP);
II - validação/aprovação;
III - registro;
IV - monitoramento;
V - verificação/certificação;
VI - emissão e aprovação das RCEs.

No intuito de avaliar os projetos que concorrerão à aprovação de RCEs o Protocolo de Quioto criou todo um arcabouço de sistemas e órgãos que irão validar, registrar, monitorar, verificar e certificar tais projetos. Todo o processamento deu a segurança para garantir os objetivos anteriormente citados no art. 12 item 2 da norma. É exatamente por essa segurança que as RCEs são aceitas por quase todos os sistemas independentes fora do Comércio Internacional de Emissões (CIE) previsto no já citado art. 17, ou seja, o mercado de carbono do Protocolo de Quioto. Porém, a mesma segurança que garante a aceitação quase que unânime em outros mercados das RCEs como ativos negociáveis é o motivo da desvalorização dos preços das mesmas (preço gerido pela *European Climate Exchange* (ECX), uma espécie de bolsa de negócios de RCEs e demais ativos vinculados ao Protocolo de Quioto ou não). É toda uma questão mercadológica que influencia nos preços e acaba por rotular e valorar de forma corrompida as reduções certificadas de emissões do Protocolo de Quioto (para se ter uma ideia, em 26.10.2009, a ECX valorava as RCEs em 13,35 euros para contratos futuros para dezembro do mesmo ano).[1] Vale ressaltar que a ECX foi criada como bolsa para as permissões derivadas do CIE e que os preços dado às RCEs não vinculam os contratos, apenas servindo como parâmetro de negociação.

O advogado Gabriel Sister conceituou MDL como "uma forma subsidiária de cumprimento das metas de redução de emissão de gases de efeito estufa em que cada tonelada métrica de carbono deixada de ser emitida ou retirada da atmosfera por um país em desenvolvimento poderá ser negociada com países com meta de redução (...)".[2]

Portanto, visualizado os objetivos explícitos e implícitos resta inevitável que uma perfeita tradução do MDL seria expor que se trata de um meio de flexibilização suplementar aos países desenvolvidos que auxiliam as partes em desenvolvimento à, através do Mercado de Carbono do Protocolo de Quioto, alcançar o desenvolvimento sustentável.

E é diante deste cenário que as RCEs, a partir de toda a demonstração acerca do MDL, se mostram como um ativo reconhecido tanto no âmbito do Protocolo de Quioto como nos demais sistemas de negociação de emissões. Entretanto, baseado nestas premissas é que se pode explorar a real natureza jurídica das RCEs.

2 As RCEs no Brasil e suas relações jurídicas

Primeiramente, cabe-nos esclarecer algumas nuances acerca do termo "crédito de carbono". Isso porque as terminologias utilizadas dentro do direito merecem uma atenção toda especial. No caso das RCEs, já houve uma popularização do termo "crédito de carbono". Cientificamente, o termo empregado na comunidade estaria sendo empregado de forma equivocada.

O conceito de crédito está ligado estritamente ao direito comercial como forma de garantia, direito de cobrança, pecúnia, ou seja, todas as formas de empréstimo ou relação comercial. No caso das RCEs, não há qualquer relação de empréstimo. Os aspectos comerciais que podem ser ventilados sobre os negócios jurídico que envolvem as RCEs afastam por si só o uso da expressão "crédito".

É por esse motivo que até então, tem-se utilizado largamente a sigla RCE, ou Redução Certificada de Emissão. Além do mais, a RCE em si, apesar da quantificação e cotação regularmente movimentada pela ECX, não tem um valor. Trata-se de uma unidade que representa um direito sobre uma tonelada equivalente de GEE reduzida ou capturada da atmosfera.

Superada esta questão preambular, passemos às considerações.

---

[1] Informação visualizada em <http://www.ecx.eu> em 26 out. 2009.

[2] Cf. SISTER. *Mercado de carbono e protocolo de Quioto*: aspectos negociais e tributação.

2.1 As diversas naturezas jurídicas discutidas no Brasil

A natureza jurídica de qualquer ente jurídico é extremamente importante para qualquer raciocínio perante o Ordenamento Jurídico. É daí de onde se pode esclarecer certos detalhes acerca daquele ente como a tributação, legislação aplicável, consequências, tipificações criminais, etc. No caso das RCEs, essa conceituação e engajamento no Ordenamento Jurídico pátrio tem sido tarefa árdua para muitos de nossos operadores de direito. Isso porque é cada vez mais íntimo perante a comunidade as operações e todo o arcabouço de sistemas criados a partir do Protocolo de Quioto.

É nesse cenário que iniciamos o estudo acerca da natureza jurídica das RCEs no Brasil. Primeiramente, vale ressaltar que não existe qualquer legislação federal em vigor que estabeleça segurança para as relações que envolvem transferência de RCEs. Pois bem, diante desta triste ausência de tratamento jurídico para com essas reduções cabe à doutrina firmar o entendimento acerca do assunto.

Infelizmente, o que se tem notado é uma serie de especulações que só ratificam o nosso entendimento acerca da ausência de normas concisas que definam as RCEs em nosso ordenamento.

A primeira ideia que se teve diante do surgimento das RCEs foi que esta seria enquadrada como uma *commodity*. Gabriel Sister, citando obra do professor Paulo Sandroni, explica que *commodity* é termo que significa "literalmente 'mercadoria' em inglês. Nas relações comerciais internacionais, o termo designa um tipo particular de mercadoria em estado bruto ou produto primário de importância comercial (...)".[3] Portanto, tem-se que *commodities* são mercadorias consideradas em estado bruto que são comercializadas pelo mundo e seguem padrões mercadológicos mundiais. Perante a classificação do Direito Civil brasileiro, seria um bem corpóreo e fungível. Voltando a tratar de RCEs, como já esgotado todo o entendimento acerca do procedimento para sua expedição, concluímos que elas são bens incorpóreos por serem transferidas por conta, eletronicamente, ao proponente do projeto de MDL.

Esse fato, por si só, já nos força uma conclusão pelo afastamento do conceito de *commodity* para as RCEs. Perquirindo sobre esse aspecto, o professor Paulo Caliendo acaba por concluir que não existe qualquer caracterização de RCEs como uma *commodity*.[4]

Sobre o assunto, conclui o advogado Gabriel Sister que "não obstante alguns estudiosos do tema defendam a caracterização das RCEs

---

[3] Cf. SISTER. *Mercado de carbono e protocolo de Quioto*: aspectos negociais e tributação.

[4] Cf. CALIENDO. Tributação e mercado de carbono. In: TÔRRES (Org.). *Direito tributário ambiental*, p. 884.

como *commodities* — ou mesmo *commodities* ambientais —, parece-me claro que faltam a tais instrumentos os elementos essenciais necessários a sua caracterização como tal".[5]

Outra classificação de RCEs que é debatida no Ordenamento Jurídico é quanto a classificação em títulos ou valores mobiliários. Como foi feito quanto às *commodities*, primeiramente, iremos nos propor a conceituar as classificações para, posteriormente, tentarmos demonstrar o panorama com as RCEs.

Título mobiliário vem de título de crédito, sendo, portanto, uma obrigação do emissor de pagar determinada quantia ao detentor do título. Trata-se da velha conceituação e elementos de autonomia, cartularidade e literalidade. Já nas RCEs, tem-se que há uma relação entre o proponente de MDL e o Conselho Executivo e que a relação entre o proponente e o comprador das reduções está fora da relação jurídica inicial de geração de RCEs. Não existe caráter de pecúnia ou de mercancia na geração de certificados de emissões. Os países que podem adquiri-las têm apenas uma faculdade e não uma obrigação, ou seja, as RCEs não necessariamente serão vendidas ou negociadas.

Resta clara a descaracterização das RCEs como título mobiliário por não haver qualquer obrigação de pagar entre as partes nem qualquer relação com os princípios fundamentais do título de crédito.

Quanto a valores mobiliários temos, talvez, a maior semelhança para se caracterizar as RCEs. A primeira vista, devido ao fato público de que a Bolsa de Mercadorias e Futuros (BMF) intermediou um leilão de "créditos de carbono". Fora isso, outros fatores, como a semelhança do ponto de vista físico com ações de bolsas de valores, acabam-se induzindo especulações de que RCE seria um valor mobiliário.

Conforme se verá adiante, até que seja aprovado, promulgado e publicado o Projeto de Lei nº 4.425, de 11.11.2004 (que visa dar competência à Comissão de Valores Mobiliários – CVM), não há que ser dito que RCEs são valores mobiliários.

A questão de valor mobiliário foi minuciosamente discutida pelo brilhante doutrinador, ora Diretor da CVM, Otávio Yazbek, em voto no processo administrativo CVM nº 2009/6.346. Esse voto, ratificando o entendimento de que RCEs não são valores mobiliários, foi um importante marco para o mercado de carbono do Protocolo de Quioto no Brasil. E é assim que vem se firmando o entendimento sobre esse novo direito no Brasil.

Otávio Yazbek inicia seu raciocínio, na parte que cabe à descaracterização das RCEs como valor mobiliário, afirmado que "em 2001, com

---

[5] Cf. SISTER. *Mercado de carbono e protocolo de Quioto*: aspectos negociais e tributação.

a reforma da Lei nº 6.385/76, a definição de valor mobiliário passou não apenas a abranger outros instrumentos, anteriormente não considerados sob tal rubrica, mas também a incorporar uma nova potencialidade".[6] Continuando seu voto, o doutrinador informa que essas mudanças na lei, principalmente quanto à inclusão de derivativos como valor mobiliário, acabam por fomentar a mente dos mais especuladores ou que preferem a conveniência de ter um sistema regulatório já constituído (como é o caso dos valores mobiliários) para as RCEs.

A lei, portanto, trouxe ao ordenamento jurídico a inclusão dos derivativos como sendo valores mobiliários, mesmo estando o legislador ciente de que a CVM regulava outros institutos totalmente diferentes dessa novidade. Os derivativos, portanto, após a publicação da lei que reformou a Lei nº 6.385/76, passaram a estar no rol de institutos e dispositivos regulados pela CVM. E é por causa dessa conversão de norma taxativa para norma exemplificativa que Otávio Yazbek conclui que a intenção dos que defendem as RCEs nas mãos da CVM é fazer o mesmo que foi realizado com os derivativos.

Em brilhante síntese, o Diretor afasta a semelhança entre RCEs e derivativos (diferença de apreçamento, instrumentos de mercado e finalidades) e conclui:

(...) entendo que os créditos de carbono nada têm a ver com os derivativos. Se eles são instrumentos "resgatáveis", no sentido de serem passíveis de transformação em um determinado tipo de vantagem econômica concreta, eles não são derivativos, mas os próprios ativos — inexiste ativo subjacente, sendo negociados os próprios ativos-objeto. Coisa distinta ocorreria se aqui se estivesse tratando de opções de crédito de carbono, por exemplo.[7]

Outro aspecto visualizado pelo autor para se caracterizar as RCEs em valores mobiliários é a ideia de classificá-las como contratos de investimento coletivo. Porém, de imediato, ratificando a ideia construída para justificar a não classificação de RCEs em derivativos, Otávio Yazbek enumera várias diferenças entre os institutos, sendo relevante citarmos: a desvinculação entre o proponente do projeto de MDL e as RCEs e a fungibilidade dos ativos entre si.[8]

---

[6] CVM. Voto em Processo Administrativo nº RJ 2009/6346. Diretor Relator Otávio Yazbek. *DOU*, jul. 2009, p. 5.

[7] CVM. Voto em Processo Administrativo nº RJ 2009/6346. Diretor Relator Otávio Yazbek. *DOU*, jul. 2009, p. 5.

[8] No caso dos contratos de investimento coletivo o autor trata da matéria com ensinamentos acerca desse instrumento de mercado que depende "de participação, de parceria ou de remuneração", o que não é o caso das RCEs.

Contudo, é na parte onde se trata de conveniência da caracterização das RCEs como valores mobiliários que talvez tenha seu voto o auge da importância. Tenta o Relator indicar a possibilidade de, mesmo não atingindo as RCEs os requisitos para se caracterizar como um tutelado da CVM, poder fazer parte do rol de salvaguarda da Comissão. Prossegue o renomado autor indicando que, por mais que juridicamente seja impossível a tutela das RCEs por parte da CVM, a caracterização da natureza jurídica de qualquer bem jurídico pouco importa quando uma Lei acaba por dizer o que ele representa para o mundo jurídico.

Destarte, conclui que é sim possível a tutela das RCEs por parte da CVM, mas que, como deixa bem claro, não é a favor de tal intromissão por parte da Comissão tendo em vista a independência e autonomia de seus institutos, conforme abaixo:

> Da combinação desses fatores resulta que, em princípio, pouco ou nenhum benefício adviria para o público investidor caso se estendesse a competência da autarquia para abranger tais títulos. Não vejo a necessidade, ao menos no que tange aos agentes que implementam projetos de MDL, dando causa à emissão de RCEs, de criação de um regime de *disclosure* próprio. As próprias emissões dos produtos, contando com uma série de *gatekeepers* (agentes credenciados para atuar na estruturação de projetos, validar e certificar iniciativas) e de procedimentos de controle, também não demandam regimes diferenciados (mesmo porque, muitas vezes tal emissão se dá no âmbito de relações *intuitu personae*, conformadas pelas partes em razão de características individuais).[9]

Afirma ainda que, caso realmente houvesse mudanças nesse sentido (enlanguescer a competência da CVM), de acordo com o art. 2º da Lei nº 6.385/76 e seus incisos VI, VII e IX,[10] a comissão julgadora estaria equipada para receber qualquer outro produto que esteja relacionado às RCEs.

Além disso, pode haver também a intervenção da CVM no sentido de fiscalizar e verificar operações de fundos de investimentos que tenha como principal alvo empresas que de alguma forma se envolvem com o MDL.

---

[9] CVM. Voto em Processo Administrativo nº RJ 2009/6346. Diretor Relator Otávio Yazbek. *DOU*, jul. 2009, p. 5.

[10] CVM. Voto em Processo Administrativo nº RJ 2009/6346. Diretor Relator Otávio Yazbek. *DOU*, jul. 2009, p. 5.

Acrescentando o raciocínio, em nosso ponto de vista, é de se considerar que o escopo principal do MDL e das RCEs é propagar e alimentar a cultura de desenvolvimento sustentável. Não nos parece plausível que esse determinado tipo de foco seja tutelado por uma comissão que tem como principal objetivo o fomento do mercado de valores mobiliários. Nossa opinião é baseada em um aspecto metafísico e principiológico da UNFCCC ao criar todos os mecanismos de combate ao aquecimento global. Essa tutela, portanto, não obstante a capacidade da CVM de transparência e organização iria corromper o caráter ambiental das RCEs tornando-a ativo de mera "mercantilização".[11]

Sobre um caráter também ressaltado pelo Relator, não se pode olvidar de um aspecto pioneiro do mercado de carbono do Protocolo de Quioto: trata-se de um marco legal mundial referente aos comércios de emissões, permissões, ativos, enfim, todo e qualquer bem relacionado, inaugurando uma tendência de sistemas com normas próprias que transformam lentamente o paradigma do Direito Internacional.

Na visão do Professor José Eduardo Faria:

(...) a proliferação de normas em áreas e setores cada vez mais funcionalmente diferenciados — das telecomunicações à proteção do meio ambiente e sistemas de negociação de créditos de carbono, da tutela de refugiados e do combate ao terrorismo internacional a acordos comerciais de oferta de tecnologia — levou ao aparecimento de diversos regimes normativos, dos quais o Direito Comunitário Europeu é um exemplo ilustrativo.[12]

E é exatamente por seu caráter de regime normativo internacional único que não podemos delegar tarefa de regulação nacional tão específica à CVM[13] ou qualquer outro órgão já existente, seja qual for a natureza jurídica dada pela legislação nacional.

2.2 A real natureza jurídica das RCEs

Após dissecar as possibilidades que a doutrina e os estudos se propuseram, de forma equivocada, a classificar a natureza jurídica das RCEs, passamos a tratar da real natureza, de acordo com a legislação vigente.

---

[11] Cf. BELCHIOR. Aquecimento global, protocolo de Quioto e mecanismos de flexibilização. *Diálogo Jurídico*, p. 22.

[12] FARIA. *Sociologia jurídica*: direito e conjuntura, p. 98.

[13] Corroborando com a ideia de que RCE não é valor mobiliário, Gabriel Sister afirma que elas "são ativos que não se subsumem no conceito de valor mobiliário" (*Mercado de carbono e protocolo de Quioto*: aspectos negociais e tributação, p. 47).

Temos, destarte, que, baseados nas premissas da parte geral de nosso Código Civil, pode-se classificar o famigerado ativo como sendo um bem móvel intangível ou incorpóreo (imaterial). Isso porque se trata de um direito adquirido perante todo um procedimento, que dá ao proponente do projeto o direito sobre aquele ativo ambiental que poderá ter valor econômico.

Corroborando com esse entendimento, Gabriel Sister indica que "é possível afirmar que as RCEs, enquanto direitos sem existência tangível, todavia com valor econômico, enquadram-se com perfeição na acepção de *bens intangíveis*".[14]

Essa classificação de maneira a não passear por outros aspectos da estrutura de bens no nosso Código Civil é limitada até onde se torna relevante ao nosso estudo. As demais classificações a que se pode agregar para as RCEs, no momento, não nos faz relevante.

O atual enquadramento aqui dado, portanto, será extremamente relevante para a fixação de riscos quanto a qualquer operação realizada com este ativo no Brasil. Tanto para fins de tributação quanto para reconhecimento do instituto dentro de nosso ordenamento.

2.3 A posição do Brasil no atual mercado de carbono mundial

O Ministério da Ciência e Tecnologia, sistema ao qual está vinculada a CIMGC, vem mapeando a participação do Brasil no Mercado de Carbono do Protocolo de Quioto através de relatórios e pesquisas.

Nas últimas informações que se tem notícia acerca da lista dos maiores proponentes de MDL, o Brasil fica em terceiro lugar, atrás da China e da Índia, respectivamente primeiro e segundo lugares. Vide o gráfico a seguir.

---

[14] Cf. SISTER. *Mercado de carbono e protocolo de Quioto*: aspectos negociais e tributação.

Gráfico baseado nos estudos e relatórios do Ministério da Ciência e Tecnologia. Disponível em: <http://www.cni.org.br/portal/lumis/portal/file/fileDownload.jsp?fileId=FF808081224B6FF101 2265E4A46D5D2B>. Acesso em: 23 mar. 2010.

Porém, não obstante a posição de terceiro no ranking acima existe empresas com um profundo comprometimento com a responsabilidade ambiental que preferem a compra de RCEs que decorrem de MDL com maior teor de confiabilidade no que tange à qualidade da sustentabilidade do projeto. Nesse aspecto, a notícia veiculada no renomado jornal *Gazeta Mercantil*[15] encerra nosso raciocínio, afirmando que "embora o volume de créditos de carbono gerados por projetos de MDL (Mecanismo de Desenvolvimento Limpo) no Brasil fiquem abaixo dos empreendimentos instalados na China e na Índia, é possível aos brasileiros obter bons preços no mercado internacional, especialmente no Japão, conta Mara Regina Mendes, analista de MDL da Mitsubishi UFJ Securities, corretora do Mitsubishi UFJ Financial Group".

É uma questão de consciência que auxilia no combate ao aquecimento global. Tal assertiva ratifica a qualidade das RCEs (no que tange aos projetos de MDL).

---

[15] JULIANI, Denise. Créditos de carbono brasileiros têm melhor preço no mercado. *Gazeta Mercantil*, Finanças & Mercados, p. 2.

2.4 Atuais negociações para um "pós-Quioto"

Diante das lições até aqui despendidas quanto à vulnerabilidade dos preços das RCEs, quanto as legislações que invadem as normas precípuas do Protocolo de Quioto, os fatos no mundo que denunciam o caráter emergencial das medidas para se combater o aquecimento global, as especulações econômicas acerca das atividades dos Mercados de Carbono, a aceitação das RCEs por Mercados de Carbono Voluntários, a crise mundial do final do ano de 2008, a viabilidade de o florestamento e o reflorestamento ser encarado com maior seriedade e regulação e tantos outros fatos elencados neste trabalho, as partes da UNFCCC visualizaram uma pauta cheia para a discussão no COP-15.

Muitos dos estudiosos e ambientalistas viram na última reunião das partes da convenção-quadro de 2009 a oportunidade para se fortalecer as tentativas de que haja um segundo protocolo de intenções[16] que absorva as lições do documento de Quioto e melhore determinadas características e mazelas identificadas neste.

O que fica de lição para o planeta, não olvidando dos aspectos técnicos e jurídicos, é a questão ambiental. O foco das discussões sobre o Mercado de Carbono tem sido desviado para aspectos econômicos. Apesar de que, ao contrário das críticas de extremistas, o MDL, bem como as suas RCEs, não têm o caráter de "salvar o planeta". Não podemos deixar de lado a proposta da qual tais institutos têm caráter secundário e suplementar às atividades de reduções domésticas dos países desenvolvidos.

O Protocolo de Quioto, bem como as normas que virão a substituí-lo no futuro, não podem ser alvos de críticas quanto a sua suposta ineficácia frente ao aquecimento global. O que muitos esquecem é que somente a consciência ambiental de cada habitante do planeta Terra é que poderá salva-lo desta tormenta denominada aquecimento global.

3 Conclusão

Diante de todo o estudo aqui desprendido, após inúmeras digressões de tema justificadas pela complexidade e interligação entre os sistemas de Mercado de Carbono, conclui-se que o Ordenamento Jurídico pátrio recebeu todos os institutos vinculados ao Protocolo de Quioto de forma legal, mas, contudo, a adaptação destes institutos ao ambiente legal colhido no Brasil não têm cooperado com a plena efetivação e sucesso da norma

---

[16] As obrigações do Protocolo de Quioto se encerram em 2012.

internacional. As RCEs se encaixaram[17] na classificação de bens móveis incorpóreos e as conseqüências disto denunciam o descaso do legislativo federal para com o instituto, no sentido de não abraçá-lo como norma internacional de extrema importância. Tal fato vem enumerando riscos em excesso para essas operações.

Diante deste cenário que, ao longo de quase uma década de experiência com o MDL, conclui-se que o desenvolvimento sustentável tem feito cada vez mais parte das pautas de prioridades das empresas nacionais e renovam o compromisso, através de financiamentos de países desenvolvidos, com o meio ambiente.

Porém, nada obstantes os pontos positivos que se visualizam nas linhas deste trabalho, questões como a consciência da população ainda merecem maior brigada em futuros protocolos e tratados internacionais.

Conclui-se que as expectativas para o fortalecimento do MDL ainda nesse período do Protocolo de Quioto dependem de maiores incentivos e auxílios por parte do Ordenamento Jurídico pátrio, notadamente quanto aos projetos de lei destacados nesse trabalho.

Referências

AMARAL, Antonio Carlos Rodrigues do (Coord.). *Direito do comércio internacional*: aspectos fundamentais. São Paulo: Aduaneiras; LEX, 2004.

BELCHIOR, Germana Parente Neiva. Aquecimento global, protocolo de Quioto e mecanismos de flexibilização. *Diálogo Jurídico*, v. 8, p. 11-24, 2009.

CALDAS, Marcelo Costa. *O mercado internacional de créditos de carbono*: as perspectivas de negócios para o Brasil. 2004. 100 f. Dissertação (Mestrado em Negócios Internacionais) – Faculdade de Negócios Internacionais, Universidade de Fortaleza, Fortaleza, 2004.

CALIENDO, Paulo. Tributação e mercado de carbono. In: TÔRRES, Heleno Taveira (Org.). *Direito tributário ambiental*. São Paulo: Malheiros, 2005.

CARRAZZA, Roque Antônio. *ICMS*. 10. ed., rev. e ampl. até a Emenda Constitucional 45/2004 e de acordo com a Lei complementar 87/96 e suas ulteriores modificações. São Paulo: Malheiros, 2005.

CAUBET, Christian Guy. A irresistível ascensão do comércio internacional: o meio ambiente fora da lei? *Diálogo Jurídico*, n. 15, jan./mar. 2007. Disponível em: <http://www.direitopublico.com.br/pdf_seguro/Portugal_Comercio_meio_ambiente.pdf>.

---

[17] Este termo ilustra a forma pela qual foi recebido o instituto destacado pelo nosso ordenamento, referindo-se a aspectos de ausência de legislação que identifique o dispositivo em nosso sistema legal.

Acesso em: 23 mar. 2010.

COÊLHO, Sacha Calmon Navarro. *Manual de direito tributário*. Rio de Janeiro: Forense, 2000.

COMISSÃO DE VALORES MOBILIÁRIOS – CVM. Voto em Processo Administrativo nº RJ 2009/6346. Diretor Relator Otávio Yazbek. *DOU*, jul. 2009.

FARIA, José Eduardo. *Sociologia jurídica*: direito e conjuntura. São Paulo: Saraiva, 2008.

FIORILLO, Celso Antonio Pacheco; FERREIRA, Renata Marques. *Direito ambiental tributário*. São Paulo: Saraiva, 2005.

MACHADO, Paulo Affonso Leme. *Direito ambiental brasileiro*. 12. ed. rev., atual. e ampl. São Paulo: Malheiros, 2004.

MILARÉ, Édis. *Direito do ambiente*: a gestão ambiental em foco: doutrina, jurisprudência, glossário. 5. ed. reform., atual. e ampl. São Paulo: Revista dos Tribunais, 2007.

PONTES DE MIRANDA, Francisco Cavalcanti. *Tratado de direito privado*. 2. ed. atual. por Vilson Rodrigues Alves. Campinas: Bookseller, 2000. v. 1. Parte geral: pessoas físicas e jurídicas.

SILVA, Geraldo Eulálio do Nascimento e; ACCIOLY, Hildebrando. *Manual de direito internacional público*. 15. ed. rev. atual. por Paulo Borba Casella e colaboradores. São Paulo: Saraiva, 2002.

SILVA, José Afonso da. *Direito ambiental constitucional*. 6. ed. atual. São Paulo: Malheiros, 2007.

SISTER, Gabriel. *Mercado de carbono e protocolo de Quioto*: aspectos negociais e tributação. Rio de Janeiro: Elsevier; Campus, 2007.

TÔRRES, Heleno Taveira (Org.). *Direito tributário ambiental*. São Paulo: Malheiros, 2005.

Informação bibliográfica deste texto, conforme a NBR 6023:2002 da Associação Brasileira de Normas Técnicas (ABNT):

NUNES, Rafael Domingos Acioly; PEREIRA NETO, Aloísio. O mecanismo de desenvolvimento limpo e a natureza jurídica das reduções certificadas de emissões no Brasil. In: BRAGA FILHO, Edson de Oliveira *et al.* (Coord.). *Mecanismos legais para o desenvolvimento sustentável*. Belo Horizonte: Fórum, 2010. p. 235-248. ISBN 978-85-7700-308-2.

O Estatuto da Cidade e a Proteção Ambiental

Samir Jorge Murad

O processo de industrialização no Brasil, iniciado na década de 1930 e consolidado no período do governo JK (1955-1960) foi o principal responsável pela transformação da característica do país de eminentemente rural para urbano, pois gerou uma onda migratória para as regiões industrializadas com reflexos sentidos ainda hoje.

O Estatuto da Cidade, Lei nº 10.257/2001, é o instrumento balizador das principais diretrizes do meio ambiente artificial, na busca de sua sustentabilidade, em razão do disposto nos artigos 182 e 183 da Constituição Federal.

Antes de passar a vigorar, o Estatuto percorreu um longo caminho iniciado a partir do Projeto de Lei nº 181/89 de autoria do senador Pompeu de Souza, aprovado rapidamente em 1990. Esta celeridade, no entanto, não ocorreu na Câmara dos Deputados, onde recebeu o nº 5.788/90. Por pressões dos proprietários de terrenos urbanos ficou paralisado por sete anos entre 1990 e 1997. Voltou a tramitar em 1998, foi aprovado em junho de 2001 e recebeu a sanção presidencial um mês depois.

O Estatuto da Cidade, lei do meio ambiente artificial, no dizer de Celso Antonio Pacheco Fiorillo:

> (...) é a mais importante legislação brasileira em matéria de tutela do meio ambiente artificial. O Estatuto da Cidade, ao ter como objetivo ordenar o pleno desenvolvimento das funções sociais da cidade e da propriedade urbana, mediante algumas diretrizes gerais, criou a garantia do direito a cidades sustentáveis.[1]

---

[1] FIORILLO. *Curso de direito ambiental brasileiro*, p. 354.

Para Paulo de Bessa Antunes:

O Estatuto da Cidade é uma norma jurídica que veio estabelecer os princípios gerais a serem adotados para a boa gestão da vida urbana. (...) É evidente, contudo, que gerir cidades é produzir impactos sobre o meio ambiente — positivos e negativos. Como um todo a lei é positiva. É verdade que ela é muito mais uma consolidação de práticas administrativas que vêm sendo implementadas em diversas urbes brasileiras. As questões referentes à constitucionalidade de algumas normas serão dirimidas pela nossa mais elevada corte, fazendo uma adaptação da norma aos termos da CF vigente.[2]

Assim, o meio ambiente artificial, tutelado constitucionalmente pelos arts. 182, 183 e 225, vincula as diretrizes da política urbana à garantia de dignidade e de sadia qualidade de vida.

Para Fiorillo, o Estatuto da Cidade veio contemplar no seu art. 2°, diretrizes gerais para o ordenamento e o desenvolvimento da política e da propriedade urbana. O referido artigo objetiva regrar a cidade de acordo com as necessidades da pessoa humana sob a ótica constitucional em sintonia direta com os subsistemas do direito ambiental, do direito do trabalho e do direito das relações de consumo, visando a sustentabilidade do ambiente urbano.[3]

Dentre elas destacamos os seguintes incisos que dizem respeito à proteção ambiental acompanhados de breves comentários:

IV - planejamento do desenvolvimento das cidades, da distribuição espacial da população e das atividades econômicas do Município e do território sob sua área de influência, de modo a evitar e corrigir as distorções do crescimento urbano e seus efeitos negativos sobre o meio ambiente;

O objetivo dessa norma é harmonizar o processo da atividade econômica local com o desenvolvimento urbano (espaço e população), principalmente nas regiões periféricas, buscando evitar ou atenuar os impactos negativos ao meio ambiente.

VI - ordenação e controle do uso do solo, de forma a evitar:
a) a utilização inadequada dos imóveis urbanos;

---

[2] ANTUNES. *Direito ambiental*, p. 321.
[3] FIORILLO. *Estatuto da cidade comentado*: Lei 10.257/2001, Lei do meio ambiente artificial, p. 44.

b) a proximidade de usos incompatíveis ou inconvenientes;
c) o parcelamento do solo, a edificação ou o uso excessivos ou inadequados em relação à infra-estrutura urbana;
d) a instalação de empreendimentos ou atividades que possam funcionar como pólos geradores de tráfego, sem a previsão da infra-estrutura correspondente;
e) a retenção especulativa de imóvel urbano, que resulte na sua subutilização ou não utilização;
f) a deterioração das áreas urbanizadas;
g) a poluição e a degradação ambiental;

Cabe ao governo (no caso, o municipal) estabelecer metas de ordenamento físico e espacial de sua área urbana com vistas ao efetivo cumprimento de sua função social, evitando o disposto nas alíneas "a" a "g" do referido inciso.

VIII - adoção de padrões de produção e consumo de bens e serviços e de expansão urbana compatíveis com os limites da sustentabilidade ambiental, social e econômica do Município.

Esse dispositivo trata da justa distribuição dos benefícios resultantes da urbanização, da adequação dos instrumentos de política econômica e tributária visando o bem-estar de todos os segmentos da população, bem como, da integração da área urbana e da área rural sob influência da primeira, possibilitando a fixação do trabalhador no campo, obtendo reflexos positivos na questão fundiária, considerando os aspectos econômicos e sociais do município.

XII - proteção, preservação e recuperação do meio ambiente natural e construído, do patrimônio cultural, histórico, artístico, paisagístico e arqueológico.

A preservação do patrimônio histórico, dever do poder executivo, no âmbito das cidades, torna-as mais propícias a investimentos e aos benefícios da indústria do turismo possibilitando certos privilégios em relação às demais no tocante à sua autossustentabilidade.

XIII - audiência do Poder Público Municipal e da população interessada nos processos de implantação de empreendimentos ou atividades com efeitos potencialmente negativos sobre o meio ambiente natural ou construído, o conforto ou a segurança da população.

Aqui observamos o incentivo à gestão democrática das cidades através do acompanhamento de planos e projetos de implantação de empreendimentos ou atividades potencialmente poluidoras através da participação popular com a finalidade de conferir-lhe cidadania.

XIV - regularização fundiária e urbanização das áreas ocupadas por população de baixa renda mediante os estabelecimento de normas especiais de urbanização, uso e ocupação do solo e edificação, consideradas a situação sócio-econômica da população e as normas ambientais

A regularização fundiária dos assentamentos urbanos, notadamente os situados em suas periferias e que se encontram em fase precária é o primeiro passo para garantir o direito à moradia em condições dignas e com qualidade de vida para a população de baixa renda, conferindo-lhes segurança jurídica por meio da titulação de sua posse. As condições dignas e a qualidade de vida serão conferidas pela urbanização, através do saneamento básico, educação, saúde e lazer.

Ainda sobre as diretrizes gerais, sobre as quais fizemos breves comentários, Fiorillo[4] destaca a garantia do direito a cidades sustentáveis destinadas aos habitantes em decorrência de cada um dos deveres impostos ao Poder Público municipal e por via de consequência, direitos assegurados aos cidadãos, discriminados a seguir:

Direito de terra urbana – O direito à terra urbana se caracteriza como fundamental à pessoa humana, na medida em que é a partir do território que todos os demais direitos fundamentais assegurados pela Constituição Federal poderão ser realizados/exercidos concretamente, em proveito dos brasileiros e estrangeiros residentes no País.

Direito à moradia – Deve ser compreendido como um direito (constitucionalmente garantido) a espaço de conforto e intimidade destinado a brasileiros e estrangeiros residentes no Brasil, adaptado a ser verdadeiro reduto de sua família.

Direito ao saneamento ambiental – Assegura aos cidadãos não só a sua incolumidade físico psíquica (saúde) vinculada ao local onde vivem, e onde o Poder público tem o dever de assegurar condições urbanas adequadas de saúde pública, inclusive relacionadas ao controle da águas, esgotos e etc. Indica ainda como subsistemas os direitos: *direito ao uso de águas; direito a esgoto sanitário; direito ao ar atmosférico (direito de antena); direito ao descarte de resíduos.*

---

[4] *Op. cit.,* p. 49.

No plano do saneamento ambiental, alguns direitos materiais fundamentais vinculados à pessoa humana estruturam os valores de bem-estar e salubridade, perseguidos pelo Estatuto da Cidade no que se refere às diretrizes que orientam seus objetivos.

Direito à infraestrutura urbana – Assegura a efetiva realização de obras ou mesmo atividades destinadas a tornar efetivo o pleno desenvolvimento das funções sociais da cidade, fixando o direito ao espaço urbano construído. Assegura também a participação da população interessada nos processos de implantação de empreendimentos ou atividades com efeitos potencialmente negativos sobre o meio ambiente construído. No espaço urbano a infraestrutura é composta por equipamentos destinados a viabilizar serviços públicos e privados como rede de esgotos, rede de abastecimento de águas, energia elétrica, coleta de águas pluviais, rede telefônica, gás canalizado, televisão a cabo etc.

Por equipamentos destinados a viabilizar a circulação de pessoas, bem como de serviços e produtos, a saber: calçadas, praças, ruas, avenidas, pontes, viadutos, logradouros, caminhos, passagens, estradas, rodovias, ferrovias, portos, aeroportos etc.

Direito ao transporte – Propicia os meios necessários destinados à sua livre locomoção em face da necessidade de utilização das vias na cidade, adaptadas não só à circulação da pessoa humana como para as operações de carga e descarga.

Direito aos serviços públicos – Assegura que o Poder Público, na qualidade de fornecedor de serviços no âmbito das cidades está obrigado a garanti-los de forma adequada, segura, eficiente e quanto aos essenciais, contínua. Dentre esses destacamos o direito à saúde e à educação.

Direito ao trabalho – Estabelece as condições econômicas elementares para que os trabalhadores, homens ou mulheres, tenham uma vida digna, como preconizado no piso vital mínimo descrito no art. 6º da CF.

Direito ao lazer – garante o exercício de atividades prazerosas no âmbito das cidades. Implica um dever do Poder Público Municipal de assegurar os meios necessários para que determinada população de determinada cidade, possa tornar efetivas as atividades necessárias ao seu entretenimento (salas de cinema, teatro, praças, áreas arborizadas, estádios, locais destinados a apresentação, acessibilidade a praias, piscinas recreativas etc.).

Direito à segurança – O direito à segurança também faz parte da garantia do direito a cidades sustentáveis para as presentes e futuras gerações, devendo ser observado como uma prestação de serviço imposta ao Poder Público Municipal, a ser observada em qualquer política de desenvolvimento urbano.

Ainda sobre o tema, lembramos que todas as diretrizes gerais anteriormente comentadas, devem ser contempladas, obrigatoriamente, no Plano Diretor do Município, conforme dispõe o art. 39 do Estatuto da Cidade, reproduzido abaixo *in verbis*:

> **Art. 39.** A propriedade urbana cumpre sua função social quando atende às exigências fundamentais de ordenação da cidade expressas no plano diretor, assegurando o atendimento das necessidades dos cidadãos quanto à qualidade de vida, à justiça social e ao desenvolvimento das atividades econômicas, respeitadas as diretrizes previstas no art. 2° desta Lei.

O município, após a elaboração do Plano Diretor que deverá contemplar as referidas normas e diretrizes de cunho ambiental, elaborará sua legislação, aplicando-a em seu território, através do seu poder de polícia ambiental, valendo-se para tanto de licenças ou autorizações administrativas ambientais. Destacamos a obrigatoriedade de que tem todo município com mais de 20.000 habitantes de elaborar e aprovar seu plano diretor, e sua legislação ambiental.

Segundo Fiorillo, "o art. 4° elenca instrumentos de planejamento, institutos tributários e financeiros, institutos jurídicos e políticos e, principalmente, impõe no plano infra-constitucional a utilização do Estudo Prévio de Impacto Ambiental (EIA) e do Estudo de Impacto de Vizinhança (EIV)".[5]

Dentre os instrumentos indicados no art. 4°, destacamos os seguintes:

Plano diretor – Para o professor Toshio Mukai, é o instrumento legal que "visa propiciar o desenvolvimento urbano, portanto, do município, fixando diretrizes objetivas, metas, programas e projetos, em um horizonte de tempo determinado. Esses elementos do plano são voltados para os seguintes conteúdos, que ele deverá consignar e abranger: aspectos administrativo-financeiros, sociais, econômicos, urbanísticos (de ordenação do território, por meio de disciplina de usos, ocupações, parcelamentos e zoneamento do solo urbano) e ambientais".[6]

Zoneamento ambiental (que substitui o zoneamento urbano) – Objetiva disciplinar de que forma será compatibilizado o desenvolvimento industrial, as zonas de conservação da vida silvestre e a própria habitação do homem tendo em vista sempre a manutenção da vida com qualidade às presentes e futuras gerações. Segundo Fiorillo, é um instrumento previsto

---

[5] *Op. cit.*, p. 82.
[6] MUKAI. *O Estatuto da Cidade*: anotações à Lei nº 10.257 de 10-7-2001, p. 33.

desde a Lei n° 6.938/81 e classifica-se em zoneamento para pesquisas ecológicas; em parques públicos; em áreas de proteção ambiental; costeiro e industrial.[7]

Imposto sobre a Propriedade Predial e Territorial Urbana (IPTU) progressivo no tempo – Para Fiorillo, é um tributo ambiental que cria obrigação jurídica pecuniária decorrente de lei com amparo constitucional de acordo com o art. 182, §4°, II. Caracteriza-se por ser um instrumento vinculado aos denominados institutos tributários e financeiros descritos no art. 4°, IV, do Estatuto da Cidade. Tem como finalidade ser destinado à viabilização real das funções sociais da cidade em consonância com as necessidades vitais da pessoa humana.[8]

Tombamento de imóveis de mobiliário urbano – Este instrumento, segundo Fiorillo, guarda sintonia com o meio ambiente artificial com natureza jurídica de instrumento constitucional de acautelamento e preservação de acordo com o art. 216, §1°, da CF.[9]

No entendimento de Paulo Affonso, tombamento é uma forma de implementar a função social da propriedade, protegendo e conservando o patrimônio privado ou público, através da ação dos poderes públicos, tendo em vista seus aspectos históricos, artísticos, naturais, paisagísticos e outros relacionados à cultura, para a fruição das presentes e futuras gerações.[10]

Instituição de unidades de conservação – Para Fiorillo, esse instrumento destina-se a constituir espaço territorial e seus componentes incluindo os recursos hídricos, com características naturais relevantes, legalmente disciplinados por órgão competente, com objetivos de conservação e limites definidos em lei.[11]

Usucapião especial de imóvel urbano – É considerado um dos mais importantes instrumentos de ordenação do meio ambiente artificial previstos no Estatuto da Cidade. Assegura, através do devido processo legal, em dois tipos de ação, a individual e a coletiva, o domínio de áreas urbanas, principalmente aos habitantes dos loteamentos irregulares, transformando-os em realidade jurídica como bairros integrantes da cidade, desde que a área desses lotes não ultrapasse 250m², sua ocupação seja ininterrupta e sem oposição por um período de cinco anos e o possuidor não seja proprietário de outro imóvel urbano ou rural.

Direito de superfície – De acordo com o art. 21, é aquele no qual o proprietário urbano poderá conceder a outrem o direito de usufruir

---

[7] *Op. cit.*, p. 83.
[8] *Op. cit.*, p. 89.
[9] *Op. cit.*, p. 83.
[10] MACHADO. *Direito ambiental brasileiro*, p. 946.
[11] *Op. cit.*, p. 85.

da superfície do imóvel, por tempo determinado ou indeterminado, mediante escritura pública registrada no cartório de Registro de Imóveis. Esse direito abrange o direito de utilizar o solo, o subsolo ou o espaço aéreo relativo ao terreno, na forma estabelecida no contrato, com base na legislação urbanística.

Direito de preempção – Segundo o disposto no art. 25, é o direito de precedência conferido ao Poder Público municipal para adquirir imóvel urbano objeto de alienação onerosa entre particulares. Toshio Mukai, citando Ricardo Pereira Lira, diz que a concepção do direito de preempção é urbanisticamente válida, pois o Município, em áreas previamente definidas na lei e no plano de uso do solo, poderá adquirir desde logo imóveis cuja aquisição futura será inevitavelmente mais onerosa, após a realização de determinado plano específico de urbanização.[12]

Outorga onerosa do direito de construir e de alteração de uso – O art. 28 do Estatuto prevê que o plano diretor poderá fixar áreas nas quais o direito de construir poderá ser exercido acima do coeficiente de aproveitamento básico adotado (que é a relação entre a área edificável e o terreno), mediante contrapartida a ser prestada pelo beneficiário.

Operações urbanas consorciadas – O art. 32 prevê que lei municipal específica, baseada no plano diretor, poderá delimitar área para aplicação de operações urbanas consorciadas, consideradas estas como o conjunto de intervenções e medidas coordenadas pelo Poder Público Municipal, com a participação dos proprietários, moradores, usuários permanentes e investidores privados, com o objetivo de alcançar em uma área, transformações urbanísticas estruturais, melhorias sociais e a valorização ambiental. Fiorillo, citando a urbanista Raquel Rolnik, diz que as operações urbanas "são definições específicas para uma certa área da cidade que se quer transformar, que prevêem uma ocupação e um uso distintos das regras gerais que incidem sobre a cidade e que podem ser implantadas com a participação dos proprietários, moradores usuários e investidores privados".[13]

Estudo de Impacto de Vizinhança (EIV) – É definido como o documento técnico a ser exigido, com base em lei municipal, para a concessão de licenças e autorizações de construção, ampliação ou funcionamento de empreendimentos ou atividades que possam afetar a qualidade de vida da população residente na área ou nas proximidades. É mais um dos instrumentos trazidos pelo Estatuto da Cidade que permitem a tomada de medidas preventivas pelo ente estatal a fim de evitar o desequilíbrio no crescimento urbano e garantir condições mínimas de ocupação dos espaços habitáveis.

---

[12] *Op. cit.*, p. 21.
[13] *Op. cit.*, p. 114.

Fiorillo diz ser o EIV o mais importante instrumento de atuação no meio ambiente artificial na perspectiva de assegurar a dignidade da pessoa humana, pois ele tem como objetivo compatibilizar a ordem econômica do capitalismo em face dos valores fundamentais ligados às necessidades de brasileiros e estrangeiros residentes no país, justamente em decorrência do trinômio vida-trabalho-consumo.[14]

Toshio Mukai diz que este instituto é de natureza puramente administrativa, sendo despicienda sua regulação em Lei Federal e que ao contrário do Estudo de Impacto Ambiental (EIA) que é exigível em casos de significativa degradação do meio ambiente, o EIV será exigido em qualquer caso, independente de ocorrência de impacto negativo.[15]

Para Paulo de Bessa Antunes, o EIV, assim como o Estudo Prévio de Impacto Ambiental (EIA) é um aperfeiçoamento das análises de custo/benefício de um determinado empreendimento. De acordo com o art. 37, o EIV será executado de forma a contemplar os efeitos positivos e negativos do empreendimento ou atividade quanto à qualidade de vida da população residente na área e suas proximidades.[16]

Mais adiante revela o conteúdo mínimo do estudo: adensamento populacional, equipamentos urbanos e comunitários, uso e ocupação do solo, valorização imobiliária, geração de tráfego e demanda por transporte público, ventilação e iluminação e paisagem urbana e patrimônio natural e cultural.

Por tudo isso percebemos que o Estatuto da Cidade traz inovações em termos de administração pública urbana tendo como principal foco não somente as questões jurídicas e sociais mas também as de cunho eminentemente ambientais.

Referências

ANTUNES, Paulo de Bessa. *Direito ambiental*. 11. ed. amplamente reform. Rio de Janeiro: Lumen Juris, 2008.

FIORILLO, Celso Antonio Pacheco. *Curso de direito ambiental brasileiro*. 10. ed., rev., atual. e ampl. São Paulo: Saraiva, 2009.

FIORILLO, Celso Antonio Pacheco. *Estatuto da cidade comentado*: Lei 10.257/2001, Lei do meio ambiente artificial. 3. ed., rev., atual. e ampl. São Paulo: Revista dos Tribunais, 2008.

---

[14] *Op. cit.*, p. 118.
[15] *Op. cit.*, p. 31.
[16] *Op. cit.*, p. 315.

MACHADO, Paulo Affonso Leme. *Direito ambiental brasileiro*. 16. ed. rev., atual. e ampl. São Paulo: Malheiros, 2008.

MUKAI, Toshio. *O Estatuto da Cidade*: anotações à Lei nº 10.257 de 10-7-2001. São Paulo: Saraiva, 2001.

Informação bibliográfica deste texto, conforme a NBR 6023:2002 da Associação Brasileira de Normas Técnicas (ABNT):

MURAD, Samir Jorge. O Estatuto da Cidade e a proteção ambiental. In: BRAGA FILHO, Edson de Oliveira et al. (Coord.). *Mecanismos legais para o desenvolvimento sustentável*. Belo Horizonte: Fórum, 2010. p. 249-258. ISBN 978-85-7700-308-2.

A Ordem Econômica Ambiental Brasileira

Svetlana Maria de Miranda

Foi-se o tempo em que a natureza podia ser concebida como infinita e colocada em toda a sua plenitude a serviço da satisfação humana. Desde a década de 1960, fundamentada na *Hipótese de Gaia*,[1] verificou-se que os modelos de desenvolvimento exercidos foram determinantes não só para melhorar a qualidade de vida humana, mas também, para proporcionar um corpo de ameaças e transformações ecológicas sobre as quais não se tinha qualquer controle.

Os reflexos dessa discussão planetária fizeram-se sentir no Brasil de forma mais acentuada, quase 20 anos depois. Marcos como a Política Nacional do Meio Ambiente, a criação de agências de fiscalização e os programas setoriais, sinalizavam uma nova sensibilidade do Estado às pressões da opinião pública e dos movimentos ambientalistas.

Na Constituição Federal de 1988, a questão ambiental mereceu tratamento preciso e moderno, reconhecendo-o como um bem jurídico autônomo e portador de substantividade própria, essencial à sadia qualidade de vida, impondo-se, portanto, a sua proteção como princípio a ser efetivado através da legislação ordinária.

Paralelamente ao inafastável dever de preservação, a compatibilização das atividades econômicas com a defesa do meio ambiente é também uma

---

[1] A *Hipótese de Gaia* ou *Teoria de Gaia* foi criada pelo cientista inglês James Lovelock. A tese afirma que o planeta Terra é um ser vivo, capaz de gerar, manter e alterar as suas condições ambientais para a preservação na vida existente no planeta. Ou seja, o planeta Terra se comporta como um organismo vivo e inteligente, sendo capaz de superar situações de desequilíbrio ameaçadoras à vida e criar novas condições de equilíbrio mesmo que isso exigisse grandes adaptações das espécies. O nome da teoria é uma homenagem à deusa Gaia, divindade que representava a Terra na mitologia grega.

premissa constitucional, conforme se depreende da análise do Título VII, em especial o art. 170,[2] dedicado à matéria.

Considerando este cenário, reconhece-se, assim, não somente a necessidade de conceder proteção ao meio ambiente, mas, igualmente, de compatibilizá-la com o exercício das atividades econômicas, de modo a buscar o desenvolvimento e evolução socioeconômica da humanidade.[3]

Nesse contexto e, consequentemente, na reestruturação das leis de mercado em virtude do novo quadro mundial regulador, tornou-se imperativo para o exercício regular das atividades produtivas, a consideração das contingências ambientais dentro de um procedimento contínuo de crescimento, seja por pressões externas, seja pela ameaça iminente de esgotamento da matéria-prima e insumos do próprio processo produtivo.[4]

Nessa seara, influenciadas pelo quadro acima demonstrado e preocupadas com a sustentabilidade dos negócios de seus clientes, as bolsas de valores iniciaram um processo de adequação das avaliações de riscos das empresas, e inseriram a variável ambiental em seus indicadores de análise.

Como exemplo, quase 10% dos itens de qualificação ponderados no *Dow Jones Sustainability Index* dizem respeito às políticas de controle e redução das emissões de gases de efeito estufa, às características do modelo energético adotado e às estratégias de mitigação climática.

---

[2] "Art. 170. A ordem econômica, fundada na valorização do trabalho humano e na livre iniciativa, tem por fim assegurar a todos existência digna, conforme os ditames da justiça social, observados os seguintes princípios:
I - soberania nacional;
II - propriedade privada;
III - função social da propriedade;
IV - livre concorrência;
V - defesa do consumidor;
VI - defesa do meio ambiente;
VII - redução das desigualdades regionais e sociais;
VIII - busca do pleno emprego;
IX - tratamento favorecido para as empresas de pequeno porte constituídas sob as leis brasileiras e que tenham sua sede e administração no País." (grifos nossos)

[3] O art. 1 da Declaração sobre o Direito ao Desenvolvimento das Nações Unidas, dispõe que o direito ao desenvolvimento é um direito inalienável de toda pessoa humana e de todos os povos, em virtude do qual estão habilitados a participar do desenvolvimento econômico, social, cultural e político, a ele contribuir e dele desfrutar, garantindo-se a plena realização dos direitos humanos e liberdades fundamentais.

[4] Corroborando nessa disposição, o Capítulo 30 da Agenda 21, prescreve que "se reconhece cada vez mais que a produção, a tecnologia e o manejo que utilizam recursos de maneira ineficiente criam resíduos que não são reutilizados, despejam dejetos que causam impactos adversos à saúde humana e o meio ambiente e fabricam produtos que, quando usados, provocam mais impactos e são difíceis de reciclar, precisam ser substituídos por tecnologias, sistemas de engenharia e práticas de manejo boas e conhecimentos técnico-científicos que reduzam ao mínimo os resíduos ao longo do ciclo de vida do produto. Como resultado, haverá uma melhora da competitividade geral da empresa".

Já na Bovespa, o Índice de Sustentabilidade Empresarial (ISE) possui indicadores específicos referentes à gestão ambiental da empresa e do seu compromisso de redução de emissões de gases de efeito estufa.

Nesse todo, podemos citar também a Lei Sarbanes-Oxley (SARBOX), que exige das corporações que estão sob a sua égide, o monitoramento e transparência sobre qualquer fato, situação ou condição, que possa repercutir, negativamente, sobre receitas, lucros, participação de mercado e/ou posição competitiva da empresa, dentre eles, os aspectos ambientais.

Desse modo, os impactos sobre a indústria brasileira foram significativos. A necessidade de cumprir os requisitos legais e as demais diretrizes setoriais fez com que 85% das indústrias brasileiras adotassem, durante os anos 90, algum tipo de procedimento associado às questões ambientais de sua atividade. E para aquelas com inserção internacional, a necessidade de ajuste às novas exigências não se limitou às nossas fronteiras. Sobre elas recaíram as chamadas *barreiras verdes*, resultantes dos padrões ambientais mais restritivos por parte dos países desenvolvidos, compradores, em sua grande maioria, do produto nacional.[5]

Como resultado, em recente relatório, a Associação Brasileira das Empresas do Mercado de Carbono (ABEMC) aponta que "as empresas brasileiras têm uma postura avançada em relação à questão da sustentabilidade do planeta, em comparação a de outros países em desenvolvimento com base no projeto denominado *Carbon Disclosure Project* (CDP)".[6]

---

[5] No auxílio necessário ao setor industrial, a Confederação Nacional das Indústrias (CNI) produziu o relatório *Indústria sustentável no Brasil: recomendações do setor industrial brasileiro para a cúpula mundial do desenvolvimento sustentável de 2002*, que define como princípios orientadores na tratativa da questão ambiental:
"Princípios Gerais
Os princípios que norteiam a atuação do setor industrial brasileiro e permeiam o conjunto de princípios e recomendações aqui apresentados, são os seguintes:
1. Promover a competitividade da indústria, respeitados os conceitos de desenvolvimento sustentável e o uso racional dos recursos naturais e de energia;
2. Assegurar a participação pró-ativa do setor industrial, em conjunto com o governo e organizações não governamentais no sentido de desenvolver e aperfeiçoar leis, regulamentos e padrões ambientais, nas negociações nacionais e internacionais;
3. Fomentar a capacitação técnica e incentivar a pesquisa e o desenvolvimento de novas tecnologias, com o objetivo de reduzir ou eliminar impactos adversos ao meio ambiente e à saúde;
4. Promover a máxima divulgação e conhecimento da Agenda 21, estimulando sua implementação.
Proteção da Atmosfera e Mudanças Climáticas
Princípios
1. Inserção da questão climática no contexto do desenvolvimento sustentável;
2. Manutenção do princípio de responsabilidades comuns, mas diferenciadas, entre os diversos estágios de desenvolvimento econômico dos países;
3. Integração do Brasil no mercado de carbono internacional."

[6] Criado na Inglaterra, o CDP reúne 745 grandes investidores internacionais, como bancos e fundos de pensão, que somam US$55 trilhões em ativos. O CDP é a principal iniciativa internacional do setor financeiro que atua como interface entre os temas das mudanças climáticas e da sustentabilidade das empresas.

Entretanto, apesar de todo esse quadro positivo, há ainda muito por fazer. A última análise do setor industrial realizado pela CDP sobre a emissão de gases de efeito estufa, focada especificamente na cadeia de fornecedores de matérias-primas, embalagens, suportes logísticos, dentre outras atividades, das 34 maiores multinacionais, constatou-se que:

1. Entre 40 e 60% das emissões totais de gases de efeito estufa apontadas nos inventários das multinacionais, provêm de suas cadeias de fornecedores;
2. 42% desses fornecedores informam não identificar o risco que uma alteração no clima representa às suas operações; e
3. 1/3 alegam não enxergar no seu processo alguma ameaça ao atual cenário climático mundial.

Mas há esperanças e previsões de futuros pródigos. A conclusão do estudo elaborado pela Mckinsey acerca da matéria, denominado *Caminhos para uma economia de baixa emissão de carbono no Brasil* relata, dentre outras considerações, que o Brasil é o quarto maior emissor de gases causadores de efeito estufa e é o que possui o maior potencial de reduzi-las. Comparado ao resto do mundo, o Brasil tem, sozinho, 5% das oportunidades de abatimento nas reduções das emissões de gases de efeito estufa, o que indica uma excelente justificativa para investimentos e, claro, de mobilização do setor empresarial nesse sentido.

Conclusão

A Constituição Federal de 1988 não é um mito. Ela é a normatização das relações sociais e econômicas.

Tomando por este partido, a ordem econômica e financeira brasileira baseia-se em princípios fundamentais, dentre eles, a preservação do meio ambiente.

Com isso, o meio ambiente é elevado à condição de bem público e de uso comum do povo competindo ao Poder Público e à coletividade o dever de defendê-lo e conservá-lo para as presentes e futuras gerações.

Nessa conjuntura, a estrutura política e institucional almeja a preservação, a melhoria e a recuperação da qualidade ambiental propícia à vida, visando garantir as condições necessárias ao desenvolvimento socioeconômico, aos interesses da segurança nacional e à proteção da dignidade humana.

Assim, temos a influência incisiva na nova ordem econômico-social nas leis de mercado reguladoras dos setores da economia interna e, consequentemente, no modo de operação das atividades produtivas, que passa obrigatoriamente por processo de mudanças de paradigmas e adaptações à nova realidade ambiental mundial.

E inseridos nesse sistema, os empreendimentos nacionais passaram e passam por imperiosos processos de aprimoramento e adaptações nas tomadas de decisão e condução dos seus negócios, sob pena de se tornarem obsoletos e amadores em referência ao momento atual.

Referências

AGENDA 21. Disponível em: <http://www.ecolnews.com.br/agenda21>. Acesso em: 23 mar. 2010.

ANTUNES, Paulo de Bessa. *Direito ambiental*. 5. ed. rev., ampl. e atual. Rio de Janeiro: Lumen Juris, 2001.

FIORILLO, Celso Antonio Pacheco. *Curso de direito ambiental brasileiro*. 5. ed. ampl. São Paulo: Saraiva, 2004.

FREITAS, Vladimir Passos de. *A Constituição Federal e a efetividade das normas ambientais*. 2. ed. rev. São Paulo: Revista dos Tribunais, 2002.

LEGGETT, Jeremy (Ed.). *Aquecimento global*: o relatório Greenpeace. Rio de Janeiro: FGV, 1992.

Informação bibliográfica deste texto, conforme a NBR 6023:2002 da Associação Brasileira de Normas Técnicas (ABNT):

MIRANDA, Svetlana Maria de. A ordem econômica ambiental brasileira. In: BRAGA FILHO, Edson de Oliveira *et al.* (Coord.). *Mecanismos legais para o desenvolvimento sustentável*. Belo Horizonte: Fórum, 2010. p. 259-263. ISBN 978-85-7700-308-2.

A Proteção Ambiental do Meio Ambiente Urbano

Toshio Mukai

Sumário: **1** Introdução – **2** O conteúdo de uma lei ambiental municipal – **3** Planejamento ambiental – **4** O zoneamento ambiental – **5** Alguns assuntos a serem previstos – **6** Compensação pelo dano dos recursos naturais – **7** Controle, monitoramento, licenciamento e fiscalização das atividades – **8** Do licenciamento ambiental – **9** Da fiscalização – **10** Da educação ambiental – **11** Da proteção ambiental

1 Introdução

O Município ficou afastado, inconstitucionalmente, das questões de proteção ambiental, desde 1981 e mesmo após a Lei nº 8.028, de 12.4.1990, tendo em vista que o art. 10 da Lei nº 6.938/81 outorgou competência monopolística ao Estado-membro para licenciamento de atividades potencialmente degradadoras do meio ambiente, e ainda mais com a ação supletiva do Ibama, sem prejuízo de outras licenças exigíveis.

Essa norma veio a ser revogada pelo Estatuto da Cidade, que veio determinar a competência do Município em matéria de proteção ambiental.

E como a Lei nº 10.257/01 dispôs sobre essa verdadeira obrigatoriedade de o Município atuar em matéria de proteção ambiental?

No seu art. 2º a lei dispõe 16 diretrizes para a política urbana municipal. E, dentre elas, contemplou:

Art. 2º (...)

VI - ordenação e controle do uso do solo, de forma a evitar:

a) a utilização inadequada dos imóveis urbanos;

b) a proximidade de usos incompatíveis ou inconvenientes; (...)

f) a deterioração das áreas urbanizadas;

g) a poluição e a degradação ambiental; (...)

XII - *proteção, preservação e recuperação do meio ambiente natural e construído, do patrimônio cultural, histórico, artístico, paisagístico e arqueológico;*

XIII - audiência do Poder Público municipal e da população interessada nos processos de implantação de empreendimentos ou atividades com efeitos *potencialmente negativos sobre o meio ambiente natural ou construído*, o conforto ou a segurança da população; (...). (grifos nossos)

Essas e as demais diretrizes são obrigatoriamente levadas em conta quando da elaboração dos planos diretores, na conformidade do que impõe o art. 39 do estatuto (respeitadas as diretrizes previstas no art. 2º desta lei).

Assim, após a elaboração do plano diretor, o Município deverá aprovar uma lei ambiental (ou um Código Ambiental Municipal, válido, este sim, para todo o território municipal) que detalhe as normas de proteção ambiental, especialmente no meio urbano, não só em relação ao meio ambiente urbano natural como também ao construído.

2 O conteúdo de uma lei ambiental municipal

Como vimos, o Município ficou ausente das questões de proteção ambiental, pasmem, durante mais ou menos 28 anos, sem que nenhuma entidade tentasse declarar a inconstitucionalidade do art. 10 da Lei nº 6.938/81.

Portanto, hoje, que o Município se vê obrigado, quer queira ou não, pelo menos os previstos no art. 41 do Estatuto, a aprovar a sua lei ambiental, a matéria lhe é totalmente desconhecida, principalmente quanto ao conteúdo da lei, ou seja, quanto aos empreendimentos, atividades e recursos naturais ou faunísticos a serem objeto da proteção.

Por essa razão, entendemos ser de necessidade absoluta que os municípios se aparelhem de legislações próprias, para que, com base nelas, venham a exercer o seu poder de polícia ambiental (expedição de licenças e aplicação de sanções). Além disso, o Município deve se preocupar com a gestão ambiental.

Para indicarmos o conteúdo aproximado (porque cada Município tem suas peculiaridades locais ambientais), iremos tomar como paradigma, em especial, ideias retiradas de algumas leis já existentes em alguns municípios, que, naturalmente, serão em parte, utilizáveis por outros municípios.

Em primeiro lugar, a lei municipal deve se preocupar com a organização administrativa a ser estruturada para uma eficaz proteção ambiental. Nesse sentido, poder-se-ia pensar na criação de uma Secretaria Municipal do Meio Ambiente, ao lado de uma Secretaria de Desenvolvimento. Contudo, como vão existir, então, duas licenças, uma ambiental e outra urbanística, não convém que haja duas secretarias, para se evitar licenças contraditórias. Contudo, a ação do Município não se esgota nas ações únicas dessas secretarias. Portanto, deveria haver, no Município, um verdadeiro sistema de administração de proteção ambiental composto por diversas secretarias, com departamentos próprios para aquelas finalidades, tais como a Secretaria de Infraestrutura, Departamento de Água e Esgoto, de Limpeza Pública, Secretaria de Saúde, de Educação.

Depois, à evidência, a lei deverá traçar as competências de cada órgão e/ou entidade.

Além disso o Município deverá criar um Conselho Municipal de Defesa do Meio Ambiente.

A lei deverá criar certos instrumentos da Política Municipal do Meio Ambiente, tais como o zoneamento ambiental (exigência do Estatuto da Cidade), sistema de informações ambientais, um fundo ambiental, formas de compensação pelo dano e pelo uso de recursos ambientais, o controle e o monitoramento e licenciamento de atividades, processos e obras que causem ou possam causar impactos ambientais; as penalidades administrativas, estas após criarem as hipóteses de infrações ambientais; as medidas destinadas a promover a pesquisa e a capacitação tecnológica orientada para a recuperação, preservação e melhoria da qualidade ambiental; a educação ambiental e os meios destinados à conscientização pública.

3 Planejamento ambiental

As normas propriamente ditas, de proteção ambiental, deveriam advir de um planejamento ambiental. Este deve-se apoiar na adoção das microbacias como sendo unidades físico territoriais de planejamento e gerenciamento ambiental; num diagnóstico da situação ambiental do território municipal; nas avaliações da capacidade de suporte dos ecossistemas, na verificação da absorção dos impactos provocados pela instalação de grandes obras e empreendimentos; no zoneamento ambiental.

O território do Município deverá ser subdivido, de acordo com o zoneamento ambiental (Estatuto da Cidade).

4 O zoneamento ambiental

Talvez uma das maiores dificuldades que os Municípios irão encontrar estará no cumprimento de uma das obrigações do Estatuto da Cidade: elaborar o seu zoneamento ambiental.

A título de exemplo, poderíamos verificar como foi instituído o zoneamento preliminar no Município de Ribeirão Preto, através do seu Plano Diretor (LC n$^{\circ}$ 501, de 31.10.95, art. 42).

O art. 42 referido dispõe:

Art. 42. O Município passa a ser subdividido, de acordo com o zoneamento ambiental, considerados os aspectos geológicos, geotécnicos, pedológicos, biológicos, de ocupação atual e riscos potenciais, nas seguintes zonas:

I - ZONA DE PROTEÇÃO MÁXIMA (ZPM): abrangendo as planícies aluvionares (várzeas); margens de rios, córregos, lagoas, reservatórios artificiais e nascentes, nas larguras previstas pelo Código Florestal (lei Federal n$^{\circ}$ 4.771/65 alterada pela Lei n$^{\circ}$ 7.803/89) e Resolução n$^{\circ}$ 45/85 do CONAMA; áreas recobertas de vegetação natural e remanescentes; demais áreas de Preservação Permanente que ocorram no Município, de acordo com o Código Florestal;

II - ZONA DE USO ESPECIAL (ZUE), refere-se à área de afloramento das Formações de aqüíferos, subsidiando-se em:

a) ZUE1: área urbanizada no perímetro urbano ou de expansão urbana;

b) ZUE2: área industrial, no perímetro urbano e expansão urbana;

c) ZUE3: área rural.

III - ZONA DE USO DISCIPLINADO (ZUD), compreendendo a área de Formação de basalto, subdividindo-se em:

a) ZUD1: área interna do Anel Viário;

b) ZUD2: área externa ao Anel Viário;

c) ZUD3: área externa ao Anel Viário, até o divisor das bacias hidrográficas;

d) ZUD4: área situada a Sul e Sudeste do Município, abaixo do divisor das bacias hidrográficas.

§1° Dadas as características e diferenças de relevo, a Zona de Uso Disciplinado (ZUD) deve ser considerada em subzonas:

a) elevações e interflúvios;

b) vertentes.

§2º As diretrizes de Uso do Solo geradas pelo Zoneamento Ambiental do Município estão baseadas nas intervenções autópicas de saneamento básico, sistema viário, ocupação residencial, atividades de prestação de serviços e comércio, industrialização, produção agrícola, lazer e recreação, de prevenção de degradação do ambiente urbano e de proteção ambiental.

5 Alguns assuntos a serem previstos

a) Sistema de informações ambientais;
b) Um fundo pró-meio ambiente;
c) Um sistema de estímulos e incentivos pró-meio ambiente.

6 Compensação pelo dano dos recursos naturais

Aqui deve-se prever compensações ambientais, nesses casos, tais como: recuperação do meio ambiente, monitoração das condições ambientais na área do empreendimento e nas áreas afetadas ou de influência, desenvolver programas de educação ambiental para a comunidade local, desenvolver ações, medidas, investimentos ou doações para diminuir ou impedir os impactos gerados, adotar outras formas de intervenção que possam, mesmo em áreas diversas daquela do impacto ambiental direto, contribuir para a manutenção ou melhoria da qualidade ambiental.

7 Controle, monitoramento, licenciamento e fiscalização das atividades

Este ponto, ao nosso ver, é o mais importante da legislação ambiental, que traduzindo-se no exercício de polícia ambiental, ao lado da gestão ambiental, constitui todo o arsenal necessário para a existência de uma eficaz proteção no âmbito municipal. Lembramos que, neste ponto, o Município é absolutamente autônomo para impor suas regras atinentes ao exercício de polícia ambiental, tanto no que diz respeito aos licenciamentos como no que diz respeito com a aplicação de sanções. Estas deverão ser aplicadas em razão de transgressões de normas consideradas infrações ambientais pela própria Lei Municipal e com base nas sanções respectivas. Em nenhuma hipótese o Município poderá pretender aplicar sanções com base em legislações federais ou estaduais.

8 Do licenciamento ambiental

Nesta ação, o Município não tem que complementar a atuação de quaisquer órgãos, estaduais ou federais, eis que, se a potencial degradação for de cunho local, só o Município, com base no art. 30, I, da CF, portanto, através de sua competência exclusiva, pode licenciar.

Aqui também deverá haver a obtenção da licença em três fases: a Licença Prévia, a Licença de Instalação e a Licença de Operação.

Há leis que rezam que o licenciamento municipal não exime o empreendedor do licenciamento ambiental estadual em nível estadual ou federal.

Norma assim redigida é absolutamente inconstitucional, porque somente o município, com base na sua autonomia constitucional, se a atividade poluidora for de âmbito local, pode exigir a licença ambiental; se a atividade extrapolar o nível de Município, aí sim, o Estado-membro é que irá licenciar; e, se a atividade for de natureza nacional, extrapolando mais de um Estado, a União é que deverá conceder a licença.

A norma ora criticada deve ter-se apoiado na competência comum (art. 23, CF). Ocorre que o parágrafo único desse artigo somente admite atuações dos entes políticos em cooperação e não isoladamente. Ademais, se a União e o Estado pudessem licenciar atividades puramente locais, então seria o caso de, no âmbito urbanístico, o cidadão, para construir sua residência em determinado Município, necessitaria obter licenças (alvarás) da União e dos Estados, violando-se assim as competências, as autonomias locais e acabando-se com o federalismo. Nem a União nem o Estado detêm competência para emitir licenças ambientais em assuntos puramente locais; tal exigência é inconstitucional, tendente a abolir a Federação. Se nem emenda constitucional tendente a abolir a Federação pode, sequer, ser objeto de deliberação do Congresso (art. 60), quanto mais uma simples lei municipal poderia fazê-lo.

9 Da fiscalização

Aqui, também como matéria componente do exercício do poder de polícia (repressiva), a competência é exclusiva do Município. A lei municipal deve tratar e definir as infrações ambientais e as respectivas penalidades, os critérios, graduações e proporcionalidades dessas penalidades.

10 Da educação ambiental

É extremamente útil que a Lei disponha sobre a obrigatoriedade da educação ambiental (na Lei Federal nº 9.705/99) que institui a Política Nacional de Educação Ambiental.

A educação ambiental deve também se desenvolver junto à comunidade.

11 Da proteção ambiental

A proteção ambiental levada a cabo pelo Município deve se estender em relação ao ambiente natural e construído, abrangendo vários aspectos, empreendimentos, atividades, construções, etc.

Assim, dentre eles, destaquem-se:

a) *O uso e conservação do solo* – Aqui avultam as leis de parcelamento, do uso e ocupação do solo, o Código Florestal, a Lei dos Crimes Ambientais, o Zoneamento Ambiental, o Código de Edificações;

b) *A mineração* – Deverá haver na Lei a disciplina da exploração minerária de acordo com as condicionantes ambientais traçadas.

c) *Dos recursos hídricos* – Respeitada a Lei dos Recursos Hídricos (Lei nº 9.433/97 e as leis estaduais respectivas), a Lei Municipal Ambiental deverá traçar regras e diretrizes relativas aos recursos hídricos municipais, em especial, voltadas para o seu gerenciamento, criando instrumentos próprios para isso e não deixando de lado avaliações periódicas dos referidos recursos.

d) *Dos convênios e parcerias de cooperação técnica, científica e financeira* – Aqui sim o Município fará uso da competência comum, celebrando convênios, consórcios, etc. (art. 241, CF) para melhor proteger o seu meio ambiente, já que aqui se trata de uma atividade interdisciplinar.

e) *Das águas subterrâneas e superficiais* – Este é um ponto que deve cuidadosamente ser estudado pelos técnicos da área, visando proteger a água bem escassa.

f) *Paisagem urbana* – A lei deve conter normas que protejam a paisagem urbana, conceituando-a, além de definir como deverá ser sua qualidade, os impactos ambientais, os instrumentos de publicidade, o grau de divulgação e a qualidade deste, e também o mobiliário urbano e sua utilização.

g) *Dos loteamentos e construções* – Como se sabe, pela Lei nº 6.766/79, os pedidos de aprovações de loteamentos devem ser precedidos de pedidos e de fornecimento, pela Prefeitura, de diretrizes urbanísticas relativas à elaboração do projeto. Agora, a lei municipal deverá também fornecer diretrizes ambientais.

Essas diretrizes deverão se preocupar com os critérios necessários para garantir a conservação dos recursos naturais, do patrimônio cultural e, ainda, exigir medidas preventivas e mitigadoras de impactos ambientais, após estudo de vulnerabilidade e potencialidades do sítio a ser urbanizado, exigindo-se, ainda, o estudo de impacto de vizinhança.

Também a Lei Municipal deverá estabelecer restrições de uso em casos como as várzeas, morros, encosta de declividade grande e outras áreas que mereçam proteção ambiental.

Os projetos de loteamentos e demais construções deverão ser dotados de projetos de arborização e tratamento paisagístico das áreas verdes.

Devem ser previstos nesses empreendimentos percentuais razoáveis de áreas verdes, onde poderão ser localizadas áreas de lazer, zona de urbanização controlada e zona de urbanização preferencial ou restrita.

h) *Da fauna e da flora* – Também em nível municipal há que haver normas de proteção da fauna e da flora.

As vegetações naturais e a fauna a elas associadas serão objeto de disposições protetivas na lei.

i) *Das proibições* – É de todo conveniente que a lei contenha disposições peremptórias de inadmissibilidade de certas ações, atividades e empreendimentos, tudo visando a proteção rigorosa do meio ambiente.

j) *Do manejo da fauna* – Aqui as disposições são de proteção à fauna silvestre ou exótica.

Tratando-se, ainda, a pesquisa e o levantamento das espécies silvestres e exóticas e, ainda, da questão do comércio e criação de animais (proibição do comércio admissão de criatórios, em determinadas condições).

k) *Do controle de zoonoses, vetores e peçonhentos* – Esta sempre foi uma das mais importantes atribuições dos Municípios.

Trata-se de programas de prevenção e monitoramento visando o controle das zoonoses, vetores e animais peçonhentos. Aqui se enquadram os cuidados que os cidadãos terão que ter com a proliferação da dengue, hemorrágica ou não.

l) *Do ar* – Trata-se do combate à poluição do ar.

Aqui, cremos que o Município deveria efetivar convênios com os Estados para atuar nesta área, pois estes, há muito, são bem aparelhados para esse combate.

m) *Da poluição sonora* – Este é um assunto estritamente municipal. Ruídos e vibrações devem ser evitados quando ultrapassam certos limites e certas horas noturnas.

n) *Do saneamento ambiental* – Compõem o saneamento ambiental, em nível municipal, o gerenciamento do sistema de coleta, tratamento e destinação final dos resíduos sólidos. Além disso, da condição de titular dos serviços de água e esgoto no Município nascem várias situações que têm reflexos nesta área.

Deverá haver um Plano de Saneamento do Município. A Lei Federal nº 11.445/2007, Lei do Saneamento Básico, que traz normas e diretrizes gerais, deverá ser observada pelos Municípios. Ela inclui na área do saneamento básico os serviços de coleta, limpeza, tratamento e destinação dos resíduos sólidos.

o) *Do transporte e armazenamento de produtos perigosos* – Embora esse transporte faça do Município apenas alvo de curtas passagens e pequenas paradas, convém que a Lei ambiental traga disposições a respeito. Quanto ao armazenamento, todos os cuidados devem ser levados em conta, aplicando-se-lhes normas de segurança.

p) *Do abastecimento público de água, dos esgotos sanitários, dos efluentes líquidos e drenagem urbana* – São assuntos que, pelas suas importâncias para o cidadão, não podem deixar de ser alvo de disciplina na legislação municipal.

Este assunto tem muito a ver com a recente Lei nº 11.445/2007, federal.

Esses são, em grandes linhas, os assuntos que deverão se constituir no conteúdo de uma lei ambiental municipal, e que deverão ser objeto de detalhamento pelos técnicos responsáveis pelos estudos destinados a oferecer ao Município um Código (ou Lei) Ambiental Municipal.

Informação bibliográfica deste texto, conforme a NBR 6023:2002 da Associação Brasileira de Normas Técnicas (ABNT):

MUKAI, Toshio. A proteção ambiental do meio ambiente urbano. In: BRAGA FILHO, Edson de Oliveira *et al*. (Coord.). *Mecanismos legais para o desenvolvimento sustentável*. Belo Horizonte: Fórum, 2010. p. 265-273. ISBN 978-85-7700-308-2.

Revisão do Licenciamento pelo Critério da Sustentabilidade

Vanusa Murta Agrelli

O tema que reveste-se de importância, tendo em vista a necessidade de se estabelecer limites na anulação dos atos administrativos, em especial no licenciamento ambiental. Considerando que o tema do painel é a sustentabilidade, inicialmente vamos fazer uma breve digressão acerca do cenário ambiental anunciado pelo Relatório sobre o Aquecimento Global (IPCC).

Todavia, sem mesmo fazer uso das informações constantes no IPCC, é de nosso conhecimento que a supressão da vegetação e o crescimento econômico divorciado da gestão ambiental deflagra o deplecionamento dos ecossistemas, diminuindo significativamente a qualidade de vida dos 5,8 bilhões de inquilinos do planeta, valendo destacar que destes, 0,6 bilhões aquecem o planeta.

O direito ambiental é o cenário dos grandes conflitos, que não raro, são movidos pela paixão e pelo excesso do *Estado*, e contraditoriamente pela insuficiência de ação da administração. A insuficiência é constatada na fiscalização do desmatamento na Amazônia. Para se ter uma ideia, o Brasil é responsável por 4% de emissões de dióxido de carbono no mundo, sendo que 3/4 destas emissões decorrem do desmatamento efetuado na Amazônia, o que é muito grave. Entretanto, as indústrias são consideradas como as grandes vilãs, mas suas externalidades negativas que deflagram impactos negativos no clima, provocando o aquecimento global, representam menos que 1/4, ou seja, menos que 25% das emissões de dióxido de carbono no país. Portanto, da contribuição do Brasil para as catástrofes previstas em decorrência do aquecimento global, 75% provêm do desmatamento da Amazônia, e menos de 25% das indústrias. E é nas indústrias que se concentram a fiscalização ambiental.

Na esfera nacional, merecem ainda destaque os riscos decorrentes das emissões de metano. Este é 23 vezes mais agressivo que o CO_2, e no Brasil há mais de 200 milhões de bovinos.

Por outro lado, no contexto mundial, as emissões de dióxido de carbono decorrem do crescimento econômico industrial. Os grandes emissores são Estados Unidos, China e Índia. Mas são os países desenvolvidos que apresentam um maior índice de aumento de emissões de CO_2, salvo Dinamarca, Alemanha, Suécia e Reino Unido.

Como elementos indutores do agravamento da crise de sustentabilidade, podemos identificar eventos ocorridos entre 1992 e 2007, que promoveram uma dramática mudança no mundo. Vejamos alguns destes elementos: inesperado crescimento populacional na Índia e China (37%); crescimento industrial, e de emissões, do Brasil, México, África do Sul, Coreia do Sul e Indonésia; múltiplos emissores de menor dimensão, mas com célere crescimento.

Como soluções para diminuir os impactos negativos, Eduardo Viola indica a utilização de tecnologia agrícola eficiente; o fim do desmatamento em larga escala, associado ao reflorestamento e ao florestamento; o aumento da eficiência energética residencial e comercial. Por sua vez, Washington Novaes sugere a readequação das cidades para reduzir a necessidade de deslocamento; a substituição do transporte privado pelo público; e novos padrões de construções; redução do desmatamento.

Ocorre que, de acordo com o IPCC, até 2030, qualquer que seja a mitigação, esta não surtirá efeito algum na redução dos resultados dos impactos já provocados, mas é essencial para evitar o acréscimo dos danos. Os efeitos do aquecimento decorrente das emissões fora dos padrões de tolerabilidade, e dos desmatamentos em grandes áreas foram mapeados pelo IPCC, elaborado por uma gama de cientistas, sendo que centenas atuaram diretamente, e centenas monitoraram os trabalhos.

Como evidências, podemos citar o derretimento do gelo e a menor quantidade de neve. Nos últimos 85 anos os oceanos sofreram uma elevação de 20cm. Nos últimos 30 anos, a neve diminuiu 6cm. Estima-se que nos próximos 100 anos o mar suba numa média de 50cm. Frise-se que estamos falando em média e não em máxima. Por sua vez, estima-se que a temperatura tenha uma variação de aquecimento de 1 a 5 graus. A previsão de tempestades no Brasil é realmente preocupante, e para piorar, estas serão intercaladas por longos períodos de seca. No cenário mundial, importa lembrar que a Austrália já vem sofrendo com as secas, que abrem espaços para os incêndios.

Considerando as catástrofes anunciadas pelo IPCC, algumas nações estão preocupando-se com as áreas de inundações, que receberam o nome de áreas designadas. Estes países estão buscando soluções para as adaptações, vejamos: construção de casas elevadas/suspensas; realocação de cidades e indústrias; reservatórios de águas; desapropriação de áreas rurais situadas em locais de menor impactos. Evidentemente que serão encontradas barreiras para as adaptações, tais como financeiras (alto custo); legais. Quanto às barreiras legais vale comentar que a lei de conservação busca a manutenção do *status quo*, entretanto as inundações, ainda que indiretamente, vão impactar os ecossistemas, posto que haverá a necessidade de realocação de cidades e armazenamento de águas em eventuais unidades de conservação, até mesmo as intocáveis, protegidas por lei. Demais disso, a lei garante a propriedade, entretanto estima-se que seja necessário o apossamento de grandes fazendas situadas em áreas favoráveis para armazenamento de água e realocação de cidades e fábricas.

Não é impróprio concluir que com a chegada das inundações e a escassez de água potável, será imperiosa a desconstituição da propriedade, assim como a utilização de espaços protegidos, com vistas à garantia do direito à vida. A partir das inundações, aí sim conheceremos os conflitos entre meio ambiente e propriedade. Hoje, em nome do meio ambiente, alguns intérpretes promoverem verdadeira intervenção na propriedade, sem a observância do texto constitucional e do Código Civil.

Em breve, este meio ambiente afetado pelos efeitos do desmatamento, da pecuária, e das externalidades negativas do processo de produção, será o vetor das catastróficas inundações e transmissão de doenças, o que matará mais do que qualquer guerra. E, na ocorrência destes eventos, os princípios constitucionais que devem moldar a tutela da propriedade, do desenvolvimento econômico e do meio ambiente, são os princípios de larga aplicação (ex. dignidade, qualidade de vida, acesso ao meio ambiente, saúde, moradia), ou seja, os que se aplicam em concorrência com demais princípios e regras do direito, portanto devem ser passíveis de coexistência, e aplicados através do viés da ponderação.

Enquanto estes efeitos não se efetivam em toda sua extensão, a fiscalização deve sofrer mudanças qualitativas através de capacitação adequada dos funcionários que integram os quadros dos órgãos ambientais; quantitativas, posto que fundamental aumentar o número de fiscais ambientais, de forma a assegurar controle efetivo das intervenções que possam afetar o meio ambiente; operacional, no que diz respeito à forma de atuação, mediante operações coordenadas, de forma que alcancem todas as atividades e que sejam constantes. Com vistas a evitar o deplecionamento, ou seja, a minimização dos ecossistemas, as atividades que resultam impactos negativos para o meio ambiente devem ser precedidas de licenciamento ambiental, para que sejam identificados os aspectos negativos e assim as medidas mitigatórias.

O ordenamento legal evidencia que o legislador, tanto o constituinte como o infraconstituinte anseia pela qualidade de vida do homem, que deve ser assegurada pelo *Estado*, através do administrador isento de paixões e interesses, mas norteados pela razão e legalidade. Com efeito, a qualidade de vida constitui a mais pura essência da Carta Magna, que nos é revelada pelo filme dos princípios de larga aplicação, que devem viabilizar o acesso ao trabalho, a livre-iniciativa, a dignidade, a sadia qualidade de vida e os bens ambientais.

Logo, o texto constitucional estabelece que o meio ambiente é bem de uso. Mediante esta clareza ditada pela Constituição, o que remanesce, para alguns, é o seguinte questionamento: A garantia constitucional de uso do bem ambiental pelo homem é reservada para atender às necessidades vitais, ou também alcança o fim econômico?

Não temos dúvidas de que a atividade econômica pode acessar, utilizar o meio ambiente, observando-se o critério estabelecido pelo princípio da consideração da variável ambiental nos processos decisórios de políticas de desenvolvimento. O acesso do homem ao meio ambiente, inclusive para efeito de desenvolvimento da atividade econômica, traz a dignidade através da geração de trabalho necessário para a construção dos empreendimentos e ainda para a operação das indústrias. Ressalte-se, por oportuno, que o trabalho é um exemplo de materialização da função social da propriedade, e do princípio da dignidade. Permite ao homem a busca pela efetividade da Constituição de papel, estamos nos referindo à garantia da educação, da moradia e da saúde.

O Código Civil, através do art. 1.231 estabelece que a propriedade presume-se plena até prova em contrário. O art. 1.228, §1º, do Código Civil, ao disciplinar a implementação da propriedade, determina que este deve ser exercido "em consonância com as suas finalidades econômicas e sociais e de modo que sejam preservados, de conformidade com o estabelecido em lei especial, a flora, a fauna, as belezas naturais, o equilíbrio ecológico e o patrimônio histórico e artístico, bem como evitada a poluição do ar e das águas".

À vista de todo o exposto, concluímos que, no modelo atual, não devemos ter receios dos controles e das limitações no uso da propriedade e do desenvolvimento da atividade econômica. Estes podem coexistir pacificamente. É claro que diversas modalidades de intervenção devem passar pelo filtro do licenciamento, e às vezes pelo EIA/RIMA, mecanismo para identificar os impactos que serão gerados por esta intervenção, e impor medidas suficientes para a mitigação e a compensação, observando-se a tolerabilidade dos ecossistemas.

Em suma, meio ambiente e o desenvolvimento econômico devem ser tratados num mesmo patamar e não como elementos incompatíveis, posto que não o são. O importante é que o *Estado* exerça o controle sem paixões, devendo o administrador atuar nos moldes da legalidade e dos critérios científicos.

Entretanto alguns processos de licenciamento podem conter vícios e ainda contrariar critérios científicos, o que pode resultar na anulação do ato, ou na sua convalidação. Nestas hipóteses, a revisão do ato deve ser analisada pela matriz constitucional, em especial do contraditório, através de processo próprio, o que pode deflagrar a anulação ou a convalidação, pelo critério da sustentabilidade. Na análise deve ser considerada a variável ambiental e a tolerabilidade do ecossistema.

Ocorre que os atos oficiais são dotados de presunção de validade, por força do art. 19 da Constituição da República. A manutenção dos atos administrativos é uma homenagem à segurança e estabilidade jurídica. Para que se decida sobre a anulação ou a convalidação do ato viciado, necessário se faz identificar o ator que revestiu o ato de ilegalidade, e a dimensão e feitos do vício.

Se a ilegalidade foi promovida pela administração, e consiste em defeito na tramitação interna, opera em favor do administrado a manutenção do ato, considerando que não cabe a este fiscalizar os atos do Poder Público. Nesta circunstância deve ser adotada a presunção de legitimidade e a doutrina da aparência. Se a ilegalidade foi promovida pelo administrado, deve ser tentada a convalidação do ato, observando-se é claro o critério da sustentabilidade e de regras consolidadas do direito.

O contraditório é essencial para se alcançar uma conclusão acerca da anulação ou a convalidação. A análise de anulação da licença ambiental que tenha externado efeitos já incorporados ao patrimônio do administrado deve ser precedida pelo contraditório. O administrado é detentor de direito líquido e certo de ser ouvido no momento da desconstituição do ato oficial.

A Constituição Federal (art. 5º, LV) assegura, na qualidade de direito fundamental, o contraditório e a ampla defesa nos processos administrativos, de forma irrestrita. E esta garantia é pétrea, por força do disposto no art. 5º, §4º, IV. É no exercício do contraditório que o interessado poderá fazer ver: que o vício refere-se a defeito de tramitação interna; que o vício é sanável; que a variável ambiental da atividade licenciada será positiva, ocasionando ganhos; e até mesmo que o ato já foi consumado, já produziu todos os efeitos, o que impede a anulação.

De forma perplexa, nos idos de 2009, fiz a leitura de um Acórdão da 8ª Turma do TRF da 2ª Região, nos autos da Apelação n° 73.108, no qual, por unanimidade, os desembargadores decidiram que na anulação de ato administrativo é "dispensável a prévia oitiva do interessado". Neste Acórdão, a Turma apresenta como fundamentação o art. 53 da Lei n° 9.784/99. Diz ainda o Acórdão: "não foi negado ao impetrante o exercício do contraditório, tendo a garantia constitucional APENAS sido postergada, uma vez que o mesmo foi devidamente notificado da anulação". Ora, é evidente que o art. 53 da Lei n° 9.784/99 que determina a anulação do ato viciado, tem vigência, mas a aplicação deste dispositivo não pode contrariar a aplicação de condicionantes previstas pelo cauteloso legislador na mesma lei. Em síntese, esta lei apresenta os seguintes comandos: o ato administrativo com vício de legalidade deve ser anulado (art. 53); a Administração Pública deve obedecer aos princípios constitucionais da ampla defesa e do contraditório (art. 2°);[1] *a decisão dever ser precedida pelo contraditório* (art. 3°, inciso III).[2]

Cumpre ressaltar que a hermenêutica e a aplicação do Direito se dá mediante a aplicação do método da tomada sistemática dos preceitos estabelecidos e válidos. No campo constitucional é indiscutível a prevalência do contraditório e da ampla defesa, e ainda a legalidade da atuação da administração. Pode-se inferir que o devido processo legal, pilar do Estado Democrático de Direito, que contempla o contraditório e a ampla e prévia defesa, trata-se de garantia que possui dimensão dupla, qual seja, a formal e a material.

O que significa aduzir que a decisão acerca de anulação de ato administrativo requer a instauração de processo próprio, independente daquele que gerou o ato que se pretende anular. A instauração do processo formal e regular representa a dimensão formal do devido processo legal. A abertura do contraditório antes da decisão representa a dimensão material do devido processo legal.

Com todo o respeito aos doutos desembargadores que entendem pela dispensa do contraditório, não se coaduna com a missão do Poder Judiciário, apartar o contraditório do administrado, guindando o ato ilegal para um patamar promissor. Vale destacar que o legislador constituinte cercou-se de cautelas ao tratar o tema do contraditório e da ampla defesa em sede constitucional, em especial porque inseriu o instituto dentro dos

---

[1] "*A Administração Pública obedecerá, dentre outros, aos princípios* da legalidade, finalidade, motivação, razoabilidade, moralidade, *ampla defesa, contraditório, segurança jurídica,* interesse público e eficiência. (...)" (Lei n° 9.784/99, art. 2°, grifos nossos).

[2] "O administrado tem os seguintes direitos perante a Administração, sem prejuízo de outros que lhe sejam assegurados: (...) III - *formular alegações* e apresentar documentos *antes da decisão*, os quais serão objeto de consideração pelo órgão competente" (Lei n° 9.784/99, art. 3°, grifos nossos).

Direitos e Garantias Fundamentais. E foi além, cuidou de estabelecer que a aplicação deste direito e garantia fundamental fosse imediata. É o que está disposto no art. 5º, Inciso LV, §1º.

Ainda para demonstrar a relevância jurídica do tema, vale lembrar que o art. 60, §4º, inciso IV, transforma o contraditório e a ampla defesa em *direito pétreo*, ao proibir a supressão até mesmo mediante Emenda à Constituição.

Nesse sentido, o Excelentíssimo Senhor Doutor Ministro Marco Aurélio (RE nº 199.733/99), Jobim (RE nº 211.242/RS), e o Excelentíssimo Senhor Doutor Ministro Gilmar Mendes (MS nº 25.268-0/MG) entendem que há a obrigação de conceder a oportunidade de defesa, de forma irrestrita. O notável Ministro Ayres Brito, através do voto proferido no MS nº 24.268/MG assentou que a desconstituição de um ato administrativo, que possa resultar em prejuízo para o administrado não pode prescindir do contraditório, da defesa prévia.

Nessa mesma linha, o douto Ministro Carlos Velloso fez ver ser incontestável que o devido processo legal aplica-se a todo procedimento administrativo em que o patrimônio do administrado possa vir a ser, de qualquer modo, atingido, desfalcado.

O Tribunal Europeu dos Direitos do Homem firmou uma jurisprudência segundo a qual o direito a um processo equitativo inclui o direito a um processo contraditório. Este implica a faculdade para as partes, de tomar conhecimento e de discutir todo o elemento ou observação apresentado ao juiz, tendo em vista influenciar a decisão. Com efeito, é no exercício do contraditório que pode surgir a conclusão pela convalidação do ato.

José Antunes dos Santos Neto leciona que o dever invalidatório compreende, na mesma intensidade, o dever de ação convalidatória dos atos viciados, havendo discricionariedade para a administração pública optar entre um ou outro instituto, na melhor forma do aproveitamento do interesse público, com a necessidade de que sejam observados os princípios da moralidade, da razoabilidade e da proporcionalidade à indicação da solução mais adequada.

De fato, conforme exposto pelo notável Professor José dos Santos Carvalho Filho, em certas situações é possível que um ato administrativo, inquinado de vício sem maior gravidade, possa ser convertido em ato válido, com a eliminação do vício, aproveitando-se os efeitos anteriormente produzidos. Evita-se, assim, a simples retirada do ato e seus efeitos, quando a gravidade do vício é de pouca dimensão e não se justifica conduta tão rigorosa.

No que toca aos vícios insanáveis, ou seja, os vícios que contaminam, que comprometem a validade do ato, impedindo o aproveitamento do mesmo, resta a anulação. Como exemplo, podemos citar uma recente anulação de uma licença de instalação, que havia sido concedida para reforma e ampliação de empreendimento em Unidade de Conservação, em que há restrições para intervenções. Nesta UC, não se permite intervenções nos terrenos em que não exista edificação. Somente é passível de licenciamento, a ampliação em até 50% da edificação pré existente. A licença foi concedida porque foi apresentado nos autos, cópia de IPTU com registro de edificação que nunca existiu. Quando os fatos foram constatados, abriu-se o contraditório, quando restou provado, de forma inequívoca, a inexistência de edificação antiga. A licença foi anulada.

Finalmente, concluímos que o mais adequado é que a administração busque o aproveitamento do ato, na forma como colocada. Na impossibilidade de aproveitamento do ato que ainda não tenha se exaurido e quando caracterizada flagrante ilegalidade e importantes impactos não toleráveis pelo ecossistema, a anulação é imperiosa.

Nestas circunstâncias é imperioso também que o *Estado* verifique eventual prática de infração administrativa, configuração de dano, e prática de crime ambiental. Valendo lembrar que a mera sonegação de informações no processo de licenciamento caracteriza infração administrativa (art. 82 do Decreto nº 6.514/2008) e crime (art. 69-A da Lei nº 9.605/98).

Informação bibliográfica deste texto, conforme a NBR 6023:2002 da Associação Brasileira de Normas Técnicas (ABNT):

AGRELLI, Vanusa Murta. Revisão do licenciamento pelo critério da sustentabilidade. In: BRAGA FILHO, Edson de Oliveira *et al.* (Coord.). *Mecanismos legais para o desenvolvimento sustentável.* Belo Horizonte: Fórum, 2010. p. 275-282. ISBN 978-85-7700-308-2.

ANOTAÇÕES SOBRE O
LICENCIAMENTO AMBIENTAL NA ATUALIDADE

Vicente Habib de Sant'Anna Reis

Sumário: **1** Introdução – **2** Necessidade de reflexão e mudanças – **3** A importância de um procedimento claro, participativo e bem estruturado previsto em lei – **4** Algumas questões relevantes para debate. Objetivo: diminuir conflitos – **4.1** Inserção do componente jurídico no licenciamento – **4.2** Expedição de ato formal de início do processo – **4.3** Publicidade e transparência do procedimento – **4.4** Audiências públicas – **4.5** Outros órgãos envolvidos no licenciamento e autorizações administrativas aplicáveis – **5** Conclusão

1 Introdução

Passados quase 30 anos da edição da Lei nº 6.938, de 31.8.1981, que instituiu a Política Nacional do Meio Ambiente (PNMA), ainda há muito o que percorrer no que diz respeito ao aperfeiçoamento dos seus instrumentos. Não queremos afirmar, de forma alguma, que poucos foram os esforços feitos até então. Pelo contrário. Noite e dia, ano após ano, há um sem-número de pessoas dedicadas em nosso país ao manejo adequado das questões ambientais frente à premente necessidade de desenvolvimento econômico nacional. No entanto, a experiência acumulada evidencia a necessidade constante de reflexão e mudanças.

Nos deteremos no presente texto à realização de uma breve crítica sobre o licenciamento ambiental na atualidade, instrumento vital para a consecução dos fins da PNMA, e arriscaremos algumas ideias que, *s.m.j.*, podem contribuir na discussão e aperfeiçoamento da lei em questão.

2 Necessidade de reflexão e mudanças

Antes de adentrar a análise de alguns aspectos específicos do procedimento de licenciamento ambiental, não podemos deixar de registrar o seguinte: o licenciamento ambiental continua recebendo duras críticas de todos os lados. Para o empreendedor, uma *via crucis*. Para o Ministério Público, um processo repetidamente falho. Para os órgãos ambientais, uma responsabilização excessiva e desproporcional. Para a sociedade em geral, um instrumento pouco conhecido e valorizado. Há, portanto, uma crise de legitimidade do instituto.

Nesta perspectiva, os licenciamentos vêm sendo objeto de um processo crescente de ajuizamento de medidas judiciais. Nos projetos de infraestrutura,[1] por exemplo, os litígios que têm por finalidade a revisão pelo Poder Judiciário dos atos administrativos — o que deveria ser exceção em um regime constitucional de separação de poderes — tornaram-se regra. O licenciamento ambiental, na prática, acabou tornando-se somente um primeiro *round* a ser travado com relação à declaração de viabilidade ambiental das atividades, o que traduz imensa insegurança jurídica. É este o fenômeno que tem sido chamado de Judicialização do Licenciamento Ambiental.

Discorrendo sobre a superação da dicotomia ato vinculado *versus* ato discricionário, o que nos parece vestir como luva à realidade da tutela administrativa ambiental, leciona Gustavo Binenbojm:

> Em uma palavra: a luta contra as arbitrariedades e imunidades do poder não se pode deixar converter em uma indesejável *judicialização* administrativa, meramente substitutiva da Administração, que não leva em conta a importante dimensão da *especialização técnico-funcional* do princípio da separação de poderes, nem tampouco os influxos do princípio democrático sobre a atuação do Poder Executivo.[2]

Nos diversos casos espalhados pelo país, mudam apenas os personagens, mantém-se o mesmo roteiro. Sem querer, neste momento, atribuir razão a uma ou outra parte, o fato é que assistimos a uma repetitiva e exaustiva novela.

Os administrados reclamam da morosidade do processo de licenciamento e da ausência de regras claras quanto à viabilidade ou não dos empreendimentos propostos, da subjetividade na definição das obrigações

---

[1] Tais como: estradas, ferrovias, portos, usinas de geração de energia, sistemas de transmissão de energia, atividades de produção de petróleo e gás natural, refinarias, mineração, siderurgia etc.

[2] BINENBOJM, Gustavo. *Uma teoria do direito administrativo*: direitos fundamentais, democracia e constitucionalização. Rio de Janeiro: Renovar, 2006. p. 41.

que lhe são impostas como condicionantes para a obtenção ou manutenção das licenças e de excessos praticados nos licenciamentos que extrapolariam as bases legais. Com medo de represálias, muitas vezes deixam de recorrer contra exigências descabidas, permitindo a consolidação de práticas abusivas e desviadas da essência do licenciamento ambiental. Além disso, alegam enfrentar posições ideológicas que confundem-se com a função da Administração de avaliar — de acordo com as normas vigentes no país — a forma pela qual uma atividade *lícita* deverá ser desenvolvida.

Em outra vertente, os órgãos ambientais alertam para problemas de orçamento que dificultam a sua atuação. Servidores assumem uma imensa responsabilidade, porém não se consideram devidamente remunerados e lhes faltam recursos para a adequada execução do seu ofício. As equipes de licenciamento são consideradas reduzidas frente à importância e complexidade dos assuntos que chegam às suas mesas e que demandam, sempre, decisões rápidas e ponderadas. Além disso, reclamam os servidores não somente da abrangência da redação da Lei de Crimes Ambientais, mas principalmente da interpretação pregada em postulações do Ministério Público que extrapolariam por completo as raias da razoabilidade. Isto sem falar nas ações de improbidade administrativa e na ação civil de reparação de dano, frequentemente lembradas nas "recomendações" dirigidas aos órgãos ambientais.

Com relação ao Ministério Público, trata-se de instituição hoje protagonista nos debates acerca do licenciamento ambiental. Sob a persecução de uma de suas missões constitucionais mais complexas — a de promover o inquérito civil e a ação civil pública para a proteção do patrimônio público e social, do meio ambiente e de outros interesses difusos e coletivos[3] — a instituição vem ampliando o número de promotorias especializadas em meio ambiente e, juntamente com elas, seus procedimentos administrativos preparatórios, recomendações, termos de ajustamento de conduta e notadamente ações civis públicas. Defendem os membros do MP, em repetidos casos, que os interesses privados são priorizados nos licenciamentos em detrimento dos interesses públicos.

Em geral, atribuem pouca credibilidade às análises técnicas dos órgãos ambientais e postulam judicialmente o acolhimento, a seu ver, das prevalecentes conclusões dos seus órgãos técnicos de apoio,[4] com

---

[3] "Art. 129. São funções institucionais do Ministério Público: (...) III - promover o inquérito civil e a ação civil pública, para a proteção do patrimônio público e social, do meio ambiente e de outros interesses difusos e coletivos; (...)" (CF/88).

[4] Os Ministérios Públicos dos Estados normalmente possuem grupos técnicos internos de apoio à atividade dos Promotores de Justiça. Já o Ministério Público Federal, em matéria ambiental, vale-se normalmente das avaliações da 4ª Câmara de Coordenação e Revisão do MPF (4ª CCR/MPF), cujos analistas técnicos revisam estudos ambientais e processos de licenciamento encaminhados por

vistas a suprir supostas deficiências dos estudos aprovados pelos órgãos ambientais. Propõem ações civis públicas que engordam os escaninhos dos tribunais diante de um processo civil pouco dinâmico para o adequado tratamento de interesses transindividuais.

Já as Organizações Não Governamentais (ONGs) têm atuado mais como requerentes junto ao Ministério Público, com tímida utilização da legitimação ativa que a Lei da Ação Civil Pública[5] lhes confere e pouca postulação na esfera administrativa. Pelo que se observa, principalmente, das participações nas audiências públicas, a postura das ONGs é também no sentido de uma crítica fervorosa à efetividade do licenciamento ambiental.

Casos concretos espalham-se pelo país com discussões do tipo: competência para licenciar, modalidade e abrangência dos estudos, quantidade e qualidade das audiências públicas, publicidade dos processos, participação de outros órgãos no licenciamento e outras autorizações necessárias para implantação do empreendimento, impactos de empreendimentos em unidades de conservação, impacto cumulado e sinérgico com entre empreendimentos, consulta prévia e impactos em comunidades tradicionais etc.

Diante deste cenário, a única certeza que podemos ter é no sentido da conveniência de um esforço conjunto de todas as partes interessadas para a formulação de proposições que objetivem a evolução do procedimento de licenciamento ambiental. Respeitada a essência do licenciamento de materialização do Princípio da Prevenção Ambiental, com vistas à compatibilização do desenvolvimento econômico com as normas de proteção aos recursos naturais, é necessário que o licenciamento consista em um procedimento dinâmico e sofisticado, passível cada vez mais de evitar conflitos, ao invés de promovê-los.

3 A importância de um procedimento claro, participativo e bem estruturado previsto em lei

Diz o sábio ditado que "marinheiro sem rumo, nem vento ajuda". Antes de mais nada, é preciso identificar onde estamos e refletir sobre onde queremos chegar. Estamos hoje diante de um procedimento de

---

Procuradores da República de todo o país. Por conta da atuação ostensiva do MPF, este órgão vem fazendo revisões em série de EIAs e RIMAs submetidos nos processos de licenciamento ambiental de projetos considerados de competência federal.

[5] "Art. 5º Têm legitimidade para propor a ação principal e a ação cautelar: (...) V - a associação que, concomitantemente: a) esteja constituída há pelo menos 1 (um) ano nos termos da lei civil; b) inclua, entre suas finalidades institucionais, a proteção ao meio ambiente, ao consumidor, à ordem econômica, à livre concorrência ou ao patrimônio artístico, estético, histórico, turístico e paisagístico; (...)."

licenciamento ambiental ainda fortemente marcado pela lógica do *comando* e *controle* unilateral administrativo, com um componente incipiente de solução negociada dos interesses em questão. O excesso de comando e controle, em certa maneira, se justifica pala própria fragilidade institucional dos órgãos de controle ambiental e pela ausência de bancos de dados confiáveis sobre o estado do ambiente.

Além disso, observamos uma participação ainda desorganizada dos *stakeholders*, o que gera instabilidade no processo por ser este um importante elemento para a formação da decisão do órgão ambiental. Não raro, vemos empreendimentos já em implantação passando por discussões que poderiam ter sido fomentadas — por quaisquer das partes diretamente ou indiretamente interessadas — quando da etapa de licenciamento prévio. Se pretendemos cogitar de segurança jurídica para empreender, necessitamos que o licenciamento seja visto como uma estrada bem pavimentada, com pontos de partida e chegada nítidos e um caminho bem sinalizado, mas nunca como um labirinto ou um trem fantasma.

Apesar de serem louváveis as iniciativas que levaram à edição da Resolução CONAMA nº 237/97, bem como da recente Instrução Normativa nº 184/2008 do Ibama, não há como negar que elas navegam por temas que extrapolam suas atribuições, inovando ilegalmente no ordenamento jurídico. É amplamente sabido que não cabe ao CONAMA dispor sobre competências dos entes federativos.[6][7] Igualmente não incumbe ao Ibama determinar, mesmo que somente no âmbito do licenciamento federal, prazos e condições para a manifestação de outros órgãos da Administração Pública Federal e Estadual.[8]

---

[6] Matéria objeto do Projeto de Lei Complementar nº 12/03, do deputado Sarney Filho (PV-MA), aprovado pela Câmara Federal e atualmente em curso no Senado Federal. Contudo, ainda que a definição das competências ambientais ganhe status legal, é necessário instrumentalizar e formalizar a aplicação das regras no licenciamento para reforçar a segurança jurídica das decisões administrativas.

[7] "Art. 4º Compete ao Instituto Brasileiro do Meio Ambiente e dos Recursos Naturais Renováveis – IBAMA, órgão executor do SISNAMA, o licenciamento ambiental, a que se refere o artigo 10 da Lei nº 6.938, de 31 de agosto de 1981, de empreendimentos e atividades com significativo impacto ambiental de âmbito nacional ou regional, a saber: (...) Art. 5º Compete ao órgão ambiental estadual ou do Distrito Federal o licenciamento ambiental dos empreendimentos e atividades: (...) Art. 6º Compete ao órgão ambiental municipal, ouvidos os órgãos competentes da União, dos Estados e do Distrito Federal, quando couber, o licenciamento ambiental de empreendimentos e atividades de impacto ambiental local e daquelas que lhe forem delegadas pelo Estado por instrumento legal ou convênio" (Resolução CONAMA nº 237/97).

[8] "Art. 21. Aos órgãos envolvidos no licenciamento será solicitado posicionamento sobre o estudo ambiental em 60 dias e no que segue: OEMAs envolvidas – avaliar o projeto, seus impactos e medidas de controle e mitigadoras, em consonância com plano, programas e leis estaduais; Unidade de conservação – identificar e informar se existe restrições para implantação e operação do empreendimento, de acordo com o Decreto de criação, do plano de manejo ou zoneamento; FUNAI e Fundação Palmares – identificar e informar possíveis impactos sobre comunidades indígenas e quilombolas e, se as medidas propostas para mitigar os impactos são eficientes; IPHAN – informar se na área pretendida já existe sítios arqueológicos identificados e, se as propostas apresentadas

Por essas e outras, sustentamos que a dinâmica do procedimento de licenciamento ambiental é tema digno de lei formal, pois trata da implementação de diversos direitos fundamentais da sociedade e dos indivíduos. Há uma lacuna no ordenamento jurídico brasileiro quanto ao tema que vem sendo preenchida e emendada inadequadamente por atos regulamentares.

Sem prejuízo da constatação acima, anotaremos a seguir alguns tópicos que, a nosso ver, merecem melhor tratamento nos procedimentos de licenciamento ambiental. Registramos novamente que estes tópicos e todos os outros relevantes para a marcha e organização do licenciamento ambiental deveriam ser objeto de Lei Federal, regulamentada por Decreto Presidencial, constituindo, assim, norma geral aplicável a todos os entes federativos, a ser suplementada no que couber pelos Estados (e pelos Municípios, considerando temas de interesse local para a tutela no licenciamento municipal).[9]

4 Algumas questões relevantes para debate. Objetivo: diminuir conflitos

4.1 Inserção do componente jurídico no licenciamento

Sem querer incorrer em cabotinismo, um primeiro ponto que nos parece relevante consiste na necessidade de maior atenção para o componente jurídico nos processos de licenciamento.

Certo ou errado, o fato é que hoje o licenciamento ambiental é um procedimento essencialmente técnico e jurídico. Afinal, é necessário monitorar a qualidade do ar, mas os padrões de emissões aceitáveis estão definidos normativamente. As medidas compensatórias para unidades de conservação são questões destaque no licenciamento, mas há todo um

---

para resgate são adequadas. §1º Os OEMAs intervenientes deverão se manifestar em 30 dias após a entrega do estudo, a não manifestação será registrada como aprovação das conclusões e sugestões do estudo ambiental. §2º Os órgãos intervenientes deverão se manifestar em 30 dias após a entrega do estudo, a não manifestação será convertida em condicionante da licença prévia, neste caso a licença de instalação não será emitida até a definitiva manifestação dos órgãos federais intervenientes" (IN Ibama nº 184/2008).

[9] "Art. 24. Compete à União, aos Estados e ao Distrito Federal legislar concorrentemente sobre: (...) VI - florestas, caça, pesca, fauna, conservação da natureza, defesa do solo e dos recursos naturais, proteção do meio ambiente e controle da poluição; VII - proteção ao patrimônio histórico, cultural, artístico, turístico e paisagístico; (...) §1º No âmbito da legislação concorrente, a competência da União limitar-se-á a estabelecer normas gerais. §2º A competência da União para legislar sobre normas gerais não exclui a competência suplementar dos Estados. §3º Inexistindo lei federal sobre normas gerais, os Estados exercerão a competência legislativa plena, para atender a suas peculiaridades. §4º A superveniência de lei federal sobre normas gerais suspende a eficácia da lei estadual, no que lhe for contrário" (CF/88).

arcabouço legal que dará base à aplicação da Compensação Ambiental prevista na Lei do SNUC (Lei nº 9.985/2000). Quais as regras aplicáveis à adequada realização das audiências públicas? Poderíamos aqui indicar uma lista interminável de indagações cujas respostas serão integradas por uma relevante perspectiva legal do tema.

E mais: quando a discussão sobre os licenciamentos é levada às cortes judiciais, as decisões liminares, diante de matérias técnicas complexas que transbordam a seara de um Juízo preliminar e superficial, acabam restringindo-se a questões meramente formais e legais.

Não obstante as ponderações acima, ao analisarmos o trâmite previsto na IN Ibama nº 184/2008, não encontramos qualquer etapa formal do processo de licenciamento federal que conte com avaliação jurídica da Procuradoria-Geral do Ibama. É verdade que os servidores podem provocar a qualquer tempo a procuradoria para manifestação quanto a questões legais, contudo, a participação jurídica nas etapas principais do licenciamento[10] deveria ser regra, e não exceção.

Em outro espectro, necessita ser abandonada a prática de tratar o enquadramento legal dos Estudos de Impacto Ambiental (e demais estudos) como uma mera listagem de atos normativos aplicáveis. Para que se tenha uma adequada compreensão da viabilidade legal do empreendimento proposto, o EIA necessita conter um capítulo específico, assinado por profissional da área jurídica, com contextualização do projeto frente à legislação ambiental aplicável e claro cotejo do caso concreto com os parâmetros legais que norteiam a atividade. Mera listagem de diplomas legais, principalmente diante do cipoal brasileiro de normas ambientais, ajuda pouco na elucidação do caso.

A nosso ver, o enfrentamento prévio de questões relevantes do processo de licenciamento pelos requerentes das licenças e pelas assessorias jurídicas dos órgãos ambientais, em alinhamento com os pronunciamentos técnicos, reforçaria bastante a segurança dos atos praticados e a regular marcha do processo.

4.2 Expedição de ato formal de início do processo

Se a licença prévia é o ato que "aprova a localização e concepção de uma atividade, atestando a sua viabilidade ambiental e estabelecendo os requisitos básicos e condicionantes a serem atendidos nas próximas

---

[10] Na condição de atos principais do processo, sugerimos a fase de instauração e conclusão de cada etapa do licenciamento (LP, LI e LO) e nas renovações das licenças.

fases de sua implementação",[11] é verdade que a partir do requerimento de licença, com a descrição do empreendimento proposto, já é possível identificar em algumas hipóteses impedimentos legais para a implantação do projeto, sendo inútil prosseguir em sua análise. Podemos citar como exemplo a proposta de instalação de uma indústria poluidora em área que já esteja com sua bacia atmosférica completamente saturada. Ou então a existência de uma unidade de conservação no local incompatível com o projeto pretendido.

Por outro lado, o órgão pode se considerar incompetente para o exame da atividade proposta, sendo importante que avalie de antemão a matéria, com participação de sua assessoria jurídica, e decline da competência se for o caso. Caso confirme sua competência, é importante que o ato seja encaminhado formalmente aos órgãos ambientais das outras esferas da federação, de forma que possam assentir com a opinião consignada e dificultar que prosperem as discussões de competência que hoje assoberbam o Judiciário.

As questões acima podem parecer triviais, mas não são e podem acabar despercebidas no processo, ferindo o Princípio da Eficiência Administrativa com a realização de atos que proporcionam ônus desnecessário à Administração e ao Administrado. Esta é a razão pela qual ressaltamos a importância da previsão de expedição de ato formal no processo em todos os licenciamentos, afirmando a viabilidade — em tese — da atividade, confirmando a competência do órgão licenciador e desenhando os próximos passos da análise.[12]

4.3 Publicidade e transparência do procedimento

Uma questão formal que com frequência causa polêmica nos licenciamentos está ligada à publicidade do procedimento e à promoção da participação da comunidade no seu desenrolar.

---

[11] Definição prevista na Resolução CONAMA nº 237/97.

[12] Apesar de merecer aprimoramentos, o Ibama adotou modelo interessante mediante a edição da IN nº 184/2008, criando a fase de instauração do processo:
"Art. 7º A instauração do processo de licenciamento obedecerá as seguintes etapas: Inscrição do empreendedor no Cadastro Técnico Federal – CTF do IBAMA (<http://www.ibama.gov.br/cogeq>) na categoria Gerenciador de Projetos; Acesso aos Serviços on line – Serviços – Licenciamento Ambiental pelo empreendedor, utilizando seu número de CNPJ e sua senha emitida pelo CTF e a verificação automática pelo sistema da vigência do Certificado de Regularidade, em consonância a Instrução Normativa 96/2006; Preenchimento pelo empreendedor do Formulário de Solicitação de Abertura de Processo – FAP e seu envio eletrônico ao Ibama pelo sistema; Geração de mapa de localização utilizando as coordenadas geográficas informadas na FAP, como ferramenta de auxílio a tomada de decisão; Verificação da competência federal para o licenciamento; Abertura de processo de licenciamento; Definição dos estudos ambientais e instância para o licenciamento (DILIC ou NLA)."

Em síntese, os atos do licenciamento previstos atualmente na legislação federal como de publicação obrigatória são:
1. Recebimento do termo de referência;[13]
2. Pedidos e concessões de licenças em quaisquer de suas modalidades, pedidos e deferimentos de renovação de licenças;[14]
3. Apresentação do EIA/RIMA e sua disponibilização para consulta pública;[15]
4. Convocação da audiência pública;[16] e
5. Listagens e relações contendo os dados referentes a pedidos de licenciamento, sua renovação e a respectiva concessão, pedidos e licenças para supressão de vegetação, registro de apresentação de estudos de impacto ambiental e sua aprovação ou rejeição.[17]

As obrigações acima foram extraídas da legislação federal, sendo que no âmbito do licenciamento dos estados há normas próprias com relação aos atos a serem publicados, o número de publicações e seu respectivo *timing* no processo. Tais obrigações estão espalhadas em diversos

---

[13] "Art. 13. Recebido o TR com a definição do estudo, o empreendedor providenciará publicação correspondente, conforme Resolução CONAMA nº 06/86, informando sobre a elaboração do estudo ambiental do empreendimento" (IN nº 184/2008 – aplicável somente no licenciamento federal).

[14] "1 - Aprovar os modelos de publicação de pedidos de licenciamento em quaisquer de suas modalidades, sua renovação e a respectiva concessão e aprova os novos modelos para publicação de licenças, conforme instruções abaixo especificadas: (...)" (Resolução CONAMA nº 06/1986).

[15] "Art. 2º Sempre que julgar necessário, ou quando for solicitado pôr entidade civil, pelo Ministério Público, ou por 50 (cinqüenta) ou mais cidadãos, o Órgão do Meio Ambiente promoverá a realização de Audiência Pública. §1º O Órgão de Meio Ambiente, a partir da data do recebimento do RIMA, fixará em edital e anunciará pela imprensa local a abertura do prazo que será no mínimo de 45 dias para solicitação de audiência pública" (Resolução CONAMA nº 09/1987).

[16] "Art. 2º (...) §3º Após este prazo, a convocação será feita pelo Órgão licenciador, através de correspondência registrada aos solicitantes e da divulgação em órgãos da imprensa local" (Resolução CONAMA nº 09/1987).
"Art. 22. O Ibama providenciará a publicação de edital informando sobre os locais onde o RIMA estará disponível, abrindo prazo de quarenta e cinco dias para o requerimento de realização de Audiência Pública, quando solicitada. §1º O Ibama convocará a Audiência Pública para discussão do RIMA, preferencialmente com antecedência mínima de quinze dias. §2º O RIMA ficará disponível no site do Ibama na Internet e nos locais indicados na publicação. §3º Para a realização de Audiência Pública, o Ibama providenciará a publicação de Edital de Convocação, informando data, horário e local" (IN Ibama nº 184/2008).

[17] "Art. 4º Deverão ser publicados em Diário Oficial e ficar disponíveis, no respectivo órgão, em local de fácil acesso ao público, listagens e relações contendo os dados referentes aos seguintes assuntos: I - pedidos de licenciamento, sua renovação e a respectiva concessão; II - pedidos e licenças para supressão de vegetação; III - autos de infrações e respectivas penalidades impostas pelos órgãos ambientais; IV - lavratura de termos de compromisso de ajustamento de conduta; V - reincidências em infrações ambientais; VI - recursos interpostos em processo administrativo ambiental e respectivas decisões; VII - registro de apresentação de estudos de impacto ambiental e sua aprovação ou rejeição. Parágrafo único. As relações contendo os dados referidos neste artigo deverão estar disponíveis para o público trinta dias após a publicação dos atos a que se referem" (Lei nº 10.650/2003).

diplomas legais, como um verdadeiro quebra-cabeça. É conveniente que a previsão de publicação obrigatória de atos do processo de licenciamento seja consolidada em único diploma legal federal, de forma clara e objetiva, como norma geral obrigatória para todos os entes federativos. Além disso, considerando que as normas atualmente vigentes, em sua maioria, são muito antigas, cabe uma reflexão sobre a conveniência do aprimoramento das publicações com relação ao conteúdo e andamento dos licenciamentos ambientais.

Indo mais adiante, não basta que os processos sejam públicos e acessíveis somente nas próprias agências ambientais. É fundamental que os órgãos mobilizem-se para disponibilizar em seus *sites* o acesso aos documentos principais integrantes do licenciamento, de forma que qualquer pessoa, a qualquer tempo, possa acessar os estudos ambientais e seus resumos, pareceres técnicos, editais e atas das audiências, licenças emitidas etc. Seria interessante que qualquer interessado pudesse efetivar cadastro no *site* dos órgãos ambientais e receber as atualizações relevantes sobre os processos e assuntos de seu interesse, o que também teria como resultado encerrar as constantes reclamações de ONGs no sentido da falta de informações sobre os empreendimentos.

As iniciativas nesse sentido ainda são incipientes,[18] sendo necessário investir na transparência e divulgação do processo de licenciamento. Trata-se de fortalecimento do Princípio Democrático, haja vista os interesses difusos e coletivos em jogo.

4.4 Audiências públicas

Outro tema conturbado diz respeito à realização das audiências públicas, oportunidade na qual o projeto e seu respectivo Relatório de Impacto Ambiental são apresentados à comunidade e é aberta, em sessão pública, a discussão e colheita de manifestação dos interessados.

Sem pretender discorrer aqui sobre a natureza e importância da audiência pública, o que dispensa maiores comentários, o fato é que ainda ocorre bastante controvérsia sobre os antecedentes necessários e a forma de desenvolvimento das audiências. Pode até parecer contraditório, mas tais controvérsias resultam em costumeiras ações perante o Judiciário ajuizadas com a finalidade de obstar o debate público de projetos, sob o argumento de que a sua realização, nas condições propostas, resultaria em prejuízos à efetiva participação da comunidade.

---

[18] Vide SISLIC Ibama, que ainda necessita de melhor estruturação.

Temos dificuldade em concordar com a razoabilidade da suspensão de audiências às vésperas de sua realização, pois nada impede que, uma vez verificada qualquer dúvida acerca do cumprimento das exigências legais, outras audiências possam ser exigidas em complementação ou substituição à primeira. A suspensão da audiência somente faz sentido em casos de flagrantes nulidades.

Com relação às etapas do licenciamento submetidas a audiência pública, identificamos aí outro tema de interesse para debate e nova definição legal. Isto porque não é exagerado avaliar a conveniência de audiência pública para outras etapas do licenciamento além da realizada na fase de exposição do RIMA no procedimento de LP. Aliás, a própria Lei de Processos Administrativos Federais prevê que antes da tomada de decisão, diante da relevância da questão, *poderá* ser realizada a juízo da autoridade audiência, consulta ou reunião pública para debates sobre a matéria do processo.[19]

Esclareça-se que não consideramos razoável que o processo freie e repita aleatoriamente outras vezes o demorado trâmite da Resolução CONAMA nº 09/1987, mas sim que, por meio de procedimentos mais céleres e simplificados, sejam realizadas reuniões ou consultas públicas para informação do processo. Um exemplo de etapa que pode ser objeto de consulta pública consiste na renovação de uma LO. Sem dúvida, é interessante que a comunidade seja ouvida antes da decisão e definição das condições de renovação de uma LO.

Vislumbramos outros aspectos adicionais a serem considerados quando da definição de um novo marco legal para o tema, a saber:

1. Definição dos procedimentos mínimos obrigatórios prévios à audiência de forma a garantir a participação informada da comunidade;
2. Definição dos indicadores para a decisão sobre quantidade e locais obrigatórios das audiências, considerando a área de influência do empreendimento;[20]

---

[19] "Art. 32. Antes da tomada de decisão, a juízo da autoridade, diante da relevância da questão, poderá ser realizada audiência pública para debates sobre a matéria do processo. Art. 33. Os órgãos e entidades administrativas, em matéria relevante, poderão estabelecer outros meios de participação de administrados, diretamente ou por meio de organizações e associações legalmente reconhecidas. Art. 34. Os resultados da consulta e audiência pública e de outros meios de participação de administrados deverão ser apresentados com a indicação do procedimento adotado. Art. 35. Quando necessária à instrução do processo, a audiência de outros órgãos ou entidades administrativas poderá ser realizada em reunião conjunta, com a participação de titulares ou representantes dos órgãos competentes, lavrando-se a respectiva ata, a ser juntada aos autos" (Lei nº 9.784/1999).

[20] É vago o dispositivo da Resolução CONAMA nº 09/1887 que dispõe sobre o tema: "§5º Em função da localização geográfica dos solicitantes se da complexidade do tema, poderá haver mais de uma audiência pública sobre o mesmo projeto e respectivo Relatório de Impacto".

3. Indicação de questões supervenientes relevantes no processo de licenciamento que possam demandar a realização de nova audiência;[21]
4. Previsão da realização de audiências em projetos que não sejam qualificados como de significativo impacto, mas que todavia demandem oitiva da comunidade local para sua melhor avaliação;
5. Abertura de prazo, antes da tomada de decisão pelo órgão ambiental, para exercício do contraditório pelo empreendedor quanto a documentos e questões apresentadas durante a audiência, entre outros.

4.5 Outros órgãos envolvidos no licenciamento e autorizações administrativas aplicáveis

O licenciamento constitui espinha dorsal para a declaração de viabilidade de uma atividade, mas ele também é informado por outras autorizações administrativas que podem influenciar na decisão de conceder ou não uma licença ambiental. Essas outras autorizações e a fase obrigatória de sua exigibilidade constituem pano de fundo de muitas discussões no plano do licenciamento ambiental.

Em um rápido registro, podemos listar: outorgas de uso de água, certidão da municipalidade com relação às normas de uso e ocupação do solo, autorizações de supressão de vegetação, autorizações de captura e coleta de fauna, autorizações do Instituto de Patrimônio Histórico e Artístico Nacional (IPHAN), pronunciamento da Fundação Cultural Palmares com relação a comunidades quilombolas, pronunciamento da Fundação Nacional do Índio (FUNAI) com relação a comunidades indígenas, autorizações da Secretaria de Patrimônio da União (SPU) etc.

Sem dúvida, é possível desenvolver teses para argumentar o momento devido de apresentação de cada uma dessas autorizações ou pronunciamentos. Algumas delas, é verdade, possuem previsão na legislação esparsa de quando devem ser apresentadas como condicionantes para emissão das licenças pelos órgãos ambientais. Ocorre que, para

---

[21] É péssima a redação do §1º do art. 23 da IN Ibama nº 184/2008, que fala em questões supervenientes que possam influenciar a "decisão sobre a viabilidade ambiental durante a audiência", visto que se sabe que a audiência não é ato decisório, mas somente informador do processo:
"Art. 23 A Audiência Pública deverá ser registrada em meio digital pelo empreendedor, devendo os respectivos registro e transcrição serem enviados ao Ibama num prazo de quinze dias após sua realização. §1º A superveniência de questões relevantes, que possam influenciar na decisão sobre a viabilidade ambiental do empreendimento durante a Audiência Pública, poderá determinar a realização de nova audiência ou de novas complementações do EIA e/ou do RIMA."

evitar a subjetividade e divergência de posicionamentos sobre o tema, é adequado que a nossa já rogada Lei de licenciamento ambiental defina a fase de apresentação de cada uma dessas autorizações, flexibilizando o que é possível flexibilizar e fechando as portas para o que não é possível postergar a fases mais adiantadas do processo. É necessário limitar a margem de criatividade daqueles que querem encontrar motivos para litigar.

5 Conclusão

Tratamos no presente texto de questões que a nosso ver merecem debate passível de ajudar a promover segurança jurídica para empreender e reduzir o cenário de instabilidade hoje vivenciado nos licenciamentos ambientais. Obviamente que é impossível, em poucas páginas, esgotar tema tão complexo. Estamos cientes de que muitas outras questões importantes foram deixadas de lado, como os prazos para licenciamento, a conturbada disciplina no licenciamento da compensação ambiental,[22] a avaliação das intervenções em Áreas de Preservação Permanente (APP), a adequada motivação dos atos administrativos do licenciamento, a definição de um sistema recursal no procedimento de avaliação ambiental etc.

Por outro lado, pretendemos estimular com o presente texto que as partes interessadas sentem à mesa e discutam o aprimoramento do sistema de licenciamento ambiental em nosso país. É interesse comum que o instituto do licenciamento seja revestido de legitimidade e que as regras, acima de tudo, sejam claras. E que passemos de uma colcha de retalhos formada por diplomas infralegais que saltam sobre o tema, editados sob competência duvidosa, para uma lei avançada e efetiva.

Informação bibliográfica deste texto, conforme a NBR 6023:2002 da Associação Brasileira de Normas Técnicas (ABNT):

REIS, Vicente Habib de Sant'Anna. Anotações sobre o licenciamento ambiental na atualidade. In: BRAGA FILHO, Edson de Oliveira *et al.* (Coord.). *Mecanismos legais para o desenvolvimento sustentável.* Belo Horizonte: Fórum, 2010. p. 283-295. ISBN 978-85-7700-308-2.

---

[22] Sob a vigência do Decreto nº 6.848, de 14.5.2009, porém ainda aguardando trânsito em julgado de ADI nº 3.378-6 perante o STF.

Mudança do Clima:
o Caminho para o Brasil nas Discussões e Instrumentos Internacionais

Werner Grau Neto

Sumário: **1** Introdução – **2** As bases do raciocínio apresentado – **2.1** A primeira premissa: "Vamos fritar!!!!" – **2.2** A segunda premissa adotada: "Soberania não se negocia" – **2.3** Estamos tratando do segundo período de compromisso – **2.4** Partes vinculadas a metas, metas setoriais, instrumentos inovadores? – **2.5** No mundo, emissões de GEE por razões diversas das que se aplicam ao Brasil: medidas internas! – **2.6** O cenário verificado entre abril de 2009 e a realização da COP 15: avanços internos, retrocessos no âmbito das negociações internacionais – **3** Conclusão

1 Introdução

Em 30 de abril de 2009, antes portanto da realização da 15ª Conferência das Partes (COP) da Convenção-Quadro das Nações Unidas sobre a Mudança do Clima (UNFCCC), tive o privilégio de participar, na condição de palestrante, do 3º Congresso Brasileiro da Advocacia Ambiental, evento já tradicional, realizado sob a coordenação do Dr. Samir Jorge Murad, que desde o início chamou para si a responsabilidade por organizar esse hoje tão prestigiado encontro.

Ali, movido pela interpretação pessoal que tenho da atual — ainda mantida na data de publicação desta obra — situação das negociações em torno do segundo período de compromisso para implementação de medidas voltadas à redução das emissões de Gases de Efeito Estufa

(GEE) e mitigação de e adaptação aos seus efeitos, procurei destacar as premissas, oportunidades e riscos enfrentados pelas nações signatárias da UNFCCC diante dos desafios para esse segundo período e, acima de tudo, a peculiar situação do Brasil no contexto das negociações já então em curso.

Este, pois, o propósito deste breve trabalho: demonstrar as condições em que se desenvolvem as discussões no âmbito da UNFCCC, e a postura que parece deva ser adotada pelo Brasil, diante de suas peculiaridades, no exame e debate dos caminhos propostos para a implementação do segundo período de compromisso, que se iniciará em 2013 (o primeiro período de compromisso da UNFCCC, marcado pelas metas assumidas pelos Estados inseridos no Anexo I do Protocolo de Quioto, e pelos mecanismos econômicos de viabilização dessas metas, postos no mesmo Protocolo, findar-se-á em 2012).

2 As bases do raciocínio apresentado

Conforme posto na apresentação aqui reduzida a texto, algumas premissas e conceitos foram tomados como ponto de partida à discussão, todos eles postos de forma singela e direta, sem rodeios ou termos de pretensão técnica ou erudita. Tais pontos, e a explanação da razão para sua adoção como premissas e conceitos tomados por base para o debate, destaco a seguir.

2.1 A primeira premissa: "Vamos fritar!!!!"

Antes de mais, esclareça-se não se tratar aqui de fatalismo, exagero ou alarmismo. Apenas e tão somente, de forma tão singela e direta quanto possível, se buscou afirmar, de maneira peremptória, a crença em que seria livre de dúvidas, já àquela altura, a importância da contribuição humana para o aquecimento global e seus efeitos.

Com efeito, não colhem frutos, a nosso ver, as teses — absolutamente minoritárias, diga-se — de que não se poderia atribuir às emissões humanas de GEE o aquecimento global e seus efeitos. Aliás, é bom desde logo destacar, em alguns casos nem mesmo dizem, os detratores do Painel Intergovernamental sobre a Mudança do Clima (IPCC),[1] aquilo que seus fiéis seguidores repetem sem entender. Basta ler entrevista concedida à revista *Veja* pelo Sr. Bjorn Lomborg[2] à ocasião da COP 15,

---

[1] O IPCC foi criado para realizar os estudos periódicos que analisam os efeitos das emissões antrópicas de GEE sobre a mudança do clima e seus efeitos

[2] FRANÇA, Ronaldo. Entrevista – Bjorn Lomborg. *Veja*, v. 42, n. 51, p. 21-25, 23 dez. 2009.

em Copenhague, para se verificar que o raciocínio ali posto, ao contrário do que defendem os seguidores mal informados de tal especialista, não é de negação dos efeitos das emissões antrópicas de GEE no que toca ao aquecimento global e seus efeitos, mas apenas de discordância quanto à forma de combate a tais efeitos.

Toma-se pois por verdade absoluta o fato de que o aquecimento global hoje visto tem substancial contribuição humana, por força das emissões de GEE causadas pelo desenvolvimento industrial, no Século XX.

2.2 A segunda premissa adotada: "Soberania não se negocia"

O prévio conhecimento da postura brasileira diante de sua soberania sobre o território nacional é, a nosso ver, ponto fundamental ao debate das perspectivas que se apresentam para o segundo período de compromisso da UNFCCC.

Tal assertiva se justifica na medida em que, no atual cenário negocial para os instrumentos a serem adotados para o segundo período de compromisso da UNFCCC, insere-se a possibilidade de se adotar uma ferramenta inovadora, de histórico peculiar, à qual se convencionou denominar de Redução das Emissões pelo Desmatamento e Degradação das Florestas (REDD).

A ideia que conduziu o plano negocial a tal proposta surgiu em 2005, durante a COP-11, em Montreal, por impulso de um grupo de Estados que se autodenominou Coalizão dos Países da Floresta Tropical ("Se nós, as nações com florestas, reduzirmos nossas emissões de gases-estufa, deveríamos ser compensados por essas reduções").[3] A proposta ali posta, direta, foi a de se proporcionar compensação financeira aos Estados que, detendo vastas áreas de florestas, adotam medidas para sua manutenção e proteção, ao invés de liberar seu corte para a ampliação de atividades econômicas, conduta que teria, ao lado do ganho econômico, perda incalculável, materializada no efeito de ampliação das emissões de GEE por estes Estados. A matemática da proposta, portanto, é simples: proteção às florestas, com a manutenção de estoques de carbono que se perderiam com o desmatamento, gera uma perda econômica que deveria ser compensada com o pagamento pela manutenção desses estoques de carbono.

---

[3] Cf. POBRES querem dinheiro para manter floresta de pé. *Folha de S.Paulo*, São Paulo, 29 nov. 2005. Disponível em: <http://www1.folha.uol.com.br/fsp/ciencia/fe2911200505.htm>. Acesso em: 24 mar. 2010.

Ao Brasil, nesse cenário, cabe um papel fundamental, que se desdobra em duas vertentes: de um lado, dada nossa condição de detentor maior de florestas, revela-se preponderante nossa postura diante dos mecanismos possíveis para a materialização da REDD, enquanto de outro lado cabe-nos também imensa responsabilidade, para que sejamos o exemplo aos demais Estados de comprometimento com a causa da redução das emissões de GEE.

O conceito central a ser observado, na construção de nossa postura, no plano das relações internacionais, passa necessária e indissociavelmente pelos princípios constitucionais que regem nossa conduta não apenas em nossas relações com Estados outros, mas também no que toca à abordagem da questão ambiental no plano interno.

A Constituição Federal traz o caminho: devemos em nosso sistema buscar a cooperação internacional em favor do progresso da humanidade (art. 4º, IX), cientes de que todos têm direito ao meio ambiente ecologicamente equilibrado (artigo 225, caput), e de que são patrimônio nacional nossas florestas amazônica e outras (art. 225, §4º). Da combinação e em adição a esses princípios direcionadores de nossa conduta, sobressai o princípio da soberania brasileira sobre nosso território (art. 1º, I), cuja manutenção é premissa básica fundamental de qualquer instrumento internacional a que venhamos a aderir. Por outras palavras, no que toca ao tema aqui sob exame, nos vinculam os princípios constitucionais acima invocados à premissa de que um sistema internacional de remuneração pela REDD somente será válido, aceitável e eficaz desde que preservada nossa soberania sobre nosso território e nossas florestas, garantida a liberdade de delas dispor, segundo e conforme esses mesmos princípios.

Acresça-se o fato de que, historicamente, atém-se a representação diplomática brasileira à soberania e sua manutenção como premissa à adesão a qualquer instrumento internacional, pelo Brasil.

Nesse contexto, evidente que a efetivação da ideia de um sistema que se preste a financiar a preservação de florestas, em contrapartida ao controle do risco de perda de estoques de carbono, somente poderá ter a adesão do Brasil — e sem a qual não será eficaz, dada nossa proeminência no que toca ao tema das florestas — desde que não represente ofensa ou risco, ainda que indireto, à preservação de nossa soberania sobre nossas florestas e os mecanismos de sua proteção e preservação, o que certamente revelar-se-á bastante complexo, uma vez que, no cenário que se punha até abril de 2009 (e que se confirmou ao depois na referida COP 15, com pequeníssimas variações), a adoção de um sistema econômico de financiamento internacional à proteção e preservação das florestas estabelecidas, obtendo-se daí a manutenção dos estoques de carbono, somente seria aceita pelos Estados ditos desenvolvidos desde que

a) se lhes fossem dados em contrapartida créditos redutores de suas obrigações de redução de emissões de GEE; e desde que
b) mecanismos de controle fossem adotados, de forma a que pudessem intervir nas políticas adotadas pelos países detentores de florestas, dentre os quais sobreleva o Brasil, para garantir eficácia a tais políticas, atropelando-se pois a soberania de tais países sobre suas florestas.

Assim, para que se observe o contexto em que postas as negociações para a adoção de um sistema atrelado à REDD, fundamental se ter em mente, sempre, a questão — ou gargalo — da soberania brasileira sobre seu território e sobre suas florestas.

2.3 Estamos tratando do segundo período de compromisso

Outra premissa de necessária consideração para o que se pretende aqui discutir é a de que se está discutindo instrumento de financiamento à proteção e preservação de florestas que terá efeito durante o segundo período de compromisso da UNFCCC. Tal consideração é fundamental por questões de relevo formal no espaço jurídico. Não se trata de "pós-Quioto", como comumente de passou a tratar, nem tampouco de se inserir a questão do mecanismo da REDD "no" Protocolo de Quioto. A discussão vai mais além.

De início, compete definir-se o que se pretende em termos de estrutura. A REDD pode ser um conceito, de ordem fundamental e principiológica, ou um mero instrumento econômico de viabilização de um determinado resultado pelos Estados não colhidos por metas obrigatórias no âmbito desse instrumento.

E, a nosso ver, está aqui a questão fundamental, em termos estruturais, que remete ao ponto anterior, o da soberania. Conforme já tivemos oportunidade de defender,[4] ainda antes de se realizar a COP 12, todo e qualquer instrumento internacional voltado à proteção e preservação de florestas, para se ter o ganho de manutenção de estoques de carbono, deveria inicialmente ser situado no âmbito da UNFCCC ou de um instrumento acessório, a exemplo do que é o Protocolo de Quioto em relação à UNFCCC.

A definição é fundamental porquanto, no âmbito da UNFCCC, o que se define são os conceitos e princípios, de ordem AMBIENTAL, aos quais vinculam-se, sob a forma de obrigações de caráter geral, os

---

[4] GRAU NETO, Werner. *O Protocolo de Quioto e o Mecanismo de Desenvolvimento Limpo – MDL:* uma análise crítica do instituto. São Paulo: Fiuza, 2007.

Estados signatários da UNFCCC. Vale dizer, observa-se ali a definição desses princípios que, aderidos ao texto da UNFCCC, servem de base à definição, pelos Estados signatários, de iniciativas voltadas à consecução dos objetivos que encerram. Tratar da REDD ali, na UNFCCC, significaria, portanto, admitir a REDD como elemento fundamental, parte indissociável da redução das emissões de GEE pelos Estados signatários da UNFCCC, aos quais caberia implementá-lo, em seus territórios ou de Estados outros, como elemento principiológico do combate ao aquecimento global e seus efeitos.

Já na hipótese de se criar um instrumento acessório à UNFCCC, a exemplo do que é o Protocolo de Quioto (ou, como pretendem alguns, a nosso ver equivocadamente, caso se pretenda inserir a questão da REDD "no" Protocolo de Quioto), ter-se-á um instrumento pelo qual, adotadas as premissas, princípios e conceitos já postos na UNFCCC, tratar-se-á de criar mecanismos financeiros de viabilização e estímulo ao alcance e cumprimento dessas premissas, princípios e conceitos. Não se tratará portanto da determinação de elemento a ser agregado no rol de princípios da UNFCCC, mas antes e mais de se proporcionar os mecanismos econômicos de consecução desses primeiros. A REDD, aqui, seria um instrumento de alcance do que se estabelece na UNFCCC, e não um fim em si.

Neste passo, tomado o ponto da soberania, parece claro que, à representação diplomática brasileira, outro caminho não haveria, senão o de buscar a inserção do tema da REDD no âmbito da UNFCCC. Mas não apenas por conta da questão da soberania se impõe ao país tal postura: manter a discussão da REDD no âmbito da UNFCCC significa, também, evitar o sistema de contrapartidas que se inaugurou por meio do Protocolo de Quioto, evitando-se a necessidade de assunção de metas obrigatórias, pelo país, para fazer jus aos benefícios do instrumento econômico estabelecido para a consecução da REDD. Ou seja, se posta a REDD no âmbito da UNFCCC, o financiamento internacional de sua consecução viria sem que se ponha a contrapartida da assunção de metas obrigatórias pelo Brasil.

A alternativa que se poria, em tese, à dicotomia UNFCCC x Proto-colo de Quioto, como ambiente de inserção da REDD, seria a de se adotar o que Annie Petsonk[5] denominou, já em 2005, de *stand alone instrument*, ou seja, um instrumento acessório à UNFCCC, assim como é o Protocolo

---

[5] PETSONK, Annie. Rewarding Reductions, Realizing Results: Legal Options for Making Compensated Reduction a Reality. In: MOUTINHO Paulo; SCHWARTZMAN, Stephan (Ed.). *Tropical Deforestation and Climate Change*. Brasília, DF; Washington, DC: Instituto de Pesquisa Ambiental da Amazônia; Environmental Defense, 2005.

de Quioto, com características próprias, exclusivo à disciplina da questão da REDD e seus mecanismos de financiamento e aplicação.

Tal proposta traz consigo a vantagem de permitir que, especificamente à REDD, se atribua disciplina própria, diversa se necessário da posta aos mecanismos definidos pelo Protocolo de Quioto, viabilizando assim mecanismos que, sob Quioto, poderiam ser de impossível implementação, seja porque não adequados aos princípios e métodos de financiamento ali eleitos, seja porque inaceitáveis para este ou aquele Estado signatário de Quioto (não se pode olvidar que, pela sistemática adotada para a UNFCCC e para o Protocolo de Quioto, decisões sob sua égide somente são adotadas quando obtida a unanimidade).

A desvantagem, de outro lado, seria a de se ter a incerteza quanto ao volume de adesões ao instrumento independente proposto. Nada poderia ser pior, se posto o instrumento, do que um volume pífio de adesões. Toda a legitimidade restaria retirada à proposta, que se revelaria um tiro n'água.

De toda forma, há que se considerar todas as variáveis, uma vez que se está a tratar de instrumento e mecanismos a terem vigência durante o segundo período de compromisso da UNFCCC. À diplomacia brasileira, nesse contexto, cabe zelar para que, qualquer que seja o ambiente (UNFCCC ou instrumento a ela acessório) e os mecanismos propostos (aqueles já trazidos pelo Protocolo de Quioto, ou outros inovadores, ao abrigo de um novo instrumento, o *stand alone instrument* a que se refere Annie Petsonk), reste preservada a soberania brasileira sobre nossas florestas e a forma de controle e de delas dispor.

2.4 Partes vinculadas a metas, metas setoriais, instrumentos inovadores?

Tomadas as ponderações já formuladas, e tendo em conta a possibilidade de se lançar mão de instrumento inovador, leque de alternativas se abre. Sob o contexto de Quioto, vincula-se Estados-Parte a metas, a serem cumpridas ao longo do primeiro período de compromisso, observados os mecanismos de flexibilização e atendimento a tais metas dispostos no Protocolo de Quioto.

Tomada a hipótese de se adotar instrumento outro para o segundo período de compromisso, impõe-se a ponderação quanto às mazelas trazidas com o Protocolo de Quioto, bem como quanto às medidas de potencial adoção para afastá-las e a seus efeitos.

A principal situação de perfil negativo trazida com o Protocolo de Quioto diz respeito ao que aqui denominaremos de "vazamento" de metas. A situação é de simples exposição e compreensão: vinculados à redução de suas emissões de GEE, os países inseridos no Anexo 1 do Protocolo de Quioto viram-se obrigados a estabelecer mecanismos internos, em suas jurisdições, para que os setores emissores de GEE obtivessem as pretendidas reduções. Políticas públicas foram alteradas, mecanismos de comando e controle foram aprimorados, instrumentos de incentivo foram adotados, tudo no afã de controlar as emissões de GEE. Tudo, naturalmente, trazendo consigo um custo, enfrentado pelos setores emissores de GEE, aos quais se impôs adequação à nova realidade.

Diante desses novos elementos, alguns setores do capital de investimento intensificaram sua busca por países em que, à já reconhecida ausência de mecanismos de proteção ao trabalhador, de controle da produção em favor de sistemas sociais, e outros pontos de menor ônus à produção, veio somar-se a ausência de imposição de redução das emissões de GEE. O resultado não poderia ser pior: para se fugir à imposição de redução das emissões de GEE, prestigia-se a intensificação da indústria em países nos quais os sistemas de proteção social e controles econômicos são mais frágeis.

A solução que se chegou a debater, ainda que em foros extraoficiais, foi a de adoção de metas setoriais, ao invés das metas para Estados. Setores específicos, como o do petróleo, automobilístico, siderúrgico, etc., teriam, cada um, metas próprias, a serem calculadas de acordo com as emissões para cada um desses setores de maneira global.

Em vão, no entanto. Dada a sistemática das decisões por unanimidade, já destacada, parece claro que a iniciativa proposta esbarraria em interesses nacionais. Os países membros da Organização dos Países Exportadores de Petróleo (OPEP), por exemplo, certamente opor-se-iam à adoção de metas agressivas para o setor do petróleo. E assim por diante, cada país ou grupo de países protegendo interesses próprios.

Demais disso, a ideia da adoção de metas setoriais encontraria obstáculo no valor tão defendido pelo Brasil, o da soberania: como adotar medidas homogêneas, dividindo de forma equitativa um ônus que não teve origens equânimes, e que não se envolve com as demais necessidades de cada um dos países, diante da importância do setor sob tentativa de homogeneização? A resposta parece inexistir. O conflito, diante do interesse individual de cada país, dadas suas necessidades e políticas de desenvolvimento, certamente seria insolúvel.

Assim, em que pesem as mazelas trazidas com a mecânica da adoção de metas para países, de acordo com sua histórica contribuição para as emissões de GEE, não parece existir outra mecânica viável para a solução do ponto, prevalecendo pois as metas para países.

2.5 No mundo, emissões de GEE por razões diversas das que se aplicam ao Brasil: medidas internas!

Soberania sempre tomada como ponto de partida para qualquer discussão, causa arrepios à diplomacia brasileira a ideia simplória de adoção de um mecanismo pelo qual, em troca do financiamento das políticas e medidas de controle e preservação das florestas,[6] se tenha controle sob tais políticas e medidas.

Acresce à nossa verdadeira "fobia" à invasão de nossa soberania o fato de que, verificada a origem de nossas emissões de GEE, destacam-se na liderança, respondendo por 75% de nossas emissões, como condição única no mundo, as queimadas e o desmatamento. Vale dizer, somos o único país, no mundo, cujas emissões de GEE não tem por origem predominante a atividade industrial e a queima de combustíveis fósseis.

O uruguaio Gerardo Honty, diretor do Centro Uruguayo en Tecnologías Apropiadas (CEUTA) e pesquisador associado do Centro Latino Americano de Ecologia Social (CLAES), comentava, em 2005, a reação inicial brasileira à proposta de se tratar, no âmbito das negociações do clima, da questão da REDD (ali ainda denominada de desmatamento evitado), destacando nos ser complexa a ideia de assunção de metas, dado o ponto da soberania:

> Sin embargo, en los pasillos de la convención se especula que en realidad quiere evitar asumir compromisos de reducción de emisiones en el sector brasileño que más contribuye al cambio climático: la deforestación, que es responsable del 75% de las emisiones de gases de efecto invernadero del Brasil. Por otra parte se sabe que para Itamaratí, detrás de todo acuerdo internacional que se vincule con la Amazonia, está la amenaza latente a perder su soberanía en esos territorios sobre los que ya ha habido propuestas para internacionalizar su gestión.[7]

Nesse contexto, de um lado, a adoção de políticas e medidas que promovam o combate às queimadas e o desmatamento seria fundamental à redução das emissões de GEE no Brasil, revelando uma condição peculiar em relação aos outros países parte da UNFCCC. De outro lado, fica evidente ser ao Brasil mais importante, do que a qualquer outro país, cuidar para que o mecanismo que se pretende adotar, para a viabilização da REDD, não signifique interferência na soberania nacional sobre suas florestas.

---

[6] Não qualquer floresta, mas apenas aquelas elegíveis à proteção do sistema (nativas, existentes já em 1990, sob clara ameaça de desmatamento ou degradação, entre outros critérios).

[7] HONTY, Gerardo. ¿Qué hacemos con la pelota? *La insignia*, Madrid, 9 dic. 2005. Disponível em: <http://www.lainsignia.org/2005/diciembre/ecol_003.htm>. Acesso em: 24 mar. 2010.

A solução para tanto, sem dúvida, reside na postura adotada pelo Brasil diante da questão do clima, no âmbito interno. A intenção da comunidade internacional em ter instrumentos e mecanismos internacionais que garantam a preservação das florestas nacionais, mesmo que ao custo de nossa soberania sobre tal patrimônio, guarda proporção direta com nossa eficiência — ou falta dela — em preservá-las. Assim, quanto mais proativa for a postura brasileira diante do tema, com a criação de instrumentos e mecanismos internos voltados a reduzir nossas emissões de GEE pela preservação de florestas, menor será o espaço para que, no âmbito das negociações internacionais da UNFCCC, se defenda e proponha a adoção de instrumentos e mecanismos que, à guisa de financiar tal preservação, representem interferência em nossa soberania sobre tais florestas.

2.6 O cenário verificado entre abril de 2009 e a realização da COP 15: avanços internos, retrocessos no âmbito das negociações internacionais

Na apresentação realizada em abril de 2009, invocados os elementos até aqui expendidos, defendi — e ainda defendo — o entendimento de que, qualquer que seja a postura a ser adotada pelo Brasil no âmbito das negociações do clima (UNFCCC, Protocolo de Quioto, ou qualquer outro instrumento acessório à UNFCCC), não podemos em hipótese alguma abrir mão de nossa soberania sobre nosso território e, especialmente no que tange ao contexto de tais negociações, sobre o patrimônio nacional representado por nossas florestas. Todo e qualquer instrumento ou mecanismo a que adira o Brasil deverá, necessariamente, ter como premissa a garantia de nossa soberania sobre tal patrimônio.

Tal postura atende não somente e apenas ao fato de que devemos preservar e proteger nosso patrimônio florestal, e os bens[8] e serviços[9] a ele associados, mas também ao inafastável fato de que, ao tratar da proteção, preservação e exploração de nosso patrimônio florestal, estaremos, invariavelmente, afetando diretamente todas as outras modalidades de uso da terra em nosso país.

Nesse estado de coisas, seria no mínimo irresponsável entregar a terceiros, por melhores que sejam suas intenções, a prerrogativa de

---

[8] Interessante notar que a UNFCCC e a Convenção sobre a Diversidade Biológica andam sempre em caminhos que se tocam, quando tratamos da REDD.

[9] Aqui, os chamados serviços ambientais, para os quais definições algumas se pode encontrar na doutrina, mas que, qualquer que seja a definição adotada, estarão sempre vinculados à floresta como um todo, beneficiando-se pois, em qualquer caso, dos efeitos preservacionistas da REDD.

interferir em nossa soberania sobre nossas florestas — e todo o patrimônio a ela associado — em nome do financiamento da redução de nossas emissões de GEE decorrentes do desmatamento e da degradação.[10] Adotando tal entendimento como diretriz negocial, e percebendo a necessidade de ter o conteúdo protetivo interno como algo eficaz e confiável, sem deixar de lado as múltiplas oportunidades de financiamento da preservação e proteção de nossas florestas, cuidou nosso Governo de buscar atuação em ambas as frentes. Não se pretende, aqui, tratar de todas as medidas adotadas, mas sim de destacar os caminhos centrais trilhados na busca de um objetivo duo:

a) demonstrar à comunidade internacional a necessária proatividade diante do tema, no plano interno; e

b) utilizar, da melhor maneira possível, sem abrir mão de nossa soberania, as oportunidades ofertadas pelo capital internacional à viabilização de mecanismos de implementação dessa tão pretendida preservação e proteção florestal.

Mas, para que se entenda o cenário em que se inserem as medidas adotadas, cabe indicar o ambiente em que se desenvolviam, em paralelo às negociações internacionais, as iniciativas voluntárias vinculadas à REDD.

Desde o início das discussões acerca da REDD, ocorrido em 2005, na COP 11, em Montreal, adotou o Governo do Estado do Amazonas postura de liderança, buscando o desenvolvimento daquele que viria a ser o primeiro projeto de REDD com metodologia validada no Brasil: o Projeto Juma.[11] No âmbito de tal projeto, uma discussão de fundo jurídico teve de ser enfrentada: quem seria o titular dos créditos derivados do projeto, pela adoção de mecanismos de preservação e proteção da floresta? A questão se justificava pela potencial sobreposição de dois valores jurídicos: de um lado, o fato de que o Projeto Juma desenvolveu-se em área de domínio do Estado, classificada como uma Reserva de Desenvolvimento Sustentável (RDS),[12] denominada RDS do Juma e, de outro lado, o fato de que, na forma do art. 225, §4º, a Floresta Amazônica brasileira constitui patrimônio nacional.

---

[10] Por ocasião da formatação do Projeto Juma, em que tive a oportunidade de trabalhar sob contratação do Banco Mundial, passei a defender a tese de que o estoque de carbono que se mantém preso à floresta, por meio da REDD, deve ser denominado de "carbono associado", já que, a ele, necessariamente se associam os bens e serviços ambientais providos pela floresta que se preserva.

[11] Para mais informações sobre o Projeto Juma, recomenda-se visita ao *site* do Banco Mundial: <http://www.bancomundial.org.br>.

[12] A Reserva de Desenvolvimento Sustentável (RDS) é, por força da Lei nº 9.985/2000, uma das espécies de Unidade de Conservação de Uso Sustentável (art. 14).

A questão posta seria, pois: ainda que sob domínio do Estado a área em que desenvolvido o projeto, poderia a União invocar a titularidade dos créditos de carbono gerados por meio de REDD, pelo fato de se tratar de floresta havida como "patrimônio nacional"?

Não cabe aqui detalhar os argumentos jurídicos postos, bastando que se afirme, para efeitos do debate objeto deste texto, que emitimos a opinião de que não, não poderia a União invocar para si a titularidade dos créditos de carbono obtidos a partir do desenvolvimento de um projeto de REDD na RDS do Juma, uma vez que a inserção de um determinado bem no que o texto constitucional chama de patrimônio nacional não induz domínio da União sobre tal bem (até porque os bens da União vêm definidos pelo artigo 20 da CF, não constando, ali, as florestas definidas no art. 225, §4º, como "patrimônio nacional").

Assim, para efeitos de definição de políticas públicas, instrumentos e medidas voltados à proteção de nossa floresta amazônica (e também a Mata Atlântica, a Serra do Mar, o Pantanal Mato-Grossense e a Zona Costeira, na forma do dito §4º do artigo 225 da CF), deveria o Governo Federal enfrentar a questão da titularidade, por terceiros (Estados, Municípios, populações indígenas e particulares), dos créditos de carbono oriundos de projetos de REDD, para o que dois caminhos nos parecem seriam viáveis:

a) a postura confiscatória, desestimulante e pouco democrática vista no PROINFA;[13] ou

b) adotar postura aglutinadora e estimuladora, por meio da qual a União, por seus órgãos próprios, funcionaria como uma viabilizadora econômica de projetos de REDD, contabilizando, para fins externos, os resultados obtidos de tais projetos, sem interferir, no entanto, na questão da titularidade dos créditos gerados.

Adotou o governo brasileiro, felizmente, o melhor caminho, ainda que de forma não muito clara, a princípio: criou-se o Fundo Amazônia, por meio do qual o governo brasileiro capta recursos internacionais para, ao depois, via BNDES, fazê-los escoar para o financiamento público de projetos de proteção e preservação florestal na Amazônia brasileira, projetos estes que podem ser formatados como REDD, diretamente, ou apenas gerar as bases para um projeto posterior, de REDD.[14] O ponto

---

[13] Na forma do PROINFA, a titularidade de créditos de carbono advindos de empreendimentos financiados sob tal programa será necessariamente da Eletrobras.

[14] O projeto aprovado pelo BNDES para utilização de recursos do Fundo Amazônia, pela TNC, prevê atividades de monitoramento do desmatamento e queimadas, em uma determinada área, o que não gera ou se caracteriza, em si, como uma REDD, mas que pode criar bases para sua posterior realização.

negativo é que, de início, vozes do governo davam a entender que tal fundo significaria dizer que a União buscaria recursos internacionais para financiar projetos cujo produto — os créditos de carbono derivados de REDD — seria de sua titularidade. Felizmente, vozes mais afoitas, ou pouco informadas, que não prevaleceram.

O Fundo Amazônia, portanto, caracteriza-se como uma tomada de posição pelo Governo Brasileiro, para atração de recursos internacionais, sob determinadas regras, para a aplicação interna — sem interferência ofensiva à nossa soberania — de tais recursos em medidas e mecanismos voltados à proteção e preservação da Floresta Amazônica brasileira.

Ao agir desta maneira, o governo brasileiro cumpre seu papel de indutor de mercado e aplicador de políticas públicas, sem ter de enfrentar a questão da titularidade dos créditos de REDD, bem como sem submeter a risco a soberania brasileira sobre a Floresta Amazônica.

Mas a postura proativa do Governo Brasileiro não se restringiu à implementação desse canal de financiamento de medidas e mecanismos voltados à proteção e preservação de nossa Floresta Amazônica, com a consequente viabilização — direta ou indireta — de projetos de REDD. Após buscar incessantemente o consenso, em Copenhague, durante a COP 15, infelizmente sem sucesso, e quando se esperava que, diante de tal insucesso das negociações internacionais, nada mais surgisse de alvissareiro no horizonte, em curtíssimo prazo, cumprimos nossas promessas, feitas durante a COP 15, e tivemos sancionada a Lei de Política Nacional de Mudança do Clima, instrumento de felicidade rara, que declara nossa voluntária adoção de metas de redução de emissões de GEE, sedimentando as bases para que, em sede de regulamentação posterior, se imponha à sociedade brasileira, já aí por meio de medidas e mecanismos mandatórios ou ainda de incentivo — voluntários, portanto — a atividades específicas, a adoção das medidas e mecanismos necessários ao alcance de tais metas.

3 Conclusão

Como se vê, apesar de todas as dificuldades que se colocam, a adoção de posturas adequadas, que combinam mecanismos e medidas internos à busca de recursos internacionais, levaram nosso país a lograr viabilizar um primeiro cabedal de caminhos para a proteção e preservação de nossas florestas, sem que, em contrapartida, nos fosse imposta a relativização, ofensa ou perda de nossa soberania sobre esses bens de valor inestimável.

Assim, considerando o quanto até aqui já realizado, pode-se dizer que, na sequência das negociações internacionais, a terem continuidade no México, em dezembro de 2010, por ocasião da COP 16, fica a esperança de que, caso não se chegue ao instrumento adequado à institucionalização da REDD, se possa ao menos evoluir, ainda mais, em sua direção, com a multiplicação de exemplos como o dado pelo Brasil, de desprendimento na adoção de metas de redução de emissões de GEE, ainda que voluntárias, e o aparelhamento do Estado para a viabilização do alcance a tais metas. Sempre observada, respeitada e intocada, nossa soberania, item do qual jamais devemos abrir mão.

Informação bibliográfica deste texto, conforme a NBR 6023:2002 da Associação Brasileira de Normas Técnicas (ABNT):

GRAU NETO, Werner. Mudança do clima: o caminho para o Brasil nas discussões e instrumentos internacionais. In: BRAGA FILHO, Edson de Oliveira *et al.* (Coord.). *Mecanismos legais para o desenvolvimento sustentável.* Belo Horizonte: Fórum, 2010. p. 297-310. ISBN 978-85-7700-308-2.

Sobre os Autores

Alexandre Parigot
Master Bussines Environment em Gestão Ambiental pela UFRJ/COPPE/RJ. *Extension in Environmental Management* pela HARVARD/FSA/MA. Pós-graduação em Direto Público pela ESA/OAB/RJ. Bacharel em Direito pela PUC-Rio. Conselheiro de Meio Ambiente da Federação das Indústrias do Estado de São Paulo (FIESP). Conselheiro de Recursos Hídricos da Federação das Indústrias do Estado do Rio de Janeiro (FIRJAN). Diretor de Sustentabilidade do Instituto Brasileiro de Executivos de Finanças (IBEF). Membro da Associação de Professores de Direito Ambiental do Brasil (APRODAB). Professor Convidado de Direito Ambiental da Pós-graduação de Direito Ambiental da PUC/RJ (2004/2005) e do *L.LM* em Direito Corporativo do IBMEC/RJ (2006/2007). Advogado militante, palestrante e congressista.

Aloísio Pereira Neto
Advogado. Doutorando em Ciências Jurídicas e Sociais. Especialista em Direito Privado. Especialista em Direito Ambiental. Professor universitário de Direito Ambiental e Direito Urbanístico. Diretor da Associação Brasileira de Advogados Ambientalistas (ABAA). Membro da Associação de Professores de Direito Ambiental do Brasil (APRODAB) e Presidente do Instituto Brasileiro de Advocacia Ambiental e Empresarial (IBRAE).

Beatriz Souza Costa
Doutora e Mestre em Direito Constitucional pela Faculdade de Direito da Universidade Federal de Minas Gerais (UFMG). Advogada. Coordenadora do curso de pós-graduação, nível especialização, em Direito Ambiental no Centro de Atualização em Direito (CAD-BH). Professora de Direito Ambiental nos cursos de pós-graduação, nível especialização, em Direito Ambiental, Direito de Empresa e Direito Civil, CAD-BH. Membro da Comissão de Direito Ambiental da OAB/MG. Membro da Associação dos Professores de Direito Ambiental do Brasil. Membro do Instituto Brasileiro de Advocacia Ambiental e Empresarial (IBRAE).

Celso Antonio Pacheco Fiorillo
Livre Docente em Direito Ambiental. Doutor e Mestre em Direito das Relações Sociais. Titular da Academia Paulista de Direito Professor dos Programas de Pós Graduação da Universidade Metropolitana de Santos – UNIMES (Doutorado e Mestrado) e do Centro Universitário das Faculdades Metropolitanas Unidas – FMU (Mestrado). Coordenador do Grupo de Meio Ambiente Artificial e do Grupo de Patrimônio Genético da Comissão do Meio Ambiente da OAB/SP.

Denise Setsuko Okada

Advogada militante. Procuradora concursada da Assembleia Legislativa do Estado do Rio de Janeiro. Mestre em Direito das Cidades (UERJ). Doutoranda do curso de Planejamento Urbano do Instituto de Pesquisa de Planejamento Urbano Regional (IPPUR/UFRJ). Professora da Escola da Magistratura do Estado do Rio de Janeiro (EMERJ) e do Curso de Direito Ambiental da Escola Superior da Advocacia (ESA/OAB). Membro da Comissão de Direito Ambiental da OAB/RJ.

Denise Tarin

Procuradora de Justiça do MPRJ. Atuou como Promotora de Justiça do Meio Ambiente por 12 anos nas cidades de Petrópolis e do Rio de Janeiro. Coordenadora Institucional e de Pesquisa do Instituto do Ministério Público. Eleita para o Conselho Superior do Ministério Público – biênio 2009/2010.

Edson de Oliveira Braga Filho

Advogado formado pela UFMG (1987). Pós-graduado em Direito Ambiental pela UNIVES (2005). Sócio da Braga Advogados Associados. Diretor-Presidente do Instituto Brasileiro de Pesquisas e Estudos Ambientais e Cooperativos (IBPEAC). Membro da Comissão de Direitos Humanos da OAB/ES e do Conselho Municipal de Meio Ambiente de Fundão/ES. Professor de pós-graduação, palestrante, consultor na área ambiental e autor de livros e artigos.

Fernando Cavalcanti Walcacer

Procurador aposentado do Estado do Rio de Janeiro. Professor de Direito Ambiental e Vice-Diretor do Núcleo Interdisciplinar de Meio Ambiente da PUC-Rio. Membro da Comissão de Direito Ambiental da OAB-RJ. Foi Subsecretário de Estado de Meio Ambiente, Superintendente de Meio Ambiente do município do Rio de Janeiro, Chefe da Procuradoria de Urbanismo e Meio Ambiente do município do Rio de Janeiro e membro do Conselho Estadual de Tombamento.

Flavia Witkowski Frangetto

Advogada. Mestre e Doutora em Direito Ambiental.

Flávio Ahmed

Advogado militante e sociólogo. Presidente da Comissão de Direito Ambiental da OAB/RJ. Elaborador, coordenador e professor do Curso de Direito Ambiental da OAB/RJ. Membro do Instituto Brasileiro de Advocacia Ambiental e Empresarial (IBRAE). Membro da Associação dos Professores de Direito Ambiental do Brasil (APRODAB). Diretor do Sindicato dos Advogados do Rio de Janeiro. Membro da Câmara Técnica de Direito Ambiental do Conselho Municipal de Meio Ambiente da Cidade do Rio de Janeiro (Consemac). Membro do Conselho Editorial da *Revista Brasileira de Direito Ambiental*. Membro do Conselho Científico da *Revista da OAB/RJ*. Coordenador, juntamente com o professor Ronaldo Coutinho, de *Cidades sustentáveis no Brasil e sua tutela jurídica* e *Patrimônio cultural e sua tutela jurídica* (Rio de Janeiro: Lumen Juris, 2009), entre outras obras.

Leonardo Pio da Silva Campos
Advogado. Presidente da Caixa de Assistência dos Advogados de Mato Grosso. Ex-Presidente da Comissão do Meio Ambiente da OAB/MT. Especialista em Direito Ambiental e Desenvolvimento Sustentável. Especialista em Direito Empresarial.

Luiz Carlos Aceti Júnior
Advogado. Pós-graduado em Direito de Empresas. Especializado em Direito Empresarial Ambiental. Co-coordenador do MBA de Sustentabilidade da Escola Paulista de Direito de São Paulo (EPD/SP). Professor de Pós-graduação em Direito e Legislação Ambiental da EPD/SP, da Anhembi Morumbi/SP, da ESDC/SP, da METROCAMP de Campinas/SP, do UNISAL de Campinas/SP, da PUC Minas de Poços de Caldas/MG, da FAEPBRASIL de Araras/SP, da EXCELLENCE de São Luis/MA, da ESUD de Cuiabá/MT, da UNIFEOB de São João da Boa Vista/SP, da FMPFM de Mogi Guaçu/SP, da ASMEC de Ouro Fino/MG, da UNIFEG de Guaxupé/MG, entre outras. Palestrante. Parecerista. Consultor de empresas na área jurídico-ambiental. Escritor de livros e artigos jurídicos em Direito Empresarial e Direito Ambiental. Consultor do site <http://www.mercadoambiental.com.br>. Sócio da Consultoria ACDP (Ambiental Comunicação e Desenvolvimento Profissional) <http://www.acdp.com.br>. Titular da Aceti Advogados Consultoria Jurídico Empresarial Ambiental <http://www.aceti.com.br>.

Luiz Manoel Gomes Junior
Mestre e Doutor em Direito pela PUC/SP. Professor nos programas de Mestrado em Direito da Universidade de Itaúna (UIT/MG) e da Universidade Paranaense (Unipar/PR), e dos cursos de Pós-graduação da PUC/SP (Cogeae) e da Escola Fundação Superior do Ministério Público do Mato Grosso (FESMP/MT). Consultor da Organização das Nações Unidas – Relator da Comissão Especial do Ministério da Justiça para elaboração do anteprojeto da nova Lei da Ação Civil Pública. Advogado.

Marcelo Buzaglo Dantas
Advogado. Mestre e Doutorando em Direitos Difusos e Coletivos pela PUC/SP. Professor de Direito Ambiental da UNIVALI/SC, de Direito Processual Civil da Escola do Ministério Público de Santa Catarina e dos Cursos de Especialização em Direito Ambiental da PUC/SP, UNIVALI e CESUSC. Coordenador do Curso de Especialização em Direitos Difusos e Coletivos da Escola do Ministério Público de Santa Catarina. Coordenador-Geral da Associação dos Professores de Direito Ambiental do Brasil (APRODAB).

Rafael Domingos Acioly Nunes
Bacharel em Direito.

Rogério Favreto
Procurador de careira do Município de Porto Alegre/RS, exercendo o cargo de Procurador-Geral do Município no período de 1997 a 2004. Especialista em Direito Político pela UNISINOS/RS. Mestrando em Direito pela PUC/RS. Secretário de Reforma do Judiciário – Ministério da Justiça. Presidente da Comissão Especial do Ministério da Justiça para elaboração do anteprojeto da nova Lei da Ação Civil Pública.

Samir Jorge Murad

Advogado e Consultor Empresarial Ambiental. Graduado em Direito pela Universidade Federal do Maranhão (UFMA). Especialista em Direito Ambiental e Desenvolvimento Sustentável pela Universidade de Brasília (UnB). Presidente da Comissão de Meio Ambiente da OAB/MA. Membro do Conselho Municipal de Meio Ambiente de São Luís/MA (Comuma). Membro do Instituto Brasileiro de Advocacia Ambiental Empresarial (IBRAE). Membro do Instituto Brasileiro de Pesquisa e Estudos Ambientais e Cooperativos (IBPEAC). Membro da Associação Brasileira dos Advogados Ambientalistas (ABAA).

Svetlana Maria de Miranda

Advogada formada pela PUC Minas. Especialista em Gestão, Legislação e Regulação Ambiental pela *Ecobusiness School*. Gerente do Departamento de Direito Ambiental do Escritório Azevedo Sette Advogados. Instrutora em cursos e autora de artigos jurídicos especializados publicados no Brasil.

Tatiana Monteiro Costa e Silva

Mestra em Direito Ambiental pela Universidade Estadual do Amazonas (UEA). Professora universitária. Membro da Comissão de Meio Ambiente da OAB/MT.

Toshio Mukai

Mestre e Doutor em Direito (USP). Ex-Professor de Direito Administrativo da Faculdade de Direito da Universidade Mackenzie.

Vanusa Murta Agrelli

Advogada com atuação na área industrial e intervenções imobiliárias. Especialista em gestão ambiental pela UFRJ. Membro da Comissão de Direito Ambiental da OAB/RJ. Diretora e sócia fundadora da Associação dos Professores de Direito Ambiental do Brasil (APRODAB). Professora de Direito Ambiental da EMERJ e da OAB/RJ. Professora convidada do mestrado da UFF e da Pós-graduação da UERJ. Membro da Comissão de Direito da Cidade do Instituto dos Advogados do Brasil (IAB).

Vicente Habib de Sant'Anna Reis

Bacharel em Direito pela Pontifícia Universidade Católica do Rio de Janeiro (PUC-Rio), com pós-graduação executiva em petróleo e gás natural pela COPPE/UFRJ. Advogado com atuação na área de Direito Ambiental.

Werner Grau Neto

Advogado em São Paulo. Especialista em Direito Ambiental. Mestre em Direito Internacional e doutorando em Direito Tributário pela USP. Presidente do Conselho Consultivo da *The Nature Conservancy* (TNC) no Brasil. Sócio em Pinheiro Neto Advogados, dedicado à área de sustentabilidade e mudança do clima.

ÍNDICE DE ASSUNTOS

A

Abastecimento público de água 273
Ação Civil Pública
- Competência 199
- Direito coletivo tutelável 197
  Ver também Lei da Ação Civil Pública
Ação coletiva *ver* Sistema Único Coletivo
Agenda 21 ....151, 260
Agronegócio 147
Agrotóxico 160
- Depósito 181
- Transporte 161-162, 273
Água subterrânea 271
Água superficial 271
Amazônia Legal 135
- Manejo florestal
  sustentável 136, 140-143
- - Mato Grosso (Estado) 143
- Reserva legal florestal 136
Anotação de responsabilidade
  técnica 160
Aparelhos eletroeletrônicos
- Descarte 73
Aquecimento global 298, 299
Área de preservação 29
Área de preservação
  permanente 171, 214, 295
- Preservação dos recursos hídricos 58
- Reserva legal 160
Área de proteção ambiental 57
Área de relevante interesse
  ecológico 57
Área de servidão florestal 58
Ato administrativo 40, 41
Ato administrativo discricionário 40, 41
Ato declaratório ambiental (ADA) 169

Audiência pública 292
Auditoria ambiental 20
Autorização ambiental 101, 154
- Aspectos jurídicos 148
Avaliação ambiental 101
Avaliação ambiental estratégica 97
Avaliação de impacto ambiental 97

C

Cadastro de ações coletivas 208
Carta da Terra *ver* Declaração do Rio
  de Janeiro sobre Meio Ambiente e
  Desenvolvimento (1992)
Carta de São Luís do Maranhão 19, 104
Cavidade natural subterrânea 107
- Proteção 107
- - Poder Executivo Federal 110
Cidade
- Sustentabilidade 23
Clima 113
- Mudança 297
Código Ambiental 143
Código Ambiental do Estado de
  Mato Grosso 143
Código de Defesa do
  Consumidor 151, 192
Código de Processo Coletivo 194
Código Florestal 135, 165
Coisa julgada coletiva 201
Comissão de valores
  mobiliários 240, 242-243
Commodity 239-240
Condomínio urbano
- Estudo de Impacto Ambiental (EIA) ...31
- Relatório de Impacto Ambiental
  (RIMA) 31

página

Conferência de Estocolmo
(1972) 62, 64, 150
Conferência de Joanesburgo (2002) 64
Conferência Mundial para
o Meio Ambiente e
Desenvolvimento, 2ª 62, 64
Conferência Nacional sobre Legislação
Ambiental (CONLA) 17
Congresso Brasileiro da Advocacia
Ambiental, 3º 17, 19, 297
Conselho Estadual de Política
Ambiental 98
Conselho Nacional de Justiça (CNJ) 208
Conselho Nacional do Meio Ambiente
(CONAMA) 215
Conselho Nacional do Ministério Público
(CNMP) 208
Conservação do solo 175
Constituição Federal
- Como produto cultural 122
   Ver também Cultura
   Ver também Patrimônio cultural
Construções 271
Consulta prévia ambiental 102
Consulta técnica e pública 102
Consumismo ver Sociedade de consumo
Controle ambiental 287
Controle de zoonoses, vetores e
peçonhentos 272
Convenção de Basileia 74
Convenção do Clima (Copenhague) ver
Convenção-Quadro das Nações Unidas
para Mudança do Clima (UNFCCC)
Convenção para a Preservação da Fauna
e da Flora em Estado Natural (1933) ...53
Convenção para a Proteção da Flora,
da Fauna e das Belezas Cênicas
Naturais dos Países da América
(1940) 53
Convenção-Quadro das Nações Unidas
para Mudança do Clima
(UNFCCC) 111, 116, 151, 243,
297, 298, 299, 301,
302, 303, 306
Convenção sobre Biodiversidade 151

página

Convenção sobre o Clima ver
Convenção-Quadro das Nações Unidas
para Mudança do Clima (UNFCCC)
Crescimento econômico 75
Criação de animais
- Impacto ambiental 177, 188
- - Gado vacum 188
- - Suínos 188
Crimes ambientais 149, 151, 159, 189
Cultura
- Fundamentos constitucionais 120
- Perspectiva constitucional 117

D
Dano ambiental
- Indenização 42, 269
- Nexo de causalidade 42, 44-46
- Responsabilidade 42-46
Declaração de Estocolmo 150, 151, 152
Declaração de Princípios de
Nova Deli 25
Declaração de Princípios sobre
Florestas 151
Declaração do Rio de Janeiro sobre
Meio Ambiente e Desenvolvimento
(1992)
- Princípio 15 ....62, 64-65, 151
Declaração Universal dos Direitos
do Homem 125, 150
Defensivo agrícola
- Embalagem 163
Degradação ambiental 276, 277
Departamento de Águas e Energia
Elétrica (DAEE) 176
Desenvolvimento econômico 75
Desenvolvimento imobiliário 25
Desenvolvimento sustentável ...20, 23, 47
   Ver também Princípio do
   desenvolvimento sustentável
Desigualdade socioeconômica 77
Dignidade da pessoa humana 61
Direito à informação 129
Direito à infraestrutura urbana 253
Direito à moradia 252
Direito à segurança 253

Índice de Assuntos | 317

Direito ambiental 15, 20, 147, 159, 276
Direito ao lazer 253
Direito ao meio ambiente
- Princípios 152
- Unidade de conservação 220
Direito ao meio ambiente cultural 125
Direito ao saneamento ambiental 252
Direito ao trabalho 253
Direito ao transporte 253
Direito aos serviços públicos 253
Direito de construir
- Outorga onerosa 256
Direito de desenvolvimento 260
Direito de empreender 20
Direito de preempção 256
Direito de superfície 255
Direito de terra urbana 252
Direitos culturais 125, 126
Direitos fundamentais 222
Diretrizes sobre lixo elétrico 78
Diretrizes sobre restrições a substâncias
perigosas 79
Drenagem urbana 273

E
ECO-92 *ver* Conferência Mundial para o
Meio Ambiente e Desenvolvimento, 2ª
Educação ambiental 270
Efluente
- Impacto ambiental 177, 178
- Líquido 273
Emissão de gás carbônico 236
Energia elétrica 177
Equipamento de proteção coletiva 164
Esgoto sanitário 273
- Residências 165
Estação ecológica 56
Estado Democrático de Direito 19, 118
Estatuto da Cidade 89, 127, 249
- Objetivo 250
Estatuto da Criança e do
Adolescente 192
Estatuto de Defesa do Torcedor 130
Estudo de Impacto Ambiental
(EIA) 31, 47-48, 257, 289

- Momento de preparação 35
Estudo de Impacto de Vizinhança
(EIV) 256
Extrativismo 57

F
Fato administrativo 39
Fauna 57, 272
- Manejo 272
Fiscalização ambiental 270
Ver *também* Poder de polícia
Floresta
- Proteção 307
Floresta nacional 57
Função ecológica 30
Floresta Amazônica 308, 309
Ver *também* Amazônia Legal
Fundo Amazônia 308, 309
Fundo de direitos coletivos 207
Fundo de recuperação do meio
ambiente 63

G
Gases de efeito estufa 114, 116, 235,
238, 276, 297,
298, 303, 305
Georrefenciamento 184
- Etapas 185
- Prazos 185
Gestão ambiental
- Competências 19, 20
Gestão ambiental urbana 90
Grau de Eficiência na Exploração 180
Grau de Utilização da Terra 180
Greenfield
- Função ecológica 27
Greenfield urbano 23
- Negócio imobiliário 23

H
Hipótese de Gaia 259

I
Imóvel de mobiliário urbano
- Tombamento 255

página

Imóvel em construção
- Nexo de causalidade 42
Imóvel rural
- Averbação de registro de imóveis 187
- Recursos hídricos 159, 178
Imposto sobre a Propriedade Predial e
Territorial Urbana (IPTU) 255
Indústria sustentável (Brasil) 261
Inspetoria Estadual de Monumentos
Nacional 119
*International Union for Conservation
of Nature* (IUCN) 54

J
Justiça ambiental 19

L
Lâmpada fluorescente 83
Legitimação processual coletiva 198
Lei da Ação Civil Pública 192-196
Lei da Ação Popular 192
Lei da Improbidade Administrativa 192
Lei da Pessoa Portadora de
Deficiências 192
Lei da Política Nacional do Meio
Ambiente 55, 99, 150, 153
Lei das Águas *ver* Política Nacional de
Recursos Hídricos
Lei de Crimes Ambientais 149, 151,
159, 189
Lei de Economia de Ciclo Integral e
Gestão de Resíduos 78
Lei de Minimização e Eliminação de
Resíduos 78
Lei de Prevenção e Repressão às
Infrações contra a Ordem Econômica
– Antitruste 192
Lei do Sistema Nacional de Unidade
de Conservação (SNUC) 55, 215, 216
Lei Protetiva dos Investidores do
Mercado de Valores Imobiliários 192
Lei Rouanet 129
Lenha 178
Licença ambiental 32, 35, 36, 154
Licença ambiental de regularização 101

página

Licença ambiental única 143
Licença de instalação 158
Licença de operação 158
Licença prévia 157, 289
Licenciamento ambiental 19, 23, 102,
104, 135, 155, 270, 283
- Aspectos jurídicos 148, 153, 288
- Autorizações administrativas 294
- Competências 287
- Etapas 156-157
- Expedição de ato formal de início
do processo 289
- Instrumentos 95-96, 103
- Ministério Público 285
- Organizações Não Governamentais
(ONGs) 286
- Órgãos envolvidos 294
- Propriedades rurais 144
- Publicidade e transparência 290
- Sustentabilidade 275
Limites ambientais 31
Livre iniciativa 61
Lixo eletrônico 69
- Legislação internacional comparada ...80
Lixo tecnológico 69
Loteamento 271

M
Manejo da fauna 272
Manejo florestal sustentável
- Amazônia Legal 135, 140-143
- - Mato Grosso (Estado) 143
Maquinário agrícola
- Impacto ambiental 177
Mata Atlântica (bioma) 214, 224
Mecanismo de Desenvolvimento
Limpo (MDL) 115, 235-243
- Conceito 238
Meio ambiente
- Como bem jurídico relevante 149
- Competência do município 266-267
- Conservação 20
- Constitucional 153
- Convênios e parcerias de
cooperação 271

Índice de Assuntos | 319

página

- Definição ...148
- Desenvolvimento socioeconômico 23
- Legal ...148
- Perspectiva constitucional ...117
- Proteção ...249, 271
- Proteção internacional ...64
Meio ambiente artificial ...20
Meio ambiente cultural
- Tutela jurídica ...130
Meio ambiente do trabalho ...20
Meio ambiente natural ...20
Meio ambiente urbano
- Proteção ...265
Mercado de carbono mundial
- Posição do Brasil ...244
Metais pesados ...71, 72
Mineração ...271
Mineração urbana ...73
Ministério do Meio Ambiente ...215
Monumento nacional
- Cidades mineiras ...119
- Ouro Preto (cidade) ...118
- Palácio Duas Torres (Pernambuco) ...118
Monumento natural ...54, 56
- Tombado ...58
MT LEGAL ...144-145

N
Negócio imobiliário ...23
Nexo de causalidade ...42
Norma Técnica para Georreferenciamento
de Imóveis Rurais ...184
Núcleos de gestão ambiental ...98

O
Operações urbanas consorciadas ...256
Ordem econômica ambiental
brasileira ...259
Organizações Não Governamentais
(ONGs) ...286

P
Painel Intergovernamental sobre a
Mudança do Clima ...298
Paisagem urbana ...271

página

Palmeira de babaçu
- Derrubada (Estado do Maranhão) ...25
Parque nacional ...54, 56
Parque Nacional de Yellowstone ...53
Parque Nacional do Itatiaia ...54
Patrimônio cultural
- Conceito amplo ...124
- Estudo de caso
- - Casa 20 do Largo do Boticário ...91
- - Estádio de Remo da Lagoa ...91
- Preservação/proteção ...87
- - Instrumentos tradicionais e
inovadores ...89
- - Ministério Público
(controle social) ...90
- - Origens legais ...118
- Sustentabilidade ...128-129
Patrimônio cultural brasileiro
- Definição ...121-122
Patrimônio histórico
- Preservação ...251
Planejamento ambiental ...267
Plano de Controle Ambiental
(PCA) ...34, 37, 48
Plano de Manejo Florestal Sustentável
(PMFS) ...140, 141
Plano diretor ...254
Plano do Sistema de Unidades de
Conservação do Brasil ...55
Plano Estratégico Nacional de Áreas
Protegidas (PNAP) ...225
Plano Nacional de Cultura ...126
Plano Nacional de
Desenvolvimento, I ...54
Plano Nacional de
Desenvolvimento, II ...54, 55
Poder de polícia ...95, 269
Poeira e particulados ...182
Política Nacional de Meio Ambiente 24,
81-82, 95, 96, 99,
103, 110, 148, 283
- Instrumentos ...110
- Objetivo ...153
Política Nacional de Recursos
Hídricos ...152, 176

Política Nacional de Resíduos
Sólidos 82
Política urbana municipal
- Diretrizes 265-266
Poluição 188-190
- Ar 235, 272, 275
- Sonora 272
Prática ambiental contemporânea 37
Princípio da eficiência 290
Princípio da equidade 20
Princípio da legalidade 40
Princípio da participação popular 217
Princípio da precaução 20, 66
Princípio da prevenção 20, 61-66
- Administração 64
- Poder Judiciário 63
Princípio do desenvolvimento
sustentável 24, 25, 47
Princípio do poluidor-pagador 20, 82
Princípio do usuário-pagador 20
Produto agroquímico 160
- Armazenamento 182, 273
- Transporte 162, 273
Produto eletroeletrônico
- Atividade de produção 70, 71
- Descarte 70
Produtos perigosos
- Armazenamento 182, 273
- Transporte 162, 273
Profissionais da área jurídica 19
Profissionais do direito ambiental 19
Projeto Juma 307, 308
Proteção ambiental 249, 271
Protocolo de Quioto 115, 116, 235,
237, 246, 301, 302,
303, 304, 306

R
Recursos hídricos 271
- Imóvel rural 159
- Necessidade de sua outorga 176
Recursos naturais
- Preservação 175
Redução certificada de emissão
(Brasil) 238, 299
- Natureza jurídica 235, 239, 243

Redução das Emissões pelo
Desmatamento e Degradação das
Florestas 299, 300, 301, 302, 303
Refúgio da vida silvestre 56
Relatório Ambiental Preliminar
(RAP) 157
Relatório de Impacto Ambiental
(RIMA) 31, 35, 47-48
- Momento de preparação 35
Relatório sobre o Aquecimento Global
(IPCC) 275
Reserva biológica 56
Reserva da biosfera 58
Reserva de desenvolvimento
sustentável 57, 307
Reserva de fauna 57
Reserva de regiões virgens 54
Reserva ecológica 58
Reserva extrativista 57
Reserva florestal legal 214
Reserva indígena 58
Reserva legal 58
- Imóvel rural 165
Reserva nacional 54
Reserva particular do patrimônio
natural 57
- Atividades possíveis 57
Resíduo eletroeletrônico 69
- Fatores determinantes 71
- Legislação (Brasil) 78
- Responsabilidade ampliada do
produtor 78, 81
- Responsabilidade da gestão
compartilhada 79
Revolução Industrial 76
Rio de Janeiro
- Cidade histórica 88

S
Saneamento ambiental 252, 273
Serviço do Patrimônio Histórico e
Artístico Nacional (SPHAN) 120
Silos
- Acidente ambiental 182
Sistema de Execução das Tutelas
Coletivas 206

Índice de Assuntos | 321

página

Sistema de Licenciamento Ambiental de Propriedade Rural (SLAPR) 144
Sistema de Licenciamento e Controle das Atividades Poluidoras ou Degradadoras do Meio Ambiente 100, 101
Sistema Nacional de Unidades de Conservação (SNUC) 109, 140, 215
Sistema Nacional do Meio Ambiente (SISNAMA) 140
Sistema Único Coletivo 191-195
- Coisa julgada coletiva 201-205
- Competência 199
- Destinação de valores 207
- Estruturação 196
- Fundo de direitos coletivos 207
- Ônus da prova 205
Sociedade de consumo 76, 77
Solo
- Conservação 175
Superintendência de Gestão Florestal (SGF) 144
Sustentabilidade
- Cidades 23

T

Take-back (sistema) 79
Teoria de Gaia *ver* Hipótese de Gaia
Termo de ajustamento de condutas 90
Termo de referência 102
- Conveniência e oportunidade 39
- Projeto de construção 37
Tombamento de imóveis de mobiliário urbano 255

página

Trabalho 61

U

União Mundial pela Natureza *ver* *International Union for Conservation of Nature* (IUCN) 54
Unidade de conservação 53, 109, 213, 255
- Classificação 56
- Criação 53
- Direito ao meio ambiente 220
- Direitos fundamentais 222
- Intervenção do Poder Judiciário 228
- Panorama geral 214
- Princípio da participação popular 217
Unidade de proteção atípica 58
Unidade de proteção integral 56, 215
- Categorias 216
Unidade de uso sustentável 56-57, 215
- Categorias 216
Uso e conservação do solo 271
Usucapião especial
- Imóvel urbano 255

Z

Zona de proteção máxima 268
Zona de uso disciplinado 268
Zona de uso especial 268
Zoneamento agrícola 137
Zoneamento ambiental 254, 267
Zoneamento ecológico-econômico 98, 137
- Mato Grosso 138
- Rondônia 138

Índice da Legislação e Jurisprudência

A

ADI nº 4.218/2009 107
Ag. nº 1998.01.00.057324-DF 131
Apelação nº 73.108 279
Apelação nº 2008.001.58607 47

C

Código Civil
- art. 1.231 277
- art. 1.228, §1º 277
Constituição Federal do Brasil
(1934) 119
Constituição Federal do Brasil
(1946) 120
- art. 174 120
Constituição Federal do Brasil
(1967) 120
Constituição Federal do Brasil
(1988) 58, 120
- art. 1º 64, 128, 222
- - inc. I 300
- - inc. III 61
- - inc. V 61
- art. 3º 64, 66
- art. 4º 300
- art. 5º 222
- - inc. II 30, 66
- - inc. XXIV 213, 227
- - inc. XXXIII 129
- - inc. LV 279, 281
- - inc. LVI 66
- art. 6º 127, 222
- art. 19 279
- art. 20 308

- - inc. X 107, 109, 111
- art. 23 270
- art. 24 288
- art. 30, inc. I 270
- art. 37 40
- art. 48, inc. V 111
- art. 84, inc. IV 108, 110, 111
- art. 109 200
- art. 129 285
- art. 134 120
- art. 170 ....24, 39, 260
- - inc. IV 39
- art. 182 ....249, 250
- - §4º 255
- art. 183 ....249, 250
- art. 215 223
- - §3º 126
- art. 216 ....124, 130, 223
- - inc. I 130
- - §1º 121, 255
- art. 217 130
- - inc. IV 131
- art. 218 66
- art. 219 66
- art. 225 ....24, 55, 61, 150, 220, 250, 300
- - §1º 109, 213
- - §2º 42
- - §3º 42, 46, 150
- - §4º 214, 308
- art. 241 271

D

Decreto nº 875/1993 74

página

Decreto n° 1.777-R/2007 100
- - §2° 101
Decreto n° 3.179/1999
- art. 44 159
Decreto n° 3.550/2000 161
Decreto n° 4.074/2002
- art. 53, §4° 182
- art. 84 164
Decreto n° 4.297/2002 ....99, 100, 138
Decreto n° 4.340/2002 ....214, 217
- art. 5° 217, 219
- - §2° 220
Decreto n° 4.449/2001 184
- art. 9° 187
- - §1° 187
- - §5° 187
- - §6° 186
- art. 10 ....184, 185, 188
Decreto n° 5.339/1927 119
Decreto n° 5.758/2006 225
Decreto n° 5.975/2006 140
Decreto n° 6.288/2007 138
Decreto n° 6.514/2008 ....159, 282
- art. 82 282
Decreto n° 6.640/2008 ...15, 107, 110, 111
- art. 1° 108
- art. 4° 108
Decreto n° 6.660/2008 215
Decreto n° 6.686/2008 159
Decreto n° 8.468/1976 ....160, 158
Decreto n° 8.848/2009 217
Decreto n° 22.928/1933 118
Decreto n° 41.258/1996 176
Decreto n° 43.372/2003 98
Decreto n° 47.397/2002 ....157, 158
Decreto n° 47.400/2002 158
Decreto n° 58.054/1966 53
Decreto n° 76.389/1975 188
Decreto n° 84.017/1979 55
Decreto n° 89.336/1984 58
Decreto n° 99.556/1990 ....107, 109, 110
- art. 1° 107-108
- art. 3° 108
Decreto Legislativo n° 03/1948 53

página

Decreto Legislativo n° 34/1992 74
Decreto-Lei n° 25/1937 ....58, 87, 120
Decreto-Lei n° 186/1990 97
Decreto Regulamentar n° 38/1990 97
Diretiva 2002/95/CE 79
Diretiva 2002/96/CE 78

E

Emenda Constitucional n° 48/2005 126

I

Instrução Normativa n° 8/2002
(INCRA) 184
Instrução Normativa n° 11/2003
(INCRA)
- art. 5° 181
Instrução Normativa n° 13/2003
(INCRA) 184, 186
Instrução Normativa n° 31/2009
(Ibama) 169
Instrução Normativa n° 184/2008
(Ibama) 287, 288, 289,
290, 291, 294

L

Lei n° 233/2005
- art. 14 141
Lei n° 3.068/1995 189
Lei n° 4.717/1965 ....192, 199
- art. 18 202
Lei n° 4.771/1965 ....58, 136
- art. 1° 142, 173
- - §2° 165-166
- art. 2° 136, 171, 214, 217
- art. 3° 172, 214
- art. 16 ....137, 166-167, 214
- - §2° 140
- art. 18 46
- art. 44 214
Lei n° 4.947/1666 188
Lei n° 6.015/1975
- art. 176, §4° 184
Lei n° 6.385/1976 ....241, 242
Lei n° 6.766/1979 271

Índice da Legislação e Jurisprudência | 325

| página | página |

Lei nº 6.938/1981 ....55, 110, 111, 138, 148, 150, 178, 255, 283
- art. 1º 24
- art. 2º 153
- art. 3º ....
- - inc. I 148
- - inc. III 188
- - inc. IV 44, 45
- art. 4º 24
- - inc. VII 45
- art. 9º 95
- - inc. II 99
- - inc. VI 110
- art. 10 ....265, 266
- - §1º 154
- art. 14 42
- - §1º 44, 45
- art. 18 217
Lei nº 7.347/1985
- art. 2º 199
- art. 16 202
- art. 18 ....44, 202
Lei nº 7.802/1989 161
Lei nº 7.803/1989 ....136, 137, 171
Lei nº 7.804/1989
- art. 1º, inc. VI 95
Lei nº 7.824/2003 26
Lei nº 7.853/1989 192
Lei nº 7.913/1989 192
Lei nº 8.028/1990 265
Lei nº 8.069/1990 192
Lei nº 8.078/1990 192
- art. 83 192
Lei nº 8.171/1991
- art. 99 46
Lei nº 8.429/1992 192
- art. 17 199
Lei nº 8.629/1993
- art. 6º 179, 180
- art. 9º, inc. IV 165, 175
- art. 10 168
Lei nº 8.884/1994 192

Lei nº 9.393/1996
- art. 10 169
Lei nº 9.433/1997 .... 152, 178, 189, 171
Lei nº 9.605/1998 ....149, 151
- art. 6º 173
- art. 60 159
- art. 62 149
- art. 65 149
- art. 69-A 282
- art. 70 173
Lei nº 9.636/1998 108
Lei nº 9.705/1999 270
Lei nº 9.784/1999
- art. 3º 280
- art. 32 293
- art. 33 293
- art. 53 280
Lei nº 9.974/2000 161
Lei nº 9.985/2000 .....55, 58, 214, 215, 289
- art. 2º
- - inc. I 215
- - inc. IX 56
- - inc. X 56
- art. 3º 215
- art. 4º 56, 215
- art. 5º 215, 219
- art. 6º 215
- art. 7º 56, 215
- art. 8º 216
- art. 9º 56
- art. 10 56
- art. 11 56
- art. 12 56
- art. 13 56
- art. 14 216
- art. 15 57
- art. 17 57
- art. 18 57
- art. 19 57
- art. 20 57
- art. 21 57
- - §2º 57
- art. 22 ....217, 219

página	

- - §3º 219
- art. 22-A 226
- art. 60 217
Lei nº 10.257/2001 ....89, 127, 249
- art. 2º 127, 265-266
- art. 4º 254, 255
- art. 21 255
- art. 25 256
- art. 28 256
- art. 32 256
- art. 37 257
- art. 39 ....254, 266
- art. 41 266
Lei nº 10.267/2001 ....184, 188
Lei nº 10.671/2003 130
Lei nº 11.105/2005
- art. 10 64
Lei nº 11.132/2005 226
Lei nº 11.284/2006 224
- art. 3º 224
- art. 6º 224
- art. 7º 224
- art. 9º 225
Lei nº 11.428/2006 214
Lei nº 11.445/2007 ....272, 273
Lei Complementar nº 38/1995 143
Lei Complementar nº 232/2005 ...143, 144
- art. 19, inc. IV 143
Lei Complementar nº 343/2008 144
Lei Complementar nº 501/1995
- art. 42 268
Lei Estadual nº 997/1976 ....160, 165
Lei Estadual nº 2.031/1927 119
Lei Estadual nº 2.032/1927 119
Lei Estadual nº 4.734/1968
- art. 1º 25
Lei Estadual nº 7.663/1991 176
- art. 7º 176

M
Medida Provisória nº 2.080/2001 142
Medida Provisória nº 2.166-67/2001 ...136, 138, 139, 166

P
Parecer nº 04/2007 (INEA) 30
Portaria nº 48/1986 (Ibama) 140
Portaria nº 51/2005 (DEPRN) 170
Portaria nº 717/1996 (DAEE) 176
Portaria nº 954/2002 (INCRA) 184
Portaria nº 2.481/2008 (Ministério da Justiça) 195, 198
Portaria nº 3.214/1978 (MTE) 181
Projeto de Lei nº 181/1989 249
Projeto de Lei nº 203/1991 82
Projeto de Lei nº 4.425/2004 240
Projeto de Lei nº 5.139/2009 ....191, 194
- art. 3º 197
- art. 4º 201
- art. 5º 201
- art. 20 205
- art. 34
- - §3º 204
- - §4º 204
- art. 38 203
- art. 40 206
- art. 46 207
- art. 53 208
- art. 54 208
- art. 57 206
Projeto de Lei Complementar nº 12/2003 287

R
Resolução nº 001/1986 (CONAMA) 156
- art. 2º 33, 176
Resolução nº 004/1985 (CONAMA) 58
Resolução nº 006/1990 (CONAMA) 291
Resolução nº 009/1990 (CONAMA) 37, 291, 293
Resolução nº 010/1990 (CONAMA) 37
Resolução nº 011/1986 (CONAMA) 176
Resolução nº 031/2002 (CONAMA) 37
Resolução nº 237/1997 (CONAMA) 153, 155, 176, 287
- art. 2º 32
- art. 3º 32

Índice da Legislação e Jurisprudência | 327

página
- art. 10 156
Resolução nº 257/1999 (CONAMA) 78
Resolução nº 347/2004 (CONAMA) 111
RE nº 199.733/1999 281
RE nº 211.242/RS 281
REsp nº 229.302/PR 46

página
REsp nº 570.194/RS 44-45
REsp nº 578.797/RS 45-46
REsp nº 1.041.765/MG 131

S

Súmula nº 473 (STF) 228

ÍNDICE ONOMÁSTICO

A

Aceti Júnior, Luiz Carlos 15, 17, 21, 147, 313
Agrelli, Vanusa Murta 21, 275, 314
Aguiar, Ana Claudia 124
Ahmed, Flávio 15, 17, 21, 117, 312
Almeida, Gregório Assagra de 195
Alves, Sérgio Luis de Mendonça 130
Andrade, Mário de 120
Antunes, Paulo de
  Bessa 42, 43, 218, 250, 257
Aras, Antonio Augusto de 195
Arenhart, Sergio Cruz 195
Athias, Jorge Nunes 42

B

Bandeira de Mello, Celso
  Antônio 123, 229
Benevolo, Leonardo 89
Benhamou, Françoise 126
Benjamin, Antonio Herman de
  Vasconcellos e 35, 36, 37, 42
Bennett, Andrew F. 30
Bicalho, Maria Fernanda 88, 89
Binenbojm, Gustavo 284
Biscaia, Antonio Carlos 195
Borletti, Maurizio 127
Braga Filho, Edson de
  Oliveira 15, 17, 21, 95, 312
Britto, Carlos Ayres 219, 281
Bruce, Adam 115
Bueno, Cássio Scarpinella 200

C

Calmon Filho, Petronio 195

Calmon, Eliana 131
Calmon, Francisco Marques de
  Góis 119
Campos, Leonardo Pio da
  Silva 21, 135, 313
Capanema, Gustavo 120
Carneiro, Athos Gusmão 195
Carvalho Filho, José dos Santos 281
Castro, André de Melo e 118
Cavalieri Filho, Sérgio 42
Cedro, Luiz 119
Chauí, Marilena 126, 129
Childe, Alberto 119
Córdova, Haman de Moraes e 195
Costa, Beatriz Souza 21, 53, 311
Costa, João Ricardo dos Santos 195
Costanza, Robert 24
Coutinho, Ronaldo 123

D

Dantas, Marcelo Buzaglo 21, 213, 313
Daudt d'Oliveira, Rafael Lima 30
Di Pietro, Maria Sylvia Zanella 41
Diniz, Nilo 138

F

Faria, José Eduardo 243
Favreto, Rogério 21, 195, 313
Fernandes, Millôr 105
Ferraz, Sérgio 43
Fiorillo, Celso Antonio Pacheco 21, 36, 61, 128, 130, 249, 252, 254, 256, 311
Frangetto, Flavia
  Witkowski 21, 113, 312

página

G

Gajardoni, Fernando da Fonseca 195
Gavião Filho, Anízio Pires 195
Genro, Tarso 198
Giannetti, Eduardo 88
Gidi, Antonio Carlos Oliveira 195
Gomes Junior, Luiz Manoel ...21, 195, 313
Grace, Elizabeth 128
Grau Neto, Werner 15, 17, 21, 297, 314
Grinover, Ada Pellegrini 195

H

Hobbs, Richard J. 30

J

João, Alexandre Lipp 195
Jongman, Rob 29

L

Leite, José Rubens Morato 43
Leonel, Ricardo de Barros 195
Leuzinger, Márcia Dieguez ...218, 223, 226
Lévi-Strauss, Claude 117
Lima, André 144
Lima, Augusto de 119
Lira, Ricardo Pereira 256
Lobo, Bruno 119
Lomborg, Bjorn 298
Lopez, Teresa Ancona 64
Lovelock, James 259
Lucarelli, Fábio Dutra 42

M

Machado, Paulo Affonso
  Leme .. 16, 17, 21, 43, 129, 139, 228, 255
Maglio, Ivan Carlos 24, 31
Mancuso, Rodolfo de Camargo ...200, 203
Martins Júnior, Wallace Paiva 129
Marx, Karl 76
Meirelles, Hely Lopes 38
Mello Filho, Luiz Philippe Vieira de 195
Mendes, Aluisio Gonçalves de
  Castro 195, 281
Mercadante, Maurício 218, 220, 221

página

Milaré, Edis 36, 42, 140, 221
Miranda, Anaiza Helena
  Malnardes 29, 30, 259
Miranda, Marcos Paulo de Souza 131
Miranda, Svetlana Maria de 21
Mirra, Álvaro Luiz Valery 23, 44
Moraes, Alexandre de 39
Moreira, José Carlos Barbosa 202
Mourão, Henrique 128
Mukai, Toshio 21, 254, 256,
                                        257, 265, 314
Murad, Samir Jorge 15, 17, 21, 128,
                                        249, 297, 314

N

Nery, Rosa Maria de Andrade 122
Nery Junior, Nelson 43, 61, 65,
                                        122, 202
Nunes, Rafael Domingos
  Acioly 21, 235, 313

O

Okada, Denise Setsuko 21, 69, 312
Ordacgy, André da Silva 195

P

Pádua, Maria Tereza Jorge 220
Pereira Neto, Aloísio 21, 235, 311
Pêssoa, José 88, 89
Petsonk, Annie 302, 303
Piccinato, Giorgio 89
Pinho, Paulo 97
Pinto, José Wanderley de Araújo 119
Pizzol, Patricia Miranda 200, 314
Parigot, Alexandre 21, 23, 311

R

Reis, Vicente Habib de
  Sant'Anna 21, 283, 314
Ribeiro, Helena 90
Rodrigues, Angela Cássia 71, 79
Rodrigues, José Eduardo
  Ramos 124, 220
Rolnik, Raquel 256

Índice Onomástico | 331

página

S

Sá, Estácio de 88
Sá, José Adônis Callou de Araújo 195
Sampaio, Francisco José Marques 43
Sandroni, Paulo 239
Santilli, Juliana 226
Santos, Dauana Ferreira dos 139
Santos Neto, José Antunes dos 281
Saraiva, André Luís 83
Schmidt, Ricardo Pippi 195
Séguin, Elida 226
Silva, José Afonso da 24, 43, 111, 222
Silva, Tatiana Monteiro
Costa e 21, 135, 314
Sister, Gabriel 238, 239, 244
Smith, Adam 75
Soares, Inês Virgínia Prado 125
Souza, José Augusto Garcia de 195
Souza, Motauri Ciocchetti de 199
Souza, Pompeu de 249
Souza Filho, Carlos Frederico
Marés de 129
Sundfeld, Carlos Ari 40

página

T

Tarin, Denise 21, 87, 312
Theodoro Júnior, Humberto 198
Tiezzi, Enzo 69

V

Vargas, Heliana Comin 90
Veiga, José Eli da 75
Velloso, Carlos 32
Venturi, Elton 195
Viola, Eduardo 276

Y

Yazbek, Otávio 240, 241
Yoshida, Consuelo Yatsuda
Moromizato 195

W

Walcacer, Fernando
Cavalcanti 21, 107, 312
Wambier, Luiz Rodrigues 195
Wiedmann, Sônia 57
Winter, Gerd 15

Esta obra foi composta em fonte Garnet, corpo 10,5
e impressa em papel Offset 75g (miolo) e Supremo 250g (capa)
pela Gráfica e Editora O Lutador.
Belo Horizonte/MG, abril de 2010.